敦煌 莫高窟 初期密教 美術

敦煌 莫高窟 初期密敎 美術

2016년 1월 14일 초판 1쇄 인쇄
2016년 1월 15일 초판 1쇄 발행

지은이 김성훈
펴낸이 권혁재

편집 권이지
출력 CMYK
인쇄 한일프린테크

펴낸곳 학연문화사
등록 1988년 2월 26일 제2-501호
주소 서울시 금천구 가산동 371-28 우림라이온스밸리 B동 712호
전화 02-2026-0541~4
팩스 02-2026-0547
E-mail hak7891@chol.net

ISBN 978-89-5508-339-2 93910
© 김성훈 2016

敦煌 莫高窟 初期密教 美術

김성훈

학연문화사

초기밀교미술은 그 개념이 모호하며 아직까지 정리되지 않았다. 인도의 굽타시기에 개착된 운강석굴이나 중앙아시아와 실크로드를 중심으로 출토된 각종 다면다비상 역시 당시 밀교를 소재로 조성되지 않았을 가능성이 크다. 그러나 초당시기가 되면 이와 같은 신중들은 대부분 밀교계통 변상도나 만다라에서 흡수되었고, 본격적인 중기밀교시대에는 명왕과 같은 분노존상으로 변모하고 있다. 서안에서 출토된 안국사지 조상이나 돈황석굴의 밀교계통 본존의 호법신중, 그리고 사천지역의 밀교조상 등이 이와 같은 논의를 뒷받침 하고 있다.

실크로드의 관문에 위치한 돈황석굴은 인도와 불교미술이 전해진 동아시아와의 지리적인 위치뿐 만이 아니라 도상학적인 전개과정에서도 중심에 위치한다. 돈황의 미술은 인도, 서역의 미술과 중국의 전통미술을 한 그릇에 담아 숙성시키고 다시 동쪽으로 전개시키는 과정을 1500년 동안 멈추지 않았다. 밀교미술 역시 초기뿐만이 아니라 중기와 쇠퇴기인 만기까지 돈황석굴에서 집대성되었고 관련 전적도 가장 풍부하다.

특히 북조시기의 제285굴 서벽을 중심으로 조성된 각종 힌두교계 신중상
은 초기밀교미술의 태동을 암시하고 있다. 쿠샨시기의 인도 북서부지역을 중
심으로 유행한 대승불교에서 힌두교신중들을 수용하였으며, 북전루트를 따라
전파되는 과정에서 이란 혹은 소그드미술의 영향을 받고 있다. 호탄이나 지금
의 서안, 대동지역도 관련이 있으며 돈황과 함께 일종의 초기밀교미술의 벨트
를 형성하고 있다.

우리나라에서는 삼국이나 고려시대에 초기밀교계통의 신중은 거의 조성되
지 않았다. 그러나 조선시대의 신중도를 살펴보면 불교에서 수용한 힌두교계
신중이 상당하다. 마혜수라천, 밀적, 예적금강, 구마라천(위태천 혹은 동진보
살), 일신과 월신, 나라연금강 등이 대표적이다. 이 신중들의 도상학적인 기원
이나 유통경로는 세심한 검토가 필요하지만 본고를 통하여 검토한 실크로드
지역의 초기밀교계통 신중들과 관련 있을 가능성이 높다.

불교미술에는 드라마틱한 스토리가 있고 교훈이 있고 또 글로 표현할 수 없
는 아름다움이 있다. 2천년의 시간과 아시아라는 거대한 공간에서 불교미술

만큼 하나의 주제가 관통한 미술행위는 아직까지 이루어지지 않았다.

 이제 2015년도 이미 저물어 12월의 마지막 주가 되어 간다. 올해는 유독 서재 앞 감나무에 붉은 감이 가득 열려있다. 탐스러운 감은 이 깊은 빈곤의 계절에 인근 산성과 공원에 살고 있는 각종 새들을 유혹하고 있다. 겨울새와 앙상한 감나무는 회색의 도시 서울에 살고 있는 나에게도 큰 위로가 되고 있다.

2016년 1월 김성훈

목 차

1. 연구목적

밀교는 역사적으로 초기와 중기, 그리고 후기로 구분하고 있다. 초기밀교는 아직 밀교로써 조직체계가 완성되지 않아 종교적인 이념이나 成佛思想이 없거나 빈약한 상태의 밀교로, 현세적 願望 즉 治病, 祈福, 鎭護國家 등을 해결해주는 呪法이나 呪文이 중심이 되는 밀교다. 인도와 중국의 초기밀교는 모두 대승불교에 속하였으나 중국은 불교의 동전에 따라 인도와는 다른 경로를 통하여 전개되었다. 그리고 중기밀교는 인도가 중국보다 1세기 정도 빠른 시점에 나란타사원을 중심으로 태동하였고, 인도의 개원3대사에 의하여 전해진 중국의 중기밀교[1]는 唐 현종이후 상당기간 성행하였으나 安史나 黃巢의 亂 이후 밀교가 쇠퇴하면서 사천과 같은 특정 지역이나 일본을 중심으로 명맥이 이어졌고 이후 곧 후기밀교의 시대를 맞게 된다.

불교미술을 이분법적으로 구분할 때 현교와 밀교미술로 구분할 수 있으나 실제적으로 대부분의 불교미술에서 두 미술이 혼재되어 있다. 그러나 불교미술의 역사에서 밀교미술은 분명히 하나의 軸을 형성하고 있으며, 특히 중기밀교 이후의 불교미술이 밀교의 영향을 크게 받고 있다. 불교가 시작된 인도에서 초기밀교 미술

---

1) 중국의 중기밀교는 당 현종(712~762년)대에 인도에서 건너온 개원3대사가 집대성한 『금강명경』과 『대일경』이 완성된 시기부터 약 8세기 後半까지의 밀교를 이른다. 초기밀교에 비하여 교리가 철학적, 종교적 이념으로 조직화되었고, 成佛思想도 완전히 정립되었다. 그리고 각종 儀軌에 의하여 信行되는 高度로 발달된 밀교다. 중국의 중기밀교에 개원3대사의 역할이 컸지만 수 당대부터 정비된 초기밀교의 영향을 무시할 수 없다. 중기밀교는 당말 安史의 難(755~763년)이나 會昌法難(845년) 이후 교세가 급격히 쇠퇴하면서 宋 이후 후기밀교의 시대를 맞게 된다.

의 흔적이 드물며 9세기 이후의 탄트리즘을 제외하고는[2] 인도 불교미술의 역사에서 밀교의 영향은 크지 않았다. 그러나 중국은 위진 남북조시기에 대승불교에 밀교적인 요소가 태동하며 관련된 미술이 불교사원지나 석굴을 중심으로 시도되었고 초당시기가 되면 돈황 등 불교석굴에 밀교미술이 본격적으로 조성되었다.[3] 특히 성당시기 이후부터 중기밀교가 종단을 형성하며 중국대륙에 밀교미술이 만개하게 된다.

　밀교미술의 특징은 佛, 菩薩이나 天과 같은 諸 尊의 數가 현교에 비하여 대폭 증가된 점이다. 재래의 불보살에 『베다』나 힌두교의 신, 그리고 토속의 신까지 수용하여 밀교계통의 본존이나 대일여래를 정점으로 변상이나 만다라를 구성하고 있다. 특히 힌두교신의 권능과 다양성을 불교에서 수용하여 각종 인도전통의 신이

---

2)　인도에서 후기밀교는 불교의 힌두교화라는 평가를 받고 있는데, 불교가 인도 땅에서 점차 사라지게 되는 중요한 원인중 하나가 되었다. 바즈라야나 즉 금강승이라고 불리는 인도의 후기밀교는 기존의 대승불교와는 차별화된 교의로 더욱 힌두교에 근접한 탄트라 불교의 양상을 띠고 있었다. 이와 같이 힌두교와 습합된 탄트라 불교를 대승과 구별하여 금강승이라 한다. 금강승이란 인도불교의 최종 발전단계로서 대승불교의 인도적 변용으로 볼 수 있다. 금강승의 교의는 힌두교의 의례와 내용을 상당히 많은 부분에서 채용함으로써 불교 고유의 특징을 상실함과 동시에 종국적으로는 힌두교에 동화되는 결과를 초래하였다.

3)　밀교미술도 밀교의 구분법에 따라 초기와 중기, 그리고 후기로 구분하고 있다. 돈황지역에서 초기밀교미술도 대체적으로 서위 285굴을 필두로 초당시기까지 조성된 밀교유적을 지칭하며, 중기밀교미술은 개원3대사가 활약한 시기부터 만당까지로 보고 있다. 그리고 밀교미술의 쇠퇴기로 볼 수 있는 오대, 송 이후를 후기불교미술의 시기로 지칭하고 있다. 그러나 본격적인 변화관음과 대일여래가 조성된 초당시기를 기존 밀교의 구분법에 따라 초기로 볼 수 있는지는 문제가 있을 수 있다. 초기 힌두교 신장 위주의 밀교조상과 당 이후부터 본격적으로 조성된 관음다비상위주의 밀교조상은 번역승과 경전에 따라 계통을 달리하고 있다. 밀교미술의 역사에서 초당의 밀교교리와 미술은 초기밀교보다 중기밀교와 더욱 상통한다고 볼 수 있다. 본 논고에서는 기존의 구분법에 의존하지 않고 남북조와 수대까지의 밀교미술을 초기로 보며, 초당을 포함하여 唐代의 밀교미술을 모두 중기로, 그리고 오대와 송 이후의 밀교미술을 후기로 보고자 한다.

밀교 신의 판테온에 합류하였다. 두 번째는 밀교계통의 불보살이나 신중은 대부분 다면다비가 강조되었고, 얼굴의 표현이나 체구, 채색에 있어 강렬한 공포와 분노의 형식을 취하고 있는 점이다. 이와 같은 특징은 본존의 밀교적인 성격과 호법과 수호의 기능을 갖춘 신중의 역량이 제고되었으며, 힌두교 원래의 성격과 도상도 참고가 되었다고 본다. 그리고 도상에서 이란이나 서역미술의 특징이 나타나고 있어 밀교계통 각종 신중도상의 기원문제에도 참고가 된다. 세 번째는 힌두교계통의 신이 실크로드를 중심으로 불교뿐만이 아니라 소그드인의 종교인 조로아스터교나 마니교와 같은 타종교에도 영향을 미치고 있는 점이다. 조로아스터교와 마니교의 유적을 중심으로 출토되고 있는 힌두교신의 도상과 명호는 초기불교에서 힌두교계 신중의 전입과 유통경로에 상당한 정보를 제공하고 있다. 마지막으로 지역에 따라서 土俗의 神이나 탄트리즘이 반영된 된 점과 만다라의 적용 등도 밀교미술의 특징으로 거론될 수 있다.

초기밀교 미술의 단계에서는 대체적으로 타종교나 토속의 신을 수용하여 호법신중의 개체가 증가하였고, 도상에서 다면다비나 분노존의 적용과 같은 변모를 보이고 있다. 밀교가 체계적으로 성숙한 중기밀교와 달리 특정 밀교화된 대승경전에 소의한 신중이 중심이 되며, 神衆은 직접적인 신앙의 대상이 아니라 불보살이나 신앙인을 보호하는 역할을 한다. 신중의 구성은 대부분 힌두교의 주요3대신과 변화신이 중심이 되며 『金光明經』「鬼神品」과 『齋天儀軌』 등에 규정된 호법20天衆에 속하였고, 唐代에는 밀교계통 본존의 28부중 등으로 재분류되었다. 중기밀교시기에 초기밀교 신중들은 대일여래를 중심으로 각종 만다라를 구성하거나 명왕 등으로 계승되었으며, 후대의 신중도 등에도 지속적으로 주요 구성원이 되고 있다.

초기밀교와 관련된 대표적인 유적으로 호탄과 돈황, 운강석굴 등이 있으며, 키질이나 투르판 지역에서도 초기밀교의 흔적이 발굴되고 있다. 실크로드 유적 중에서 돈황석굴이 대표적이며 내용도 가장 풍부하고 보존상태도 양호한 편이다. 돈황에서 약 5백 개소에 달하는 석굴조영이 이루어졌는데, 불교미술의 역사에서 규모가 최대며, 남북조가 시작되는 북량에서 淸初까지 약 1500년의 불교미술의 역사를 이곳에서 볼 수 있다. 현교는 물론이고 밀교계통에서도 현존하는 가장 완벽한 유적으로 돈황의 막고굴을 꼽을 수 있다. 특히 초기밀교라고 부르는 당 현종 이전의 밀교도상은 막고굴에 보존된 것이 가장 풍부하고 완벽하다. 제285굴의 서벽이 대표적이며, 장경동에서 발굴된 각종 문서와 경전을 비롯하여 티베트 문헌과 소그드 문헌, 그리고 각종지물과 견본도상에 이르기까지 초기밀교 연구에 많은 도움이 되고 있다. 본격적인 중기밀교석굴은 대체적으로 盛唐 이후부터 조성되었는데, 초기석굴과 달리 거의 모든 석굴이 밀교와 관련 있다.

돈황 제285굴[4] 서벽에 도해된 각종 신중의 도상과 배치구도는 초기밀교 미술과 관련된 연구에 중요한 기준이 되고 있다. 제285굴의 〈북벽8불설법도〉의 동측 두 폭의 설법도 발원문에 墨書로 된 조상제기가 남아있다.[5] 발원문에 따르면 285굴은 서위대통 4년(538년)에서 5년(539년)에 조성되었고 봉헌되었다. 현존하는 서위석굴 가운데 제285굴은 규모가 가장 크며 석굴의 구조도 복두형식으로 당시 유행했던 중심주석굴을 탈피하여 새로운 형식이 시도되었다. 본존이 안치된 서벽에는 각종 『베다』와 힌두교계통의 신과 천왕, 파수선 등이 나열하고, 천정에는 불교적 우주관이 도해되었다. 신중들은 불법을 수호하는 호법신이나 방위적 성격의 신장으로 『베다』나 힌두교에서의 위계와 권능에 따라 배치되었는데, 신중의 배치구도와 다면다비의 형식, 그리고 분노존과 같은 특징은 후대의 밀교계통 변상이나 만다라와 같은 밀교미술에서 계승하고 있다.

---

4) 막고굴 南區 中段 제2층에 위치.
5) 가섭불 발원문에 "大代大魏大統四年歲次戊午八月中旬造"의 묵서명과 무량수불 발원문에 "大代大魏大統五年五月卅日造訖"의 묵서명이 남아있다.

본고는 본격적인 초기밀교 미술로 평가를 받는 제285굴의 서벽을 중심으로 도해된 각종 신중들의 기원 및 성격을 분석하여 초기밀교 미술의 흔적을 규명하고 타 종교와의 교류문제를 분석하는데 목적이 있다. 개별신중의 성격과 기원문제는 서벽의 도상해석은 물론 나아가 초기밀교 미술의 근본요체를 파악하는데 중요하다고 본다. 특히 월지계통과 소그드인 등이 번역한 초기 대승경전에 반영된 각종 밀교적인 요소를 분석하여 초기밀교계통 신중의 경전적인 배경도 규명하도록 하겠다. 이와 같은 연구를 통하여 믹고굴 제285굴 서벽의 도상해석은 물론 고대 서역을 중심으로 이루어진 소그드 미술과 같은 각종 종교미술과의 교류관계도 규명할 수 있다고 본다. 현재 불모지나 다름없는 초기밀교 미술의 기원과 전입경로, 그리고 전개과정을 밝힘으로 밀교미술은 물론 각종 종교미술의 도상해석에도 새로운 기여가 있기를 기대한다.

2. 연구사

중국 서위시대에 개착된 돈황 막고굴 제285굴과 관련된 논고는 비교적 많은 편이나, 대부분 조성자로 알려진 東陽王 元榮과 북벽에 그려진 〈8불설법도〉, 남벽의 〈오백강도성불도〉, 그리고 천정에 그려진 〈천상도〉에 국한되어 있다. 285굴의 주벽인 서벽의 내용에 대하여는 개별 신중에 대한 논고가 몇 편 존재할 뿐, 아직까지 구체적인 연구는 미진한 편이다. 연구자들 역시 대부분 난주대학이나 돈황의 연구원을 중심으로 논고가 진행되고 있으며,[6] 西歐나 일본 학자의 연구실적은 현재까

---

6) 馬利 · 史忠平, 「文化交流視野下的莫高窟285窟窟頂藝術」, 『邢台學院報』, 邢台學院, 2001; 王小偉,津村宏臣,高林弘實, 「GIS軟件在莫高窟現狀調査中的應用 – 以第285窟南壁現狀調査分析爲例」, 『敦煌研究』, 敦煌研究院, 2008; 張元林 · 張志海, 「敦煌北朝時期法

지 발표되지 않았다.

중국의 학자 중 賀世哲의 『敦煌圖像研究, 十六國北朝卷』에 285굴 서벽 전체에 대한 논고가 비교적 상세하며, 張元林의 「論莫高窟第285窟日天圖像的栗特藝術原流」, 『敦煌學輯刊』이나 「觀念與圖像的交融 - 莫高窟第285窟摩醯首羅天圖像研究」, 『敦煌學輯刊』에서는 일신과 월신, 그리고 마혜수라천 등 개별 신중에 대한 연구가 이루어 졌다. 그리고 285굴 석굴 중앙에 밀교壇場을 설치하고 수계의식을 行하였을 가능성에 대한 논고는 賴棚擧의 著書 『敦煌石窟造像思想研究』에서 처음으로 거론되고 있음이 확인된다.

돈황 제285굴 서벽의 내용이 초기밀교와 관련 있을 가능성에 대하여는 대부분의 학자가 동의하고 있지만 구체적인 논고는 현재까지 이루어지지 않고 있다. 학자들이 서벽의 중요성에 대하여는 인지하고 있으나 현재까지 논고가 적은 이유는 본존이 미륵불인 서벽에서 각종 신중에 대한 도상학적인 해석이 쉽지 않으며, 관련된 소의경전이나 불교사상도 불확실하기 때문이다. 또한 서벽도상이 비교적 생소하며 관련된 유물도 운강석굴이나 호탄 지역을 제외하고는 현재까지 거의 출토

華信仰中的無量壽佛信仰 - 以莫高窟第285窟無量壽佛說法圖爲例」, 『敦煌研究』, 敦煌研究院, 2007; 張元林, 「論莫高窟第285窟日天圖像的栗特藝術原流」, 『敦煌學輯刊』, 蘭州大學敦煌學研究所, 2007; 張元林, 「觀念與圖像的交融 - 莫高窟第285窟摩醯首羅天圖像研究」, 『敦煌學輯刊』, 蘭州大學敦煌學研究所, 2007; 張元林, 「法華經佛性觀的形象詮釋 - 莫高窟第285窟南壁故事畫的思想意涵」, 『敦煌研究』, 敦煌研究院, 2007; 賀世哲, 『敦煌圖像研究, 十六國北朝卷』甘肅教育出版社, 2006, pp.295~342; 賀世哲, 「石室禮記 - 重新解讀莫高窟第285窟北壁八佛說法圖」 『敦煌研究』, 敦煌研究院, 2003; 賀世哲, 「敦煌莫高窟第285窟西壁內容考釋」, 『敦煌研究』, 1988年 第02期; 胡同慶, 「也談莫高窟第285窟十二時獸」, 『社科縱橫』, 甘肅省社會科學界聯合會, 2000; 梁尉英, 「莫高窟第249, 285窟狩獵圖似是不律儀變相」, 『敦煌研究』, 敦煌研究院, 1997; 文夢霞, 「再論東陽王元榮領瓜州刺史的時間」, 『敦煌研究』, 敦煌研究院, 2006; 胡同慶, 「時論敦煌壁畫中的不對稱中求不對稱美學特徵」, 『民族藝術』, 廣西民族文化藝術研究員, 2004; 賴棚擧, 『敦煌石窟造像思想研究』文物出版社, 2009, pp.299~321.

되지 않았다. 그리고 서벽에 도해된 30여구의 신중은 대부분『베다』나 힌두교, 그리고 헬레니즘과 관련 있어 불교미술사적인 해석도 쉽지 않기 때문이다.

285굴 서벽 神衆가운데 가장 유명하며 중요한 신중으로는 마혜수라천을 꼽을 수 있다. 마혜수라천은 불교에서 수용한 힌두교신 중 가장 인기 있는 신으로, 두 아들 즉, 비나가야천과 구마라천을 거느리고 본존의 좌측 협시존상으로 표현되었다. 마혜수라천은 힌두교의 주요 3신인 시바로 불교는 물론 조로아스타교와 같은 각종 종교에서도 이 신중의 권능과 도상을 차입하였다. 중국의 마혜수라천상은 5세기 후반에 조성된 운강석굴에서 처음 등장하였으며, 호탄에서는 285굴과 비슷한 시기의 사원지에서 벽화나 목판화 형식으로 발견되었다. 조로아스터교 유적에서도 마혜수라천과 관련된 많은 유물이 중국과 중앙아시아 지역을 중심으로 출토되고 있다.

마혜수라천과 관련된 논고는 비교적 많은 편이며 현재까지 가장 많이 발표되고 있다.[7] 전술한 賀世哲과 張元林이 대표적이며, 姜伯勤의『中国祆教艺术史研究』와『敦煌吐鲁番文书与丝绸之路』에서 조로아스터교의 風神인 베쉬팔카와 관련된

---

[7] 賀世哲,『敦煌圖像研究-十六國南北券』, 甘肅敎育出版社, 2006; 賀世哲,「莫高窟 第285窟 西壁內容考釋」,『1987년敦煌石窟硏究 國際學術討論會文集』, 遼寧人民出版社, 1990; 賀世哲,「觀念與圖像的交隆-莫高窟285窟 摩醯首羅天圖像硏究」4期, 蘭州大學 敦煌學硏究, 2007; 賀世哲,「莫高窟第285窟西壁內容考釋」『敦煌石窟硏究國際討論回文集/石窟考古편』, (敦煌硏究員編, 沈陽; 遼寧美術出版社, 1987; 姜伯勒,『敦煌土蕃文書與絲綢之路』, 文物出版社, 1994; 姜伯勒,『中國祆敎藝術史研究』, 三聯書店, 2004; 姜伯勒,「돈황 투르판 문서와 실크로드」『돈황 투르판과 실크로드의 소그드인』卷 第5, 文物出版社, 1994; 張文玲,「敦煌莫高窟第285窟印度敎圖像深討」,『1994年 敦煌學 國際硏究討會文集』, 甘肅民族出版社, 2000, 張元林,「觀念與圖像的交融-莫高窟285摩醯首羅天圖像硏究」,『敦煌學輯刊』4期, 蘭州大學敦煌學硏究, 2007, 張元林,「栗特人與第285窟的營建」,『2005雲岡國際學術討論文集/硏究編』, 文物出版社, 2006.8; 佐佐木律子,「莫高窟第285窟西壁內容解釋試論」,『日本藝術』第142冊, 1997, 김성훈,「돈황막고굴 제285굴의 마혜수라천연구」,『강좌미술사』42호, 한국미술사연구소, 2014.

마혜수라천의 神格이 새롭게 검토되면서 중국 학계에서 주목을 받고 있다. 마혜수라천은 後代의 불교미술에서 明王이나 大黑天, 그리고 大自在天 등으로 變容되거나 神衆圖에서 우두머리로 行勢하며 현재까지 존숭 받고 있는 중요한 신이다. 마혜수라천의 아들인 구마라천과 비나가야천 관련 논고는 贺世哲을 제외하고는 발표되지 않았다. 贺世哲은 그의 책『敦煌圖像硏究, 十六國北朝卷』에서 두 신중의 외모와 성격을 비교적 상세하게 거론하였으며, 관련된 소의경전도 언급하였다. 구마라천은 후대에 위태천이나 동진보살로 변신하며 지속적인 존숭을 받았으나, 비나가야천은 이질적인 외모와 아버지 시바와 관련된 설화 등의 내용이 동양인에게 不敬으로 생각되어 그의 造像은 유행하지 않았을 가능성이 있다. 그러나 唐代에 밀교본존의 변상도에 하위신중으로 꾸준히 등장하였으며, 호탄을 중심으로 가네샤 도상이 출토되어 몇 편의 연구가 있다.[8]

285굴 본존의 우측 협시신중인 나라연천(위뉴천)에 대하여는 초기 대승경전에 그의 명칭과 도상이 거론되었으나, 현재까지 구체적인 논고는 발표되지 않았다. 그러나 힌두교에서 그의 화신인 바라하상이 실크로드를 중심으로 출토되었으며, 나라연천이 불교미술에서 나라연금강의 시원일 가능성을 본고를 통하여 언급하고자 한다. 파수선은 중국의 북조시대에 유행한 尊格으로 돈황석굴은 물론 운강석굴이나 소남해석굴에서도 조상예가 전하고 있다. 특히 북조시기의 돈황석굴에서 파수선과 녹두범지는 一對二應神의 구도로 본존의 좌우에 주요 협시신중으로 조성되었고, 초당의 밀교관련 변상도에서는 각종 변화관음의 하위 신중으로 명맥이

---

8)   M. K. Dhavalikar, 'Ganesa - Myth and Reality', Robert L. Brown, *Ganesh - Studies of an Asian God*, 1991; M. K. Dhavaliker, 'Maha - Vinayaka; The Iconography of Central Asian Ganesa', *The Art of Central Asia and The Indian Subcontinent*, National Museum Institute, 2009.

이어졌다. 그동안 연구를 통하여[9] 두 신중의 성격과 경전적인 내용은 비교적 상세하게 드러났으나, 인도를 포함하여 서역에는 파수선의 조상예가 없어 해석에는 한계가 있다.

제285굴 서벽의 일신과 월신은 불교미술의 역사에서 가장 구체적으로 표현되었다. 서벽에서 일신과 월신의 위상은 이미 天界의 구성원을 벗어나 天(神)의 경지에서 본존을 위호하고 있다. 일신중과 월신중은 모두 16존으로 각종 불교적 천문사상이 압축되었고, 도상에는 헬레니즘, 페르시아, 그리고 중국 전래의 신선사상이 반영되어 학계에서도 관심이 많은 편이다. 특히 일신의 도상은 간다라지역과 서역을 중심으로 도상학적인 전파경로를 형성하고 있어, 서양에서도 관련 학자들의 논고가 이어지고 있다. 중국의 賀世哲과 張元林의 논고에서 285굴 서벽의 일신과 월신을 대상으로 한 연구가 비교적 상세하며,[10] 서양 학자들은 대부분 키질석굴의 천정과 바미얀석굴에 그려진 일신도상의 기원문제에 관심을 갖고 있다.[11] 현재까지

9) 賀世哲, 『敦煌圖像學硏究 - 十六國北朝券』, 2006, 蘭州, 甘肅教育出版社; 謝生保, 「時論敦煌石窟壁畫中的婆藪仙人和鹿頭梵志」, 『2000年敦煌國際學術討論會論文諸要集』, 2000; 張元林, 「莫高窟北朝窟中的婆藪仙人和鹿頭梵志形狀再識」, 『敦煌研究』, 敦煌研究員, 考古所, 2002; 王惠民, 「婆藪仙与鹿头梵志」, 『敦煌研究』, 2002年 02期.

10) 張元林 「論幕高窟第285窟日天圖像的栗特藝術原流」, 『敦煌北朝石窟藝術史研究』 제3기, 敦煌學輯刊, 2007; 賈應逸 祁小山, 『印度到中國新疆的佛教藝術』, 甘肅教育出版社, 2002, 賀世哲, 『敦煌圖像學研究 - 十六國北朝券』, 甘肅教育出版社 2006; 佐佐木律子, 「莫高窟第285窟西壁內容解釋試論」, 『日本藝術』 제142책. 1997.

11) Kilimkeit, Hans - J, 'The Sun and Moon as Gods in Central Asia', *Bulletin of the South Asian Religious Art(SARAS)*, Reading(U.K.), No.2, 1983; Helene Diserens, 'Two stone reliefs of Surya from Gum - A study of the sun - chariot and its terms', *Silk Road Art and Archaeology: Journal of the Silk Road Studies*, vol.5, 1997.8; David Efurd, *Early Iconography of the Indian Sun - god Surya*, MA. Thesis, University of Georgia, 1999; B. Rowland, 1938, 'Buddha and the Sun God', *Zalmoxis: Revue des Etudes Religieuses I*, 1938, pp.69~84; Ma Shichang, 'Kizil zhongxinzhu ku zhushi quanding yu hoshi de bihua', *Zhongguo Shiku - Kizil ShikuII*, Beiing, 1996, vol.2. pp.174~226; Kilimkeit, Hans - J, 'The Sun and Moon as Gods in Central Asia',

제285굴의 일신과 월신에 대하여는 주로 중국의 학자를 중심으로 거론되어 왔다.

대승불교가 발흥한 인도의 서북부지역은 불교와 힌두교신의 조상활동이 시작된 지역으로, 대승불교를 개창한 龍樹의『대지도론』등에 이미 불교에 전입한 각종 힌두교신의 명칭 및 성격, 그리고 도상이 언급되었다. 그러나 간다라지역의 불교미술에서 인드라나 브라흐마, 그리고 하리티 등을 제외하고는 그 흔적이 많지 않으며, 초기 신중의 특징인 다면다비상이나 분노존상은 거의 출토되지 않았다.

본고에서 기술할 박트리아 – 쿠샨시기의 동전은 간다라지역의 석조물보다 시대적으로 先行할 뿐 아니라, 王과 神의 이름을 함께 새기어 각종 신중의 도상학적인 기원문제에 참고가 될 가능성이 있다. 동전에 새겨진 신들은 그리스와 조로아스터교, 불교와 힌두교신 등이 망라되었으나 그동안 부처상에 주목하였을 뿐 타 종교의 신에 대하여는 특별한 주의를 기울이지 않았다. 알렉산더 침공 이후 이 지역은 정치적으로 여러 민족의 종교를 포용하였으며, 각 종교에서 이와 같은 분위기에 편승하여 타종교의 주요 신을 흡수, 통합하는 현상까지 발생하였다. 당시 발흥한 대승불교도『베다』나 힌두교계통의 신을 수용하였으며, 수용된 신중의 도상은 동전에 새겨진 각종 신의 도상이 참고 되었을 가능성이 많다. 박트리아 – 쿠샨시기의 동전은 그동안 상당량이 발굴되었으며, 학자들의 연구를 통하여 들어난 성과도 있다.[12)]

Bulletin of the South Asian Religious Art(SARAS), Reading(U.K.), No.2, 1983.

12) C. J. Brown, *The coins of India*, Oxford University Press, 1922; Rekha Jain, *Ancient Indian Coinage*, D. K. Printworld. Ltd., 1962; D. C. Sircar, *Studies in Indian Coins*, Motilal Banarsidass Publishers Private Limited, 1968; Parmeshwari Lal Gupta, Sarojini Kulashreshtha, *Kusana Coins and History*, D. K. Printward(P) Ltd., 1994; Michael Mitchiner, 1973, 'The origins of Indian Coinage', Hawkuns Publications; Dobbins, K. Walton. 1971. 'The Stūpa and Vihāra of Kanishka I', *The Asiatic Society of Bengal Monograph Series, Vol.XVIII*, Calcutta, Kumar, Baldev, *The Early Kuṣāṇas*, New Delhi, Sterling Publishers, 1973; Sims – Williams, Nicholas and Joe Cribb: 'A New Bactrian Inscription of Kanishka he Great', *Silk Road Art and Archaeology 4*, 1996; Sims – Williams, Nicholas, *Further notes on the Bactrian inscription of Rabatak, with*

호탄지역은 타클라마칸사막의 남쪽에 위치한 실크로드의 중요한 중계지로 한때 고대 쿠샨왕조의 통치권에 있었으며, 인도와도 지리적으로 인접하여 힌두교신이 이 지역에도 소개되었을 가능성이 있다. 그리고 이 지역은 대승불교의 밀교화가 시작된 지역으로 호탄의 토착종교는 불교에도 영향을 주었으며 이 지역에서 발굴된 각종 힌두교 신상과 밀교상 등이 이와 같은 가설을 증명하고 있다. 사원지 벽화나 목판화의 형식으로 발견된 각종 힌두교신상은 佛의 호법신이나 조로아스터교의 신으로 추정되고 있다. 호탄은 돈황과도 가까워 호탄지역의 불교와 미술은 중국에도 상당한 영향을 주었으며, 이와 같은 호탄지역의 중요성에 주목하여 중국은 물론 서구를 비롯하여 일본, 인도 학자의 논고도 이어지고 있어 참고가 되고 있다.13)

an Appendix on the names of Kujula Kadphises and Vima Taktu in Chinese, 1998; Susan L. Huntington, *The Art of ancient India*, Weatherhill Boston, London, 2001.

13) Andrews, F. H, 1948, *Wall Painting from Ancient Shrines in Central Asia*, Oxford University Press, New Delhi; Baumer, Christoph, 2002, *Southern Silk Road: In the Footsteps of Sir Aural Stein and Sven Hedin, 2nd edn*, Orchid Press, Bangkok; Belenitskii, A, M, and B. I. Marshak, 1981, *The Painting of Sogdiana, in Azarpay Guitty, Sogdian Painting*, University of California Press, London; Compareti, Matteao, 2007, 'The Indian Iconography of the Sogdian Divinities: The and Textual Evidence', in A. Betts and F. Kidd, *New Discoveries in Silk Road Archaeology*, ICAANE5; Mode, M, 1991, 'Sogdian Gods in Exile. Some Iconographic evidence from Khotan in the Light of Material Excavated in Sogdiana', *South Asian Archaeology*, Stuttgart; Stein, Marc Aurel, 1904, 'Sand - buried Ruins of Khotan', Hurst & Blackett, London; Whitfield, Roderick, 1982~1985, 'The Art of Central Asia: The Collection in the British Museum, 3 vols, Kodan International', London and Tokyo; Williams, joanna, 2000, 'The Iconography of khotanese Painting, in East and west', Vol.23, IsMEO, Rome, 1973, Yaldiz, Marianne et al., Magische, SMPK, Berlin; Stein, Marc Aurel, 1904. 'Sand - buried Ruins of Khotan', Hurst & Blackett, LBailey, H. W, 1945, Khotanese Texts 1, university Press, Cambridge; Bailey, H. W, 1951, 'Khotanese Buddist Texts', Taylor's Foreign Press, London; Stein, M. Aural, 1907, 'Ancient Khotan, Clarendon Press', Oxford, London; Anupa Pande, 2009, 'The Art of Central Asia and The Indian Subcontinent', National Museum Institute, New Delhi; Lokesh Chandr, 2009, 'A Central Asia as the Path of Sutras. The Art of Central

호탄의 각종 회화에 표현된 공양인의 복색과 말 등은 소그드인과 관련이 있어 주목받고 있다. 호탄지역은 당시 대상로를 장악했던 소그드인의 거점지로 불교와 힌두교는 물론 조로아스터교와 관련된 신의 도상도 꾸준히 출토되고 있다. 이와 같은 현상은 키질이나 베제클릭석굴을 비롯하여 돈황 막고굴 등에도 나타나며, 중국에서는 고대 소그드인의 묘를 중심으로 출토되고 있다. 본서에서 중점을 두고 있는 마혜수라천과 관련된 소그드인과 소그드인의 종교미술은 그동안 학계에서도 주목하고 있었으며, 관련된 논고도 현재까지 상당한 수준의 성과를 내고 있다.[14]

고대 소그드인의 도시에서 발견된 각종 유물은 조로아스터교와 관련된 주요 神의 圖像으로 본고에도 참고가 되었다. 조로아스터교 사원 벽화에 조성된 힌두교계통의 주요 신은 브라흐마(Brahma), 인드라(Indra), 마하데바(Mahadeva), 나라야나(Narayana)와 베이쉬라바나(Vaishravana) 등이 확인되었는데, 브라흐마(Brahma)는 조로아스터교의 즈르반(Zurvan)으로, 인드라(Indra)는 압바드(Adbad)

Asia and The Indian Subcontinent', National Museum Institute, New Delhi; Lokesh Chandra, 2009, 'Dandan - Uiliq Panels for the Divine Protection of Khotan, The Art of Central Asia and The Indian Subcontinent', National Museum Institute, New Delhi.

14) Belenitskii, A. M, and B. I. Marshak, *The Painting of Sogdiana', in Azarpay Guitty, Sogdian Painting*, University of California Press, London, 1981; Compareti, Matteao, 'The Indian Iconography of the Sogdian Divinities: The and Textual Evidence', A. Betts and F. Kidd, *New Discoveries in Silk Road Archaeology*, ICAANE5, 2007; Mode, M, 'Sogdian Gods in Exile. Some Iconographic evidence from Khotan in the Light of Material Excavated in Sogdiana', *South Asian Archaeology*, Stuttgart, 1991; Christoph Baumer, 'Sogdian or Indian Iconography and Religious Influence in Dandan - Uiliq; The Murals of Buddhist Temple D13', *The Art of Central Asia and The Indian Subcontinent*, National Museum Institute, New Delhi, 2009; Mariko Namba Walter, 'Buddhism and Iranian Religions Among Sogdians Religious Interactions in Sogdian Funeral Art – A Buddhist Perspective', *The Art of Central Asia and The Indian Subcontinent*, National Museum Institute, New Delhi, 2009; 민병훈, 「이종교간의 습합과 공존」, 『미술자료』 78, 국립중앙박물관, 2009; 조성금, 『천산위구르왕국의 불교회화 연구』, 동국대학교대학원 미술사학과 박사학위논문, 2013.

로, 시바(Siva)는 베쉬파카(Veshparkar)로 변모하였으나, 비슈누(Vishnu), 나라야나 (Narayana)와 베이쉬라바나(Vaishravana)는 조로아스터교에 대응하는 신이 현재로 선 발견되지 않고 있다. 펜지켄트 유적과 관련된 논고에서[15] 힌두교신과 대응하는 조로아스터교 신의 규명은 상당한 성과로 보이며, 조로아스터교 미술에 대한 논고 도 중국학자를 중심으로 현재까지 꾸준히 성과를 내고 있다.[16]

투르판 지역의 고창고성과 인근의 코초와 베제크릭과 같은 석굴에서도 불교는 물론이고 조로아스터교나 마니교, 경교와 같은 각종 종교의 유물이 발굴되고 있 다. 특히 코쵸에서 출토된 마니교의 경전 단편에서 마니교 주요 신의 도상에 각종 힌두교신이 차용되었는데, 비슈누의 화신인 돼지머리의 바라하와 브라흐만, 시바 등이 확인된다. 이 마니교와 관련된 신의 도상은 異 宗敎間의 교류를 보여주는 좋 은 자료가 되며, 그동안 연구 성과는 드물지만 관련 저술이 있다.[17]

6세기 초에 돈황지역에서 제285굴 정도의 불교석굴을 조성할 수 있는 當代의 사회적인 분위기를 통하여 서역을 중심으로 초기밀교와 관련된 신중신앙이 상당 한 수준으로 유행했다는 것은 추측가능하다. 그러나 초기밀교와 같은 신중신앙에 대한 연구는 미진한 편이며 관련된 돈황 유서와 문헌 등도 검토되고 있지 않는 점 은 초기밀교 미술의 해석에 숙제로 남고 있다.

---

15) S. P. Gupta, 'Hindu Gods in Western Central Asia A Lesser Known Chapter of Indian History', *Journal of Astha Bharati*, New Delhi, 2002.

16) 姜伯勤.『中国祆教艺术史研究[M]』, 北京 : 生活·读书·新知 三联书店, 2004; 姜伯勤. 『敦煌吐鲁番文书与丝绸之路[M]』, 北京 : 文物出版社, 1994; 张广达, 『祆教对唐代中国之 影响三例[M]』, 尤巴尔Denys.法国汉学, 第1辑, 北京: 清华大学出版社, 1996; Boyce, Mary, *Zoroastrians: their religious beliefs and practices, Routledge,* 2001.

17) Hans Joachim Klimkeit, 林悟殊 譯, 『古代摩尼敎藝術』, 世界文化叢書, 淑馨出版社, 1995; 林悟殊,『摩尼敎及其東渐[M]』, 北京: 中华书局, 1987; 林悟殊, 『唐代景教再研究 [M]』, 北京: 中国社会科学出版社, 2003.

3. 연구범위 및 방법

본고는 대승불교가 시작된 기원후 1-2세기 경부터 중국의 남북조시기까지 실크로드를 중심으로 불교에 수용된 힌두교계통 신중과 관련된 연구다. 5세기 이전의 유물은 운강석굴을 제외하고 거의 남아있지 않으며, 주로 西域을 중심으로 6-8세기의 유적에서 관련된 유물이 집중적으로 출토되고 있다. 지역적으로는 인도의 서북부에서 중국의 大同까지로 유물이 출토된 중앙아시아 지역과 서역으로 한정하였다. 인도의 內地나 불교의 남전루트에서는 초기밀교와 관련된 유물은 현재까지 보고되지 않고 있다. 본고는 주로 실크로드의 관문에 위치한 돈황 막고굴 제285굴을 중심으로 연구를 진행하는데, 석굴의 조성연대(538-539년)가 비교적 확실하고, 서벽 본존을 중심으로 각종 힌두교계통의 신이 집대성되었기 때문이다. 제285굴에 도해된 개별 신중의 양식분석을 통하여 기원문제와 전입경로, 그리고 소의경전에 중점을 두고 연구하고자 한다.

이와 같은 연구를 위하여 고대 인도의 『베다』와 『라마야나』, 『마하바라타』와 같은 경전과 『퓨나라』 등 의식집에 기술된 인도신의 原形(기본성격과 명칭 등)을 검토하는 것이 중요하다고 본다. 그리고 초기 대승경전에 기술된 각종 인도전통의 신중과 관련된 기사도 참고가 되는데, 경전의 내용은 불교석굴의 조영이나 사원조성에 반영되었다. 역경승의 출신이나 언어적 배경도 초기신중의 성립에 상당한 영향을 주었다고 생각된다. 특히 대승불교에서 싹튼 밀교적인 요소는 신중의 대상이 늘어나고 신중의 성격과 권능에 변화를 가져온 중요한 요인으로 본고에서는 이와 같은 자료를 통하여 도상학적인 원류를 검토하고, 각종 초기밀교계 신중의 형성배경을 규명해 보고자 한다.

지금까지 발견된 초기 신중상은 대부분 실크로드에 위치하며 이란지역 미술의 특징이 나타나는 공통점을 갖고 있다. 그리고 각종 유물로부터 불교와 소그드인의 종교가 상호 영향을 미치고 있었다는 사실도 확인되는데, 소그드인은 조로아스터 교도로 주요 신의 도상에 힌두교계 신을 적용하는 특성을 보이고 있다. 이와 같은 점은 소그드인의 주요 거점 도시였던 펜지켄트, 투르판, 호탄과 중국의 돈황 등에서 발견된 각종 유물과 기록에서도 확인된다. 소그드인은 마니교나 경교도 신앙하였고 불교의 譯經이나 석굴조영에도 참여하였는데. 소그드인의 종교적인 行態는 불교미술에서 각종 초기불교 신중상의 성격과 수용경로의 해석에 참고가 된다.

제285굴의 서벽 도상은 이와 같은 관점에서 상당한 의의를 갖는다. 서벽 상단에 도해된 일월신과 각종 인도전통의 신중상은 불모지나 다름없는 초기밀교와 관련된 미술의 실체를 보여주고 있다. 일월신은 고대 인도의 수리아와 로마의 미트라신, 그리고 중국의 신 등 복합적인 요소가 적용되었고, 16존으로 구성된 일신중과 월신중의 도상에서는 헬레니즘과 페르시아, 인도의 영향이 나타나며, 의상과 수레는 중국의 고대 신화가 반영되었다. 마혜수라천, 위뉴천, 비나가야천, 구마라천, 파수선인, 사천왕 등도 대표적인 호법신으로 밀교신의 판테온을 형성하는 중심에 있다. 서벽 신중들은 오늘날까지도 명칭과 도상의 변용을 거치면서 존속하고 있는데 마혜수라천은 중기밀교의 명왕이나 현교의 대자재천이 되었고, 후대의 인왕이나 동진보살, 위태천 등도 초기밀교의 나라야나나 구마라천과 관련이 있다.

신중의 도상학적인 기원은 헬레니즘의 영향을 받은 박트리아 – 쿠샨시기의 미술과 관련 있으며 후대의 전파과정에서 이란미술의 영향을 받았다. 이와 같은 관점에서 쿠샨시기의 미술과 소그드인의 종교미술에 중점을 두고 초기 신중상의 전입 및 전파경로를 분석하고자 한다. 그리고 밀교계통 신중상의 가장 큰 특징 중 하나인 분노존은 285굴의 서벽에 처음 반영되었는데 현교의 천왕이나 인왕, 그리고 야차 등도 비슷한 시기부터 분노의 경향이 드러나고 있다. 분노존의 기원문제는 불교미술에서 현재까지 다루지 않은 분야로 인도와 서역을 중심으로 검토하고자 한다.

위와 같은 내용을 바탕으로 본고의 Ⅱ장에서는 초기밀교 미술의 실체를 규명하기 위하여 초기밀교의 성립배경과 『베다』와 힌두교신의 원형을 검토하고 초기경전을 중심으로 밀교계통 신앙을 규명하고자 한다. Ⅲ장을 통하여 쿠샨시기와 굽타시기에 조성된 인도전통의 각종 신중상과 불교미술과의 도상학적인 관련성을 검토하고, Ⅳ장에서는 지금까지 서역을 중심으로 출토된 각종 힌두교계 신상을 중심으로 도상적인 특징과 전입경로를 규명하겠다. 특히 힌두교신의 수용과정과 異宗敎간의 전파와 관련 있는 소그드인의 역할에 주목하겠다. Ⅴ장에서는 본고의 주제인 제285굴의 조성시기와 조성내용을 간략히 살펴보고, 석굴 조성 당시 과주자사를 역임한 동양왕 원영의 年紀와 그의 사경을 검토하겠다. 그리고 석굴에 조성된 벽화의 양식분석 등을 통하여 조성연대를 再論하고, 석굴의 型制와 불상의 배치형식에 따른 석굴의 기능문제와 밀교의식과의 관련성도 다루어보도록 하겠다. Ⅵ장은 본고의 결론부로 서벽을 중심으로 도해된 각종 개별신중의 기원과 전개부분에 대한 도상해석을 시도하고자 한다. 특히 후대까지 긴 생명력을 유지하고 있는 일월신과 마혜수라천상에 중점을 두고 검토하고자 한다. Ⅶ장에서는 주요 초기신중의 후기적 변용과 돈황의 초기석굴을 중심으로 적용된 사례를 살펴보도록 하겠다.

Ⅱ 초기밀교 미술의 성립

1. 밀교와 밀교의 분류

밀교는 지역적으로는 인도밀교와 중국밀교, 티베트지역의 장전밀교, 그리고 사천밀교(川密)[1] 등으로 대별할 수 있으며, 8세기경 중국의 밀교에서 영향을 받은 일본의 동전밀교[2]는 전법승과 소의경전에 따라 東密과 胎密로 다시 세분하고 있다. 잡밀(雜部密敎)과 순밀(正純密敎)이라는 용어는 일본에서 시작되어 동북아 불교에서 국지적으로 사용하는 분류로, 초기밀교와 중기밀교의 일본식 분류다.

인도에서 중기밀교 개창자들은 밀교가 석가모니 재세 당시부터 시작되었다고 주장하나[3] 대체적으로 밀교는 대승불교와 동반하였으며, 대승불교의 역사와 함께

---

1) 밀교의 지파로 평가받는 사천지역의 川密은 개원 삼대사의 밀법이 柳本尊(844~907년), 趙智鳳에게 전해졌는데 유본존과 조지봉은 사천지역에서 활동하여 '川密'이라고 부른다. 두 사람은 대족석굴과 안악석굴을 개착했으며 이들의 밀교는 대승불교와 현지의 민간신앙인 무교 등 유불선 삼교합일과 선불합종의 관념이 습합되었다.

2) 일본에 밀교를 전파한 入唐八大家는 最澄, 台密, 圓仁, 圓珍, 空海, 圓行, 常曉, 宗叡, 惠連으로, 최징은 귀국 후 중국불교 천태산과 밀교교의를 융합하여 일본 천태종을 創造하였으며, 台密三流라고 불린 태밀, 원인, 원진은 일본 교토의 히에이잔에 있는 엔락쿠지와 온쵸우지를 중심으로 활략했다. 일본 도지를 중심으로 활략한 공해, 원행, 상효, 종예, 혜려는 眞言密敎를 개창하여 東密이라 부른다. 태밀과 동밀은 당나라의 밀법을 이어받아 일본에 광범위하게 펼쳤는데, 『대일경』과 『금강정경』을 소의경전으로 태장계 만다라와 금강계 만다라로 분류한다.

3) 중기밀교의 개창자들은 밀교의 역사가 현교보다 이른 석가모니 재세부터 시작되었다고 보는데 밀교는 석가모니 성도 후 최초 7일 동안 법신불의 形象을 대보살과 금강역사들이 傳授한 것을 이르며, 이를 후대에 인간에게 전수한 것을 현교라고 한다. 석가모니 성도상인 법신불은 밀교 최고의 佛로써 비로자나불을 일컬으며 즉 대일여래로써 그 뜻은 여래의 지혜의 빛이 비추지 않는 곳이 없으며 삼천대천세계에 대방광명하며 중생의 지혜를 개발하고 일체 세간과 출세간의 사업을 성취한다는 것이다. 금강수보살은 비로자나불의 밀법을 듣고 불

차츰 체계화 되었다.[4] 밀교가 성립될 당시의 불교는 부파불교시대(소승불교시대)로 실천보다는 전문적인 이론과 승려중심의 개인성불의 경향이 매우 짙었다. 이러한 불교계의 흐름은 교학(敎學)의 발전을 가져오는 장점도 있었지만, 많은 신도를 잃게 되었고 교단의 위축을 가져오는 단점도 있었다. 이러한 단점을 극복하고 실천을 위주로 한 대중 불교운동이 대승불교며 한걸음 더 나아가 실천적인 행위가 강조된 불교가 밀교다.[5]

인도의 중기밀교는 대승불교의 한 분파로 7세기경 성립되었다. 불교사상의 두 주류인 중관학파(中觀學派)[6]의 공사상(空思想)과 유가유식학파(瑜伽唯識學派)[7]

경에 기록하여 전설상의 '남천철탑'에 보관한다. 그리고 석가모니불 열반 후 800년이 지나면 인도의 용수보살이 염송수지로 일종의 비로자나불의 주술을 획득한 연후에 그는 일종의 신비한 식물종자 즉 7립의 겨자씨의 힘을 빌려 남천철탑의 대문을 연다. 이때 금강수보살은 곧 밀교의 『대일경』과 『금강정경』 등 각종 밀법을 용수보살에게 전수하고 용수보살은 용지보살에게 용지보살은 역사의 인물인 북인도 나란타사의 선무외, 금강지에게 전수하는데, 이로부터 '즉신성불의 밀법'이 인간에게 전해졌다는 것이 밀교수행자의 설명이다.

4) 松長有慶著, 許一範譯, 『密敎歷史』 경서원, 1990, pp.43~51.

5) V, Khetri, *Buddhism in India(History and Culture)*, Arise Publishers & Distributors, 2011, pp.12~32.

6) 중관학파(中觀學派, madhyamika)는 용수(龍樹: 150?~250?년)의 불교사상을 바탕으로 체계화된 인도 대승불교의 종파다. 중관파는 유식유가행파와 더불어 인도 대승불교의 2대 주류를 이루었다. 중국 불교의 삼론종은 인도 불교의 중관파에 대한 중국 명칭에 해당한다. 고타마 붓다의 근본사상인 연기설(緣起說)을 空의 입장에서 해명하고 공의 사상을 철학적으로 다듬은 용수(龍樹, 150?~250?년)는 후대의 불교에 깊은 영향을 주었다. 용수의 사상은 그의 제자인 제바(提婆, Āryadeva, 170~270년)와 제바의 제자인 라후라발타라(羅睺羅跋陀羅, Rāhulabhadra, 라훌라바드라, 羅睺羅, Rahulata: 3세기) 등에게 계승되어 중관파라고 불리는 계통이 성립되었다.

7) 유가행파(瑜伽行派), 요가차라(Yogācāra)는 4세기 인도의 무착이 만든 대승불교 종파다. 대승불교를 창시한 3세기 용수의 중관파와 함께 대승불교의 양대 축이다. 호흡을 조정하고 마음을 가다듬는 지관(止觀, 선정과 지혜) 수행을 통해 바른 이치(正理)와 상응(相應)하는 유가행(瑜伽行, Yoga, 요가)을 실천하였다. 유가행파는 유가행의 체험을 바탕으로 아뢰야식이라는 새로운 심식(心識)과 이에 따른 체계를 도입함으로써 중관파에서 주장된 반야의 공사

의 유사상(有思想)을 동시에 계승, 발전시키면서, 바라문교와 힌두교 및 민간신앙까지 폭넓게 받아들여, 그것을 다시 불교적으로 정립한 것이 중기밀교의 사상적 바탕이 되었다.[8][9] 이는 바라문교나 힌두교의 현세 이익적인 요소가 불교의 열반이나 성불을 위한 수행법으로 승화되어 순화하는 현상이다. 『대일경』의 성립을 본격적인 밀교경전의 효시로 보며, 이후 7, 8세기에 『금강정경』이 등장하여 나란타 사원을 중심으로 인도밀교의 주류를 형성하였다.[10] 학계에서는 일반적으로 『대일경』과 『금강정경』이 성립되기 이전의 밀교사상을 초기밀교라고 호칭하고, 그 이후의 것을 중기밀교로 구분하고 있다.

밀교사상의 이론적인 원리를 밝힌 『大日經』과 실천법의 체계를 세운 『金剛頂經』은 중기밀교의 근본경전이다. 경전에 따르면 밀교는 법신불인 대일여래를 중심으로 한 태장계와 금강계의 수행법을 익히면 이 육신 자체가 바로 부처가 될 수 있다는 즉신성불을 강조한다.[11] 그러므로 밀교 수행자는 누구나 입으로 진언(眞言)을 염송하고 손으로 결인(印)을 하며 마음으로 대일여래를 생각하는, 신구의(身口意)의 삼밀가지(三密加持)를 행하여 중생의 삼밀과 부처의 삼밀이 서로 감응 일치하여 현생에서 성불하는 것을 목표로 삼고 있다.

인도의 후기밀교는 대체적으로 9세기 이후의 밀교를 지칭하며 불교의 힌두교화라는 평가를 받고 있다. 바즈라야나 즉 금강승[12]으로 호칭되는 인도의 후기밀교

상(空思想)의 불충분한 점을 보충하고, 일체의 존재는 심식(心識)의 변전이며 심식(心識)만이 실재라고 보는 유식설(唯識說)을 세워 대승의 교리적인 발전을 성취하였다.

8) 松長有慶 著, 許一範 譯, 『密敎歷史』, 경서원, 1990, pp.19~24.
9) 김익순, 앞의 책 pp.24~34.
10) V, Khetri, *Buddhism in India(History and Culture)*, Arise Publishers & Distributors, 2011, pp.66~92.
11) 김익순, 앞의 책, pp.45~56.
12) 밀교에 해당하는 인도의 호칭은 바즈라야나(vajra - yāna: 金剛乘)인데, 이것은 후기 대승

는 기존의 대승불교와는 차별화된 교의로 더욱 힌두교에 근접한 탄트라 불교의 양상을 띠고 있다. 금강승이란 인도불교의 최종 발전단계로서 대승불교의 인도식 변용이다. 교의는 힌두교의 의례와 내용을 많은 부분에서 채용함으로써 불교 고유의 특징을 상실함과 동시에 종국적으로는 힌두교에 동화되는 결과를 초래하였다.[13]

밀교는 『대일경』, 『금강정경』을 근거로 하여 공(空)에 바탕을 둔 지혜와 중생구제의 방편을 중요시하였다. 이는 陀羅尼 뿐만 아니라 화엄철학과도 관련되는데, 금강승은 이에 반하여 힌두교의 탄트리즘(tantrism)을 수용하여 타락적인 신비주의와 결합하게 되었다. 금강승에서는 지혜를 靜的으로 파악하여 여성에 비유하고, 방편을 動的으로 파악하여 남성에 비유하였다. 그리고 이와 같은 지혜와 방편의 合一에 의하며 체득되는 궁극의 경지를 涅槃으로 표현하였다. 이러한 이론이 수행과정에도 도입되면서 밀교는 자체분열의 운명을 재촉하였고, 힌두교에 混融되면서 인도의 밀교는 쇠퇴할 수밖에 없었다.

중국밀교의 발전사도 세 단계로 나누어 초기와 중기, 그리고 후기밀교로 구분하고 있다. 초기밀교는 대승경전에 속해있는 밀교로 역사적으로 중기밀교에 비하여 先行하며, 명칭 그대로 '잡다하고 체계화 되지 않은 밀교'라는 정의를 하고 있다.[14] 중국의 초기밀교는 인도밀교와 함께 태동하였으나 불교의 동전과정에서 다양한 민족의 사상과 종교의 영향을 받으며 다른 경로를 통하여 정립되었다.[15] 그리고

불교를 대표한다. 바즈라야나, 즉 금강승은 實在와 現象을 자기의 한 몸에 융합하는 즉신성불(卽身性佛)을 목표로 한다. 이는 '다양한 것의 통일'이라는 사상을 바탕으로 하고 있는 것으로, 통일의 원리는 空과 慈悲의 일치, 즉 반야(般若, 지혜)와 方便의 일치로 나타난다.

13) V, Khetri, *Buddhism in India(History and Culture)*, Arise Publishers & Distributors, 2011, pp.12~32.

14) 한국사전연구사, 『종교학대사전』, 종교학사전 편찬위원회, 1998, pp.398-399; 김상길 편저, 『불교대사전』, 홍법원, 1998, pp.721-722; 김익순, 앞의 책, pp.35~41.

15) 呂建福, 『중국밀교사』, 중국사회경학출판사, 1995, pp.21~35.

아직 밀교로써 조직체계가 완성되지 않아 종교적 이념과 성불사상이 없거나 빈약한 상태의 밀교로, 그 성격을 규정하는 것은 매우 어렵다. 우선 현교 즉 대승불교와 구분이 쉽지 않을 뿐만 아니라, 현지 토착종교와 습합되어 밀교로서 규정하기가 쉽지 않기 때문이다.[16]

그러나 중국의 남북조시대를 거치면서 대승불교에 밀교적인 요소가 점차 들어나며 수, 당대에는 관련경전이 본격적으로 등장하였다. 그리고 변화관음과 같은 본존과 협시성중의 역할이 정비되면서 밀교미술에도 반영되었다.『개원석교록』에 의하면 초당시기에 밀교관련 한역이 유행하였는데 현장이 656년에 중역한『십일면신주경』과 불타파리가 중역한『불전관승다라니경』, 지파가라가 685년 초역한『대승밀엄경』, 의정이 683년 중역한『불공견색주심경』, 709년 중역한『천수천안관세음보살로다라니경』그리고 보제유지가 신역한 30권본『불공견색신변진언경』등이 대표적이다.[17] 이와 같은 경전의 내용과 역경승들의 당대 위상을 고려할 때 중국의 밀교는 인도의 전법 삼대사가 도착하기 前인 초당시기에 이미 상당부분 완성되었으며, 용문석굴, 돈황 등의 불교미술에도 반영되었다.

중국의 중기밀교는 당 현종(712~756년) 대에 인도에서 건너온 개원3대사의 활동시기에 번역된『금강명경』과『대일경』이 완성된 시기부터 8세기 後半까지의 밀교를 이른다. 중기밀교는 초기밀교에 비하여 교리가 철학적, 그리고 종교적 이념으로 조직화되었고 成佛思想도 완전히 정립되었으며, 각종 儀軌에 의하여 信行되는 高度로 발달된 밀교다.[18] 중국의 중기밀교에 개원3대사의 역할이 컸지만 전

---

16) 呂建福, 앞의 책, pp.1~10.
17) 呂建福, 앞의 책, pp.130~183.
18) 呂建福, 앞의 책, pp.36~63; 양용단,『漢兩晉南北朝佛教史』上 · 下册, 中華書局, 1983, pp.55~87.

술한 수 당대부터 정비된 초기밀교의 영향도 무시할 수 없다. 중국의 중기밀교는 당말 安史의 難(755~763년)이나 會昌法難(845년) 이후 교세가 급격히 쇠퇴하면서 宋 이후 후기밀교의 시대를 맞게 된다.

중국의 중기밀교가 초기밀교와 다른 점은 본존불이 대일여래를 포함한 석가여래나 약사여래 등 다양한 佛格으로 나타나며, 십일면, 천수천안, 불공견삭 등의 변화관음도 본존으로 등장한다. 초기밀교의 단계에서는 삼밀[19] 중 구밀위주로 발달하였으며, 치병, 구아, 연명 등 현세이익을 목적으로 하며 成佛은 강조하지 않고 있다. 이에 비하여 중기밀교의 특성은 본존이 대일여래라는 우주적인 佛格이 등장한다. 또 신구의 삼밀을 총합적으로 구사하고 전신적 해법으로 '삼밀요가'[20]가 완성되었다. 종래의 현세적인 이익만을 추구하는 초기밀교에 더하여 출세간적인 성불사상까지 강조되며 대일여래를 중심으로 만다라가 등장하고 성불하는 구체적인 실천법까지 제시한다. 중국에서 밀교를 초기와 중기로 나누는 구분법은 인도와 같으나 중기밀교의 본격적인 시작은 인도와 중국이 약 1세기 정도 차이가 난다.

---

19) 밀교에서 신체·언어·정신으로 짓는 신(身)·구(口)·의(意)의 삼업을 이르는 말이다. 7세기경 인도에서 유래하였는데 眞言을 외우는 口密, 손으로 手印을 맺는 身密, 마음으로 불보살의 尊像을 바라보는 意密을 이른다. 밀교에서는 법을 설하는 주체를 법신인 大日如來로 보고, 수행 방법도 보리심을 일으켜 선정에 드는 것이 아니라 손으로 結印을 하고, 입으로 眞言을 외우며, 마음으로 관념을 모아 현재의 몸 자체로 부처가 되는 삼밀행법을 택한다. 신밀은 '부처님의 수인'을 말하며, 구밀은 '본존의 주술어'로 입안에서 염송하는 진언을 말하며, 의밀은 '본존을 관상하는 심리'나 혹은 '본존의 주술어'를 말한다. 신밀, 의밀, 구밀 모두 본존과 일치한 후 수행자가 신속히 본존과 감응을 득해야 한다고 한다.
20) 삼밀수행 또는 삼밀요가는 무드라(Mudra)·만트라(Mantra)·만다라(Mandala)를 통해 구체적으로 법신불을 모방하고자 하는 방법론이다. 무드라(Mudra)는 손으로 수인(手印)을 맺는 신밀(身密)이다. 만트라(Mantra)는 입으로 진언을 외우는 구밀(口密)이다. 만다라(Mandala)는 정신을 집중해서 법신을 관상하는 의밀(意密)이다. 行者는 손으로 결인(結印)을 하고, 입으로 진언(眞言)을 외우며, 마음으로 관념을 모아 현재의 몸 자체로 법신(바이로차나)이 되기 위해 삼밀을 이용한다.

밀교미술을 이해하기 위하여 중기밀교의 行法을 간단히 살펴보면, 밀교의 密이
란 '밀교적 생각'을 말하며 불법을 깨우치는 방법이 두 종류가 있다. 하나는 스스로
학습이 가능한 일명 현교가 있고, 다른 하나는 스승으로부터 직접 전수 받은 심오
한 요강으로 현교와 구분하여 밀교라 부른다. 밀교의 근본정신은 보살의 마음으로
연을 맺고 대자비로 근본을 삼으며 방편으로 결과를 맺는 것이라고 한다. 이는 중
생자신이 원래부터 갖춘 불성을 원동력으로 삼고, 대자대비를 출발점으로 각종 신
묘한 방법으로 자기와 타인의 방편법문을 교화하는 것이다. 중기밀교에서 방편법
문의 수행은 엄격한 의식을 수반하는데 밀법을 배우기 위해서는 필수적으로 먼저
아도리(전수자)를 구해야하는데, 이는 스승을 뜻한다. 아도리는 먼저 전수받는 자
가 밀교의 근기가 수행에 부합하는지 여부를 보고 비로소 관정을 행하는데 관정
은 준비작업과 복잡한 방식이 따르며 핵심의식은 스승이 지니고 있는 '정수관'을
제자의 머리에 행하는 것으로 제자의 마음에 제불의 대자비심을 채우는 것을 상징
한다.[21]

灌頂이후 스승은 제자에게 그와 연분이 있는 불, 보살, 즉 약사불, 관음보살, 문
수보살 등을 제자의 본존으로 모시게 하고, 본존을 '제자가 歸依해야할 대상'으로
학습하게 한다. 이와 같은 본존이 선정된 후의 정식 수행방식을 '三密相應'이라 부
른다. 밀교수행에서는 특히 만다라, 壇場 등이 중요한데 만다라는 불보살상이나
'종자자'(신기한 역량을 갖춘 梵文을 일명 '보리심')를 일정한 기하학적 대칭방식으
로 배열한 도상을 이르며, 이것은 불교의 진리를 상징한다. 만다라를 운용하는 일
은 불보살에게 공양하는 일이며, 불보살의 加持와 觀像을 쉽게 하고 마귀나 장애
의 작용을 방지하는 것을 得하는 것이다. 이와 같은 밀교수행의 특수한 방식은 불

---

21) 김익순, 앞의 책, pp.371~382.

보살이 친히 수행자를 도우며, 수행자의 신체 내에서도 삼밀을 통하여 신속한 변화가 일어나 각종 성취를 이루거나 심지어 '즉신성불'도 이룰 수 있다는 내용을 교리로 삼고 있다.

2. 중국의 초기 대승경전과 밀교

쿠차, 호탄 등 서역에 불교가 최초로 전해진 것은 이 지역과 국경을 접한 마우리아 왕조(기원전 317~기원전 180년) 전후로 추측되며, 그 후 쿠샨왕조(서기 78~226년)시대에도 꾸준히 실크로드를 통하여 불교가 전파되었다. 당시 소승과 대승은 이 지역에 함께 이식되고 있었으며,[22] 2세기 중엽부터는 서역출신 불교 번역가들의 역출이 유행하였다. 당시 서역은 조로아스터교를 숭배하는 소그드인이 활동하였으며, 유목민의 샤머니즘적인 주술신앙이 만연하고 있었다. 이와 같은 사실은 이 지역을 여행한 법현이나 송운, 현장 등 구법승들의 각종 기록에서도 확인되고 있다. 서역에서의 역경을 통하여 불교에 유목민 전통의 각종 종교나 주술신앙이 이입되었으며, 그들의 토착신이나 주술적인 의례경향이 증대되었다. 2세기 중엽 이후부터 이 지역의 불교는 인도불교의 역사와는 무관하게 전개되었으며, 중국에도 전해졌다.

漢書에 기록된바 중국의 전한 무제(기원전 141~기원전 87년)시기에 서역원정이 시작되어 결과적으로 중국과 서역의 통도가 개설되었다. 서역과 중국은 이 통도를 통하여 적극적인 경제 및 문화교류가 이루어졌으며, 서역으로부터 불교의 東

---

22) 5세기 초 이곳을 방문한 법현이나 그 후 현장 등 구법승들의 기록과 그곳에서 번역된 초기경전의 내용에서 서역에 불교가 전해진 이래 상당기간 대승과 소승의 전통이 병존하며 교세를 떨쳤음이 짐작되다.

傳이 시작되었다. 중국은 불교가 들어오기 전부터 이미 밀교를 수용하는 풍토가 마련되었다고 보는데, 고대로부터 병을 치료하는 주술과 불로불사를 지향하는 도술이 유행하였고 특히, 후한(25~220년)시기에는 음양오행설, 참위설, 신선술, 귀신신앙 등이 더욱 성행하였다.[23] 외래종교인 불교가 토착화를 위하여 현지의 종교나 사상을 답습하거나 수용하는 현상은 보편적인 현상으로 불교의 동전과 남전, 그리고 티베트불교는 현재까지 상당한 수준의 변화를 보여주고 있다.

주술의 경향이 짙은 대승불교 경전이 중국에 최초로 전입된 것은 월지국 출신으로 후한 영강1년(167년)에 낙양에 도착한 支婁迦讖[24]이 역출한 『般舟三昧經』이 있다. 『般舟三昧經』은 최초로 '見佛하는 법'을 說한 경전으로 般舟란 '대상에게 가까이 선다'는 의미가 있다. 즉 '삼매를 얻으면 시방제불이 나타나 수행자가 佛의 모습을 볼 수 있다'는 뜻이며, 이 경전은 불상제작에 관하여도 최초로 언급하고 있다.[25]

---

23) 왕망이 전한의 정권을 약탈하는 데 이용한 부명(符命)의 예언설이나, 광무제가 한실(漢室)을 부흥하기 위하여 광범위하게 활용한 도참(圖讖)설은 각기 준거할 곳을 유가 경전에서 구하여 권위를 세우려고 하였다. 이미 전한 말에는 음양5행설(陰陽五行說)을 원리로 삼는 갖가지 천인감응 사상에 의하여 유가의 경서를 해석하고 있었지만, 그러한 시류의 유자(儒者)는 한층 권력에 영합하기 위해 공자의 저작으로 가탁한 위서(緯書)를 만들어 경학을 신비주의로 감쌌다. 기원후 56년 광무제가 도참을 천하에 공포하고, 장제(章帝)가 79년에 학자를 백호관(白虎觀)으로 모아놓고 5경(五經)의 국정 해석(國定解釋)을 토의시켜 전한 이래의 금문(今文)학의 우위를 보증하였다.

24) 후한의 영제, 헌제 무렵의 역경승으로 정확한 생몰연대미상. 지(支)는 대월씨의 사람이라는 것을 나타내며, 루가참(婁迦讖)은 산스크리트 lokaraksa의 음역이다. 안세고(安世高)보다 약간 늦게 낙양에 가서 처음에 대승경전을 한역하여 소승경전을 한역한 안세고와 대비된다. 특히 179년에 역출한 『도행반야경』, 『반주삼매경』 등은 중국의 지식인에게 많은 영향을 주었다.

25) '반주'란 '불현전(佛現前)'(부처가 바로 앞에 나타나 계심)의 뜻으로서, 불립(佛立)·상행(常行) 등으로 의역하는데, 산스크리트어 pratyutpanna를 번역한 것이다. 지승(智昇) 찬술의 『개원석교록(開元釋教錄)』에는 7가지 한역본(漢譯本)이 있으나, 현재 남아 있는 것은 『발

3세기 전반에 『華積多羅尼神呪經』,『摩登伽經』 등 '密呪經典'이 월지계의 귀화인 자손인 支謙26)이 번역하였다. 吳(229~280년)의 支謙이 역출한 『華積陀羅尼神呪經』에 '香, 火, 燈, 燭 등으로 불상 앞에서 예배하고 다라니를 독송한다'는 간단한 의례가 소개되었는데, 이 경전이 번역된 시기를 감안하면 늦어도 3세기 무렵에는 불상예배의 초보적 밀교의례가 시작되었다. 이와 같은 지루가참, 지겸 등의 월지인 계통의 역경을 통하여 대승불교에 속해있는 초기밀교의 형태를 엿볼 수 있다. 월지의 고대 위치는 학자마다 이견이 있지만, 한때 북천축국에 속하였으며 기원초 흉노의 침입으로 동으로 하서회랑지역에 이주하였는데27) 월지국의 종교나 언

파보살경(拔陂菩薩經)』(1권, 역자 미상),『반주삼매경』(1·3권, 支婁迦讖 번역)과 『대집경현호분(大集經賢護分)』(5권, 사나굴다 번역)의 3권이다. 이 중 『반주삼매경』 1권과 3권은 후한(後漢)의 지루가참(支婁迦讖)이 197년에 번역한 것이다. 보살이 현전삼매(現前三昧), 즉 반주삼매를 얻으려면 다음과 같은 4가지 조건들을 지켜야 한다 내용이다. ① 신심(信心)을 깨뜨리지 않는 일, ② 정진(精進)을 게을리 하지 않는 일, ③ 지혜가 수승(殊勝)해야 할 것, ④ 선지식(善知識)을 가까이 할 일 등이다. 또 다른 4가지를 열거하면, ① 불상을 만들어 공양하도록 하라, ② 경(經)을 베껴 써서 사람들로 하여금 독송하게 하라, ③ 법(法)을 멸시하는 중생들을 일깨워 발심(發心)하게 하라, ④ 정법(正法)을 지켜 오래 머물도록 하라는 것 등이다.

26) 오(吳)나라의 거사(居士)로 월지(月支) 출신. 어려서 조부(祖父)와 함께 후한(後漢)에 귀화하여 후한 말에 오(吳)에 들어감. 대제(大帝)의 보호 아래 223년부터 253년까지 역경(譯經)에 종사하여 『유마힐경(維摩詰經)』,『대명도경(大明度經)』,『찬집백연경(撰集百緣經)』,『태자서응본기경(太子瑞應本起經)』,『의족경(義足經)』,『범망육십이견경(梵網六十二見經)』 등을 번역함. 만년에는 강소성(江蘇省) 궁륭산(穹窿山)에 은거하다가 60세에 입적함.

27) 중국 전국(戰國)시대에서 한(漢)나라 때까지 중앙아시아 아무다르야강(江) 유역에서 활약한 이란계(系) 또는 투르크계의 민족으로 전국시대 말기에는 서 몽골로 부터 甘肅서부, 황하강상류, 동(東)투르키스탄, 중가리아, 서(西)투르키스탄의 일부에까지 미치는 세력이었다. 기원전 3세기 말 흉노(匈奴)가 갑자기 일어나자 그 압박에 쫓겨 서쪽으로 이동하여 아무다르야강 북안에 중심을 두고 그 남쪽의 대하(大夏; 당시 그리스인 식민왕국 박트리아의 중심지)를 지배하였다. 그것은 한(漢)나라가 대월지(大月氏)와 더불어 흉노를 협격(挾擊)하고자 하여 장건(張騫)을 파견한(기원전 139년) 직후의 일이다. AD 1세기 경 다섯 흡후의 하나인 귀상흡후(貴霜翕侯)가 대두하고(쿠샨왕조) 황하강 상류 유역에는 대월지의 잔존세력이 남

어는 불교의 東傳에 매우 중요한 역할을 하였다.

　서진(265~317년) 초기에 돈황을 경유하여 장안에 들어온 竺法護[28]가 역출한 불경은 대부분 재난방지의 목적을 갖는 주술이 주종을 이루었고, 사회적인 혼란시기에 백성들은 불교의 주술적인 기능에 기대를 걸고 있었다. 엄격한 계율의 실천자일 뿐 아니라 주술에도 능하여 神異한 능력을 발휘한 불도징[29]과 외래승려 모두가 당시 존경을 받았다. 돈황보살로 불린 축법호는 수많은 경전을 번역했을 뿐만 아니라 『밀적금강역사경』, 『사두간태자28숙경』과 『8양신주경』 등 밀교계통의 경전도 역출했다. 초기밀교 계통의 경전은 상당히 복잡한데, 『인왕경』, 『능엄경』, 『금광명경』, 『공작경』, 『다라니집경』 등이 그 범주에 속하며 초기밀교를 '雜密' 즉 雜部陀敎라고 부르는 것은 이처럼 현교와 밀교가 잡다하게 뒤섞이고 계통이 불분명하여

　아 있어서 소월지(小月氏)라고 하였다.
　『삼국유사』 권 제3, 44장, 탑상 4 어산불영조에 대월지의 기록이 보인다: "天竺有佛影 昔爲龍所留之影 在北天竺月支國那竭呵城南古仙人石室中(천축국에 부처의 영상이 있는데 그것은 옛날 용을 위해 남겼던 부처의 영상으로 북천축 월지국 나갈가성의 남쪽 옛날 선인의 석실 속에 있다."
28)　진(晉)나라 때 돈황(燉煌)의 승려. 선조는 대월지국(大月氏國) 출신으로, 범명(梵名)은 Darmaraksa다. 서진(西晉) 시대에 범어로 된 불전을 가지고 장안과 낙양에 와서, 태시(泰始) 2년(266년)부터 영가(永嘉) 2년(308년)까지 한역에 몰두하는 한편, 교화에도 힘을 기울였다. 『반야(般若)』와 『법화(法華)』, 『유마(維摩)』, 『무량수(無量壽)』 등의 대승경전(大乘經典)을 비롯한 많은 경전을 번역했다. 생존 당시부터 돈황보살(敦煌菩薩) 또는 월지보살(月氏菩薩)이란 존칭을 들었다. 중국에 관음(觀音)의 이름이 알려지고, 그 영험설화와 신앙이 보급되기 시작한 것은 그가 『정법화경(正法華經)』을 번역한 이후의 일이었다.
29)　불도징(佛圖澄, 232~348년) 또는 불도등, 부도징(浮圖澄)은 後趙시대에 활약한 西域僧이다. 龜茲國에서 태어나 젊어서 출가하였다. 310년(서진의 영가 4년)에 洛陽으로 왔다. 영가의 난이 있은 뒤 백성의 괴로움을 구하기 위하여 후조의 왕 石勒을 교화하고 弘法에 전력을 다하였다. 335년 석호가 업(河南省安陽縣)에 遷都한후에 항상 계율의 엄수와 전도에 힘써 그때까지 허용되지 않던 漢人의 출가를 허용하도록 하였다. 그가 창건한 사원은 893개며 그의 가르침을 받은 승도(僧徒)는 1만 명에 달했다고 한다. 348년(영화 4년) 12월에 118세로 죽었다.

붙여진 이름이다.

5세기 초에 長安에 들어온 유명한 대승불교의 번역자인 구마라즙[30]과 北涼 (397~439년)에 입국한 曇無讖[31] 등도 주술에 능하였으며 담무참은 '大神呪師' 로 칭하였다. 晉 安帝年間(397~418년)에 담무참(385~433년)이 역출한『金光明 經』과 불타발타라(覺賢359~429년)가 역출한『觀佛三昧海經』에 '천불'이 등장 한다.[32] 또『금광명경』「서품」, 「공덕품」에 '4佛'을 언급하고 있는데 '동방 아축여래, 서방 무량수여래, 남방 보상여래, 북방 미묘성여래' 로 당시 밀교의 의궤가 상당 수준 으로 성숙한 모습이다.[33] 이때부터 밀교관련 경전은 본격적으로 번역되었고 그 수 량도 급격히 증대되며 남북조와 수, 당시대를 거치면서 다양한 밀교의 수법이 본 격적으로 소개되었다고 볼 수 있다.[34]

江南의 중심인 東晋(317~420년) 불교 역시 지식사회의 큰 환영을 받았는데,

---

30) 구마라즙(344?~413?년), 인도의 불교학자로 인도학 및 베다학의 1인자로 일컬어지며, 산 스크리트 불교경전을 한문으로 번역한 4대 역경가 가운데 한 사람이다. 중국 카슈가르에서 반두달다에게서 소승불교를 공부하다가 소륵국에서는 수리야소마로부터 용수의 대승교를 배운 다음 주자국으로 돌아와 비마라차에게서 율을 배웠다. 불교의 중관학파(中觀學派)로 개종하였다. 35부 348권에 이르는 경전을 번역하였다.

31) 담무참(385~433년)은 인도인으로 처음에 달마야사(達摩耶舍)의 제자가 되어 소승불교 를 신봉했으나, 뒤에 백두선사(白頭禪師)로부터『열반경』을 얻고 대승으로 전교하였다. 카 슈미르 · 쿠차 · 돈황(敦煌)을 거쳐 412년 고장(姑臧:甘肅省)에 들어와 하서왕(河西王) 몽손 (蒙遜)의 비호 하에『대집경(大集經)』,『대운경(大雲經)』,『금광명경(金光明經)』,『보살지지경 (菩薩地持經)』,『불소행찬(佛所行讚)』및『열반경』초분 10권과 중분 등 경전의 한역에 종사 하였다.

32) 『金光明經』文句(No.1785) 0059a07-0064c16: 德聞是懺悔乃於無量百千佛所修諸功 德是懺悔語其華報在在處處常爲國王輔相大臣之所恭敬語其果報常爲十方諸佛互.

33) 『金光明經』(No.0663) 0335b09-0335c15: 之義如是經典常爲四方四佛世尊之所護持 東方阿閦南方寶相西無量壽北微妙聲我今當說懺悔等法所生功德爲無有上能壞.

34) 이영석,『남북조불교사』, 혜안, 2010, pp.59~88; 여건복,『밀교논고』, 종교문화출판사, 2008, pp.130~185.

당시의 불교는 대부분 노장사상을 빌어 재해석한 속칭 '格意佛敎'[35] 였다. 이 시기에 신이한 능력을 소유한 불교 고승으로 帛尸梨密多羅, 竺曇盖, 竺僧法, 竺法曠 등이 있는데, 천축 삼장으로 불린 백시리밀다라[36]는 남경에 도착(312년)하여 동진시대에 '불교주술'을 널리 전파한 중심인물로 그가 역술한『大孔雀神呪經』과『孔雀王雜神呪』은 초기밀교 전적으로 평가되며,『대공작명왕신주경』외『불설관주경』은 돈황 유서 중에 많은 사본(487년 작 존재)이 전하고 있다. 그러나 그들이 번역한 경전은 현재 유존하지 않고 僧伽波羅가 번역한『孔雀王呪經』後尾에 그들이 번역한「結界法」과「作壇法」이 보일 따름이다.

梁(502~557년)대에 역출된『牟梨曼荼羅神呪經』과『陀羅尼雜集』에 '畵像法'이 설해졌는데 佛을 중심으로 우측에 '12비 금강신'과 좌측에 '4면 12비상'이 처음나타나며, 12계를 맺는 身密방법과 眞言(口密)이 여기에 결합되며 의례가 자세히 규정되었다. 6세기 후반 야사굴다가 역출한『십일면관세음신주경』은 십일면관음이 최초로 등장하는 경전이다.

이와 같이 초기밀교의 흔적은 이미 대승불교의 성립기인 2세기부터 나타나기 시작하였으며 4, 5세기면 축법호를 시작으로 담무참, 구마라즙 등에 의하여 밀교

---

35) 중국 위진(魏晉)시대에 노장(老莊)사상이 성행했었으며, 불교 반야(般若)의 공리(空理)를 설명하는데 양자를 비교 · 유추(類推)하여 설명했던 편의적(便宜的)인 해석법을 말한다. 과도적(過渡的)인 학풍(學風)이었으므로 불학(佛學)을 전공할 것을 역설한 부진(符秦)의 도안(道安) 때부터 배척되기에 이르렀다.

36) 진(晉)나라 때의 서역(西域) 승려로 범명(梵名)은 Śrīmitra다. 시리밀다라(尸梨密多羅)로도 불리며 의역(意譯)은 길우(吉友)다. 원래 구자국(龜玆國)의 왕자였는데 동생에게 양보하고 출가했다. 경론(經論)에 정통했고, 밀법(密法)에 해박했다. 영가(永嘉) 연간에 중국에 왔는데, 마침 전란을 만나자 강을 건너 건강(建康) 건초사(建初寺)에 머물렀다. 처음에 강동(江東)에는 주법(呪法)이 없었는데『공작왕경(孔雀王經)』을 번역해 여러 가지 신주(神呪)를 보여주었다. 생전에 번역한 경전은『출삼장기집(出三藏記集)』권2에 따르면『대공작왕신주(大孔雀王神呪)』와『공작왕잡신주(孔雀王雜神呪)』각 1권이 있다.

가 본격적으로 소개되면서 관련된 불교미술이 제작될 수 있는 환경이 조성되었다. 중국의 초기밀교는 주로 역경승들의 활동 무대인 서역을 경유하여 도입되었으며, 초기밀교가 현교 즉 대승불교에 속해있었으나 譯者들 역시 의도적으로 밀교를 구분하고 있지는 않는 모습이다. 이후 수, 당대의 달마급다,[37] 현장, 불타파리, 지파아라, 의정, 보제류지 등의 역경까지를 초기밀교 계통으로 보는데 수, 당 시기의 이들 번역가에 의하여 초기밀교는 새롭게 정비되었고 본격적인 중기밀교로의 과도기를 준비하고 있다. 밀교가 정식 종단을 형성한 중기밀교는 당 현종(712~756년)시기에 개원3대사로 불린 인도 승려 선무외, 금강지, 불공으로부터 시작되었는데, 선무외가 역출한『대일경』과 불공이 역출한『금강정경』이 세칭 胎, 金兩部로 중기밀교의 주요경전이 되었다.

지금까지 검토를 통하여 밀교관련 경전의 역출시기를 감안 할 때 대승불교에 '다라니'가 반영된 2–3세기에는 밀교의 초보적인 의례가 대승불교의 관점에서 성립되었으며, 5세기 경『대지도론』,『금광명경』,『觀佛三昧海經』이 역술되면서 구체적인 힌두교 계통의 호법신이 불교에 수용되었고 불교미술에도 반영되었을 가능성이 많다. 그리고 7–8세기가 되면서 초기밀교의 각종 경전도『대일경』과『금광명경』에 통합되며 중기밀교의 개창이 이루어 졌다.

---

37) 達摩笈多는 산스크리트어 dharmagupta의 음사로 법밀(法密)·법장(法藏)이라 번역한다. 남인도의 크샤트리야 출신으로, 23세에 출가하여 경론(經論)을 배우고, 서역(西域)의 여러 지역을 거쳐 590년에 장안(長安)에 도착. 칙명으로 대흥선사(大興善寺)에 머물면서 사나굴다(闍那崛多, 523~600년)와 함께 역경(譯經)에 종사했다. 606년에 수(隋)의 양제(煬帝)가 낙양에 번경관을 설치하고 그에게 번역케 하여『藥師如來本願經』,『起世因本經』,『金剛能斷般若波羅密經』,『菩提資糧論』,『金剛般若論』등을 번역했다.

3. 인도전통의 신과 신중체계

1) 『베다』와 힌두교신의 성격과 불교수용

『베다』라는 용어는 '안다'를 의미하는 산스크리트어의 동사 語根 비드(vid-)에서 파생한 명사로, 원래는 '지식'을 의미하였는데 '성스러운 지식', '종교적 지식'을 가리키게 되었고 일반적으로 '종교적 지식을 수록한 聖典'이라는 명칭이 되었다.[38] 『베다』는 고대 인도의 종교와 신화는 물론, 사회전반을 아우르는 중요한 기록으로 아리아인들의 종교행위와 사상이 담긴 종교문헌이며 바라문교의 대표적인 경전이다.

바라문교는 기원전 1500년 전후에 인도대륙에 남하한 인도·아리아족의 민족종교로, 제식을 행하며 신들에게 공물을 바치고 신의 은혜를 기대한다는 '祭式主義'를 근간으로 하고 있다. 『베다』는 이 제식을 위해서 성립되었고 제식과 밀접한 관련이 있는 주문과 신들에 대한 찬가를 비롯하여 종교의식과 우주의 근원에 대한 철학적 사유 등이 포함되어 있다. 『베다』는 제식을 실행하는 祭官의 역할분담에 따라 ① 『리그베다』, ② 『사마베다』, ③ 『야주르베다』, ④ 『아타르바베다』의 4종류가 전해진다. 초기에는 『리그베다』, 『사마베다』, 『야주르베다』가 正統聖典으로서 '3베다'라고 칭하였는데, 후세에 통속 신앙과 관련되어 성립한 『아타르바베다』도 '제4의 베다'로서 『베다』 성전의 대열에 들어섰다.[39]

바라문교는 『베다』의 原典에 기초하면서 교리적 다변화를 통해서 새로운 민중의 요구에 부합하려는 노력을 하였으나, 기원전 6세기경 불교나 자이나교와 같은

---

38) V, Khetri, *Buddhism in India(History and Culture)*, Arise Publishers & Distributors, 2011, pp.1~11.

39) 여건복, 앞의 책, pp.3~15.

바라문교에 비판적인 새로운 종교들이 태동하였다. 이와 같은 새로운 종교의 등장으로 인도는 종교, 철학적으로 눈부신 발전을 이룩하였고, 불교와 각종 外道간의 논쟁이 활발하게 진행되었다. 그러나 관념적인 논쟁과 사유에 염증을 느낀 인간들은 현실적인 삶을 구원하는 종교를 추구하는 경향이 생겨나게 되었다. 이와 같은 운동은 바라문교로부터 힌두교가 형성되는 근본적인 원인이 되었고, 불교 교단에서도 전래의 소승불교에서 '대승의 운동'이 일어나게 된 원인이 되었다.

힌두교의 뿌리는 『베다』에 기초를 둔 바라문교지만 종교로서 기능을 갖게 된 것은 기원전 2–3세기경에 성립된 『라마야나』와 『마하바라타』가 중요하며, 이미 교세를 떨치고 있던 불교나 자이나교의 영향도 무시할 수 없었다. 힌두교는 굽타왕조(기원후 230~520년) 초기에 비로소 국교로 인정받았으며 점차 대중의 호응도 얻게 되었다.[40] 힌두교는 우월적인 절대적 권위를 갖은 바라문교의 '신의 추상성'에서 벗어나 비슈누나 시바와 같은 인간의 삶속에 나타나 현실적인 문제를 해결할 수 있는 구체적인 신을 받아들였다.

불교 역시 대승불교가 탄생하며 佛格이 다양화되었고 보살사상의 대두로 민중의 새로운 요구에 상응하였다. 그리고 한걸음 더 나아가 '대승불교의 밀교화'도 진행되었는데, '대승불교의 밀교화' 과정에서 『베다』의 복고화'가 이루어져 『베다』의 전통적인 신들과 제사형식을 수용하게 된다. 『리그베다』에서는 하늘의 신을 비롯하여 불신, 바람신 등 자연신을 받아들였고, 신들에 대한 노래형식을 모은 『사마베다』도 받아들였다. 또 『야주르베다』는 제사에 대한 기도문을 모은 것이고, 『아타르바베다』는 자연의 재해와 병을 물리치고 풍년과 복을 구하는 주문을 담고 있는데, 불교의 다양한 의식과 관련 있다.

---

40)　T, N, Madan, *Religion in Indian*, Oxford university press, 1992, pp.54~78.

이와 같은 신과 제사의식, 주문 등은 기원 후 3~4세기경부터 차츰 '밀교의 소재'로 수용되었다. 구체적으로 대승불교 경전과 『베다』를 비교해 볼 때, 『리그베다』의 제사의식은 밀교의 '호마법'과 '공양법' 등의 기원이 되었다.[41] 『리그베다』의 신들에게 바치는 '만트라' 속에는 거의 30여종에 달하는 주법의 찬가가 있다고 한다. '밀교의 진언'도 원초적인 형태는 『리그베다』의 '만트라'에서 찾을 수 있다. 또 『아타르바베다』의 질병과 자연재해의 재앙을 피하는 '식재법'과 전쟁에서 적을 물리치거나 악귀를 쫓는 '저주법', 그리고 풍년과 재산을 늘리기 위한 '개운법' 등은 후대에 밀교의 '기도법' 등으로 수용되었다. 『야주르베다』에서 '옴'이나 '스와하' 등의 '種子를 觀想하는 법'은 字輪觀, 月輪觀, 種子觀 등의 瑜伽觀을 중심으로 '밀교수행의 모태'가 되었고, 『베다』의 브라흐마나에 나오는 제사와 주법의 의례도 '밀교의 수행법'에 도입되었다.

고대 인도인에게 종교의례와 呪法은 본질적으로 다른 것이 아니며 그것은 원망 달성의 수단으로, 『베다』의 제사형식도 밀교의 呪法과 긴밀하게 연결되어 있다. 후대에는 대승불교의 기초가 되는 多佛이 출현하였고, 고대 제왕의 즉위식에 행해졌던 '관정의식'이 불교에 들어와서 佛位를 계승하는 壇場儀禮가 행해졌다. 단장의례는 인도에서 쿠샨시대부터 시작되었으나 본격적인 불교의례로 정비된 것은 굽타시대로 볼 수 있다. 대승불교의 주술관념도 발달하여 供養法, 觀佛法, 결계작단법, 請雨止雨法 등이 행해지고 주술적인 의료경전도 성립되었다.[42]

---

41) 김익순, 앞의 책, pp.371~382.

42) 밀교 내의 다양한 행법은 그 근본이 되는 사고방법이라든가 형식에서 고대인도 『베다』와 공통점이 있다. 이것은 불교의 입장에서 인도종교를 넓게 포섭 확대한 것이다. 여기에는 힌두교가 민속사상과 결합하면서 급속히 세력을 확장하고 불교에 큰 세력으로 다가옴에 따른 위기의식의 표출이다. 불교에서는 이에 대처하기 위하여 보살사상이 대두하였고 부처님에 대한 공양의식 등이 생겨났다. 『베다』의 신인 일천, 수천 및 토속신과 결합한 것이 밀교의 제존으로 등장하고, 힌두교의 주요 신인 아수라, 데바, 비슈누, 시바 등이 불법의 수호신으로

아리아인의 『리그베다』와 『사마(Sama)』, 『아쥬르(Yajur)』, 『아타르바(Athara)』의 3 베다에 등장하는 神들은 아리안 족 기원의 것과 원주민계의 신들이 혼재되어 존재 한다.43) 대승불교에서 이와 같은 『베다』의 여러 神들을 받아들여 후대에 보살, 제 천, 명왕 등으로 자리하며 불교적인 의궤가 정비되었다.44) 『베다』에서 전입한 대표 적인 불교신은 브라흐마, 인드라, 아그니, 수리야, 바유, 야마 등이 있으며, 인도의 토속신인 쿠베라와 야차, 하리티 등도 이른 시기부터 불교신의 판테온에 합류하였 다. 브라흐마는 대승불교 초기부터 인드라와 함께 간다라지역을 중심으로 부처의 주요 협시로 조성되었다. 쿠베라와 야차는 불교의 천왕이나 인왕으로 변모하였고, 수리야와 소마는 일신과 월신으로, 야마, 하리티 등도 차츰 佛의 협시신중으로 불 교미술의 중요한 소재가 되었다.

힌두교의 주요 신인 비슈누와 시바는 힌두교의 성립과정에서 나라야나와 루드 라와 같은 『베다』신으로부터 재창조된 신인데, 두 신은 후대에 선별적으로 불교에 수용되었다. 그리고 두 神과 관련된 각종 변화신은 시바의 경우 아들 가네샤와 쿠 마라가 있고, 비슈누는 배우자인 락시미와 10대 화신이 유명하다. 강가, 야무나, 두

보살의 하위 단계로 등장한다. 또 『베다』에서 죽은 자를 심판한다는 야마가 염라대왕으로 탈 바꿈하였고, 비아리아 문명권의 선주민족이 산림 속에서 모권사회를 구성하고 있었던 비아 리아 인종의 모습을 그대로 투영한 것이라 생각되는 분노존이 밀교의 존격으로 새롭게 등장 하고 있다. 이와 같은 인도의 여러 신들과 각종 의례들을 불교에서 편입하여 그 내용과 의미 를 불교적으로 재정립하면서 밀교가 성립되었다. 서윤길, 『밀교사상사개론』, 불교총지종법 장원, pp.22-23 참조.

43) 松長有慶 著, 許一範 譯, 앞의 책, p.30; 기원전 2000년 전후 지속된 인더스 문명 등 비 아리아계의 선주민들은 모계적인 가족제도를 가지고 부족을 형성하고 있었다. 그들은 동물, 수목, 생식기 등을 숭배하고 있었으며 종교적 실천법으로 요가 등을 행하였다. 그들은 일상 생활과 생산 활동에 주술 등을 이용하였으며 이러한 비아리야계의 문화가 후세에 힌두교에 많은 영향을 미쳤으며 밀교도 종교적인 소재의 대부분을 비아리아계의 문화에서 계승하였 다.

44) S. Kadhakrishnam, *History of Philosophy Eastern and Western*, 1998, pp.31~39.

르가, 칼리 등 샥티 계통도 성격과 도상의 변모를 통하여 불교의 호법신으로 채택되었으며 현재까지도 긴 생명력을 유지하고 있다. 용수의 『대지도론』에 힌두교의 3대신이 모두 언급된 점을 고려할 때 힌두교계 신들이 불교에 전입된 시기는 기원후 2~3세기경으로 역경이 이루어진 5~6세기면 실크로드를 중심으로 불교미술에도 반영되었다.

2) 인도전통의 방위적 신중체계

대승불교에서 초기신중과 관련된 유물은 서역을 중심으로 드물게 출토되어 신중들의 역할이나 성격이 불명확 하였다. 그러나 돈황 제285굴 서벽에서 이례적으로 본존을 중심으로 『베다』와 힌두교신, 그리고 토속의 신들까지 대거 群集하여 배치되어 관련 학자들의 흥미를 끌고 있다. 상단에 일신중과 월신중을 배치하고, 본존의 좌측에는 힌두교의 삼대신중 시바가 권속인 가네샤와 무르간을, 그리고 우측에는 비슈누가 두 명의 하위신중을 각각 거느리고 호위하고 있다. 하단에도 파수선과 4천왕이 불법의 세계를 외호하는 장면이 있다. 복두형식의 천정에는 불교의 신인 아수라가 중국전통의 각종 神들과 마니보주를 외호하는 천지창조의 장엄한 순간을 묘사하고, 남벽에도 근육질의 야차가 배치되었다.

본존을 중심으로 구성된 이와 같은 신중들의 배치 구도는 개별신중이 지닌 원래의 기능과 역할을 고려하여 배치하였을 가능성이 높은데, 석굴의 성격이나 신중들의 역할을 이해하는데 인도전통의 방위적 신중체계가 중요하다. 불교에서는 우주라는 절대적인 공간에 방위개념을 도입하여 각 방위마다 호법신장을 배치하고, '부처의 우주'라는 불법의 세계를 수호하도록 하였다. 방위적 성격을 갖는 호법신중들은 대부분 인도 전래의 토속신이나 힌두교신을 수용하여 거대한 '우주적인 神의 판테온'을 구성하고 있다.

불교에서 주요 신격은 佛(Buddhas), 菩薩(Bodhisattvas), 明王(Wisdom Kings or

Vidyarajas), 天(Deities or Devas), 化身(Avatars), 祖師(Patriarchs) 등으로 구분하고 있다. 이중 佛과 보살을 전래의 佛格을 가지며, 명왕은 불과 보살의 화신으로 나타나고, 天은 신중으로 주로 12천과 같은 불교적인 우주관에 따른 방위적인 호법신중을 이른다. 12천은 火天(Agni), 梵天(Brahmā), 月天[45](Chandra), 帝釈天(Indra), 地天(Prthivi), 羅刹天(Rakshasa), 大自在天, 伊舍那天(Shiva or Maheshvara), 日天(Sūrya), 毘沙門天, 多聞天(Vaishravana), 水天(Varuna), 風天(Vāyu), 焰魔天(Yama) 등이 있다. 이 밖에 인기 있는 주요 신중으로는 摩里支天[46](Marici), 大黒天[47](Mahakala), 辯財天[48](Saraswati), 歡喜天(Ganesha), 韋駄天 또는 鳩摩羅天

---

45) Ernst Wilhelm, *Graha Sutras*, Published by Kala Occult Publishers, 1870, pp.50–51.

46) 摩利支天은 자신의 모습을 감추고 장해를 제거해서 이익을 베푸는 천부(天部)로 위광(威光), 양염(陽焰)이라고 번역된다. 摩利支天은 범천의 자식으로 고대 인도의 민간에서 신앙 받았으며, 후에 불교에 도입되었다. 인도에서 일월의 빛 혹은 아지랑이를 신격화한 여신이며, 밀교에서는 사람에게 알려지지 않은 채 언제나 이익을 가져오는 여신으로 숭배된다. 밀교에서는 호신·은신 등을 위한 수법인 마리지천법의 본존이며, 이비상, 삼목육비상, 삼면팔비상 등이 있으며, 멧돼지나 초승달위에 서있는 형상이 잘 알려져 있다. 돼지 위에 서있는 3면 8비의 천녀형(天女形), 당본(唐本)이 있다. 인도의 팔라 시대(9–12세기)의 작품에서는 3면 8비로 3안(眼)이 있고, 정면선상(正面善相), 좌면저상(豬相), 우면연화보(連華寶)와 같은 형상이며, 7두의 산돼지가 끄는 차 위에 서서 춤추는 상이 유행하였다.

Hall, David Avalon, *Marishiten: Buddhism and the warrior Goddess*, Ph. D. dissertation, (Ann Arbor: University microfilms), 1990, p.45. Keith Stevens, *Chinese Gods: The Unseen World of Spirits and Demons*, Colins and Brown, 1997, p.105.

47) 본문 Ⅶ장 신중의 후기적 변용 참조.

48) 변재천의 원형은 인도의 사라스바티(Sarasvati) 여신이다. 사라스바티는 브라흐마의 비로 산스크리트어로 물의 소유자라는 뜻을 가지고 있다. 이 여신이 불교에 받아들여져 변재천이라는 이름을 얻게 된 것이다. 중국에서 처음 들어왔을 때는 지혜의 여신 부분만 강조되어 한자 이름도 '변설재지(辨舌才知)를 주관하는 천계의 신'이라는 의미가 있다. 사라스바티의 음역인 살라살벌저(薩囉薩伐底)를 비롯해, 대변천(大辯天), 대변공덕천(大辯功德天), 대변재공덕천(大辯才功德天), 미음천(美音天), 묘음천(妙音天) 등 여러 이름이 있다.

Sarup & Sons, *Encyclopaedia of Hinduism*, 1981, p.1214, Kinsley, David, *Hindu Goddesses: Vision of the Divine Feminine in the Hindu Religious Traditions*, University of California Press.,

(Skanda) 등이 있다.

12天은 8方과 上下, 그리고 일천과 월천을 이르며, 8방은 4方과 4維로 다시 분류하여 各 方位을 지키는 신을 八方天이라 한다. 동서남북을 수호하는 4방천은 동방의 帝釋天(Indra), 서방의 水天(Varuna), 남방의 염마천(閻魔天, Yama), 북방의 毘沙門天(Kubera)다. 4維는 동남의 火天(Agni), 서남의 羅刹天(Nirrti), 서북의 風天(Vayu), 동북의 伊舍耶天(isana)으로, 나찰천은 번뇌를 먹는 나찰로 악마의 왕이며 이사야천은 시바의 변화신이다.[49] 8방의 上方을 담당한 신은 브라만이며, 下方은 地天[50]이 호위하고 있다.

12天 中 동방의 帝釋天(Indra)은 『베다』에서 위대한 雷神으로 諸神위에 군림하며 蘇摩(Soma)[51]를 통음하며 금강저를 가지고 여러 악마를 퇴치하는 武神으로 등장 한다.[52] 힌두교에서 시바와 비슈누의 등장으로 인드라가 위세를 잃게 되었으나, 불교에서 호법신으로 받아들이며 호법8천중에 동방의 하늘을 수호하게 된다.

1988, p.95.

49) 후대에 불교미술에서 12천의 도상은 상방의 梵天, 하방의 地天, 흰 코끼리를 타고 금빛을 띤 동방의 帝釋天, 물소를 탄 남방의 閻魔天, 갑옷에 투구를 쓰고 二鬼 위에 앉아 있는 북방의 毘沙門天, 물속에 살며 거북을 타고 있는 사방의 水天, 푸른 양을 타고 화염을 두른 남동방의 火天, 흰 사자를 타고 왼손에 칼을 쥔 남서방의 羅刹天, 구름 속에 갑옷을 입고 투구를 쓴 북서방의 風天, 황소를 타고 오른손에 칼을 쥔 북동방의 伊舍耶天, 日天, 月天을 말한다.

50) Shaw, Miranda Eberle, *Buddhist Goddesses of India*, Princeton University Press, 2006, p.237.

51) 고대 인도에서 베다시대의 제식에서 祭火로 여러 신에게 바쳐지고 나머지를 제관 등이 마시는 흥분성의 음료로 제식에서 음료의 이름을 따서 소마제라고 불린다. 이 제식과 특수한 공물의 중요성은 『리그베다』 제9권의 전체가 〈자신을 정화하는 소마〉의 찬가로 되어 있는 것에서도 알 수 있다. 신격으로서의 소마는 의인화하여 전개되지는 않았지만 『리그베다』이후에는 달을 하늘에 있다고 하는 소마의 용기로 비유하는 神로 보게 되었는데 한역 소마(蘇摩)는 月神을 의미하는 경우가 많다.

52) Wilkings, W. J., *Hindu mythology, Vedic & Puranic. Elibron Classics* (reprint of 1882 edition by Thaker, Spink & Co. Calcutta. 2001, p.52; Ralph Thomas Hotchkin Griffith, Jagdish Lal Shastri, *The hymns of the Rigveda*, p.520.

제석천은 4천왕의 총괄신이며 33천[53]의 주인으로도 行勢한다. 또 제석천은 간다라지역의 초기불교미술에서 범천이나 바즈라파니와 함께 佛의 좌우 협시상으로 유행하였다.『대일경소』는 '제석천은 머리에 보관을 쓰고 갑옷을 입고 각종 영락을 걸치며 금강저를 수지한다'고 하며,『화엄경』에서는 '제석천의 수승한 지혜는 3세 부처님들이 출흥 하시는 일과 세상이 이룩되고 무너지는 일을 올바로 보고 잘 기억하며 대환희의 해탈을 얻는다'고 기술한다. 후기의 신중도 등에서 제석천은 신중의 우두머리로 불법의 세계를 수호하는 신장으로 독존으로도 숭배 받았다.

서방의 水天(Varuna)는『리그베다』에서는 전쟁의 신 인드라, 불의 신 아그니와 대등하게 숭배되었고, 미트라와 짝을 이뤄 '미트라 – 바루나'라는 이름으로 讚歌가 생겼다.[54] 우주의 질서와 인간의 정의를 수호하는 이란 조로아스터교의 주신인 아후라 마즈다(Ahura Mazda)에서 유래했다. 불교에 수용된 후에는 '水天'이라는 이름으로 세계를 지키는 十二天 중 一天으로 서방의 수호신이 되었다.

남방의 閻魔天, 夜摩天(Yama)은 지옥의 주인인 염라대왕으로『베다』에서는 "야마는 태양의 신 Vivasvatdhk과 무희(Saranyu)[55] 사이에서 태어난 아들로 가장 높은 하늘에 있는 낙원에 살았다", "야마, 야미를 인류최초의 쌍둥이 남매로 탄생시켜 죽음의 세계로 가서 명부계의 남, 여를 심판하게 된다"고 구체적으로 기술되었다.

---

53) 수미산을 중심으로 4방에 각각 8대왕이 있고 가운데 도리천의 왕인 제석을 합하여 33천이다.

54) 인도 베다시대는 하늘의 신이자 사법의 신으로서 계약의 신 미트라(Mitra)와 함께 르타(Ṛta)라고 부르는 자연 질서의 법칙을 수호하는 역할을 했다. 이후 힌두교 창조신 브라흐마(Brahma, 梵天)에게 '하늘의 신'이라는 지위를 박탈당했으며 죽은 자를 재판하는 冥界의 왕 야마(Yama)에게는 사법의 신 위치마저 빼앗겨서 결국 강과 바다를 관장하는 水神으로 힘이 대폭 축소되었다.

55) Saranyu는 구름의 여신이며 Surya의 부인이다.『리스베다』10, 17에서 Saranyu는 Tvastar의 딸이다.

조로아스터교의 성전인 『아베스타』[56]에서는 '악마에게서 떠나라 흩어져 떠나라 여기에서 떠나라 사자를 위해 조상들은 이 장소를 설치하였다. 야마는 낮과 밤으로 장식된 안식처를 그에게 주리라'고 기술한다. 불교에서 '야마'는 염라대왕으로 사후세계를 관장하는 중요한 신이 되었고, 밀교에서 그의 형상은 天部形이며 人頭幢을 들고 물소를 타고 있으며 '태장계만다라외금강부원'으로 명부의 태산부군과 흑흠천녀, 귀중 등과 함께 표현된다.

북방을 수호하는 유명한 毘沙門天(多聞天, 倶吠羅, Kubera)는 欲界天을 지키는 4천왕가운데 多聞天으로 야차나 귀신을 영솔한다. 비사문천은 원래 인도 先주민의 신이었으나 『베다』 초기에 고대 아리안족이 선주민을 정복한 후 그들의 신을 天(Deva)이라 칭하고 선주민의 신을 모두 魔神으로 격하하였다. 후대에 다시 천신이 되었는데 그 기원은 잘 알려져 있지 않다. 비사문천(Kubera)은 불교에 들어와 불법수호신이 되면서 4천왕 중 으뜸인 북방을 수호하는 천신으로 사람에게 재복과 복덕을 주는 일을 맡고 있다. 『法華義疏』에 '항상 여래의 도량을 지키고 법을 잘 듣기 때문에 다문천이라 이름 하였다'고 하며, '칠보금강으로 장식된 갑옷을 입고 왼손에는 불탑과 3차극을 들고 오른손은 허리에 얹고 있으며 발로 3야차귀를 밟고 있다'고 기술한다. 또 『다라니집경』에는 '왼손은 창을 잡고 오른손으로 불탑을 받든

---

56) 『아베스타(Avesta)』는 조로아스터교의 경전으로, 아베스타어로 쓰여 있으며, 수백 년에 걸쳐 수집되었다. 조로아스터교의 主神인 아후라 마즈다 또는 그의 諸靈이 예언자 조로아스터에게 계시한 것으로, 우주의 창조, 법, 전례, 조로아스터의 가르침 등이 기록되어 있다. 아베스타란 지식을 의미하는 페르시아어로 원래는 현존하는 것보다 훨씬 방대하여 지식의 모든 영역에 걸쳤던 것으로 보이며 문자화되기 전까지 수세기에 걸쳐 구전으로 이어졌다고 한다. 문서화된 아베스타는 기원전 7세기경부터 아케메네스 왕조(기원전 648~기원전 330년)의 도서관에 소장되어 있었던 것으로 추정되나 알렉산더 대왕이 페르시아를 정복했을 때 방대한 양의 진본(眞本) 사본들이 소멸되었다. 현존하는 아베스타는 사산왕조페르시아 초기인 3세기에 옛날 단편들을 모아 21책으로 된 경전이 편집되었다. 현재까지 그대로 남아 있는 것은 일부인 벤디다드(Vendidad) 뿐이고 다른 20책은 단편적으로 전해지고 있다.

다'고 기술하고 있다. 돈황석굴 제285굴의 비사문천은 명확히 탑을 들고 중무장을 하였으며 서향을 하고 있는 본존의 좌측아래 첫 번째 위치하여 북방을 수호하는 방위가 일치하고 있다. 285굴의 4천왕은 불교미술에서 최초로 등장하는 본격적인 4천왕이다.

동북방의 伊舍耶天(isana)은 舊譯의 마혜수라천을 이른다. 伊舍耶天(isana)은 다섯 얼굴을 하며 이는 우주의 다섯 가지 양상을 상징한다고 한다. 하늘을 향한 얼굴은 하늘을 지배하는 힘과 완전한 자율을 수여하는 모습으로 어둠을 유발시키는 강제적 폭력을 나타낸다. 동향의 얼굴은 공기를 지배하는 힘이며, 남향의 얼굴은 불을 지배하고 우주를 새롭게 하며, 북향의 얼굴은 물을 지배하고 생물체를 보호하며, 서향의 얼굴은 창조의 힘을 상징하며 이와 같은 권능은 시바신의 5가지 권능으로 알려져 있다. 이와 같은 시바의 5면은 주로 석굴 벽이나 링가에 조성되었다. 『대지도론』에 '시바의 변화신은 삼계에서 가장 自在한 천신이며 三千大天世界에 내리는 비를 다 헤아리고 三臂三目에 흰 소를 타고 흰 佛子를 들고 있는 모습을 취한다'고 하여 大自在天神의 意味를 부여하고 있다. 285굴의 마혜수라천은 본존 좌측(북측)의 협시신중이며, 12천 중 이사나천은 동북의 방위적 수호신으로 대체적인 일치를 보여주고 있다. 시바는 소의경전이나 시대에 따라 변화관음의 28부 중으로 등장하거나 대자재천, 명왕 등 다양하게 변모하고 있다.

동남방의 火天(Agni)는 산스크리트어로 '불'을 의미하며 漢譯은 아기니(阿耆尼)다. 고대 아리아인들의 아궁이 속 불에 대한 신앙에서 기원했으며, 불을 관장하고 브라만교의 모든 제식에서 淨化의 기능을 담당했다.[57] 『리그베다』의 첫 번째 讚歌의 주인공은 神들의 왕인 인드라(Indra)며 아그니는 그 다음으로 찬가의 數가 많

---

57) Jansen, Eva Rudy. *The Book of Hindu Imagery: Gods, Manifestations and Their Meaning*, 1993, p.64.

다.[58] 힌두교에서 그는 두 개 또는 세 개의 얼굴과 일곱 개의 혀, 빨간색 몸에 붉은 화염의 옷을 입은 모습으로 묘사된다. 보통 전차를 타지만 숫양이나 염소를 타기도 한다.[59] 불교에서 아그니는 방위신보다 明王으로 더욱 유명하며 화염속의 분노 존상으로 등장한다.

서북방의 風天(Vayu)는 바람을 다스리는 風神으로 힌두교 聖典『리그베다』의 찬가에 여러 차례 등장하는 대표적인 자연신이다. '바타(Vāta)', 또는 '파바나(Pavana)'라는 이름으로도 알려져 있다. 부미(땅), 잘라(물), 아그니(불), 순냐(에테르)와 함께 인도에서 판차 마하부타(pancha mahabhuta)라 부르는 '宇宙의 五大要素 중 하나'로 힌두교에서 그의 도상은 손에 활과 화살, 낙뢰, 깃발 등의 상징물을 들고 있으며, 항상 가젤 영양을 탈 것으로 이용한다. 후대에는 불교에 수용되어 십이천의 하나인 風天이 되었다. 285굴에서 풍천은 천상도에서 자연계를 상징하는 풍신으로 중국의 전설적인 장사인 烏獲이 등에 풍대를 짊어지고 천계를 유영하고 있다. 285굴의 서벽에서 마혜수라천의 머리에 묘사된 풍천은 조로아스터교와의 관련성이 검토되며 風天(Vayu)의 다양한 성격이 들어나고 있다. 후장에서 論하겠지만 285굴에서 풍천 바유의 등장으로『베다』와 조로아스타교 그리고 대승불교 신들과의 다양한 상호 전입과정을 보여주고 있다.

서남방의 羅刹天(Nirrti)은 나찰사(羅刹娑, 여성신은 羅刹斯)로 音辭하며 食人鬼, 속질귀(速疾鬼), 가외(可畏), 호자(護者) 등으로 번역된다.『리그베다』에서 원래 악귀로서 通力에 의해 사람을 매료시켜 잡아먹는 다고 알려졌는데 惡鬼羅刹이라고

---

58) *"Rig Veda I. 31.2"* The Illumination of Knowledge, GBD Books, p.197; *"Rig Veda 1.149.4"* The Illumination of Knowledge, GBD Books. p.43.

59) Cavendish, Richard, *Mythology, An Illustrated Encyclopedia of the Principal Myths and Religions of the World*, 1998 참조; Doniger, Wendy, *The Hindus: An Alternative History,* Oxford University Press, 2010 참조.

불리는 까닭도 여기에 있다. 나중에는 불교의 수호신이 되어 十二天의 하나로 서남방을 지키며 갑옷을 걸치고 白獅子에 올라탄 모습으로 표현된다. 『대열반경』 『聖行品』과 『법화경』 「다라니품」에 등장하며 비사문천왕의 권속에도 속한다.

上天인 브라만(Brahman)은 『베다』시대에 우주의 근본원리인 브라만을 신격화한 데서 유래했다. 이후 인도의 정통 브라만교에서 오랫동안 최고신으로 숭배 받았는데, 5–6세기경에는 비슈누와 시바에 비하여 상대적으로 세력을 잃기 시작했다. 힌두교에서 그의 도상은 머리가 4방위를 향하고 있는 4면4비상으로 수염을 기른 성인의 모습으로 묘사된다. 4개의 머리는 4베다와 4유가(Yuga), 4가지 카스트를 상징하며 지식과 지혜의 상징인 거위(백조) 즉 '함사'와 함께 등장한다. 불교미술에서 범천은 부처가 세상에 올 때마다 가장 먼저 부처에게 설법을 청하며, 제석천과 함께 부처의 좌우 협시로 등장하고 있다. 후대에 범천은 제왕이나 보살의 모습으로 화관과 영락으로 치장하는데 형상은 4면4비로 거울을 수지하거나 오른손에는 연꽃과 寶珠를 들고 왼손에는 정병을 들고 있다.

돈황석굴 제285굴과 관련된 지금까지의 論稿를 살펴보면 힌두교의 3대신 중에 시바와 비슈누는 표현되었으나 브라흐마는 표현되지 않는 것으로 발표되고 있다. 그러나 285굴의 조상자로 알려진 동양왕 원영의 발원문에 제석, 비사문천과 함께 '범천왕'이 자주 거론되고 있어 當代에도 상당히 인기 있는 호법신이었다. 후대의 불교미술에서도 브라흐마의 신격은 꾸준히 등장하고 있어 285굴의 서벽에서 도상적인 확연한 특징이나 묵서명은 없으나 브라만신이 제석천과 함께 등장하였을 가능성이 있다.

지금까지 검토한 인도전통의 방위관에 따른 12천은 불교나 힌두교 미술의 주요 구성원으로 꾸준히 등장하며 밀교의식에 주요 성중으로도 숭배되고 있다. 그러나 초기 대승불교 단계에서 12천과 같은 구체적인 방위개념은 성립되지 않았다고 본다. 제285굴에서 힌두교 계통의 호법신장이 구체적인 방위개념으로 배치되었을 가능성도 추가적인 검토가 필요하지만, 본존의 상방과 하방 그리고 좌우의 협시구도는 『베다』나 힌두교 신들의 원래 역할이나 성격을 고려하여 방위적으로 배치하였을 가능성이 있으며, 특히 후대의 밀교계통 변상이나 만다라에서 방위적인 신중체계는 중요하다.

1. 쿠샨왕조시기

기원전에 조성된 불상이나 힌두교계 神像의 흔적은 상당히 드물며, 이와 같은 사실은 각종 고고학 발굴을 통하여 확인되고 있다. 대체적으로 알렉산더 침공이후부터 이집트나, 그리스에서 만신전에 각종 신상을 조성하고 숭배하는 전통이 인도의 서북부지역을 중심으로 영향을 주었으며, 박트리아 – 쿠샨시기를 거치며 각종 종교에서 조상활동이 시작되었다. 특히 쿠샨왕조시기에는 이민족 국가들의 종교를 수용하는 관습에 따라 간다라와 마투라 지역을 중심으로 불상과 힌두교의 의인화된 신상도 제작이 성행하였다.

인도의 서북부지역은 文明史的으로 고대로부터 동서와 남북의 교차점에 위치한다. 초기에는 강력한 페르시아 정권의 영향권에 있었으나 알렉산더가 침공한 이후부터 인도의 굽타왕조가 성립할 때(320년)까지 거의 700년 동안을 박트리아, 사카, 파르티아, 쿠샨과 같은 異民族이 통치하였다. 이민족의 통치기간에 다양한 민족의 종교 교류가 이루어졌는데, 중요한 점은 헬레니즘이라고 불리는 각종 신들의 판테온을 숭배하는 그리스적인 전통이 이 지역에 뿌리를 내린 점이다. 그리스 계통의 박트리아 정권기간(기원전 246~138년)에는 그리스와 이집트의 신이 유입되었고, 사카와 파르티아의 시기에는 조로아스타교가 국교로 부활하였다. 이후 대제국을 건설한 쿠샨왕조는 인도의 불교와 힌두교를 받아들였을 뿐만 아니라, 異宗教간에 神이 서로 흡수 통합하는 현상까지 발생하였다. 이와 같은 현상은 후대에도 중앙아시아와 실크로드지역을 중심으로 상당기간 계승되었으며, 불교의 東傳에 따라 중국까지 영향을 미치게 된다.

각종 종교 조상과 관련된 도상학적 기원이나 양식문제를 해결하는데 박트리아

– 쿠샨시기에 제작된 동전은 많은 참고가 되고 있다. 이 시기의 회화는 매우 드물며, 각종 石彫像은 광범위한 지역에서 출토되고 있지만, 간다라나 마투라 지역의 佛像을 제외하곤 수량이 많지 않다. 더구나 발굴된 유물의 기록과 명문이 명확치 않아, 도상의 기원문제에 해답을 주지 못하고 있다. 그러나 지금까지 발굴된 박트리아 – 쿠샨시기의 동전은 왕과 함께 背面에 당시 숭배 받은 神도 새기었으며, 각종 명문을 통하여 제작 年代와 신의 명칭이 함께 알려지게 되었다. 동전에 새겨진 신들은 그리스와 조로아스터교, 힌두교, 그리고 불교의 신을 망라하고, 도상에서 헬레니즘과 이란, 인도의 영향이 동시에 나타나고 있다.

알렉산더 死後 8년에 장군 셀레우코스가 시리아지역에 셀레우시드(Seleucid) 왕국을 건립하고 점차 세력을 넓혀 동쪽의 인도 영토까지 지배하게 되었다.[1] 셀레우코스왕 초기에는 그리스 동전을 계승하여 사용하였으나, 왕국을 계승한 박트리아Bactria시대부터 점차 새로운 동전을 주조하여 병용하게 된다〈그림1~3〉.

1824년 Colonel Tod[2]가 인도에서 발견한 그리스계통의 동전에 새겨진 명문으로부터 33명의 그리스와 26명의 인도 – 스키타이, 사카, 인도 – 파르티안, 팔라바 왕자 등의 통치자가 밝혀지게 되어 인도의 역사를 새로 쓰게 되었다.[3] 그리고 인도 – 박트리아 코인은 박트리아의 디오도투스(Diodotus)왕부터 제작되었는데, 발

---

1) Nigel Wilson. *Encyclopedia of Ancient Greece*. p.652(The Seleucid dynasty or the Seleucidae (Seleukídai) were descendants of Seleucus I Nicator ("the Victor"), who ruled the Seleucid Kingdom centered in the Near East and regions of the Asian part of the earlier Achaemenid Persian Empire during the Hellenistic period. Starting from the 2nd century B.C., ancient writers referred to the Seleucid ruler as the King of Syria, King of Asia and other designations, but the Seleucids never associated themselves with any geographical designation.).

2) Colonel James Tod(20 March 178~18 November 1835)는 동인도회사의 영국출신 장교로 동양학 학자였다. 그는 동인도회사 관리의 역할을 수행하면서 인도의 역사와 지리에 대하여 광범위한 관심과 조사를 하였다.

3) C. J. Brown, 1922, *The coins of India*, Oxford University Press, pp.22–23.

〈그림 1〉 박트리아 왕 에우크라타이드,
박트리아동전, 기원전 170년 제작

〈그림 2〉 박트리아 동전 인도왕 포루스와 알렉산더,
기원전 326년, 찬드라굽타마우리아

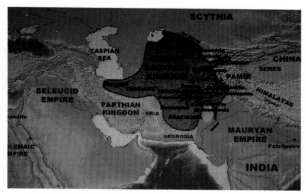

〈그림 3〉 박트리아 영역

굴된 코인의 銘文으로부터 약 45명의 인도 – 박트리아의 통치자가 확인되었다.[4]
이중에 중요한 박트리아의 통치자는 데메트리우스, 에우크라타이드, 그리고 메난

---

4) Bernard, Paul, 1994. *The Greek Kingdoms of Central Asia*, In: History of civilizations of Central
   Asia, Volume II. The development of sedentary and nomadic civilizations: 700 B.C. to A.D.
   250, pp.99~129. Harmatta, János, ed., 1994. Paris: UNESCO Publishing.
   박트리아왕국의 왕. 셀레우코스왕조 시리아의 안티오코스 1세와 2세밑에서 박트리아 지
   방 총독을 지냈다. 기원전 256년 셀레우코스왕조에 반항하여 박트리아왕을 칭하고, 기원전
   246년 지위보전(地位保全)을 위해 셀레우코스 2세의 여동생과 결혼하였다. 시리아와 대항
   하던 파르티아와는 늘 적대(敵對)관계에 있었다. 그가 주조한 화폐에서 소텔(구세주)이라고
   한 것이 알려져 있다.

더가 있으며 최후의 통치자는 헤르마에우스로 알려져 있다.[5] 이 동전들은 박트리아와 인도대륙에서 광범위하게 통용되었으며, 신의 이름과 왕의 호칭은 그리스 명문으로 새겨져 있다. 박트리아왕의 동전은 그리스 화폐를 계승하여 금화와 은화의 앞면에 왕의 흉상을 정교하게 조각하였고, 동전의 뒷면에도 그리스계통의 신들을 조각하였다. 박트리아 왕의 동전은 박트리아가 인도의 서북지역을 점령하면서 이 지역에도 자연스럽게 유통하게 된다. 그러나 인도의 서북지역에서 출토되는 동전들은 무게나 규격, 모양 등에 있어 상당한 변모를 보이며, 미술적인 가치 측면에서도 품질의 저하가 눈에 띈다.

〈그림 4〉 박트리아왕(코끼리 머리장식)과 헤라클레스,
동전, 기원전 200∼85년 제작

박트리아 동전의 앞면에 새겨진 왕은 왕관이나 모자, 헬멧 혹은 코끼리 머리장식을 하고 있다〈그림 4〉. 뒷면에는 제우스, 아르테미스(Artemis), 헤라클레스, 포세이돈, 아폴로, 니케, 아테나, 팔라스, 데메테르(Demeter), 헤카테(Hekate),

그리고 헬리오스(Helios)[6] 등 주로 그리스계통의 신들이 나타나고 있다. 神 외에 동물도 새기었는데, 황소, 코끼리, 말과 표범, 그리고 독수리나 올빼미 같은 조류도 나타나고 있다. 알렉산더 침공 이후 백년이 넘는 박트리아시대에 전해진 헬레니즘은

---

5) Rekha Jain, *Ancient Indian Coinage*, D. K. Printworld. Ltd, 1962. pp.88-89.
6) Helios는 고대 그리스어로 Ἥλιος Hēlios며 라틴어로 Helius 즉 Ἥλιος로도 불리었다. Helios는 그리스 신화와 헬레니즘의 융합적인 존재며, 그리스 신화에서 태양을 의인화한 신이다. 고대 그리스시인 호머는 헬리우스를 'Titan'이나 'Hyperion'으로 호칭하였다.

인도 서북부의 미술전통에 상당한 영향력을 발휘하며 잘 알려진 간다라 미술의 탄생을 예고하고 있다.

박트리아를 계승한 사카족[7]은 박트리아의 마지막 왕 헬리오클레스로부터 기원전 135년에 이 지역의 통치권을 획득하였으며, 기원전 75년경에는 인도 – 박트리아의 전 지역을 점령하였다. 사카 통치자의 동전은 대부분 인도 – 박트리아 동전의 규격과 양식을 계승하였으나, 동전의 뒷면에는 점차 그리스계통의 신과 함께 인도전통의 神이 처음으로 등장하게 된다.[8] 왕의 초상도 유목민족의 특성이 반영되어 왕이 말을 타고 있거나 교각의 자세를 취하고 있는데, 사카동전의 특징으로 볼 수 있다[9]. 사카족 왕의 상징인 교각자세는 훗날 실크로드를 중심으로 각종 초기 불상과 神衆의 도상에 영향을 미치게 된다.

사카족의 아제스(Azes) 왕을 계승한 마후세스(Maues) 왕과 아제스(Azes) 1세 시

---

7) 기원전 2세기 중엽 大月氏族의 西遷으로 실강(江) 유역에 거주하던 샤카족이 서쪽으로 이동하여 박트리아 왕국을 멸망시키고 남하함으로써 아프가니스탄 남부에 정착하게 되었으며, 기원전 1세기 초에는 인더스강 하류지역까지 영토를 넓혔다. 왕 마우에스, 아질리세스는 인더스 상류의 펀자브·간다라로 진출하여 파르티아의 지배를 벗어나 왕 중의 왕이라고 칭하면서 그 지역의 그리스 정권을 붕괴시켰다. 후에 쿠샨왕조가 일어남으로써 샤카 왕국은 멸망하였으나 일부는 인더스 하류지역에 존속하여 4세기 말 굽타왕조에 병합되었다.

8) 기원전 6세기경 페르시아 제국은 국교로 조로아스터교를 숭배하였으나 일반 민중의 호응은 그리 높지 않았다. 후대에 Anahita, Mitra, 그리고 Vertragna와 같은 인도 – 이란의 신들이 조로이스터교의 신전에 합류하였으나 페르시아인보다 다른 지역의 이란종족에 의하여 더욱 숭배되었다.

9) 사카족의 보노네스(Vonones) 왕의 동전 앞면에는 왕이 말을 타고 오른손에 투창을 들고 있으며, 뒷면에는 제우스가 홀과 번개를 들고 있다. 다른 동전의 뒷면에 새겨진 헤라클레스는 왕관을 쓰고 서있으며, 팔라스와 아테네는 갑옷을 입고 창을 들고 서있다. 아제스(Azes) 왕의 동전에서 왕은 창을 들고 말을 타고 있고, 제우스, 니케, 팔라스 등 그리스계통의 신들이 야자수나 램프를 들고 있다. 동전의 뒷면에는 소나 낙타, 헤라클레스 등을 새겼다. 사카족의 종교는 깊이 연구된바 없지만 박트리아를 계승하여 헬레니즘계통의 신들이 동전에 계속 등장하고 있다.

〈그림 5〉 락시미, 박트리아 – 사카동전 Azilises 인도 – 스키타이왕, 1세기, 간다라지역출토

기에 처음으로 락슈미(Laksmi)[10]와 같은 인도 전통의 신이 등장한다. 동전에서 락슈미는 연꽃위에 서있는 입상으로 좌우에 길게 뻗어 나온 줄기위에 묘사된 두 마리 코끼리로부터 聖水를 받고 있다〈그림 5〉. 동전에 새겨진 락슈미는 비슷한 시기에 조영된 산치 제1, 2탑의 토라나〈그림 6〉 등에도 용왕 나가〈그림 7〉와 함께 의인화되어 표현되었다. 부처가 표현되지 않은 무불상시대에 이미 의인화된 락슈미

〈그림 6〉 릭스미, 산치 3탑, 기원후 1세기

〈그림 7〉 용왕 나가 가족, 산치 3탑, 기원후 1세기

---

10) 락슈미는 『베다』시대에는 바루나 신 혹은 태양신의 아내였다. 그러나 4세기 이후부터 힌두교에서 비슈누 신의 아내가 되었으며, 상당히 중요한 역할을 하는 여신으로 부상했다. 락슈미는 여성미를 상징하는 여신으로, 그리스 신화의 아프로디테와 같은 뿌리를 가지고 있는 것으로 알려져 있다. 사라스바티, 파르바티와 함께 북인도 지방에서 가장 인기 있는 여신이며, 불교에서는 길상천(吉祥天)이라 부른다. 락슈미는 황금색으로 빛나는 아름다운 여신으로, 원래는 네 개의 팔을 가지고 있지만 보통은 두 개의 팔을 가지고 있는 모습으로 표현되는 경우가 많다. 또 이 여신의 상징인 연꽃에 앉아 있거나 서 있는 모습을 흔히 볼 수 있다. 후대에 락슈미는 가루다를 타고 하늘을 날아다니기도 하지만, 흰 연꽃에 앉아 있는 모습이 가장 일반적이다.

가 신격을 갖추고 있는 모습이
다. 락슈미는 그의 상징인 연꽃
대좌위에 앉아 두 마리의 코끼
리로부터 聖水를 받고 있다. 또
다른 동전의 뒷면에는 곤봉과
삼지창을 들고 큰 걸음으로 걷
고 있는 인물상이 있는데 학자

〈그림 8〉 왕(말을 탄)과 시바(야자수(?)와 삼지창),
파르티아 동전, 1세기

들은 시바로 보고 있으나[11] 현재로선 확인되지 않고 있다.

파르티아(기원전 247~기원후 226년)시기의 동전은 박트리아와 사카를 계승하
여 앞면에 말을 타고 있는 왕의 초상을 새기고, 뒷면에는 니케, 팔라스, 제우스와
같은 그리스 계통의 신들이 등장한다. 이 시기의 동전〈그림 8〉에서 힌두교의 시바
가 처음 등장하는데, 시바는 오른손으로 삼지창을 들고 왼손에는 야자수와 같은
지물을 들고 있다. 파르티아 시기의 동전에 새겨진 의인화된 시바상은 힌두교 도
상에서 중요한 의미를 갖는다.

인도의 서북부는 사카 – 파르티아시대를 마감하고 이 지역에서 역사상 가장 강
력한 쿠샨왕조의 시대를 맞게 된다.[12] 고대 쿠샨족은 지금의 중국 감숙성 일대에

---

11) C. J. Brown, 1922, *The coins of India*, Oxford University Press. p.29.
12) Kushan Rulers – 통치기간
　　Vima Kadphises – NA late 1st century
　　Kaniska 1 – ca. 100~125년
　　Huviska – ca. 126~164년
　　Vasudeva – ca. 164~198년
　　Kaniska II – ca. 200~220년
　　Vasiska2 – ca. 220~230년
　　Kaniska III – ca. 240년
　　Later Kushans ca. 250~ca. 300년

서 할거하였는데, 漢의 확장정책으로 점차 서쪽으로 이동하기 시작하여 기원전 약 135년에 박트리아지역에 도착하였다. 쿠샨족은 기원후 1세기경에 쿠줄라 카드피세스(Kujula Kadphises, Kadphise 1세)가 왕조를 설립하고 영토를 북쪽으로 아랄해까지 영역을 넓혔으며, 동쪽으로는 현재의 아프가니스탄과 파키스탄 지역과 인도의 북부지역까지 진출하였다. 쿠줄라 카드피세스의 계승자인 비마 카드피세스(Wima Kadphises, Kadphise 2세)는 인도의 인더스 강 전 지역까지 영토를 넓혔다. 그리고 유명한 카니시카(Kaniska) 1세는 제국의 영토를 최대로 확장하여 이른바 카니시카의 시대(Kaniska era, 127~150년)를 맞게 된다.[13]

쿠샨왕조의 쿠줄라 카드피세스왕은 초기에는 앞면에 박트리아의 마지막 왕을 새기고 뒷면에 헤라클레스가 새겨진 동전을 그의 영토에서 유통시켰다. 동전은 로마황제 아우구스투스(Augustus, 기원전 31~기원후 14년)의 초상을 모방하여 왕조 초기에 로마와의 교역이 활발하였음을 보여주고 있다. 이 시기의 동전에서 쌍봉낙타가 처음 등장하여 유목민의 특성이 점차 들어나고 명문은 그리스문자와 칼로슈티 문자를 병용하고 있다. 비마 카드피세스(AD1세기 통치) 왕은 쿠줄라 카드피세스 왕의 계승자로서 영토를 인도의 바라나시까지 넓혔다. 동전에서 왕은 의자에 앉거나 교각자세를 취하고 코끼리나 쌍륜마차를 타기도 한다. 왕은 처음으로 왕을 상징하는 신성한 화로 곁에 서있는데, 이와 같은 왕의 모티프는 후대에 쿠샨왕의 동전에 의례적으로 사용되었다.[14] 왕의 초상은 구름으로 부터 떠있거나 솟

---

13) 쿠샨왕조의 비마카드피세스와 카니시카왕의 초상은 현재 마투라 박물관에 소장되어 있다.

14) C. J. Brown, 1922, *The coins of India*, Oxford University Press, pp.33~39(The increased sophistication of socio–political organization of ancient Asian states and the development of the Achaemenid royal power institution led to the emergence of a special "king's" fire that burned during the entire period of king's reign and was quenched after king's death(or deposition) and when the fire of his successor was lit. This tradition existed during the reign of Parthians and Sassanids, and the Vahram(Vehran) fire was declared as such, named to

아오르기도 하고 그의 어깨에 炎火를 표현하여 왕의 신성화를 꾀하고 있다.15) 이 시기의 동전에서 보이는 특징 중 하나는 힌두교의 시바가 동전의 뒷면에 본격적으로 등장하는 점이다. 동전에 사

〈그림 9〉 왕과 시바(소와 삼지창)
박트리아-쿠산동전, 비마 카드피세스, 1세기

용된 명문 중에 마하데바(Mahesvara)는 시바를 지칭한다. 비마 탁토(Vima Takto, 80~90년)시대 부터 이미 수많은 쿠샨인들이 불교를 받아들였고, 비마 카드피세스 왕은 힌두교의 시바도 포용하였다.16) 비마 카드피세스 왕의 명칭이 시바와 관련 있어, 왕은 시바를 숭배하였거나 혹은 왕과 시바를 동일시하였을 가능성이 많다.17) 동전 후면에 조각된 시바는 건장한 근육이 강조되었고 오른손에 긴 삼지창을 들고 그의 탈것인 소가 사실적으로 묘사되었다〈그림 9〉. 삼지창과 신의 탈것인 바하나 즉 소는 후대에 시바신의 대표적인 상징물로 1세기경에 제작된 이 동전에서 이미 힌두교 시바의 도상이 확립되었다.

카니시카(Kaniska, 100~125년) 왕은 비마 카드피세스의 후계자로 동전에서 그는 마투라지역에서 출토된 석상과 동일한 긴 코트와 토르소를 입고 헬멧과 왕관을 착용하였으며, 왼손에 창을 들고 화로 곁에 있다. 그의 명문은 그리스어로 '왕

---

honour Vertragna and instituted to mark a military victory or an accession to the throne. It is possible that in Bactria similar fires were also lit, and Orlagno was associated with Iranian Vertragna).

15) C. J. Brown, 1922, The coins of India, Oxford University Press, pp.33~39.

16) Parmeshwari Lal Gupta, Sarojini Kulashreshtha, 1994, Kusana Coins and History, D. K. Printward(P) Ltd, pp.21~41.

17) Rekha Jain, 1962, Ancient Indian Coinage, D. K. Printworld. Ltd. pp.96~100.

〈그림 10〉 왕(스키타이안 복식)과 풍신(Oado), 카니시카 동전,
2-3세기

〈그림 11〉 풍신(Oado) 카니시카
동전, 2-3세기(망토는 풍대의 원
형)

〈그림 12〉 마나오바고신(Manao
Bago), 카니시카동전, 2-3세기

〈그림 13〉 카니시카왕과 나나여신(Nana),
카니시카 동전, 2-3세기

〈그림 14〉 왕(화로와 스키타이안 복식)과 부처
입상(보도) 카니시카 동전, 2-3세기

〈그림 15〉 왕과 석가모니(명문), 카니시카 동전,
2-3세기

〈그림 16〉 왕과 미륵불(명문, 좌상), 카니시카 동전, 2-3세기

중의 왕'이라는 뜻이 있으며 뒷면에 등장하는 각종 신들은 쿠샨시대 왕의 동전 중에서 가장 다양성을 보여주고 있다. 카니시카 동전의 뒷면에 새겨진 신의 명칭은 이란문자로 되어 있으며, 대부분 그리스 계통의 신이나 조로아스터교, 그리고 힌두교신들과 관련이 있다. 銘文으로 확인된 신들은 미트라(Mihira – Mathra), 마오(Mao), 오도(Oado: vauyu, Wind)[18]〈그림 10-11〉, 오라그노(Orlagno: Vrthragna),[19] 루라스파(Luhraspa), 아트쇼(Athsho; Fire), 파로(Pharro; the Iranian consept of imperial greatness),[20] 마나오바고(Manao Bago)[21]〈그림 12〉, 마잘라(Mazalah, Supreme Zoroastrian deity), 나나(Nana)[22], 나나샤호(NanaShaho), 나니아(Naina, Naturegoodness)〈그림 13〉,세라피스(Serapis)[23],아르독소(Ardokso: counter part of Indian Laksmi), 시바 웨쇼(Oesho: Bhavesa or Havesa) 등이 있으며, 부처의 상도

---

18) 'Oado'는 풍신으로 the Avestan Vata에 기인한다. 『아베스탄』에 강력한 Mazdah가 바람을 창조하였다고 기술하는데, 『리그베다』의 vata와 유사하다.

19) 'Orlagno'는 쿠샨시대에 존숭 받은 주요 신들의 판테온에 속하였으며, Kanishka와 Huvishka의 동전에서 그는 일반 Parthian복장과 다른 쿠샨왕의 복장을 하고 있다. 그는 머리에 새의 장식을 하며 오른손에 창을 들고 왼손은 독수리 모양의 칼 손잡이를 잡고 있다. 'Indra', 'Varuna', 'Vertragna', 'Orlagno'는 영웅적인 전쟁의 신으로 인도 아리안 지역에서 이슬람의 흥기까지 유행하였다.

20) 'pharro'는 Avestan의 조로아스터교의 언어세계에서 "glory", "splendour"라는 뜻이다. 신성하고 신비한 힘을 뜻하며 주로 성스러운 왕의 영광을 나타내며 행운을 뜻하기도 한다.

21) 'Manaobago'는 조로아스터교의 아베스탄 언어로 "Good Purpose" 나 "Good Mind"로 번역된다.

22) 'Nana'는 Zoroastrian context의 (Aredvi Sura Anahita)로 쿠샨동전에 'NANAIA'로 기록되었다. Rosenfield는 '쿠샨왕조시대에 영토의 Sapadbians가 통치한 동쪽지역에서는 'NANA'로 통용되고 서쪽지역에서는 'NANAIA'로 통용되었다'고 한다. 카니슈카 동전에서 나나는 인간의 모습으로 등장하며, Huvishka & Kanishka II/III세의 동전에서 나나신은 사자의 등에 앉아 있다.

23) 'Sarapis'는 Egyptian신으로 알려져 있다. 기원전 3세기경 이집트의 Ptolemy I세의 명령으로 그의 영역에서 그리스와 이집트가 결합하는 수단으로 영입하였다. Serapis신은 외견상 그리스의 신으로 묘사되지만 도상학적으로 이집트와 관련이 많으며 풍요와 재생, 부활을 상징한다.

〈그림 17〉 시바(Oesho)입상(1면4비상, 숫염소,　　　〈그림 18〉 시바(Oesho)입상(3면4비상, 삼지창
　　풍신(Oado)명문) 카니시카동전, 2–3세기　　　　　　과 소) 카니시카 동전, 2–3세기

이 시기에 처음으로 등장한다〈그림 14-16〉. 그리스계통의 신은 헬리오스(Helios),
세레나(Selena), 헤파이스토스(Hephaistos) 등이 확인되고 있다.

　동전에 새겨진 각종 이민족의 신들은 종교가 다른 거대제국에 통용되는 화폐임
을 고려하여 정치적인 목적으로 제작되었을 가능성도 있다. 그리고 동전에서 왕과
함께 표현된 수많은 신들을 통하여 다민족을 통치하는 쿠샨왕조의 종교적인 포용
성이 인정되며, 이와 같은 포용성은 조로아스터교나 불교, 힌두교와 같은 주요 종
교에도 상당한 영향을 미쳤을 가능성이 크다. 쿠샨제국은 고대 페르시아 제국의
영토를 점령한 박트리아를 계승하였으며 동쪽으로는 인도북부 전역을 지배하였
고 실크로드를 따라 호탄지역까지 진출하였다.

　카니시카시기의 동전에서 우리의 흥미를 끄는 것은 1면4비와 3면4비의 형상을
취하고 있는 시바가 새겨진 동전이다. 인도에서 의인화된 시바상은 파르티아시기
에 처음으로 등장하였으나, 다면다비상은 카니시카시기의 동전에서 볼 수 있다. 1
면4비의 시바상은 정면향의 입상으로 두광을 갖추고 4개의 손에는 각각 삼지창,
물병, 숫양 등을 들고 있다〈그림 17〉. 그리고 3면4비의 시바상도 정면향의 입상으
로 머리는 속발이며 표정에 뚜렷한 특징은 나타나지 않으며, 4개의 손에는 삼지창,
물병 등을 들고 후면에 그의 탈것인 소가 표현되었다〈그림 18〉. 카니시카시기에
제작된 동전에서 3면을 갖춘 시바상은 힌두교 도상학에서 중요하며 후대에 링가

의 다면상이나 엘레판타 석굴의 마훼시바라상(6세기) 등으로 계승된다. 본 논문에서 중점을 두고 있는 대승불교의 초기 마혜수라천상도 쿠샨시기 시바상의 영향을 받고 있다.

후비스카(Huviska, 155~189년)시기에 제작된 동전은 카니시카 동전과 마찬가지로 그리스, 이란, 페르시아와 인도 등 다양한 신들의 판테온을 보여주고 있다. 새롭게 등장하는 신은 아후라 마즈다,[24] 아쉐인쇼(Asheinsho), 오아닌도(Oanindo), 웨쇼(Oasho)〈그림 19〉, 레쉬노(Reshno), 샤오레오라(Shaoreora), 마오(Mao)〈그림 20〉, 파로(Pharro, Khvareno)〈그림 21〉, 미로(Miro)〈그림 22〉가 있으며, 그리스 신인 헤라클레스와 이집트 신 세라피스(Serapis)〈그림 23〉, 오로스(Oros), 스칸다와 비사카〈그림 24〉등도 꾸준히 등장하고 있다. 이 시기의 동전에 새겨진 시바(Oesho)는 그의 배우자인 우마(Uma)[25]와 함께 등장하기도 하며, 대부분 前代를

---

24) 초기 인도 - 이란인들이 정착한 이후에 그들의 종교적 관념은 두 가지 상반된 神性이 공존하고 있었다. 이란의 신은 아후라(Ahura)와 데바(Devas)며, 인도 - 아리안의 신은 데바(Deva)와 아수라(Asuras)로 첫 번째 신은 善神으로 두 번째의 신은 惡神으로 보며 2원적인 신관을 가지고 있었다. 데바의 리더는 인드라(아마 힘과 비옥함을 의인화 하였다)로 인도-아리안은 인드라를 위대한 신으로 만들었으며『리그베다』판테온의 리더로써 천둥과 전쟁의 신이 되었다. 인드라는 용기의 화신이며 神중에 神으로 존숭되었으며, 때론 세계의 동방을 지키는 신으로 보았다. 인드라의 궁전은 신과 영웅들의 천국에 있으며 그의 주된 우주적 영웅행위는 강의 흐름을 멈추는 악마 브리트라를 죽이는 일인데, 이와 같은 이유로 인드라를 Vrtrahan 즉 브리트라를 죽이는 자라고도 불리고 있다. 이란의 신화에서 인드라의 임무는 미트라에 의하여 수행되며 인드라의 명칭인 Vritrahan은 다른 신 Vertragna 즉 미트라의 동료이자 조력자가 되었다. 이와 같은 과정을 거치며 인드라는 악마가 되었다. 이란의 신화(Vertragna(Avesta), Varhran(Pehlevi), Bahran(Farsi))에서 인드라는 전쟁과 승리의 화신이다. Avesta(Yasht 14)에서 인드라에 대하여 바람과 황소, 말, 낙타, 돼지, 매, 양, 염소로써 Vertragna의 화신으로 기술하고 있다. 그리고 마지막에는 멋있는 전사로 기록하고 있다.

25) 시바의 아내로 하이마바리(설산의 딸), 바르비티(산의 딸), 가우리(빛나는 흰 여자), 도루카(가까이 하기 어려운 여인), 카리(검은 여인) 등의 별명을 가지고 있다. 한나라 때의 번역판 불전에는 오마비(烏摩妃)로 등장한다. 우마는 시바가 은총을 주는 장면에 항상 등장하고 있다.

〈그림 19〉 시바(Oesho)입상(3면4
비상, 삼지창과 몽둥이) 후비스카
동전, 2-3세기

〈그림 20〉 왕과 마오신(Mao), 후비스카 동전, 2-3세기

〈그림 21〉 왕(무장)과 파로신(Pharro)(왕의冠과 파로의 긴 망토),
후비스카동전, 2-3세기

〈그림 22〉 태양신, 미로(Miro)(두
광), 후비스카 동전, 2-3세기

〈그림 23〉 이집트신 세라피스(Srapis)(파라오 머리장식) 후비스카
동전, 2-3세기

〈그림 24〉 스칸다와 비사카(두
광 쌍신상, 동전의 염주문) 후
비스카 동전, 2-3세기

계승한 3면4비상으로 지물은 카니시카시기의 동
전과 비슷하나 긴 몽둥이를 들었고 소는 표현되
지 않았다.

바수데바(Vasudeva, 164~198년)시기의 동전에
표현된 시바도 前代를 계승하였으나 일면일비 형
상의 裸身으로 긴 도티를 착용하였고 왼손에는
신의 상징인 삼지창을 들고 오른손에도 未詳의
지물을 들고 있다〈그림 25〉. 후면에 시바의 탈것

〈그림 25〉 시바(삼지창, 수소, 링가,
염주문) 바수데바 동전, 164~198년

인 바하나 즉 소는 형태가 사실적이며, 동전 가장자리에 페르시아 미술의 특징인
염주문을 장식하고 있다. 쿠샨시기의 시바상이 표현된 동전은 대부분 풍요의 상징
(horn of plenty)을 묘사하였는데, 당시 힌두교의 시바가 생산과 풍요를 담당하는
신으로 존숭 받았을 가능성이 있다.

쿠샨시기의 동전에서 다면다비상이며 소와 삼지창 등 각종지물이 강조된 시바
웨쇼(Oesho)는 후대에 불교유적인 호탄지역과 운강, 돈황석굴 등에 조성된 마혜
수라천의 도상과 상당한 유사점이 많다. 이 지역에서 힌두교 계통의 신은 대부분
다면다비 형식으로 교각자세를 결하였으며, 두 손으로 일월을 수지하고 있는 페르
시아미술의 특징이 나타나고 있다. 그러나 쿠샨시기에 제작된 동전에서 시바의 분
노상은 표현되지 않고 있어 후대에 대승불교에서 密敎化된 시바상과는 차이가 난
다.

지금까지 검토를 통하여 쿠샨왕조의 동전에 자주 등장하는 박트리아어로 기록
된 웨쇼(Oesho)는 시바로 외관상 왕조를 상징하는 神으로 볼 수 있다. 특히 바슈
데바(Vasudeva) 1세는 당시 힌두교로 개종하였는데, 그의 동전도 시바를 여전히
웨쇼로 호칭하고 있다. 그러나 조로아스터교의 풍신으로도 알려진 웨쇼(Oesho)는
최근에는 조로아스터교의 聖書인 『아베스탄』에 등장하는 풍신(Vata-Vayu)과 동체

며, 시바와의 융합적인 성격도 강조되고 있다.[26] 그러나 쿠샨시기의 동전에서 풍신을 오도(Oado)로 호칭하였고 자연신인 오도 역시 신격을 갖추며 풍대를 지고 있는 의인화된 도상이 등장하여 상당한 혼란을 주고 있다. 더구나 후대에 대승불교의 마혜수라천과 조로아스터교의 주요 신인 베쉬팔카도 종교와 신격이 다르나 동일한 힌두교 시바의 명칭과 도상을 차용하여 다양한 해석이 가능하다.[27]

박트리아 – 쿠샨시기에 제작된 동전에 새겨진 각종 신의 명칭과 도상은 종교미술의 역사에서 중요한 의미를 갖는다. 특히 현재까지 불모지나 다름없는 힌두교 신상의 기원문제 뿐만이 아니라 대승불교 이후 불교에 편입된 힌두교신의 도상문제에도 상당한 시사점을 주고 있다. 동전에 등장하는 힌두교 신은 락슈미와 시바가 대표적이며 비슈누나 샥티 계열의 신은 현재까지 발굴되지 않고 있다.

박트리아 – 쿠샨시기의 회화는 매우 드문 편이다. 박트리아시기의 작품으로 추정되는 테라코타에서 그리스의 신 파로와 시바로 알려진 인물이 경배를 받고 있는 장면이 있다. 파로신은 頭光을 갖추고 페르시아식의 제복에 화려한 목걸이를 착용하였으며, 어깨에는 신의 상징인 불꽃(炎火)이 표현되었다〈그림 26〉. 시바로 호칭되는 인물도 뚜렷한 특징이 없으나 신의 상징인 두광을 갖추었고 오른손을 위로 향하고 있다〈그림 27〉. 쿠샨시기의 동전보다 후대로 보이는 이 회화에서 시바의 복식과 얼굴은 서아시아의 영향이 강하게 나타난다.

쿠샨시기에 제작된 힌두교 계통의 석조상은 불상에 비하여 수량이 많지 않으나 시바와 비슈누를 중심으로[28] 일정한 도상적인 규범을 갖추고 있다. 간다라 지역에

---

26) 김성훈, 「돈황막고굴 285굴의 마혜수라천연구」, 『강좌미술사』 42, 한국미술사연구소, 2014, pp.93~120.

27) 본문 Ⅵ장–2 참조.

28) 현재까지 출토된 힌두교 신상은 비슈누 입상과 시바 링가상, 두르가와 같은 샥티 계열의 상이 대부분이며, 강가나 야무나신도 조상예가 전하고 있다. 그리고 비슈누의 화신인 가나

〈그림 26〉 경배 받는 파로신, 테라코타,
박트리아, 3세기

〈그림 27〉 경배 받는 시바(Oesho), 테라코타,
박트리아, 3세기

서 출토된 힌두교 계통의 석조상은 매우 드물며 대부분 인도의 內地인 마투라 지역을 중심으로 출토되고 있다. 시기적으로 빠른 쿠샨왕의 동전에 표현된 시바상은 이미 다면과 다비상이 유행하였지만 석상에서는 대부분 적용되지 않고 있다. 특히 시바는 인물상보다 주로 링가로 표현되었으며 링가에 1면을 새기었는데, 표정은 고귀함과 금욕의 상징성을 보여주고 있다. 당시 비슈누도 경직된 정면형의 입상이 유행하였고 대부분 비슈누의 상징인 높은 보관을 착용하고 있다. 그리고 비슈누의 초기 화신인 바라하상은 자세와 두 손의 위치 그리고 보조인물상 등에 이미 도상적인 특징이 반영되었다. 힌두교의 초기 석조상은 동전에 표현된 신상과 마찬가지로 단독상 위주로 제작되었으며, 신의 판테온이나 스토리텔링은 아직 초보적인 수준에 머물고 있다.

인도 우타르프라데쉬의 마투라지역에서 출토된 링가에 새겨진 시바상〈그림

나 바라하, 크리슈나상 등도 시도되었으며, 시바계통은 난디(바하나)와 시바, 파르바티와 시바, 시바 – 비슈누 합체상(Hari – Hara) 등도 소량 전하고 있다.

28〉은 제작년도가 비교적 확실한(200년) 쿠샨시기의 초기상이다. 붉은 사암에 조각된 시바의 얼굴은 이마에 제3의 눈을 새기었으며 높은 눈썹과 크게 뜬 눈, 그리고 굳게 다문 입술은 마투라 지역의 불상이나 자이나상의 영향을 받고 있다. 시바는 콧수염을 기르고 머리는 가지런히 빗어 높게 묶었다. 보관과 화려한 장식이 생략된 시바상은 금욕이나 고행을 상징한다.

현재 마투라 박물관에 소장된 시바-링가상〈그림 29〉은 같은 지역에서 출토되었는데 이례적으로 4개의 링가에 각기 다른 시바의 얼굴을 새기었다. 이 시바상은 시바 다면상의 다른 형태로 보이며 시바신의 다양한 성격이나 계급 혹은 민족을 표현했을 가능성이 있다. 그러나 시바의 얼굴에 파괴를 상징하는 분노의 상은 표현되지 않았다.

같은 지역에서 출토된 4세기 초(325년)에 제작된 인물 두상은 비슈누신의 상징인 높은 보관을 착용하여 비슈누로 보고 있다.[29] 화려하고 큰 꽃문양으로 정면과 좌우 2면을 장식하고 중앙에 사자 머리장식이 있는 보관(삼면관 혹은 터번)을 착용하여 쿠샨시기 왕이나 귀족의 터번을 모방하고 있다. 아몬드형 눈과 큰 귀 그리고 고요한 미소를 짓고 있는 얼굴은 童顔으로 역시 마투라 인물상의 특징이 나타난다.

비슈누의 10대 化神 중에 바라하는 첫 번째 물고기와 두 번째 거북에 이어 세 번째 화신으로 가장 인기 있는 화신이다. 후대에 바라하상은 굽타의 왕족을 상징하는데, 비슈누가 바라하 화신으로 변신하여 심연에 가라앉은 대지를 구한다는 설화

---

29) Norton Simon Museum, 2003, *Art from the Indian Subcontinent*, Yale University Press, p.98(사자의 얼굴이 장식된 관을 쓰고 있는 비슈누상은 굽타시기에도 계승되었다. J. C. Harle, 1994, *The Art and Architecture of The Indian Subcontinent*, Yale University Press, pp.96–97 참조).

〈그림 28〉 링가에 새겨진 시바상, 마투라, 우
타르프라데쉬, 인디아, 200년(Norton Simon
Museum pl. 53)

〈그림 29〉 시바 링가4면상, 마투라 박물관, 쿠샨
시대

〈그림 30〉 비슈누 두상, 마투라, 우타르프라데
쉬, 인디아, 325년(Norton Simon Museum pl. 60)

〈그림 31〉 비슈누 바라하 화신상, 마투라, 우타르
프라데쉬, 인디아, 3세기(h.90.2cm)

를 바탕으로 묘사되었다. Norton Simon Museum에 소장된 바라하상〈그림 28〉은 마투라 지역에서 출토되었으며 쿠샨시기인 3세기 작으로 알려져 있다. 이 초기 바라하상은 후대의 바라하상과 유사하나 디테일에서 상당한 차이를 보이고 있다. 마투라 불상조각의 특징인 얇고 투명한 도티를 걸친 바라하는 어깨가 큰 근육질의 나신으로 돼지머리 얼굴은 좌로 향하고 있다. 목과 가슴에 화려하고 큰 꽃무늬 장식이 돋보이며 어깨와 손목에도 팔찌를 착용하고 있다. 화려한 광배에서 그의 신격이 들어나며, 머리위에 조각된 두 명의 여신은 대지의 여신인 부미와 배우자인 락슈미일 가능성이 많다〈그림 30〉. 후술하겠지만 이와 같은 비슈누 바라하상은 실크로드 지역의 각종 종교유적을 중심으로 출토되고 있다.

쿠샨시기에 조성된 힌두교 신상은 불상에 비하여 상당히 제한적이다. 당시 불교는 대승불교의 확산에 힘입어 간다라와 마투라 지역을 중심으로 조상활동이 활발하였지만 아직 종교로서 체계가 확립되지 않은 힌두교는 주요 신과 신의 판테온이 정립되는 과정에 있었다. 그러나 『라마야나』와 『마하바라타』 같은 힌두교의 聖典이 점차 정비되고 『퓨나라』와 같은 의식집도 갖추어 지면서 구체적인 신과 신들의 도상이 만들어 지게 된다. 힌두교에서 造像 활동은 굽타시기부터 절정을 이루지만 지금까지 검토한 바 쿠샨시기에도 시바와 비슈누를 중심으로 조상이 이루어졌다.

2. 굽타시기의 힌두교 造像

찬드라굽타 1세(Candragupta I, 320~335년)가 인도북부를 통일한 이후 약 250여 년은 문학과 과학, 예술분야에서 놀라운 전성기를 구가하던 시기였다. 그의 아들 사무드라굽타(Samudragupta, 335~376년)는 파탈리푸트라(Pataliputra)를 수도로 정하고 고대 마우리아제국의 부흥을 꿈꾸었다. 그는 뛰어난 군사지도자로

제국의 영토를 확장했는데, 그의 치적은
각종 비문에 자세히 기록되어 있다.[30] 굽
타왕조의 정점으로 평가받는 찬드라굽타
2세(Candragupta Ⅱ, 380~420년)시기는
강력한 샤카왕국을 격파하고 주요 무역
항이 집중된 구자라트와 라자스탄을 합
병했으며, 동쪽으로는 벵갈, 라호르 지역
까지 통치하여 제국의 영토를 최대로 확
장시켰다. 찬드라굽타 2세는 안정된 국력
을 바탕으로 문화와 예술을 후원했으며

〈그림 32〉 굽타시대의 인도

굽타미술의 황금기를 이룩하였다. 통일된 굽타왕조는 쿠마라굽타(Kumaragupta,
415~454년) 재위시기까지 번영이 지속되었으나, 내부의 반란과 훈족의 침략으
로 점차 쇠락의 길로 들어서게 된다.

인도에서 힌두교의 원류는 인더스문명과 『베다』에서 비롯된 바라문교로 보고
있으나 힌두교가 민중의 종교로 성장하는 데는 오랜 세월이 필요했다. 힌두교는
기원전 2-3세기경부터 정비된 『라마야나』, 『마하바라타』 등과 같은 聖典을 기반으
로 성립되었고, 기존의 불교와 자이나교의 영향도 무시할 수 없다. 특히 굽타왕조
는 힌두교가 국교로 부흥하는 시기로 힌두교의 주요 신은 왕조를 상징했으며, 왕
조는 힌두교를 후원했다. 굽타시대는 불교와 자이나교도 계속 민중의 사랑을 받으

---

30) Allahabad 석주에 'His administration was harsh and tyrannical and he was very firm
towards sinners however generous towards moral people.'라는 기록이 존재하며, 알라바하드
부근 카우삼비 유적에서 출토된 비문에 왕은 "whose most charming body was covered over
with all the beauty of the marks of a hundred confuse wounds caused by the blows of battle
axes, arrows, spears, pikes, swords, lances, javelines"라고 전쟁의 영웅으로 기록되어 있다.

며 공존했는데, 이 지역을 여행한 중국 승려 法顯의 『佛國記』에 당시의 상황이 상세히 기록되어 있다.31) 북 인도에서 굽타의 영향력은 하르샤시대(606~647년)까지 이어지며 인도대륙은 불교를 대신하여 힌두교의 전성기를 맞게 된다.

굽타〈그림 32〉 초기에는 쿠샨시기를 계승하였으나 쿠샨제국의 멸망과 이슬람의 등장으로 외세의 영향이 점차 단절되며 인도인의 순수한 문학과 예술을 꽃피우게 된다. 굽타시대의 미술은 완벽한 균형과 새로운 미적 기준이 창출되어 인도미술의 고전기로 칭하고 있다. 힌두교미술도 인도 전통의 설화와 지식, 신화를 모은 푸라나 등이 완성된 형태를 갖추며 신들의 다채로운 사건을 묘사하는 도상을 확립시키고, 비슈누와 시바를 중심으로 신의 판테온이 정립되었다. 굽타시기의 힌두교는 비슈누 숭배가 주류를 이루었으나 시바의 링가나 두르가와 같은 샥티 계통의 여신도 꾸준히 신앙되었다. 굽타제국의 영토를 상징하는 강가나 야무나신의 조상도 유행했으며, 약사와 나가는 남신과 여신으로 독자적인 숭배대상으로 자리 잡는다. 사원도 석굴에서 벗어나 평지에 독립된 사원이 건립되었으며 사원을 중심으로 힌두교신을 모시고 예배와 의식을 거행하였다. 현재 수백 개 정도 남아 있는 굽타시기의 힌두교 사원은 대부분 비슈누와 비슈누의 화신, 그리고 시바의 링가 등을 봉안하고 있다. 힌두교가 굽타왕조의 국교가 되면서 힌두교사원은 영토 전역으로 확대되었고, 힌두교신의 조상도 일정한 규범을 갖추며 전성기를 맞게 된다.

전술한 박트리아 – 쿠샨시기에 제작된 동전은 초기에는 그리스와 로마의 신이나 조로아스터교와 관련된 신을 새기었으나, 후대에는 부처나 힌두교 시바의 상도 함께 새기었다. 그러나 굽타시기의 동전은 대부분 힌두교 계통의 신을 새겨 당시 왕과 힌두교와의 밀접한 관계를 상징적으로 보여주고 있다. 특히 힌두교의 시바나

---

31) 東晋 사문 法顯(342~423년)이 천축에 구법여행(399~413년)을 한 시기는 굽타제국의 찬드라굽타2세 시기와 거의 일치한다.

비슈누 등 주요 신보다 락슈미나 두르가, 강가여신 등을 선호하였는데, 왕실을 중심으로 유행한 샥티 신앙의 일면을 엿볼 수 있다.

사무드라굽타 시기의 동전에서 왕은 왕비(스리 쿠마라데비)와 함께 서 있거나 사자를 향하여 활을 겨냥하는 자세를 취하고 있다. 후면에는 다양한 힌두교신을 새기었는데, 대부분 지물을 수지하거나 탈것(바하나)이 표현되어 신들의 도상적인 특징이 반영되었다. 동전에서 두르가 여신은 보관을 착용한 나신으로 두광이 표현되었고, 오른손으로 풍요의 상징(horn of plenty)을, 그리고 왼손으로는 왕관(diadem)을 들고 사자 등위에 앉아 있다〈그림 33〉. 다른 동전에서 락슈미는 두 손에 두르가 여신과 동일한 지물을 들고 있으나 입상이 아닌 좌상으로 그녀의 상징인 연꽃 위에 앉아 있다〈그림 34〉. 강가 여신은 그녀의 바하나인 마카라를 딛고 서 있는 입상을 표현하였다. 오른손은 초승달로 장식한 왕족의 旗章을 들고 왼손으로는 줄기가 긴 연꽃을 들고 있다〈그림 35〉. 그녀의 좌측에 브라미 명문으로 라자 사무드라굽타가 새겨져 있다. 동전은 굽타 초기인 4세기 작으로 힌두교 여신의 지물과 바하라 등 도상적인 특징을 갖추었으며, 신체표현 등 조형적인 면에서 굽타시기의 특성이 잘 나타나고 있다.

시바의 아들인 쿠마라 즉 전쟁의 신 카르티케야〈그림 36〉도 당시 유행했는데, 동전에서 그는 건장한 체구에 그의 상징인 긴 창을 들고 공작새를 타고 있다(후술하겠지만 카르티케야는 불교에서 수용하여 쿠마라천이 되었으며 후대에 위태천이나 동진보살로 명명되었다).

굽타 前期의 가장 대표적인 힌두교 석굴은 보팔지역의 우다야기리석굴(Udayagiri Cave)[32]로 6굴의 외벽에 찬드라굽타 2세 치하 82년(401~402년)에 석굴

---

32) 우다야기리석굴은 19세기에 알렉산더 커닝엄(Alexander Cunningham)에 의하여 남쪽에서 북쪽 방향으로 석굴의 번호가 매겨졌는데, 훗날 주정부에 의하여 더욱 체계적인 석굴조

〈그림 33〉 사무드라굽타왕과 스리쿠마라 데비(좌)
사자를 타고 있는 두르가 여신(우), 4세기

〈그림 34〉 락슈미 여신, 4세기　　　〈그림 35〉 강가 여신, 4세기

〈그림 36〉 카르티케야(쿠마라), 굽타1세의 금화
(414~454년), 영국 옥스포드 아슈모리 박물관

사가 이루어졌다. (D. R. Patil, *The Monuments of the Udayagiri Hill* (Gwalior, 1948) 참조).

〈그림 37〉 우다야기리 석굴 제6굴 외벽, 우다야기리, 마디아 푸라데쉬, 인디아, 5세기 초

을 봉헌하였다는 명문이 존재한다. 명문에 의하면 왕의 각료 중 한명이 이곳에 왕의 전승을 기념하여 석굴을 개착하였다.[33] 석굴은 평지에 돌출한 낮은 바위산에 소규모의 석실을 조성하고 대부분의 조각은 바위표면에서 볼 수 있다. 석굴은 3굴의 쿠마라상, 4굴의 시바 에카무카 링가상, 5굴의 바라하상, 6굴의 수문신과 비슈누 입상, 그리고 두르가상 등이 유명하다. 우다야기리석굴에 조성된 각종 힌두교 신들의 도상과 도상학적인 프로그램을 통하여 굽타시대의 성숙한 힌두교미술을 확인할 수 있다. 석굴에서 각종 신들의 도상적인 특징이 나타나며, 신들의 배치구도를 통하여 당시대에 유행한 힌두교신앙의 일면을 엿볼 수 있다.

6굴은 석굴 문을 중심으로 좌우 외벽에 각 3개의 감실을 조성하여 고부조의 힌두교신상을 조각하였다〈그림 37〉. 문 좌우에는 수문신상을 배치하였고 좌측부터 가네샤와 비슈누를 그리고 우측에도 비슈누와 두르가신상을 차례로 배치하고 있다(가네샤 – 비슈누 – 수문신 – 문 – 수문신 – 비슈누 – 두르가). 가네샤〈그림 38〉

---

33) Willis, Michael, 2004, *The Archaeology and Politics of Time*, The Vākāṭaka Heritage: Indian Culture at the Crossroads(Groningen: Egbert Forsten). pp.33~58; Huntington, 1985, *The Art of Ancient India*, Weather Hill, p.187, 219.

는 시바의 아내인 파르바티의 아들로 비극의 주인공이나 힌두교에서 그는 '장애를 극복한 신(Overcomer of Obstacles)'으로 유명하며, 항상 사원 등 참배로의 입구에 배치하여 영성의 길로 신도들을 안내하는 임무를 맡고 있다. 맨 우측의 두르가상도 역시 '승리의 여신'이라는 칭호가 주어지는데, 신도들은 석굴에서 巡行을 마치고 마지막으로 이 신에게 참배함으로써 종교적인 승리가 성취된다고 믿는다.[34] 힌두교의 가네샤는 불교미술의 비나가야신으로 실크로드를 중심으로 6-7세기에 유행하였다. 좌측 감실의 비슈누상은 비슈누의 특징과 지물이 잘 묘사되었다〈그림 39〉. 그는 입상으로 근육질의 신체에 높은 보관을 착용하고 짧은 도티를 입은 나신이다. 신의 승리를 상징하는 무릎까지 닿는 커다란 꽃 줄(garland)을 양 어깨에 걸치고 있다. 팔은 4개로 우측 손으로 대형 곤봉(mace)을 들고, 좌측 손은 대형 차크라(chakra)를 들고 있다. 비슈누 신앙에서 곤봉은 지식의 힘을 상징하고 차크라는 우주의 마음을 상징한다.

6굴에서 수문신(Dvarapalas)은 긴 창을 들고 석굴 입구를 지키고 서있다. 건장한 신체는 쿠샨시기의 유산으로 보이나 형태는 점차 부드러워지고 얇고 투명한 도티는 5세기 굽타시기의 조형적인 특징이 들어나고 있다〈그림 40〉. 물소 마히샤(Mahisa)를 딛고 서있는 두르가(Durga) 상은 종교적인 성취나 승리를 상징한다〈그림 41〉. 물소 마히샤로 변신한 악마 아수라(Asura)가 너무 강력하여 모든 신이 무기를 두르가에게 전수하여 물소로 변신한 아수라를 물리친다는 내용이다. 물소는 힌두교에서 죽음의 신 야마(Yama)와 관련 있다.[35] 두르가 여신은 10비상으로 각종 무기를 들고 마히샤를 물리치고 있다. 굽타시기 여신의 아름다운 몸을 표현하

---

34) Huntington, 1985, *The Art of Ancient India*, Weather Hill, pp.190–191, 참조.

35) Kinsley, David, 1988. *Hindu Goddesses: Vision of the Divine Feminine in the Hindu Religious Traditions*, University of California Press. p.95. 참조.

〈그림 38〉 가네샤상, 우다야기리6굴, 5세기 초 　　〈그림 39〉 비슈누입상, 우다야기리 6굴, 5세기 초

〈그림 40〉 수문신, 우다야기리 6굴, 5세기 초 　　〈그림 41〉 두르가상, 우다야기리 6굴, 5세기 초

〈그림 42〉 시바링감, 우다야기리 4굴

〈그림 43〉 4면시바링감, 우타르 프라데쉬, 인도, 사암,
900년(Dye1988, p.27, fig.9)

였으나 악마를 잔인하게 죽이는 샥티 신앙의 일면도 엿볼 수 있다.

4굴은 석굴 내부에 시바 링가상(ekamukhalinga)을 안치하였는데, 링가에서 출현한 시바의 1면이 새겨져 있다〈그림 42〉. 이 시바상은 쿠샨시기 초기 링가상〈그림 28〉과도 유사하며 머리는 높게 상투를 틀고 남은 머리는 뒤로 길게 늘어져 있고, 가슴에는 넓고 커다란 장식물을 착용하였다. 둥글고 살찐 얼굴에 초승달처럼 높은 눈썹, 그리고 매우 큰 아몬드형 눈과 굳게 다문 입술은 마투라 조각을 계승하였다. 시바의 힘은 링가로 표현되는데, 링가의 성적 에너지는 우주 통합의 에너지를 상징한다. 힌두교에서 링가의 造像은 기원전 1–2세기부터 시작되었는데,[36] 링가는 후대에 다양한 형식으로 변모하며 가장 풍부한 상징물로 자리 잡는다〈그림

---

36) 'From the earliest period of the appearance of Siva in the linga form, around the 1st or 2nd century 기원전 E at Aghapur and Gudimallam.'(Klaus Klostermaier, 2007, *A Survey of Hinduism*, SUNY Press, p.111, Heather Elgood, Hinduism and the Religious Arts p.47 참조).

〈그림 44〉 바라하 화신상, 우다야기리 5굴, 마디야 프라데쉬, 인디아, 굽타, 5세기 초

43〉.37)

5굴은 바위표면을 굴착하여 대형 감실(폭 7m 높이 4m, 깊이 2m)을 조성하고 비슈누의 화신인 바라하(Varaha)의 『마하바라타』 신화장면을 조각하였다〈그림 44〉. 서사시에 기술된 '크리타 유가(Krita Yugarlrks) 동안 죽지 않고 재생을 계속하는 무수한 생명들에 짓눌려 대지가 바다에 가라앉는' 내용이다. 대지가 자비로운 비슈누에게 호소하자 비슈누는 멧돼지 형상으로 변신한 후에 바다 속 가장 깊은 곳으로 내려가 대지를 구한다. 바라하는 건장한 신체에 도티를 걸친 나신으로 비슈누의 상징인 대형 꽃 줄을 목에 걸고 한 발은 바위 위에 걸친 역동적인 모습을 보여

---

37) 앞의 책, *Art from the Indian Subcontlnent*, 2003, Yale University Press, pp.116–117 참조. (좌측상단부터 시계방향으로 Vamadeva–Sadyojata–Tatpurusha–Aghora or Umavaktra–Nandivaktra–Mahadeva–Bhairava로 호칭하고 있다.)

주고 있다. 바라하의 커다란 어금니로 들어 올린 대지의 여신 부미는 바라하의 강건한 왼쪽 어깨에 몸을 기댄 나신으로 여성의 아름다운 신체를 유감없이 표현하고 있다. 바라하는 인류를 구한 승리자의 모습으로 발아래 용왕의 숭배를 받고 있다. 후면 상단에는 인물 군상(賢人)이 4줄로 나열하며 바라하의 업적을 칭송하고, 하단에는 출렁이는 바다 물결 사이로 연꽃과 작은 군상들이 묘사되었다. 벽면 좌우에도 마카라를 타고 있는 강가여신과 거북을 타고 있는 야무나가 조각되어 있다.

전술한 쿠샨시기의 바라하상〈그림 31〉과 비교할 때 팔과 다리의 위치, 그리고 도티의 착용, 꽃 줄 등에서 쿠샨시기를 계승하고 있다. 그러나 굽타시기의 바라하상에서 신화의 소재가 더욱 다양해 졌으며 바라하나 대지의 여신 부미의 모델링도 상당한 차이를 보이고 있다. 쿠샨시기의 바라하상은 강건한 신체를 표현하였으나 동적인 모티프와 유연성이 떨어지는 반면에 굽타시기의 바라하상은 신체에 균형감과 탄력이 넘치고 운동감이 살아 있는 굽타 조각의 이상이 실현되었다. 우다야기리석굴의 바라하상은 후대에 힌두교 조각의 典範으로 계승된다.

우다야기리석굴의 바라하상은 백성을 구한 찬드라굽타 2세와 비슈누의 화신인 바라하를 우화적으로 비유했을 가능성이 많다.[38] 찬드라굽타 2세가 델리부근에 전쟁의 승리를 기념하여 건립한 鐵柱에 비슈누신에게 봉헌하였다는 명문이 존재하며,[39] 당시 그는 샤카족과 전쟁을 치루고난 이후에 승전을 기념하여 이 지역을

---

38) Willis, Michael, 2004, *The Archaeology and Politics of Time*, The Vākāṭaka Heritage: Indian Culture at the Crossroads (Groningen: Egbert Forsten). pp.33~58; Asher, Frederick M. 1983. B. L. Smith, ed., *Historical and Political Allegory in Gupta Art,* Essays on Gupta Culture (Delhi: Motilal Banarsidass). pp.53~66.

39) 델리 부근 쿼터 미니르(Qutub Minar)에 세워진 鐵柱에 찬드라굽타 2세와 관련된 명문이 존재한다. 찬드라굽타 2세가 전쟁에서 승리를 쟁취한 후에 비슈누신에게 영광을 돌리는 명문이 기록되어 있다. The pillar bears an inscription which states that it was erected as a flagstaff in honour of the Hindu god Vishnu, and in the memory of Chandragupta II

방문했다. 바라하의 신화장면에 강가와 야무나신이 조각되었는데 두 신을 등장시켜서 찬드라굽타 2세가 지배한 영토를 상징했을 가능성도 있다.[40)

우다야기리석굴에 조성된 힌두교 계통의 신은 시바와 비슈누를 비롯하여 화신인 쿠마라와 바라하가 대표적이며, 샥티 계열의 두르가와 강가, 야무나 등 여신과 가네샤와 수문신, 나가 등이 확인 되고 있다. 명문에 의하여 조성시기(402년)가 비교적 확실한 이 석굴의 힌두교신상은 힌두교 도상학에서 중요하며 대승불교에 전입된 각종 신중의 도상해석에도 참고가 된다. 우다야기리석굴은 굽타시기 힌두교미술의 정점을 보여주고 후대에 엘레판타 석굴이나 엘로라 석굴사원과 같은 힌두교미술의 황금기를 예고하고 있다.

바라하상은 우다야기리석굴 이후에도 꾸준히 조성되었는데, 규모는 더욱 대형화되었고 사원이나 대중의 시선을 끌 수 있는 광장을 중심으로 건립되었다. 5세기 후반 작으로 추정되는 에란 지역의 바라하상은 짐승의 모습을 한 최초, 최대의 바라하상으로 유명하다〈그림 45〉. 비드샤에서 8km 정도 떨어진 에란지역은 고대의 아이리키나 지역으로 굽타시기에 매우 중요한 지역이다. 이곳에서 발견된 명문에

(A derivation of "Natya–darpana" by Vishakadata states that the pillar had been put up by Chandragupta II himself after defeating Vahilakas. And after this great feat, he put up this pillar as a memory of the victory).

40) 두 강은 굽타의 심장부를 관통하여 흐르며 힌두교나 인도종교의 성지의 원류다. 원초의 대양에 묘사된 두 신은 바라하가 인류를 구할 때 두 신은 바라하와 함께 하였다. 찬드라굽타 2세의 아버지인 사무드라굽타 의 사무드라는 산스크리트어로 대양의 뜻이 있다. 두 강이 대양으로 합류하듯이 수많은 왕국이 제국으로 합류하는 정치적인 의미를 바리하의 장면에 새기었으며 바라하는 굽타의 왕을 상징하는 메타포적인 성격을 가지고 있다.(Willis, Michael, 2004, *The Archaeology and Politics of Time*, The Vākāṭaka Heritage: Indian Culture at the Crossroads(Groningen: Egbert Forsten). pp.33~58. Asher, Frederick M., 1983,. B.L. Smith, ed. *Historical and Political Allegory in Gupta Art. Essays on Gupta Culture*(Delhi: Motilal Banarsidass). pp.53~66 참조).

〈그림 45〉 비슈누 바라하화신상(길이4m, 높이 3.45m), 에란, 인디아, 5세기 후반

〈그림 46〉 비슈누바라하상(높이1.86m),에란, 사가대학 박물관, 5세기 후반

서 훈족의 침략기인 5세기 후반에 사무드라굽타왕과 관련된 종교행위가 확인되었으며, 바라하상의 명문에도 훈족의 왕 토라마나의 치세 1년이 새겨져 있다. 당시 훈족의 통치는 이 지역에 계속되고 있었다.[41] 거대한 석조 바라하상(길이 4m, 높이 3.45m)의 신체표면에는 미세한 성현들의 像이 저부조로 隊伍를 갖추어 조각되었는데『푸라나』에 '바라하의 털구멍에 숨은 사람들'이라는 내용이 있다. 대지의 여신부미는 바라하의 어금니에 높이 매달려 있다. 사가대학 박물관 뜰에 전시된 바라하상(5세기 후반 작, 높이1.86m)은 돼지머리에 인간의 신체를 갖는 환조상이다〈그림 46〉. 비대한 신체가 특징인데, 신의 상징인 꽃 줄을 온몸에 휘감고 심해에서 구출한 대지의 여신을 어금니에 매달고 자랑스럽게 서 있다. 사가대학 박물관의 바라하상은 쿠샨시기와 우다야기리석굴의 바라하상을 계승하고 있다.

---

41) Roy C. Craven, 1985, *INDIAN ART*, Thames and Hudson Ltd, pp.97~100 참조.

굽타시대 후기를 대표하는 힌두교사원으로 우타르 프라데쉬의 데오가르 (Deogarh) 지역에 위치한 비슈누사원이 있다〈그림 47〉.[42] 이 사원의 건립 연도를 500년 전후나 6세기 초로 추정하고 있다.[43] 굽타시기에 힌두교가 점차 번성하며 다양한 신전들이 인도의 북부지역을 중심으로 건립되었는데, 이 사원은 초기 양식으로 힌두교 사원건축의 상당한 진전을 보여주고 있다. 사원은 방형으로 사각형 높은 기단 위에 건립되었으며, 4방향에 설치된 계단을 통하여 진입이 가능하다. 상부 구조는 현재 상당부분 망실되었지만 힌두교 북부 사원건축 양식을 대표하는 포탄 형태의 시카라가 조성되었을 가능성이 많다. 사원은 서쪽에 출입문을 두고 동과 남 북벽에도 대형 석조 판넬을 설치하여 비슈누신과 관련된 각종 신화를 조각하였다. 입구에서 시계방향으로 남쪽 벽에는 '비슈누 아난타샤(Sheshashayi Vishnu, reclining on the serpent)'가 조각되었고, 동쪽 벽에는 '나라 – 나라야나 (Nara Narayana Tapasya, meditation)' 신화가, 그리고 북쪽 벽에도 '가젠드라 목사 (Gajendra Moksha)' 장면이 고부조로 조각되어 있다.

사원의 출입구는 상인방과 문설주를 중심으로 각종 신들과 문양이 섬세하게 조각되어 있다. 상방 좌우에는 강가(Ganga) 여신과 야무나(Yamuna) 여신이 각각 마카라와 거북을 딛고 서있는데, 우다야기리석굴과 마찬가지로 굽타시대 힌두교사원에서 두 신이 함께 조성되는 정형성을 보여주고 있다. 상단 중앙에는 이 사원이

---

42) 데오가르 힌두교사원은 비슈누사원으로 찰스 스트레인Charles Strahan이 처음 발견하였으며 고고학자 커닝엄(Cunningham)에 의하여 사원의 이름이 명명되었다.

43) J. C. Harle, 1994, *The Art and Architecture of The Indian Subcontinent*, Yale University Press, pp.111, 114; Huntington, 1985, *The Art of Ancient India*, Weather Hill, pp.206, 213; Dehejia, Vidya. *Indian Art*, NY: Phaidon Press Limited, 1997, p.143; Roy C. Craven, 1985, *INDIAN ART*, Thames and Hudson Ltd, p.121; Willis, Michael, 2009, *The Archaeology of Hindu Ritual*, Cambridge and New York: Cambridge University Press(Harle와 Huntington은 건립연도를 6세기 초로 보고 있으나, Carven은 425년에 축조되었다고 기록함).

〈그림 47〉 데오가르 비슈누사원, 우타르 프라데쉬, 인디아, 6세기 초

비슈누신에게 봉헌된 사원임을 암시하는 '아난다 용 위에 좌정한 비슈누'가 조각
되었다〈그림 48〉. 비슈누가 좌정한 용은 똬리를 틀고 7개의 머리를 고추 세워 비
슈누를 보호하고 있다. 아난타용의 후드(머리)는 환조형식으로 매우 섬세하게 조
각되었으며 비슈누는 그의 상징인 높은 보관을 착용하고 용 위에 편하게 앉아있
다. 비슈누의 오른쪽 발아래 배우자인 락스미가 신의 발을 어루만지고, 좌우에도
비슈누의 화신인 사자인간(Narasimha, the man-lion form)(좌)과 난쟁이 드워프
(Vamana, the dwarf form)(우)가 조각되었다.[44] 4번째 화신 사자인간과 5번째 화신

---

44) 비슈누 최초의 3화신인 물고기, 거북이, 멧돼지는 『베다』의 우주 창조신화에 등장하는 화신
    이며, 4번째 사자인간은 악마로부터 세계를 구하며, 5번째 난장이는 세 걸음으로 인간을 대
    지에 살게 하며, 6번째 화신인 파라슈라마는 오만한 귀족과 전사를 많이 죽인 도끼를 든 모

〈그림 48〉 서문상단에 조각된 비슈누 좌상, 데오가르 비슈누 사원,
우타르 프라데쉬, 인디아, 6세기 초

난쟁이(가나)가 협시하는 비슈누 삼존상은 매우 드물며 굽타시기의 비슈누와 관련된 초기 도상으로 흥미를 끌고 있다.

남벽의 '비슈누 아난타샤' 조각은 비슈누와 브라흐마, 시바신 등 힌두교 주요 신들과 관련된 굽타시대의 도상학적인 프로그램을 잘 보여주고 있다〈그림 49〉. 전체 화면을 상하로 3분하여 중앙에 아난타용 위에 누운 비슈누를 배치하고 상단에는 좌로부터 카르티케야와 인드라, 그리고 브라흐마와 시바와 같은 주요 신들을 나열하고 있다. 하단에도 5명의 남신과 우측에 1명의 여신이 각종 무기를 들고 역동적인 자세로 서 있다. 비슈누는 짧은 도티를 걸친 나신으로 높은 보관을 착용한 4비상이다. 신의 상징인 커다란 꽃 줄을 온몸에 두르고 아난타 용 위에서 눈을 감고 누워있고 용왕 세샤는 7개의 후드를 비슈누의 머리위에서 펼치며 신을 보호하고

습으로 나타난다. 2대서사시『라마야나』의 라마와『마하바라타』의 크리슈나는 7번째, 8번째 화신으로 자신을 신봉하는 대중을 지켜준다. 붓다는 9번째며 마지막 10번째는 미래의 화신 칼키다. 칼키는 세상의 종말에 출현하여 인간의 선악을 가려 벌을 주며 이 우주를 브라만에게 돌려준다고 한다.

있다. 비슈누의 발아래는
배우자 락스미가 신의 발
을 어루만지며 신을 향하
여 앉아 있고, 락스미 등
뒤에는 두 명의 신이 기
립해 있다. 락스미 좌측의
신은 뱀 가죽을 걸친 가루
다며, 우측에 棒을 든 여
성 신의 명호는 현재까지
확인되지 않고 있다. 비슈
누의 신체에서 느껴지는
균형과 탄력, 그리고 우아
함을 겸비한 미적 수준은
굽타 후기 조각미술의 정
점을 보여주고 있다.

〈그림 49〉 비슈누 아난타사야, 데오가르 비슈누사원,
우타르 프레디쉬, 인디아, 6세기 초

　　　화면에서 상단 중앙에
위치한 브라흐마(불교미술의 범천)는 그의 상징인 3면상으로 양가죽을 입고 연꽃
위에 좌정하고 있다. 브라흐마가 비슈누 배꼽에서 피어난 연꽃 위에서 탄생하는
장면은 천지창조와 관련된 힌두교적인 해석으로, 불교의 化生思想과 유사하다. 힌
두교의 3대신인 브라흐마는 이른 시기부터 인드라(제석천)와 함께 부처의 협시가
되었으며, 조로아스터교나 마니교에서도 신의 도상을 차용하였다. 브라흐마 좌측
에는 등에 혹이 달린 소위에 시바(마혜수라천)가 브라흐마를 향하고 있는데, 소는
난디로 시바의 탈것(바하나)이며 시바를 상징한다. 시바가 배우자인 파르바티와
함께 소를 타고 있는 장면은 이 사원에서 최초로 시도되었을 가능성이 있다. 시바

의 좌측에는 명호가 확인되지 않는 신이 하늘을 유영하고 있는데, 그는 탈것이 생략된 무릎 날기 자세를 취하고 있는 天人으로 볼 수 있다. 브라흐마 우측에는 인드라와 카르티케야(구마라천)가 코끼리와 공작을 타고 있다. 브라흐마, 사바와 인드라, 그리고 카르티케야 등은 모두 쿠샨시기에 불교신의 판테온에 합류하였다. 데오가르사원에서 보여준 이와 같은 힌두교미술의 도상적인 특징은 불교미술에도 일부 적용되었으나 불교의 동전루트인 실크로드지역과는 계통을 달리하고 있다.

하단에 도열한 6명의 군상은 헌팅턴의 해석에 따르면[45] 우측의 두 남녀는 마두(Madhu)와 카이타야(Kaitabha)로 비슈누가 잠들고 있을 때 비슈누의 귀에서 튀어나온 악마이며, 좌측에 도열한 4명의 전사가 각각 비슈누의 지물을 소지하고 두 악마와 싸우기 위하여 대치하고 있는 장면으로 보고 있다. 그러나 화면에 등장한 인물들의 복식과 머리장식에 큰 차이가 없으며 대부분 큰 칼을 들고 있는 점은 다른 해석도 가능할 수 있다.[46]

지금까지 검토한 데오가르 비슈누사원의 남쪽 벽감에서 굽타시대의 인기 있는 힌두교 신들의 도상적인 특징이 잘 들어나고 있다. 벽감 부조는 신들의 위계질서에 따라 배치되었으며 신들의 고유한 역할을 암시하고 있다. 화면은 3분하여 상단에 하늘의 신을 배치하고 중앙에는 주인공인 비슈누가 락스미와 가루다의 위호를 받으며 천지창조의 순간을 기다리고, 하단에는 창조를 방해하는 인물 군상을 대립시켜 화면 전체에 긴장감을 불어 넣고 있다. 당시 힌두교에서 비슈누는 가장 강력

---

45) 마두와 카이티야가 천지창조를 방해하기 위하여 브라흐마를 죽이려고 하자 비슈누가 4명의 전사에게 자신의 무기를 보내서 두 악마를 격퇴하고 있다. 비슈누의 지물은 우측부터 가다데비(머리위에 철퇴가 있다), 차크라푸루사(머리장식으로 차크라를 하고 있다), 다누스푸루사(오른손에 활이 보인다), 카다푸루사(칼을 들고 있다)로 보고 있다.

46) 하단에 조각된 6명의 인물은 5명의 판디야와 그들의 배우자 드라우파디로 보기도 한다(Willis, Michael, 2009, *The Archaeology of Hindu Ritual*, Cambridge and New York: Cambridge University Press 참조).

〈그림 50〉 나라-나라야나, 데오가르 비슈누사원,
우타르프라데쉬, 인디아, 6세기 초

한 영향력을 행사했으며 그의 화신인 바라하는 굽타 왕족을 상징하여 우다야기리사원 등 거대한 바라하의 조상이 유행하였다. 당시 시바는 비슈누의 하위신중으로 링가상을 중심으로 신앙되었고 시바신앙은 후대에 더욱 유행하게 된다. 전통적으로 브라흐마는 『베다』의 신으로 그의 임무인 천지창조가 종료되어 현재까지도 힌두교에서 브라흐마 신앙은 거의 유행하지 않고 있다. 비슈누 중심의 이와 같은 천지창조의 장면은 굽타시대 힌두교신앙의 단면을 집약해서 보여주고 있다.

동벽에는 '나라-나라야나'의 신화장면이 조각되어 있다〈그림 50〉. 비슈누의 22개 화신 중에 4번째로 여겨지는 이 커플은 다르마(정의)의 아들과 그의 배우자 아힘사(비폭력)로 세계를 정화하는 도구인 신성한 사랑과 헌신의 메시지를 신도들에게 보여주고 있다.[47] 두 신은 신체와 머리 장식이 생략되었고 하단에 사슴

---

47) 나라-나라야나는 한 쌍의 힌두교신으로 다르마와 정도를 보존하는 신 비슈누의 쌍둥이 아바타로 인간의 영혼을 소유한 나라는 신성 나라야나의 영원한 동반자이다. 나라야나는 4개의 팔을 가진 비슈누의 형상을 하며 나라는 두 팔을 가지며 사슴 가죽을 걸치고 있다. 지물은 비슈누와 마찬가지로 철퇴, 원반, 소라, 그리고 연꽃을 수지 한다(Bhandarkar, Ramkrishna Gopal, 1995, *Vaisnavism Saivism and Minor Religious Systems*, Asian Educational Services. p.238; Alexander Lubotsky, 1996, *The Iconography of the Vishnu Temple at Deogarh and the Vishnudharmottarapurana*, Ars Orientalis, Vol. 26, pp.65~80 참조).

과 사자가 있는 황량한 야생을 배경으로 머리위에 조각된 나무 그늘에 앉아 있다. 상단에는 연꽃위에 좌정한 3면의 브라흐마를 중심으로 좌우에 천인이 날고 있는데, 화면 상단에 브라흐마를 등장시켜 나라 – 나라야나가 비슈누신의 화신임을 암시하고 있다. 나라 – 나라야나는 보관과 장식을 생략하여 검소와 고행을 나타내며 손에는 헌신을 상징하는 염주(rosary)와 같은 지물을 들고 있다. 불교미술에서 비슈누는 위뉴천으로 번역되었으나 나라야나의 음역인 나라연천으로도 불리며 동존으로 인식되었다.

마지막으로 북벽에는 '가젠드라 목사' 신화가 고부조로 조각되어 있다 〈그림 51〉. '가젠드라 목사' 스토리는

〈그림 51〉 가젠드라 목사, 데오가르 비슈누사원, 우타르 프라데쉬, 인디아, 6세기 초

힌두교 비슈누파에서 매우 유명하며 현재까지도 각종 도상이 전하고 있다. 가젠드라는 저주로 인하여 코끼리로 변한 인물인데, 어느 날 연 꽃이 피어 있는 연못을 거닐다 괴물(나가 혹은 악어)이 코끼리 다리를 붙잡아 천년동안 물속에 묶어 두었다. 결국 코끼리는 나라야나에게 구원을 요청하고 나라야나가 코끼리를 물속에서 구한다는 내용이다. 북벽의 장면에서 비슈누는 가루다(혹은 공작)를 타며 그의 상징인 높은 보관을 착용한 4비상으로 좌측 상단에 조각되었다. 비슈누 아래 그가 구한 가젠드라(코끼리)와 우측에 나가(용왕) 부부가 나라야나에게 두 손을 모으고

존경을 표시하고 있다. 하단에는 코끼리의 다리를 묶고 있는 나가의 꼬리가 보이고 아름다운 연꽃들이 피어 있는 연못을 표현하고 있다. 전체적으로 인물의 구성과 묘사가 뛰어나며 생동감과 탄력이 넘친다. 이 신화는 신도가 코끼리와 같이 길들여지지 않는 품성을 갖추면 벌을 받는다는 내용과 목사(moksa)를 행하는 믿음만이 그들을 구할 수 있다는 메시지를 주며 이곳을 방문한 신도들에게 경각심을 주고 있다.[48]

데오가르 비슈누사원의 4벽에 조각된 각기 다른 스토리는 신도들의 순행로를 따라 배치되었다.[49] 서문으로 입장한 신도들은 남벽에서 비슈누신의 장엄한 천지창조 장면에서 비슈누신의 우월함을 확인하고, 나라와 나라야나 장면에서는 금욕과 비폭력의 중요성을 깨닫고, 마지막으로 가젠드라의 장면에서 신의 승리를 확인한 후에 퇴장 한다.

굽타 전기에는 우다야기리와 같은 소규모 석굴에 독립상을 존치하고 예배나 의식을 행하였으나, 후기부터 신도수가 증가하며 도시 근교에 수많은 사원이 건립되었다. 따라서 사원조각의 중요성은 점차 증대되었고 힌두교미술이 사원을 중심으로 꽃을 피웠다. 『퓨나라』와 같은 의식집도 점차 완비되면서 신들의 판테온과 관련된 설화도 다양해지고 힌두교미술은 더욱 다채로워진다. 쿠샨시기 마투라 조각과 사르나트 불상에서 다듬어진 조각기술과 정신적인 이상이 힌두교신상에도 실현되었으며, 탄력 있고 감각적인 신체의 아름다움이나 매끄러운 곡선과 평화로운 얼굴의 표현 등은 힌두교미술에서 더욱 두드러졌다. 전체적인 구성은 균형감이 있고, 3차원적인 조각은 생동감이 넘친다. 넓은 제국의 영토에서 250년이 넘은 장

---

48) Alexander Lubotsky, 1996, he Iconography of the Vishnu Temple at Deogarh and the Vishnudharmottarapurana, *Arts Orientals* , Vol. 26, pp.65~80.

49) Huntington, 1985, *The Art of Ancient India*, Weather Hill, p.211 참조.

구한 세월동안 성행한 굽타시기의 힌두교미술은 통일된 미적인 규범을 갖추며 중세 힌두교미술을 선도하고 있다.

1. 운강석굴

북위가 조성한 운강석굴은 『魏書』「석노지」에 의하면 화평 원년(460년)에 사문통 담요(沙門統 曇曜)의 발의로 先帝(道武帝, 明元帝, 太武帝, 太子晃)와 今上(文成帝)을 위하여 5대불을 만들어 담요5굴에 안치하면서 시작되었다. 운강석굴에서 힌두교계 호법신이 조성된 7, 8, 9, 10, 11굴은 대부분 운강 2기에 속하는데, 이 석굴들은 담요5굴 이후 태화 18년(494년)에 효문제(孝文帝)가 낙양으로 수도를 옮기기 前(460~494년)에 조성된 석굴로 11굴의 동벽 상층에 북위 태화 7년(483년)의 造像銘文[1]이 남아있다. 이 석굴들은 돈황의 서위 제285굴보다 반세기 정도 선행하여 조성되었다. 운강 7, 8굴의 석굴형식은 전실(베란다)과 후실(홀)로 구분되며 조성내용과 양식도 거의 같아 두 석굴은 비슷한 시기에 조성되었을 가능성이 많다. 7, 8굴의 힌두교계 호법신은 후실로 들어가는 통도의 좌우 내벽에 금강저(혹은 삼지창)를 수지한 역사와 탑, 그리고 비천이 함께 조성되었다. 9굴과 10굴은 석굴전면에 대형 기둥을 설치한 인도의 차이티야식 석굴[2]로 힌두교계 호법신들은 전실후벽 明窓 아래와 통도 상단에 조각된 수미산 좌우에 배치되었다. 중심 탑주굴인 11굴의 힌두교 호법신은 중앙 탑 3층 塔身에서 볼 수 있다.

이와 같이 5세기 후반에 조성된 운강석굴에서 힌두교계 호법신의 배치형식과

---

1) 雲岡石窟文物硏究所, 張焯 ,『雲岡石窟編年史』, 文物出版社, 2005; 운강 제11굴 동벽상층 남측 '邑叉信士女等五十四造石廟形象九十五軀' 銘記.
2) 데칸고원 서쪽 뭄마이 부근의 칸헤리 석굴과 카를라 석굴은 석굴 전실 전면부에 대형 기둥을 설치하였다.

위치는 모두 다르나 그들이 부처의 세계를 수호하는 신장의 역할을 담당하고 있으며, 당시 힌두교신이 불국토의 외호신장으로 각광 받고 있었다는 것이 확인된다. 그러나 운강석굴에 조성된 힌두교신의 도상학적 기원과 전파경로에 대하여 아직까지 정설이 없어 학계를 중심으로 논란이 많은 편이다. 운강석굴의 개착년도는 인도의 굽타기에 해당하며 굽타시기는 힌두교가 국교로 부흥하였던 시기로 인도에서 힌두교신의 조상활동도 매우 활발하였다. 그러나 운강석굴에 조성된 힌두교계 호법신중들은 도상과 양식측면에서 인도와는 다르며 후대의 호탄이나 돈황지역의 힌두교신과도 상당한 차이가 난다.

운강석굴 7굴에 조성된 힌두교계 호법신은 내실 통도 동측과 서측 벽면에서 볼 수 있다. 통도벽면 상단에 비천상 2구와 하단에는 금강역사가 위치하고 힌두교 호법신은 탑과 함께 중앙에 배치되었다. 힌두교 호법신은 탈것이 생략된 飛像으로 조성되었으며 상단에 역시 비천상 2구가 날고 있다. 금강역사는 현재 동측과 서측 모두 박락이 심하며 동측 벽에 머리 부분만 남아 있다. 탑은 3층으로 각 층마다 力士가 2구 배치되었고 상층에 연화화생상이 있다.

7굴에서 힌두교계 호법신은 동벽과 서벽이 모두 유사하나 신체의 상당부분이 박락되었고 얼굴은 비교적 온전히 남아 있다〈그림 52-53〉. 호법신은 3면6비상으로 본면은 초승달로 장식한 큰 원판형식의 多面冠을 착용하고 좌우 양면은 위가 뾰쪽한 일명 유모를 착용하고 있다. 3면 모두 얼굴이 풍만하고 미소를 머금고 있으며 아직 분노상은 표현되지 않았다. 6개의 팔은 한쪽 편이 완전히 박락되었으나 남아 있는 3개의 팔은 비교적 온전하다. 머리위로 올린 손으로 원형의 지물을 수지하고 있는데, 日像으로 보이며, 결실된 다른 손에는 월상을 수지하고 있을 가능성이 많다. 하단에 남아 있는 두 손은 지물을 들고 있지 않으며 한손을 펴서 가슴 앞에 두고 있다. 엷은 천의를 걸친 다리는 구부려 천인의 자세를 취하며 상단에 조각된 비천과 함께 본존을 향하여 날고 있는 모티프를 취하고 있다. 7굴에 조성된

〈그림 52〉 마혜수라천 내실통도 서측,
운강석굴 7굴, 북위 5세기 후반

〈그림 52-1〉마혜수라천 상세도

〈그림 53〉 마혜수라천, 내실통도 동측,
운강석굴 7굴, 북위 5세기 후반

〈그림 53-1〉 마혜수라천 상세도

힌두교계 호법신은 3면상으로 신의 탈것인 소가 표현되지 않았으나 소가 표현된 8굴의 호법신과 유사하여 시바신으로 볼 수 있다. 7굴은 통도 양측에 모두 시바 즉 마혜수라천이 조성되었다.

8굴도 7굴과 마찬가지로 힌두교 호법신은 후실 통도 양측에 역사상과 함께 조성되었다〈그림 54〉. 후실 정벽감에는 이불병좌상과 상층에 삼존불상이 조성되었다. 통도 벽은 깊이가 약 2m, 높이 6m로 동서 양측 하단에 금강역사가 金剛杵(삼지창)를 높이 들고 있다. 금강역사 상단에 탑은 생략되었고 힌두교계 호법신이 비교적 크고 상세히 묘사되어 있다. 동측 힌두교신은 7굴과 유사하며 3면6비형식으로 비교적 편안한 자세로 커다란 소를 타고 있다〈그림 55〉. 정면상은 초승달이 조각된 화관을 착용하고 좌우 면은 건 형식의 유모를 쓰고 있다. 6개의 팔을 갖추었으나 왼쪽 팔은 대부분 결실되었고 현재 남아 있는 오른손은 상단에 日을, 중단은 활을 수지하며 下手는 가슴 앞에 두고 포도를 수지하고 있다. 호법신이 타고 있는 커다란 소는 좌상으로 현실적으로 묘사되었으며 머리는 등에 태운 주인을 향하고 있다.

서측 힌두교계 호법신은 5면6비형상이며 공작 혹은 가루다를 타고 용맹가부좌 형식으로 조성되었다〈그림 56〉. 본면을 중심으로 4면이 동심원을 이루며 얼굴 표정은 모두 둥근 원만형식으로 미소를 머금고 있다. 5면 모두 보관은 착용하지 않았고 긴 머리를 표현하였다. 6개의 팔은 비교적 온전히 남아있으며 상단 두 손에 일월을 수지하고 중단 우측 손은 박락되었으나 좌측 손에 활을 수지하고 있다. 그리고 하단 좌측 손은 새(닭)를 가슴 앞에서 수지하며 우측 손은 옆구리에 두고 있다. 8굴의 힌두교계 호법신은 지물과 탈것이 비교적 온전하여 호법신의 명호가 가능하다. 동측 호법신은 다면형식과 지물, 그리고 소를 타고 있어 시바가 확실하며, 서측호법신은 도상학적으로 탈것과 지물이 불명확하나 현재까지 중국의 학계를 중심으로 구마라천으로 호칭되고 있다.

〈그림 55〉 마혜수라천 동벽, 운강석굴 8굴

〈그림 54〉 마혜수라천, 내실통도 동
측, 운강석굴 8굴, 북위 5세기 후반

〈그림 56〉 나라연천 서벽, 운강석굴 8굴

10굴의 힌두교계 호법신은 전실 후벽에서 볼 수 있다〈그림 57〉. 내실로 진입하는 사각형 대형통도 상단에 불교의 우주관을 상징하는 수미산을 중심으로 좌측에는 구마라천이 있고 우측에도 시바 즉 마혜수라천이 수미산을 좌우에서 挾侍하고 있다. 수미산은 도식화되어 표현되었는데, 하단에 각종 동물과 수목이 묘사된 산과 골짜기에 동자형식의 천인 12구가 좌우로 나열하고 있다. 천인들은 모두 두광을 갖추고 두 손을 가슴 앞에 모으며 合掌하는 자세를 취하고 있다. 커다란 두 마리의 용이 감싸고 있는 수목형태의 수미산 정상에도 각종 동물과 형태를 알 수 없

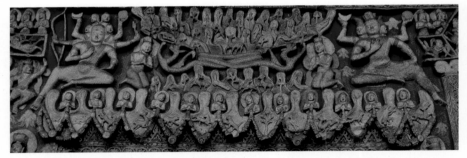

〈그림 57〉 수미산도, 운강석굴 제10굴 전실(베란다) 후벽, 내실입구 상단, 북위 5세기 후반

는 인물상들이 무수히 조각되어 있다. 현재 보이는 화려한 彩色은 후대에 가필된 것으로 원래의 모습은 알 수 없다.

10굴에 조성된 힌두교계 호법신들은 신체와 각종 지물이 온전히 보존되었다. 좌측(서측) 호법신은 8굴과 유사한 5면6비상으로 5면 모두 관을 착용하지 않았고 긴 머리에 살찐 둥근 얼굴로 모두 원만형식이다〈그림 58〉. 6개의 팔은 상단에 일월을, 가운데 팔은 활과 봉을 수지하며 하단은 오른손으로 둥근 지물을 가슴 앞에 두고 왼손은 무릎위에 놓고 있다. 10굴에서 힌두교계 호법신들은 모두 탈것이 생략되었으나 도상과 위치가 8굴과 같아 시바와 구마라천으로 호칭할 수 있다. 우측(동측) 힌두교 호법신은 7, 8굴과 유사하며 3면4비상으로 얼굴은 모두 원만형식으로 본면은 삼면 화관을 착용하였고 양면은 유모를 착용하고 있다〈그림 59〉. 상단 두 손으로 일월을 수지하였는데 오른손에 초승달을, 왼손으로는 태양을 수지하여 차이를 두고 있다. 하단 오른손은 가슴 앞에 두고 식별이 불가능한 둥근 지물을 들며 왼손은 펴서 왼쪽 무릎위에 두고 있다. 호법신들은 탈것이 표현되지 않았고, 한쪽 무릎을 펴서 자유롭게 천계를 유영하는 천인의 포즈를 취하고 있다.

11굴은 중심탑주굴로 1층에는 대형입불이 조성되었고 상층에 삼존상이 조성되었다. 힌두교 호법신은 탑과 천정과 만나는 곳에서 볼 수 있는데, 3면2비상으로 10굴의 동측 힌두교계 호법신 즉 시바신과 유사하다〈그림 60〉. 탑 상단에 조성된 시

〈그림 58〉 마혜수라천
운강석굴10굴 전실(베란다) 후벽,
내실입구 상단, 북위 5세기 후반

〈그림 59〉 나라연천 운강석굴10굴 전실(베란다) 후벽,
내실입구 상단, 북위 5세기 후반

바상은 운강의 11굴이 유일하며 이와 같은 조상을 통하여 당시 힌두교에서 전입한 호법신중이 불법의 세계를 외호하는 일반적인 기능을 수행하였을 가능성이 많다.

지금까지 살펴본바 운강석굴에서 힌두교계 신중은 몇 가지 공통점을 가지고 있는데, 첫째로 운강 1기(담요5굴 조성시기)와 낙양 천도이후 조성된 3기 석굴에는 보이지 않고 2기 석굴(5세기 후반)에 집중적으로 조성되었다. 두 번째는 조성위치는 탑신에 조각된 11굴을 제외하곤 모두 본존이 안치된 후실 통도 주변에서 볼 수 있다. 7, 8굴의 힌두교 호법신은 통도 좌우측에서 금강역사상과 수문신장의 역할을 하며, 10굴의 힌두교 호법신도 전실 후벽에 조각되어 본존이나 불법을 상징하는 수미산을 수호하는 신장의 역할을 하고 있다. 세 번째로 7굴은

〈그림 60〉 운강석굴 11굴 중심탑주 상단의
마혜수라천상, 북위 5세기 후반

입구좌우측에 모두 시바를 배치하였고, 8, 10굴은 북쪽에 안치된 본존을 향하여 우측(동)에 시바를 배치하고 좌측(서)에 구마라천을 배치하여 일정한 규범을 주고 있다.

운강석굴 8굴에 조성된 3면6비의 힌두교 호법신은 시바의 탈것인 소가 표현되어 시바 즉 불교에서 마혜수라천이 확실하며, 5면6비의 호법신은 동자와 같은 원만한 얼굴에 새(닭)을 수지하고 공작(가루다)을 타고 있을 가능성이 있어 구마라천으로 명명되고 있다. 『대지도론』 제2권의 한역본(402~406년)에 마혜수라천과 위뉴천, 구마라천에 대하여 다음과 같이 說하고 있다.[3] 摩醯首羅天, (秦言「大自在」)八臂, 三眼, 騎白牛. 如韋紐天(秦言「遍悶」), 四臂, 捉貝持輪, 騎金翅鳥. 如鳩摩羅天, (秦言「童子」) 是天擎雞持鈴, 捉赤幡, 騎孔雀, 皆是諸天大將. 즉, '마혜수라천 시바는 8개의 팔과 3개의 눈을 가지며 흰 소를 탄다. 위뉴천은 4개의 팔을 가지며 소라와 법륜을 수지하고 금시조를 탄다. 구마라천은 닭을 높이 들어 올리고 요령(鈴)을 잡고 붉은 번(깃발)을 수지하고 공작을 탄다. 이들은 모두가 하늘의 대장들이다.' 『經律導相』 권1의 「天部」에도 구마라천에 대하여 '顏如童子 名曰童子 擎雞持鈴 捉赤幡 騎孔雀'[4] 즉, 얼굴은 동자며 닭을 잡고 방울을 쥐고 붉은 번을 들고 공작 위에 타고 있다.'라고 기록되어 있다.

『대지도론』과 『經律導相』의 번역된 시기와 대승불교에서의 위상을 고려할 때 운

---

3) 『대지도론』 제2권, 한문본 & 한글 본 「摩诃般若波罗蜜经释论序」, 『大智度论』(100卷) 龙树菩萨 造, 后秦龟兹国三藏法师鸠摩罗什奉 诏译, 太虚圖書館藏; 如摩醯首罗天(秦言大自在). 八臂三眼骑白牛. 如韦纽天(秦言遍闷)四臂捉贝持轮骑金翅鸟. 如鸠摩罗天(秦言童子). 是天擎鸡持铃. 捉赤幡骑孔雀. 皆是诸天大将. 如是等诸天各各言大. 皆称一切智. 有人作弟子学其经书. 亦受其法. 言是一切智. 答曰. 此不应一切智. 何以故. 瞋恚憍慢心着故. 如偈说.

4) T2121_.53.0003a24-25: 一切衆生父母. 後來諸梵第一尊重. 顏如童子. 名曰童子. 鷄持鈴捉赤幡騎孔雀.

강석굴 개착 당시 중국에도 통용되었을 가능성이 많다. 운강석굴의 구마라천이 동자형식 얼굴과 가슴 앞에 새를 수지하고 큰 새를 타고 있는 점은 경전의 내용과도 부합한다. 그러나 구마라천은 시바의 아들인 쿠마라로 본존의 좌우보처에서 아버지와 同格을 가지며 위치할 수는 없다고 본다. 神이나 天과 같은 神衆의 위계문제는 중요하며 대상의 크기나 위치는 종교미술에서 중요한 고려대상이다. 그리고 8굴과 11굴에서 검토한바 구마라천의 지물은 시바와 구분되지 않으며 탈것도 공작보다 가루다와 유사하여, 그가 나라연천이나 위뉴천일 가능성이 더욱 많다. 후대에 조성된 돈황 제285굴의 서벽(6세기 초)에서 본존의 좌

〈그림 61〉 마혜수라천과 두 아들
(구마라천과 비나가야천),
돈황 285굴의 서벽, 서위 538, 539

우보처에 마혜수라천과 나라연천이 협시하며, 구마라천은 비나가야천과 함께 마혜수라천의 하위 신중으로 배치되었다〈그림 61〉. 더구나 구마라천의 다면다비상은 힌두교나 밀교에서도 표현된 적이 드물며, 힌두교에서 쿠마라는 무장이 강조되는 武神으로 창이나 幡과 같은 전쟁을 상징하는 지물을 수지 한다.5)

운강석굴에서 힌두교계 각종 신중은 분노존이나 왕자형과 같은 성격은 아직 반영되지 않았다. 금강역사 역시 무장을 하고 경호를 책임지는 엄중한 임무에도 불구

---

5) 본문 Ⅵ-3 제 존상 참조.

하고 매우 천진스러운 표정을 짓고 있다. 힌두교신은 대부분 인도미술의 특징인 다면다비의 형상을 취하며 이란미술에서 유행한 두 손으로 일월을 수지하고 있다. 그리고 북쪽에 안치된 본존을 향하여 우측(동)에 마혜수라천을 배치하고 좌측(서)에 나라연천을 배치하여 돈황 서위 285굴의 배치형식과 위치가 유사하다. 이와 같은 도상특징과 배치형식은 당시 불교미술에서 힌두교계 신장의 양식적인 규범으로 보이며 불교에서 수용된 힌두교계 신장의 기원부분에 대하여 시사 하는바가 있다.

종합하면 전장에서 검토한 바 2–3세기 쿠샨시기에 불교에서 수용한 다면다비의 힌두교계 신상이 대상루트를 통하여 이란미술의 영향을 받으며 하서회랑의 종단에 위치한 대동지역의 석굴조성에 영향을 미쳤다고 볼 수 있다. 관련 경전이 번역된 시기를 고려하면 5세기경이면 힌두교신과 신의 도상이 중국의 불교미술에도 반영되었을 가능성이 있다. 그리고 당시 특정계파의 대승경전이 이 지역을 중심으로 상당한 수준으로 유행하였다는 것도 유추해 볼 수 있다. 그러나 5세기 후반에 대동지역에 조성된 힌두교계 신상은 同時期의 불교 동전루트인 중앙아시아나 실크로드지역에서 아직까지 발견된 적이 없어 전입경로에 이견이 있으며, 후대의 호탄이나 돈황의 造像과는 전입경로와 소의경전을 달리하였을 가능성도 있어 추가적인 조사와 연구가 필요하다고 본다. 그리고 북위시기에 조영된 돈황석굴을 비롯하여 인접한 하서회랑의 병령사 석굴이나 맥적산석굴 등에는 이와 같은 힌두교계 신상이 발견되었다는 보고가 없어, 힌두교계 신중신앙의 시대적, 그리고 지역적 한계성은 존재한다.

2. 호탄지역

前漢 武帝(기원전 156~기원전 87년)때 중국이 서역과 교통이 시작될 무렵 타클라마칸 사막 남쪽에 위치한 호탄(Khotan, 和闐) 지역에는 우전국(于闐國)이 있

었다. 우전국은 전한 말부터 급격하게 세력을 신장한 사차국(莎車國, Yarkand)에게 지배되었으나 독립하여 니야(精絶)와 카슈가르(疏勒) 사이의 13개국을 복속시켜 서역남도의 대국으로 발전하였다. 중국의 서역에 대한 영향력이 쇠퇴한 3세기경부터는 동서교역의 중심지로 번영하며 독자적인 문화를 꽃피웠던 타림분지의 5대국 중 하나로 성장하였다. 한때 쿠샨왕조(78~226년)의 지배를 받은 이 지역은 이른 시기부터 불교가 성행하였으며 중국의 관문인 돈황과도 인접하여, 이 지역의 불교와 불교미술은 돈황석굴과 밀접한 관계를 가지며 발전하게 된다. 호탄지역은 3세기 무렵부터 불교를 받아들였고 4-5세기경에는 화엄위주의 대승불교 신앙이 유행하였다.[6]

동진사문 법현(334~420년)이 장안을 출발하여 401년경에 이곳 우전국을 방문하였는데 '승려가 무려 수만 명이며 모두 대승을 배우고 있었다. 구마제(瞿摩帝)라는 사찰을 방문하였는데 3천명의 승려들이 건추에 맞추어 공양을 하였다'고 기록하여 성행했던 당시의 불교 분위기를 남기고 있다. 『낙양가람기』에 등장하는 북위의 송운, 혜생도 이곳에 불교가 성행하고 있음을 기록하였으며, 7세기 초에 이곳에 머물렀던 현장의 『대당서역기(大唐西域記)』에 '구살단나(瞿薩旦那)'로 표기된 이 지역에 대하여 '문자와 법칙은 인도를 따르고 있으나 글자체를 조금 고쳐 변화를 보이고, 언어는 다른 나라와 차이가 있다. 불법을 존중하며 가람이 백여 곳이며 승려는 5천여 명이다'는 기록을 남기고 있다.[7] 이와 같은 구법승들의 기록에 의하

---

6) 401년 法顯은 이곳의 불교를 대승불교라 지칭했으며 5세기 초 慧遠이 보낸 法淨과 支法領이 호탄에서 가져온 범본 『화엄경』을 동진의 불타발타라가 번역하여 34품 60권으로 정리하여 60권 본 화엄경을 완성함.

7) 瞿薩旦那國. 周四千餘里. 沙磧太半壤土隘狹. 宜穀稼多衆果. 出毛氎細氈. 工紡績絁紬. 又産白玉瑿玉. 氣序和暢飄風飛埃. 俗知禮義人性溫恭. 好學典藝博達技能. 衆庶富樂編戶安業. 國尙樂音人好歌舞. 少服毛褐氎裘. 多衣絁紬白氎. 儀形有禮風則有紀. 文字憲章畫尊印度. 微改體勢. 粗有沿革. 語異諸國. 崇尙佛法. 伽藍百有餘所. 僧徒五千餘人. 並多

면 이 지역은 이미 4, 5세기에 불교가 성행하였으며 인도나 이란 등과 중국의 교통 중계지로 번영할 수 있는 지리적, 언어적 배경8)을 충분히 갖추고 있었다.

이후 이 지역의 역사를 간략하게 살펴보면 당(唐) 초기(7세기 중반)에는 북의 서돌궐(西突厥)에게 일시적으로 복속되었고, 당의 타림분지 진출에 따라 다른 오아시스국과 함께 멸망하였다. 당나라는 고창(高昌) 지역에 안서도호부(安西都護府)를 설치하였으나 곧 쿠차(龜玆)로 옮겨 우전, 쿠차, 카슈가르, 카라샤르(焉耆)와 함께 도독부(都督府)를 두어 지배하였는데, 이를 안서사진(安西四鎭)이라고 한다. 후에 당의 서역경영은 토번(吐蕃)의 타림분지 진출로 790년에 안서도호부와 북정(北庭)도호부가 함락되고, 호탄도 토번의 지배를 받게 되었다.

이와 같은 지리적, 역사적 배경을 갖고 있는 호탄지역의 파라와스트(Balawaste) 사원지는 호탄시성에서 북쪽으로 40㎞ 정도 떨어진 사막가운데 위치하며, 규모는 약 동서200m, 남북100m로 대형사원지다. 사원지 동쪽에 정방형 전당(20m×20m)이 마련되었는데, 내벽 아래 B.3.3.으로 명명된 높이 약 1m의 벽화가 남아있다. 이 벽화는 원래 대형입불상으로 보이나 현재 입불의 두 발만 남아 있고 신체는 박락되었다. 남아있는 발의 길이는 약 48㎝며 두 발 사이의 거리가 약 1.5m다. 부처는 연화좌의 입불로 불신 양측에 수많은 화불(천불)이 표현되었고, 발 주변에도 각종 호법신중들이 비교적 온전히 남아있다〈그림 62〉. 입불의 두 발 사이에 합장하고 있는 여성이 무릎을 꿇고 있는데 머리 뒤에 방사하는 빛이 있어 그녀가 地神9)임을 알

習學大乘法敎. 王甚驍武敬重佛法.

8) 호탄의 고대주민은 언어학상 아리아계로 분류되며 호탄어는 인도 유럽어족의 이란어계에 속하고 문자는 인도 브라흐마 문자계통이 사용되어 호탄지역의 특색을 보여주고 있다.

9) 牽牛地神(Prthivi)은 梵文音譯하여 "比里底毗"로 뜻은 '대지를 지킨다.'며, "地天"으로도 불린다. 牽牛地神은 대지를 수호하며 지상의 모든 생물을 재해로부터 지키는 임무를 부여 받는다. 지신은 『리그베다』에서 'Dhra', 'Dharti', 'Dhrithri'로도 불리는데, 그 뜻은 '모든 것을 소유한'이다. 지신은 12천의 일원(10천)으로 베다(『Atharvaveda(AVŚ 12.1)』)에서 '위대하고 견

수 있다.[10] 지신은 호탄지역에서 특히 유행하였는데 이 지역의 전통신앙과 관련이 있으며 지금까지 지신의 도상이 상당수의 유적에서 출토되고 있다.[11] 현장의 『大唐 西域記』卷八에 '석가모니 성도시에 지신이 땅으로부터 용출하여 성도를 증명하며 모든 악마를 항복시킨다'고 기재되어 있고[12] 卷十二에도 비사문천왕과 관련된 우 전국 전설이 자세히 기록되어 있다.[13] 지신 아래 중앙에 말을 타고 있는 인물이 있고, 좌측에는 마혜수라천과 우측에 尼連河水神(강가여신)이 배치되었다. 니연하수 신은 현재 하반신이 박락되었으나 1면6비상으로 두광과 신광을 갖추었고 머리에 모자를 쓰고 있다. 6개의 팔은 거의 박락되어 지물을 알 수 없으나 하단 오른손을 가슴 앞에 두고 커다란 물고기를 수지하여 그가 니연하수신임을 알 수 있다.

이 벽화에서 마혜수라천은 형태와 채색이 비교적 온전히 남아 있다〈그림 63〉.

고하며 재난에 강하고 만물을 양육하며 토지를 비옥하게 하는 여신'으로 찬미되었다. 인도 에서 지신은 Prithvi Mata(Mother Earth)로 Dyaus Pita(father sky)와 대비되며, 모신이나 신의 어머니로서 여성성이 강조되었다. 힌두교에서 지신은 대지와 관련 있으며, 비슈누의 화신 으로 여성이나 소의 형상을 하며, 젖을 공급받는다. Anna Dallapiccola, *Dictionary of Hindu Lore and Legend*; David Kinsley, *Hindu Goddesses: Vision of the Divine Feminine in the Hindu Religious Traditions*.

10) 賈應逸,「于田佛教圖像的地神硏究」,『新藏佛教壁畵的歷史學硏究』, 2010, 中國人民大 學出版社.

11) 르완 탑원유지 출토 지신 소조상, 파라와스트 佛寺遺址의 지신상, 단단월릭 A.4.2 유적의 지신상, 단단월릭 불사유지 2002년 발견된 지신상, 탁보로극돈 불전유지의 지신상 등 (賈 應逸,「우전불교도상의 지신연구」,『신장불교벽화의 역사학 연구』, 2010, 중국인민대학출판 사. 참조).

12) 『大唐西域記』卷八: "释迦成道时, 地神自地踊出, 证成道, 降伏诸魔."

13) 호탄에서 존숭된 地神의 역사적 배경은 기록을 통하여 확인된다. 현장의 『대당서역기』 권 제12에 따르면 "오래전에 우전지역에 비사문천왕이 우전에 존재하였다. 중략, 왕자가 대지 신의 우유를 마시고 커서 지혜와 용기가 전대를 능가하였다." 당시 大地神女는 지신으로 우 전민족은 포육하고 국왕은 자칭 비사문천왕의 후예라 하여 국호를 구살단나 즉 地乳라 하였 다.

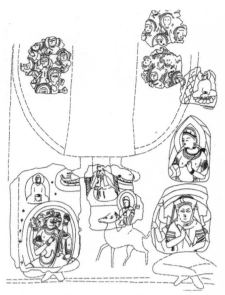

〈그림 62〉 입불과 호법신(B3.3) 파라와스트 사원
지 벽화모사도(가세철), 6–7세기

〈그림 63〉 마혜수라천 상세도, 6–7세기,
뉴델리국립박물관

마혜수라천의 신체는 변색의 정도가 심하나 검은색이며 바탕과 장식은 황색이 남
아 있다. 마혜수라천은 3면4비상으로 정면상은 원만형식이나 우면은 박락이 심하
여 알 수 없고 좌면은 분노형식이다. 정면상은 머리에 해골을 장식하였고, 서역풍
의 둥근 얼굴은 좌로 향하며 이마에 제3의 눈을 가지고 있다. 상반신은 나신으로
목에 삼도가 보이고 보살형식의 긴 천의를 두르고 화려한 귀고리, 목거리, 팔찌 등
을 착용하였다. 하체는 음경 발기를 강조하여 시바신의 상징으로 삼고 있다. 2개의
팔은 위로 향하여 일과 월을 수지하고 아래 우수는 가슴 앞에서 미상의 둥근 물건
을 들고 좌수는 무릎위에서 주먹을 쥐고 법기를 들고 있다. 이곳의 마혜수라천상
은 호탄지역에서 출토된 목판본과 대부분 유사하나 탈것인 소는 표현되지 않았고
이례적으로 해골 관을 착용하고 있다. 파라와스트 사원지의 마혜수라천은 立佛의
하단에 표현되어 불교의 호법신중으로 볼 수 있다.

호탄지역의 단단 - 윌릭(Dandan-ulik) 유적은 西域南道를 따라 남아 있는 주요 유적지 가운데 하나로, 서역남도 전역에서도 손꼽히는 고대회화의 寶庫로 알려져 있다. 단단 - 윌릭 사원지는 1896년 헤딘(Sven Hedun)이 처음 방문하였고, 1900년경 스타인(Aurel Stein)[14]의 발굴로 10여개의 사원지가 확인되었다. 단단 - 윌릭의 회화들은 대부분 6-8세기로 편년되며 벽화 외에도 木板이 많은 것이 특징이다. 단단 - 윌릭은 20세기 초 발굴이후 70여 년간 모래에 묻혀 있었으나, 1998년과 2002년에 재 발굴을 통해 새로이 주목받게 된다. 지금까지 단단 - 윌릭의 미술은 독자적으로 연구되기보다는 주로 호탄 미술의 일부로서 다루어져 왔다.

단단 - 윌릭 사원지는 回字形 구조로 되어있으며 중심부에 대좌가 위치한다. 사원의 벽감에는 각종 불보살도와 천불을 그렸으며, 불보살도 하단과 바닥 벽면에는 작은 크기의 호법신들을 그렸다. 단단 - 윌릭 회화의 특징가운데 하나인 이 호법신들은 마혜수라천, 鳩摩羅天, 동물 머리신(바라하나 가네샤 등), 포악천모, 堅牢地神, 鬼子母神(하리티) 등 힌두교계통의 신이 불교의 호법신중으로 조성되었다. 그리고 각종 불보살도의 하단에 묘사된 공양자나 騎馬人物 등에서 소그드인의 복식이 보이고 있어, 이 지역을 중심으로 소그드인과 그들의 신앙에 대하여도 주목받고 있다.

1900년경 스타인이 발굴한 목판화도 6-7세기 작품으로 마혜수라천이 그려져 있다〈그림 64〉. 목판화에서 마혜수라천은 교각자세로 색체가 화려한 방석 위에 좌정하며, 하단에는 좌우로 상배하는 두 마리의 흰 소를 배치하였다. 소그드인 우홍의 석관(북주, 592년 작)에 부조된 조로아스터교 마혜수라천의 탈것인 소도 이 목

---

14) 마크 오렐 스타인(Marc Aurel Stein, 1862~1943년)은 영국의 고고학자로 주로 중앙아시아에서의탐험과 고고학적 발견으로 유명하다. 그의 주요 발견은 타클라마칸 사막의 오아시스에서 "Dandan Oilik" 유적이다.

판화와 배치형식이 유사하여 두 작품의 관련성이 주목된다.[15] 단단월릭 목판화에서 마혜수라천상은 3면4비상으로 본면과 신체는 검은색이나 좌우면은 밝은 살색으로 변화를 주고 있다. 본면은 제3안을 표현한 원만형식으로 화관(화계보관 혹은 유목민 귀족의 터번)을 착용하였고, 우면도 원만형식인데 반하여 좌면은 분노형식으로 차이를 두고 있다〈그림 65〉. 두광과 신광이 있으며 목걸이, 팔찌 등 영락이 화려하고 허리부근에 시바의 상징인 링가를 강조하였다. 4개의 팔은 상단에 일월을 수지하고 하단에는 오른손으로 둥근 물질(석류?)을, 왼손은 형태가 독특한 三股杵(금강저)을 수지하고 있다

〈그림 64〉 마혜수라천 목판화, 호탄의 단단−월릭 사원지 발굴, 6−7세기, 영국 대영박물관 소장

〈그림 66〉.

이 목판화에서 마혜수라천은 힌두교 시바의 특징인 검은색 신체와 링가, 그리고 그의 탈것(바하나)인 소가 표현되었다. 그리고 3면 중에 좌면은 분노존으로 시바신의 다양한 성격을 암시하고 있다. 후술하겠지만 마혜수라천의 분노형식은 돈황석굴 제285굴의 서벽(538년)이 가장 빠르며, 인도에서 대표적인 힌두교 석굴인

---

15)   Ⅵ 2) 소그드인의 종교와 마혜수라천 참조.

엘레판타 석굴의 남쪽 벽에 마헤스바라(Mahesvara) 삼면상(6세기 중반)이 유명하다.[16] 이 마헤수라천상도 파라와스트 벽화와 형식과 도상에서 유사점이 많고 특히 법구(삼고저)를 수지하여 불교의 호법신으로 볼 수 있다.

대영박물관에 소장된 두 인물이 좌정하고 있는 목판화(규격11×26cm)도 6世紀作으로 단단월릭 제10사원지에서 발굴되었다〈그림 67〉. 목판화에서 두 인물은 모두 身光을 갖추어 神格을 나타내고 얼굴은 우측을 향하며 교각의 자세로 앉아 있다. 두 인물의 표현은 모두 필선이 유려하며 얼굴과 복식에서 서역의 전통이 나타나고 있다. 좌측 인물은 황색 대의를 입은 1면4비상으로 위로 올린 두 손에는 일과 월을 수지하였고, 아래 두 손은 우수로 불명의 지물을 그리고 좌수는 무릎위에 두고 있다. 우측 인물도 황색 대의를 입었으나 3면4비상으로 3면 모두 원만상으로 볼 수 있다. 두 손은 위로 향하여 활과 화살을 수지하고 아래 두 손은 오른손은 가슴 앞에서 큰 잔을 들고 왼손은 좌측 인물과 마찬가지로 무릎 위에 두고 있다. 좌측의 인물은 현재로선 명호가 불확실하며, 우측의 인물은 활과 화살, 그리고 가슴 앞에 큰 잔을 들고 있어 조로아스터교의 승리의 여신(Washagn)[17]으로 추측된다. 2존의 도상과 형식은 현재까지 발견된 불교의 호법신과는 다르며, 당시 호탄지역에 소그드인이 집단으로 거주하며 그들이 숭배하는 신인 압바드(Adbad)와 승리의 여신(Washagn)을 목판에 도해하였을 가능성이 있다.

단단월릭 D13으로 명명된 불교사원지에서 출토된 삼존상은 학자들에 의하여

---

16) 인도의 엘레판타석굴은 6세기 중반 칼라쿨리 시기에 개착이 이루어졌으며, 시바의 3면상은 정면상이 시바며 시바의 우면은 분노형식의 Aghora - Bhairava, 좌면은 여성형의 Uma로 구성되어 호탄의 마혜수라천과 차이가 난다.

17) 조로아스터교의 승리의 여신(Washagn)은 쿠샨의 동전에 Orlagno로 호칭하였으며 경서 『아베스탄』에 Verethragna로 승리를 상징하며 도상은 독수리 투구를 착용하고 삼지창을 들고 있다.

〈그림 65〉 마혜수라천(얼굴 상세도)

〈그림 66〉 마혜수라천(지물 상세도)

〈그림 67〉 2존상, 단단-월릭 제10사원지,
11×26cm, 6세기, 영국 대영박물관

〈그림 68〉 삼존상 (베쉬팔카-하리티-즈르반)
단단월릭 D13사원지, 8세기

왼쪽부터 조로아스터교의 神인 베쉬팔카 - 하리티 - 즈르반(Zurvan)으로 명명되
었다〈그림 68〉.18) 그러나 베쉬팔카와 즈르반은 아후라 마즈다와 함께 조로아스터
교의 3대신으로 숭상되었으나 하리티가 同格을 가지며 三尊의 중앙에 위치하는
畵面은 이례적일 수 있다. 벽화에서 좌측에 위치한 베쉬팔카는 3면4비상으로 단단
월릭 사원지의 마혜수라천 도상과 상당부분 일치하고 있다. 베쉬팔카는 체크무늬

18) Christoph Baumer, 2009, 'Sogdian or Indian Iconography and Religious Influence in
    Dandan - Uiliq; The Murals of Buddhist Temple D13', The Art of Central Asia and The
    Indian Subcontinent, National Museum Institute, New Delhi, pp.170~184.

둥근 방석에 교각좌를 하며 링가를 강조하였고 발 앞에 검은 소가 앉아 있다. 위로 향한 두 손에는 일과 월을 수지하고 아래 왼손은 가슴 앞에 두고 둥근 미상의 물체를 들고 있다. 하리티로 호칭되는 가운데 인물은 대의를 착용한 1면2비상으로 두 광을 갖추었고 특별한 신체적인 특징이 없으나 그가 안고 있는 지물을 어린이로 보고 있다. 그러나 이 지물은 파라와스트 사원지 벽화의 니하수신이 수지한 물고기와도 유사하여 신의 명칭에 혼란을 주고 있다. 즈르반(Zurvan)으로 호칭되는 우측의 인물은 3면4비상으로 두 손에 페르시아미술의 특징인 일과 월을 수지하며 아래 두 손은 무릎 위에 두고 있다. 좌측 베쉬팔카와 마찬가지로 체크무늬 방석위에서 교각의 자세를 결하였고 링가를 강조하고 있다. 이 삼존상은 도상학적으로 소그드 필사본에 기술된[19] 베쉬팔카-니하수신-압바드으로 볼 수 있으나 도편의 불확실성과 조로아스터교의 신상에 대한 연구가 미진하여 숙제로 남고 있다.

이 지역에서 발견된 또 다른 삼존상은 화면이 흐리지만 필선은 아직 선명하게 남아 있다〈그림 69〉. 삼존상은 도상적인 특징에 의하여 승리의 여신-하리티-그라하(Washagn – Hariti – A enevolent graha)로 명명되었다.[20] 승리의 여신(Washagn)은 조로아스터교의 유명한 신이며, 하리티는 간다라지역에서 불교에 전입되었다. 그리고 그라하는 조로아스터교 계통의 신으로 알려져 있으나, 현재로선 神의 이름이 부정확하다. 좌측의 승리의 여신은 3면4비상으로 유목민의 방석위에 교각좌를 결하고 있다. 상단 왼손으로 화살을 수지하며 화면이 흐리지만 오른손에는 활을 수지하였을 가능성이 많다. 단단윌릭 제10사원지에서 발굴된 2존이 그려진 목

---

19) 소그드 필사본에 조로아스터교 신들의 도상에 대하여 압바드(인드라)는 눈이 세 개로, 즈르반(브라흐마)의 도상은 턱수염을 그리고 베쉬팔카(시바)는 3면상으로 기록되었다.

20) Christoph Baumer, 2009, 'Sogdian or Indian Iconography and Religious Influence in Dandan – Uiliq; The Murals of Buddhist Temple D13', The Art of Central Asia and The Indian Subcontinent, National Museum Institute, New Delhi, pp.176-177.

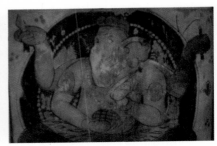

〈그림 69〉 삼존상 (승리의 여신-하리티-그라하
신)단단윌릭 D13사원지, 8세기

〈그림 70〉 가네샤(비나가야)
회화, 호탄-단단윌릭 사원지, 7-8세기

판화의 우측 인물과 유사하다. 중앙에 좌정한 하리티는 보관은 착용하고 대의를
걸친 1면상으로 좌측 무릎 위에 어린아이가 앉아 있다. 어린아이가 표현된 여신은
하리티의 도상적인 특징으로 볼 수 있다. 그리고 우측의 인물은 1면4비상으로 얼
굴은 코끼리나 멧돼지를 닮았다. 상단 두 손에는 일과 월을 수지하였으며, 아래 두
손은 무릎 위에 두고 있다. 멧돼지 형상의 신은 비슈누의 화신인 바라하신으로 볼
수 있으며, 코끼리는 시바의 아들 인 가네샤로 볼 수 있다. 그러나 이 인물의 짧은
코와 측면상을 고려할 때 비슈누의 화신인 바라하의 조상일 가능성이 높은데, 투
르판지역의 코쵸에서 발굴된 마니교의 경전단편에서 가네샤와 동석한 바라하의
도상과도 거의 일치하고 있다〈그림 84〉. 조로아스터교 그라하신의 도상에 힌두교
의 바라하 도상을 차용하였을 가능성이 있다면, 승리의 여신-하리티-그라하로 명
명할 수 있는 D13사원지의 3존상도 현재로서는 종교와 신중의 구분이 쉽지 않다.

조로아스터교의 신인 승리의 여신과 불교의 하리티, 그리고 힌두교의 바라하신
이 3존을 형성하는 구도를 통하여 호탄의 불교유적지를 중심으로 힌두교의 신과
불교의 신, 그리고 조로아스터교의 신이 함께 신앙의 대상이 되었다는 것도 유추

가능하다.[21] 이와 같은 현상은 6세기부터 8–9세기에 걸쳐 실크로드를 중심으로 나타나는 특징으로 이들 지역은 대부분 불교와 조로아스터교 東傳의 중심지이었으며, 소그드인이 집단 거주한 특색이 있다. 호탄 지역에서 출토된 각종 목판화를 통하여 造像主體와 그들의 信仰에 대하여도 상당한 시사점을 주고 있다.

단단 – 윌릭 유적에서 발굴된 가네샤상은 7–8세기 작품으로 비교적 늦은 시기에 제작되었으나 호탄지역에도 비나가야신앙이 지속되었다는 사실이 확인된다. 가네샤는 비대한 신체가 특징인 象頭人身형으로 커다란 원형 광배를 배경으로 교각의 자세를 취하고 있다〈그림 70〉. 코끼리의 코가 확실하며 팔은 4비상으로 허리에 묶은 호랑이 가죽에 앉아 있다. 가네샤의 위로 향한 왼손과 오른손에는 창과 칼(axe)을 들고, 아래쪽 왼손에는 공(radish)을, 그리고 오른손에는 음식을 담은 접시(bowl)를 들고 있다.[22] 이와 같은 의인화된 가네샤신은 돈황석굴 제285굴에서 마혜수라천의 하위신중으로 처음 등장하였으나 투르판 코쵸나 베제클릭〈그림 71〉 등 마니교 유적에서도 교주 마니의 하위신중으로 발굴되고 있다. 도편은 실트로드를 중심으로 광범위한 지역에서 힌두교의 가네샤가 신앙된 증거가 되나,

〈그림 71〉 바라하신, 베제클릭 석굴
(p.237삽도인용)

21) Lokesh Chandra, 2009, 'Dandan – Uiliq Panels for the Divine Protection of Khotan, The Art of Central Asia and The Indian Subcontinent, National Museum Institute, New Delhi, pp.163~169.

22) M. K. Dhavaliker, 2009, 'Maha – Vinayaka; The Iconography of Central Asian Ganesa' The Art of Central Asia and The Indian Subcontinent, National Museum Institute, New Delhi, pp.233~240(Mahesvara, Dandan-Ulik(H33cmxL20cm), ca. sixth century, British Museum, London, England).

현재로선 종교적 所在가 불명확하다.

　단단 – 월릭과 파라와스트 사원지 등에서 발굴된 벽화와 목판화의 편년은 6–8
세기로 추정되는데, 초기 힌두교계통의 신상이 나타나는 키질178굴,[23] 운강석굴
등과 비교할 때는 조성시기가 늦다. 그러나 6세기 전반의 돈황석굴 제285굴과는
조성시기 뿐만 아니라 배치형식과 양식에 있어 유사성이 많아 참고가 된다. 특히
호탄지역의 마혜수라천상은 佛을 직접 협시하고 3면에 분노존이 그리고 표현되었
고, 신체의 색깔은 검고 링가를 돌출시켰으며 교각자세를 결하고 있다. 그리고 호
탄에서 마혜수라천상이 지신과 니하연신 등 전래의 힌두교신과 같이 등장하는 점
은, 돈황 제285굴의 서벽도상과 비교할 때 소의경전이나 밀교적 소재가 더욱 다양
해졌다. 불교의 동전과 회화양식, 그리고 필선을 고려할 때 두 지역의 작품 생성과
정에 동일계열의 소의경전과 장인집단이 관여했을 가능성이 많다.

　소의경전 문제는 종교화에 있어 중요하며 서역에서 유행한『금광명경』과 같은
밀교화된 대승경전으로부터 힌두교신의 도상이 창출되는 계기가 되었을 가능성
이 있다. 호탄지역의 비사문천왕 신앙과『금광명경』에서 說한 사천왕의 護法威勢
思想은 상통한데,『금광명경』은 국가를 위호하고 진수하는 경전으로 서역과 돈황
을 중심으로 특히 유행하였다. 북량시기(397~439년)에 曇无讖이 역술한『금광명
경』의「서품」에 따르면, 석가모니 생전에 왕사성 영축산에서 중생을 위하여 이 경

---

23)　키질석굴 178굴 전실 동측벽화에 남아있는 구마라천은 삼면에 동자형식의 6비상으로 좌
　　측 3개의 팔은 결실되고 우측 3개의 팔만 현존한다. 우측상부 손에 日을 수지하고 가운데
　　손은 가슴 앞에 두고 아래 손은 붉은 띠로 공작의 머리를 묶고서 공작의 등위에 앉아 있다.
　　이 석굴의 조성 시기는 4–5세기로 호탄의 유적지나 서위285굴보다 선행하여 조성되었다.
　　쿰트라 석굴은 현존하는 쿠차지역 석굴 중에서 밀교관련 그림이 가장 많이 발견된 석굴로 6
　　세기에 출현하여 주로 7–8세기경의 지역양식과 9세기 이후 조성된 회골양식의 석굴로 분
　　류할 수 있다. 쿰트라의 잡밀도상은 6세기 전후 이른 시기에 출현하였다. 특히 23굴은 전형
　　적인 쿠차지역의 석굴로 행도 양측에 려계범왕과 천녀가 출현하고 있다.

전을 설법하였는데, "護世四王 將諸官屬 并及無量 夜叉之衆 悉來擁護 持是經者 大辯天神 尼連河神 鬼子母神 地神堅牢 大梵尊天 三十三天 大神龍王 緊那羅王" 즉 "호세4왕과 장군과 대신권속 그리고 수많은 약차 무리에 이르기까지 하늘에서 내려와 옹위한다. 대변재천녀, 니연하수신, 하리저모신, 견뢰지신중, 범왕제석천, 33천, 대신용왕 긴나라왕, 금시조왕, 아수라천중과 같은 천중 또한 그 권속들 모두 모여 주야로 떠나지 않았다"고 說하고 있다.[24] 『금광명경』은 호세삼부경 중 1부로 漢譯本은 曇無讖의 4권19품, 寶貴의 8권24품, 義淨의 10권31품[25] 등이 완본으로 현존하고 있다. 『금광명경』은 수당이후에도 석굴조성의 주요 소의경전으로 유통되었으며, 특히 서역과 돈황지역을 중심으로 유행하였다.

호탄지역은 이른 시기부터 지리적으로 인접한 인도와 이란지역의 다양한 종교와 미술전통의 영향을 받았다. 한때 多宗敎的인 쿠샨왕조의 지배를 받았으며 불교나 각종 종교의 東傳의 중심지 역할을 하였다. 그리고 비사문천왕이나 지모신과 같은 토속신앙이 불교에 반영되며 서역을 중심으로 초기밀교가 탄생할 수 있는 토양도 조성되었다. 주지한바 초기밀교의 가장 큰 특징 중 하나는 異 宗敎나 토속의 신들을 흡수하여 諸 尊의 수가 대폭 증가된 점이다. 실크로드를 장악한 소그드인의 종교인 조로아스터교나 마니교도 이 지역에서 신봉되었으며 각종 힌두교신의

---

24) T0663_.16.0335c02: "如是諸惡 令其寂滅 護世四王 將諸官屬 并及無量 夜叉之衆悉來擁護 持是經者 大辯天神 尼連河神 鬼子母神 地神堅牢 大梵尊天 三十三天 大神龍王 緊那羅王 迦樓羅王 阿修羅王 與其眷屬 悉共至彼 擁護是人."

25) 『금광명최승왕경』은 당대 의정의 번역본 서품에 따르면 '불재세시 왕사성 영취산에서 중생을 위하여 이 경전을 설법하였는데, "호세4천중과 대신권속, 무량제약차에 이르기 까지 일심으로 모두 옹위한다. 대변재천녀, 니연하수신, 하리저모신, 견뢰지신중, 범왕제석천, 용왕 긴나라에서 금시조왕, 아수라천중과 같은 천중 또한 그 권속들 모두 모여 주야로 떠나지 않았다. 불 좌측에 제석천이 있고 우측 하방에 마혜수라천 즉 대자재천이 있는데, 33천이라 칭한다"고 설하고 있다.

도상이 소그드인의 주요 신의 도상으로 채택되었다. 인도의 힌두교는 이 지역에 뿌리를 내리지 않았으나 힌두교의 주요 신들은 불교에 수용되었으며, 조로아스터 교나 마니교에서도 힌두교신의 도상과 권능을 차용하고 있다.

3. 펜지켄트와 코쵸

1) 펜지켄트의 조로아스터교 힌두교신

고대 소그드의 건축과 미술이 발굴된 지역은 바락샤(Varaksha(Bukhara 부근)), 아프라시압(Afrasiab(사마르칸트의 교외에 위치한 고대 소그드인의 수도), 그리고 펜지켄트(Penjikent(사마르칸트 동쪽 60km에 위치한 고대도시))[26]로 대별할 수 있다. 이 지역의 도시 중에서 힌두교 미술의 영향이 가장 큰 도시는 펜지켄트를 포함한 샤히리스탄(Shahiristan) 지역인데, 현재 발굴되고 있는 유적은 대부분 7~9세기에 속한다. 불교유적에 속하는 키그리지아(Kigrhizia), 타지키스탄(Tadjikistan), 그리고 남우즈베키스탄(Southern Uzbekistan) 지역에서 발굴된 사원지는 기원전 1세기 전후까지 소급 된다.[27] 이곳의 유적들은 러시아학자들이 발굴하였으며, 고고학

---

26) 고대 Panjekent는 작지만 번창 한 도시였으며 소그드이슬람 이전의 중앙아시아에서 다섯 도시(마을)가운데 Panchekanth로 알려졌다. 고대 Panjekent는 기원후 5세기부터 농업과 상 공업으로 번창했으며 722년에 무슬림의 침략으로 합병되었다. 마지막 통치자인 Devashtich 는 무슬림의 침략을 피해 위라프샨으로 그는 달아났으나 결국 붙잡혀서 사형을 당했다. 이 후 약 50년 동안 Panjakent는 새로운 관리자에 의해 지배받았지만 결국 8세기를 끝으로 인구 가 감소하여 역사 속으로 사라졌다. 당시의 도시건축과 예술작품 등 많은 고대 유적이 오늘 날 발굴되고 있다. 러시아 고고학자 Boris Marshak가 반세기 이상의 기나긴 발굴을 통해서 고대 Panjakent의 유적이 세상에 알려지게 되었다.

27) 우즈베키스탄 남부유적들에 대한 고고학 조사에서 박트리아의 불교문화의 유적이 1~3세기 경의 쿠샨왕조시기에 해당한다고 보지만 박트리아인이 처음 불교를 인지한 시기에 관하여 는 논쟁이 남아있다. Bagchi(1995, 202년 논고)는 기원전 3세기 중반으로 추정하며, 리트빈스

〈그림 72〉 펜지켄트의 신전
(조로아스터교 마혜수라천),
28호방 정벽, 재구성, 7-8세기

〈그림 73〉 펜지켄트의 신전(조로아스터교의 신, 미상),
재구성, 7-8세기

유물은 러시아박물관(The Hermitage Museum, St. Petersburg) 등에 보관되어 있다.

펜지켄트 성체의 면적은 要塞(후한디즈)를 포함해서 약 25헥타아르로 궁전, 사원, 거주지, 상업 및 匠人의 구역으로 구성되는데, 약 2km의 성벽에 둘러싸여 있다. 펜지켄트 성체에 대한 구체적인 발굴은 1946년 A. U. 야쿠봅스키의 주도로 시작되었다. 펜지켄트는 소그드인에 의하여 기원후 5세기경부터 번창하였고 8세기경 아랍 이슬람이 침입하여 파괴되면서 결국 역사 속으로 사라졌다. 고대 바자르가 있는 상업도시는 13.5헥타아르에 이르는 지역에 분포되며, 이곳에서 130여 棟의 가옥과 상가가 발견되었다. 출토된 가옥은 대부분 2~3층 구조로 대저택은 목재기둥과 벽을 갖추고 실내에 수많은 조각과 회화가 장식되어 관심이 집중되고 있다. 주요 작품은 소그드인의 조로아스터교를 숭배하는 의식과 관련 있는데, 힌두교신과 여신

키, 제이말, 레트발라제 등 학자들은 기원전 2세기 중반과 월지시기로 보고 있다. 일단의 학자는 쿠산시기로 보고 있다. 샤키르 피다예프, 이우섭 역, 「테르메즈 고대불교미술에 대한 새로운 연구」, 『북방초원의 길』, 제2회 경주 실크로드 국제학술회의 자료집 2013, 경상북도, 참고.

으로 표현된 조로아스터의 신상이나 봉헌장면, 그리고 장식적인 요소가 잘 보존되어 있다〈그림 72-73〉. 이곳에 묘사된 힌두교 계통의 신들은 조로아스타교의 주요 신이 되었으나 형식과 도상, 그리고 명칭은 상당부분이 현지화 되었다.

소그드유적에서 나타나는 힌두교신은 주로 브라흐마(Brahma), 인드라(Indra), 마하데바(Mahadeva, 시바), 나라야나(Narayana)[28)와 바이슈라바나(Vaishravana)[29) 등이 확인되고 있다. 이 중 브라흐마는 조로아스타교의 즈르반(Zurvan)으로 인드라는 압바드(Adbad)로 시바는 베쉬팔카(Veshparkar)로 변모하였으나, 비슈누 즉 나라야나(Narayana)와 베이쉬라바나(Vaishravana)는 조로아스타교에 대응하는 신이 현재로선 확인되지 않고 있다〈그림 74-75〉.[30)

소그드 필사본에 이 신들의 圖像에 대하여 브라흐마-즈르반은 수염을 기른 신으로, 인드라-압바드는 세 개의 눈을 가진 신으로, 그리고 마하데바-베쉬팔카는 삼면상으로 기록되었는데, 이곳의 벽화에서 3神의 모티프는 이와 같은 기록과 유사

---

28) 나라야나(Narayana(산스크리트어 Nārāyaṇa))는 Vaishnavism의 최고 존재로 숭배된다. 힌두교에서『베다』최고의 신이다. 나라야나는 비슈누와 하리로도 알려져 있고,『바가바드기타(Bhagavad Gita)』,『베다』와『Puranas』에 같은 텍스트에서는 Purushottama 또는 최고 Purusha로 숭배된다. 산스크리트 나라야나(Narayana)는 나라(Nara)는 물 또는 원시인(原始人)의 뜻이며, 야나(yana)는 계통 또는 자식을 뜻하는 말이다. 인도신화에는 힌두교의 삼신, 곧 브라만과 비슈누·시바와 동일시되었다. 삼신은 각각 우주를 창조하고 유지하며 파괴하는 일을 하는데, 나라야나도 이들의 파괴력에 맞먹는 힘을 갖추고 있으므로 동일시한 것이다.

29) 바이슈라바나(Vaishravana)는 쿠베라의 다른 이름이며 재보를 관장하는 비사문천(毘沙門天)이다. 인도의 힌두교에서는 재보(財寶)의 신이었으나 불교에서는 불법을 수호하는 호법신(護法神)과 복을 베푸는 선신(善神)으로 변화 수용되었다.(The name Vaiśravaṇa is derived from the Sankrit viśravaṇa which means "son of Vishrava", a usual epithet of the Hindu god Kubera. Vaiśravaṇa is also known as Kubera(Sanskrit) or Kuvera(Pāli), and as Jambhala (Sanskrit).)

30) S. P. Gupta, 2002, 'Hindu Gods in Western Central Asia A Lesser Known Chapter of Indian History', Journal of Astha Bharati, New Delhi, 참조.

<그림 74> 3면4비상,
불명, 펜지켄트 출토, 8세기

<그림 75> 베이쉬바라나(Vaishravana),
회화, 4.5x5.0cm, 티베트, 12-13세기

하다.[31] 펜지켄트에서 사자를 타고
있는 4비의 여신은 가끔 시바신상과
함께 발견되고 있다〈그림 76〉. 이 여
신은 학자에 따라 쿠샨왕의 동전에
묘사된 이란의 여신 나나(Nana)로
인식되었으나 시바의 부인 파르바티
나 두르가일 가능성도 있다.

<그림 76> 사자를 타고 있는 두르가상(추정), 판넬,
펜지켄트, 8세기 초

벽화에서 3개의 휴대용 불 - 제단이 묘사되었는데, 하나는 시바 - 베쉬팔카를
위한 제단이며 다른 두 개의 불의 제단은 브라흐마-즈르반과 인드라 - 아바즈를
위한 제단이다. 이 건물은 조로아스터교의 주요 3대신인 베쉬팔카-즈르반-아바즈

---

31) S. P. Gupta, 2002 논문, 참조.

〈그림 77〉 시바-베쉬팔카(조로아
스터교의 풍신)회화재현, 펜지켄트,
7-8세기

〈그림 78〉 시바-베쉬팔카(조로아스터교의 풍신),
펜지켄트룸212호,타지켄트국박물관

에게 봉헌된 전당으로 현재 박락된 벽화에는 브라흐마와 인드라가 각각 도해되었
을 가능성이 많다. 벽화의 대부분은 사라졌지만 시바-베쉬팔카는 현재 남아있으
며, 再現圖에 의하면 베쉬팔카는 3면상으로 본면과 우면은 원만상이고 좌면은 야
차형식의 분노상으로 이마에는 제3의 눈이 표현되었다〈그림 77〉. 보관과 귀고리
를 착용하였고 장식성이 강한 페르시아식 갑주를 입었다. 베쉬팔카는 3면에 제3의
눈, 그리고 삼지창을 수지하여 도상의 원류가 힌두교의 시바임을 보여주고 있다.
특히 베쉬팔카의 우면은 입으로 바람을 불고 있어 시바와 조로아스터교의 풍신인
오도와의 연관성도 강하게 암시하고 있다. 현재 박락된 즈르반(Zurvan)의 도상은
소그드 문서와 후대에 발견된 마니교의 도상에서 턱수염을 기른 불교 브라만의 도
상을 묘사하였는데,[32] 인드라 역시 간다라 불교미술의 인드라 도상을 모방하였을
가능성이 있다. 212호 방의 시바-베쉬팔카상은 3면4비상으로 머리에 초승달장식

---

32) 본 논문에서 후술(IV. 3. 코쵸의 마니교 힌두교 신상 부분).

이 있는 관을 쓰고 커다란 활을 당겨 악마를 겨냥하고 있다. 복식은 전통적인 소그드복식으로 보이며 본면과 좌면은 원만형이며 우면은 분노형이다〈그림 78〉.33)

〈그림 79〉 조로아스터교 악마상(분노존), 펜지켄트스투코, 타지키스탄국립박물관

이곳에서 조로아스타교의 최고신인 아후라 마즈다(Ahura Mazda)는 배제되었는데 인드라 – 아바즈가 대신 숭배되었기 때문으로 보고 있다.34) 인도에서 힌두교신은 그의 탈것(라타)으로 자신의 존재를 顯示하는데35) 이곳의 벽화에서는 낙타와 숫양 등이 신들의 탈것으로 현지화 되어 힌두교신의 구분이 매우 어렵다. 펜지켄트 스투코에서 발견된 악마로 보이는 상은 노란 머리털을 세우고 성난 부릅뜬 눈과 이를 드러낸 크게 벌린 입이 특징이다〈그림 79〉. 분노의 묘사가 뛰어난 이 상은 8-9세기의 소그드 미술로 당시 각종 분노존상이 유행한 불교미술의 영향을 받았다.

펜지켄트는 고대 소그드인의 중심도시로 이 지역의 유적에서 발굴된 각종 조로

---

33) Mahadeva - Veshparkar(大自在天 / 濕婆) shows a three - faced and four-armed god facing diagonally front. The figure is shown with a crown, earrings, and a superbly decorative armor as he stands with arrow cocked in his bow aimed a demon and with spear. This is probably an image of Veshparkar - Shiva. This god in the Sogdian pantheon is equivalent to the Indian god Shiva. Cat.

34) S. P. Gupta, 2002 논문, 참조.

35) 대표적으로 시바는 소를 타고 가네샤는 쥐를, 무르간은 공작을 타며 두르가 여신은 사자를 타고 나타난다.

〈그림 80〉 아후라 마즈다,
(미트라-왕-아후라 마즈다), 사산조페르시아

〈그림 81〉 아후라 마즈다, 고대 페르시아

아스터교와 관련된 도상은 박트리아 – 쿠샨왕조의 종교와도 관련 있다. 쿠샨왕조는 조로아스터교를 숭상하였지만 그리스와 로마의 신도 포용하였고, 당시대의 민중의 중요한 종교인 불교와 힌두교도 영향을 받았다. 불교와 힌두교는 민중의 중요한 종교로 조상활동이 유행하였다. 이와 같은 분위기에서 각종 종교의 신과 도상이 서로 흡수 통합하는 현상까지 발생하며 불교에서 『베다』와 힌두교의 신을 수용하였고, 힌두교와 조로아스터교도 이와 같은 영향을 받았다.

고대 페르시아시기에 조로아스터교의 신상은 아후라 마즈다의 조각이 전할뿐 諸神에 대한 조상의 흔적은 많지 않으나〈그림 80-81〉, 헬레니즘과 박트리아-쿠샨왕조의 종교적인 포용성에 따라 조로아스터교 신의 판테온도 차츰 풍부해지며 주요 신의 도상도 꾸준히 창출되었다. 박트리아 – 쿠샨시기의 동전에서 조로아스터교의 다양한 신들이 확인되고 있으며 후대에 經書『아베스탄』이 정비되는 사산조페르시아를 거치며 『아베스탄』에 등장하는 제신들의 도상에 불교나 힌두교신의 권능과 도상이 참고 되었다. 힌두교의 시바나 두르가, 그리고 불교의 브라만이나 인드라의 도상이 차용되었고, 분노존과 같은 각종 수호신도 참고 되었다. 조로아스터교 신의 도상은 교역로를 따라 호탄이나 펜지켄트 등 오아시스도시를 중심으로 전파되었으며, 그 중심에 소그드인이 있다고 본다. 이와 같은 현상은 후대에 중앙아시아지역이나 西域의 마니교나 기독교계통의 종교에서도 나타나고 있다.

2) 코쵸의 마니교 힌두교신

고대 麴氏 高昌國(Khocho, Gaochang, 502~640년)은 현재 중국 신강위구르 자치구인 투르판 지역에서 5-7세기경에 번영했던 나라다. 이 지역은 기원전부터 前漢(기원전 202~기원전 8년)이 屯田을 영위하고 '술기교위'를 배치한 이래로 고창성이라고 불렀다. 5세기 중반에 북위의 공격에 패퇴한 沮渠無諱, 沮渠安周 두 형제가 북량의 유민을 이끌고 이 지역에서 국가(麴嘉)를 왕으로 고창국의 세운(498년)이후 약 140년 동안 도성으로 번창하였다. 640년에 唐의 소정방에게 고창국이 멸망한 후에는 한족(당)의 통치가 한동안 이어졌다. 이후 이 지역은 위구르, 돌궐, 몽골 등의 지배가 교차된 지역으로 문화, 종교적으로 여러 민족의 특색이 나타나는 곳이다. 특히 불교가 일찍부터 들어와 번성하였고 소그드 등 대상들이 이곳에 거점을 마련하면서 조로아스터교를 비롯하여 마니교, 경교 등 다양한 종교가 이 지역을 중심으로 활동한 사실은 지난 1세기에 걸친 꾸준한 발굴을 통하여 확인되고 있다.

이 지역에는 2개의 유적이 있는데 서쪽의 투르판과 동남쪽의 코쵸, 즉 고창고성이다. 고창고성은 투르판에서 동남향으로 약 50km에 위치한 옛 城址(위구르어로 ldikut - shari)로 넓이가 약 1㎢ 정도다. 고창고성은 독일과 러시아, 영국의 오렐 슈타인 등이 조사했는데, 독일 탐험대가 명명한 'M사지'에서 445년에 沮渠安周가 만든 造寺碑가 발견되어 당시 이곳이 고대 고창국의 도성이었음을 알게 되었다. 고대 고창국 이후 당, 위구르 시대에도 계속 도성으로 유지되어 고창지역의 유적은 시대별로 혼재되어있다. 성벽 내에 파괴되고 남은 수십 개의 건축유지가 존재하는데, 중앙에 있는 궁전을 제외하고는 모두 불교사원지로 조사되었다. 특히 호화스러운 장식이 보이는 25기의 소탑과 중앙의 대탑으로 구성된 'P사지'와 주변의 대

소 건조물들은 모두 이란 혹은 인도계 양식으로 조성되어 관심을 끌고 있다. 고창고성 주변에도 샤리, 토욕, 베제크릭 등 고대 불교유적이 산재해 있다. 토욕구 석굴 등 이 지역의 벽화는 초기에는 주로 키질양식이 주를 이루나 후대에 중국양식도 조성되었다. 위구르시대에 그려진 베제클릭 석굴의 誓言圖는 주로 중국양식이 나타나 있다.[36]

고창지역 사찰지의 가장 큰 특색은 각종 종교의 회화가 불교사원지를 중심으로 혼재되고 있는 점이다. 베제클릭 38굴은 마니교의 대표적인 석굴로 내벽에는 포도가 달린 세 줄기의 生命樹와 공양자 부부, 孔雀, 열 명의 守護神 등이 그려져 있다.[37] 코쵸의 마니교 'K사지'에서 미니어처로 장식된 경전도 출토되었는데, 교주 마니를 둘러싸고 있는 백의를 걸친 僧尼들의 체색 세밀화가 그려져 있다. 또 景教(네스트리우스파 그리스도교) 寺址에서는 그리스도의 예루살렘 입성을 축하하는 사제와 신도의 벽화가 발견되어 실크로드에 위치한 고대 고창국과 唐의 국제성을 설명해 주고 있다.

코쵸에서 힌두교신은 주로 1902년 독일 탐험대를 필두로 1906년까지 4차에 걸친 발굴조사[38]에서 출토된 고대 마니교경전이나 사본 등에서 발견되었다〈그림 82-83〉. 경전단편은 지금은 사라진 고대 소그드어로 기록되었으며, 교주 마니의 순

---

36) 조성금, 『천상위구르왕국의 불교회화연구』, 동국대학교미술사학과 박사학위논문, 2013, pp.17-39.
37) 김남윤, 『베제클릭 38굴 벽화연구(마니교벽화를 중심으로)』, 이화여자대학교 석사학위논문, 2004.
38) 19세기 말의 클레멘츠(Dimitrij Aleksandrovich Klements, 1848~1914년) 이래 그륀베델, 르 코크에 의한 3차의 독일조사대, 3차의 탐험대, 2차의 오렐 스타인 조사대, 올덴부르크, 황문필(寅文弼), 아칸의 조사 등이 행해졌다. 베를린 민족학박물관에서 4차례 파견한 독일 탐험대는 북도 전역을 조사했는데, 제1차 탐험한 곳의 지명을 기념하기 위해 『투르판 탐험대』라 불렸고 수집품도 『투르판 컬렉션』이라 이름 붙였다. 혁명 후의 중국에서는 신강 위구르 자치구 박물관에 의해 각지의 조사 발굴과 보존 수리사업이 진척되고 있다.

〈그림 82〉 왕과 사제, 마니교 경전단편,
코쵸 트루판, 베를린 인도미술관장

〈그림 83〉 왕과 사제,
마니교 경전단편, 코쵸 트루판,
베를린 인도미술관장

교를 기념하는 의식인 '베마제의식' 장면은 선명한 채색화로 그려졌다.[39] '베마제의식' 장면에는 마니교 사제와 신도 그리고 여자공양인 등이 묘사되었다. 흰색 高冠과 긴 대의를 입은 사제들이 책상에 좌정하며 필기구를 들고 나열하고, 귀족으로 보이는 남녀인물들이 각종 공양물을 들고 기립하고 있다. 8-9세기로 편년되는 이 마니교경전 단편들은 마니교를 국교로 받아들인 위구르 통치기에 조성되었을 확률이 높다.

'베마제의식' 장면〈그림 84〉에서 중앙상단의 인물은 붉은 옷깃이 화려한 백색 대의를 착용하고 좌정하고 있으며 우측에 공양인을 배치하고 좌측에도 흰색 대의를 입은 마니교 사제가 나열하고 있다. 하단은 좌측에 보관을 쓰고 화려한 의상을

---

39) a Manichaean illustrated manuscript in the collection of the Museum for Indische Kunst in Berlin.

〈그림 84〉 베마제의식장면 마니교 경전단편, 코쵸 트루판, 베를린 인도미술관장

〈그림 85〉 마니교의 신들 마니교 경전단편, 코쵸 트루판, 베를린 인도미술관장

입은 두 여인이 마니를 향하여 서있고, 우측에도 4존의 인물이 나열하고 있는데 모두 두광을 갖추어 마니교에서의 신격을 나타내고 있다. 중앙 상단의 백색대의를 착용한 인물은 마니교의 교주인 마니일 가능성이 높으며, 아직 연구 성과가 부족하지만[40] 하단에 나열한 신들은 마니교에서 타종교로부터 차입한 마니교의 하위 신중일 가능성이 많다.

경전 단편은 상당부분 박락되었다. 마니교의 神들은 주로 힌두교신의 도상을 차용하였는데, 나열한 신들은 왼쪽부터 코끼리 머리의 가네샤와 돼지머리의 비슈누신, 구렛나루를 기른 브라흐마신, 그리고 맨 우측에 가네샤와 같은 보관을 착용한 未詳의 神 등이 확인되고 있다〈그림 85〉. 화면에서 힌두교계통의 신들은 두광을 갖추었고 공양물을 수지하고 있다. 시바는 파르바티의 아들인 가네샤로, 그리고 비슈누는 그의 화신인 바라하를 적용하였고, 브라만은 턱수염을 기른 불교의 도상

---

40) Hans Joachim Klimkeit, 林悟殊 譯, 『古代摩尼教藝術』, 世界文化叢書, 淑馨出版社, 1995; 林悟殊, 『摩尼教及其東漸[M]』. 北京: 中华书局, 1987; 林悟殊, 『唐代景教再研究 [M]』. 北京: 中国社会科学出版社, 2003; 국립중앙박물관, 『실크로드미술』, 1991, 베를린 인도미술관 소장 독일 투르판 탐험대 수집품 관련 논고 참조.

〈그림 86〉 베마제의식에 참여한 힌두교신 상세도, 8-9세기

을 차용하고 있다. 맨 우측의 인물은 크고 화려한 보관을 착용하였는데 힌두교나 불교의 인드라일 가능성이 있다〈그림 86〉. 힌두교의 주요 신이 모두 교주 마니를 칭송하고 있는 장면으로 우월하며 초월적인 마니교의 상징일 수도 있다.

마니교의 베마제의식에 동원된 신들은 펜지켄트나 호탄지역에서 출토된 조로 아스터교의 베쉬팔카, 압바드, 즈르반과 같은 신들을 계승하였을 가능성이 있다. 유적들은 모두 조성시기가 비슷할 뿐만 아니라 소그드인이 관련되어 가능성을 더욱 높여주고 있다. 그러나 이와 같은 가설은 현재까지 교리적으로 증명되지 않았고 비교 도상도 드물어 추가적인 연구가 필요한 사안이다.

마니교는 조로아스터교를 계승하였으며 기원후 3세기경에 예언자 마니 Mani(210?~276년)가 페르시아에서 창시한 이원론적인 종교운동에서 시작되었다. 마니의 활동초기에는 조로아스터교, 그리스도교, 불교의 여러 요소를 가미하여 이단으로 여겨지기도 했다. 그러나 마니교는 그 교리가 일관되고 체계가 확실히 잡히면서 고유한 종교로 자리 잡았다. 마니死後 마니교는 빠른 속도로 전파되었는데, 서쪽으로는 이집트, 북아프리카를 거쳐 4세기 초에는 로마까지 전해졌다. 5세기부터는 그리스도교와 로마제국의 박해를 받기 시작하여 5세기말에 이르면 서유럽에서 마니교가 거의 사라졌으며, 6세기에 동로마제국에서도 교세가 크게 위축되었다.[41]

그러나 페르시아 사산제국의 동부로 전파된 마니교는 조로아스터교의 심한 박해에도 불구하고 교세를 크게 확장했으며, 특히 唐이 동투르키스탄 지역을 정복한 뒤에 동서교역로를 따라 중국에까지 전파되었다. 694년에는 중국황실에 마니교 선교단이 도착했고, 732년에는 중국에서 종교의 자유를 허락받았다. 8세기에는 동투르키스탄을 점령한 위구르왕국이 마니교를 국교로 받아들이기도 했다. 전성기를 누리던 마니교는 813년부터는 중국에서 금지되며 박해를 받기 시작했고, 10세기에 들어서는 이슬람 제국인 아바스 제국의 박해로 교세가 크게 줄었으나 13세기 몽골의 침입까지는 교세를 유지했다.[42]

---

41) Boyce, Mary, 2001, Zoroastrians: their religious beliefs and practices. Routledge, p.111, Ball, Warwick, '2001, Rome in the East': the transformation of an empire, Routledge, p.437; "Manichaeism was a syncretic religion, proclaimed by the Iranian Prophet Mani"
42) 미셸따르디 외, 이수민 편역, 『마니교』, 분도출판사, 2005, pp.24~56.

1. 조성시기와 동양왕 원영

1) 조성시기

돈황은 현재 중국 甘肅省 서쪽 끝 崑崙山脈 북쪽기슭에 위치한 오아시스도시로 고대에는 '沙州' 혹은 '瓜州'라고 불렀다. 前漢의 武帝(재위 기원전 141~88년)가 최초로 漢四郡[1]을 설치한 이래 중국에서 서역으로 가는 중요한 경유지가 되었다. 돈황지역은 서역과 중국의 교통요충지로서 불교가 이른 시기부터 전해져 불교 문화 교류의 중심지로도 유명하다. 漢 이후 서진 춘추시대는 이민족의 지배가 난립했고, 북위의 太武帝가 하서회랑을 지배하던 北涼을 멸망시킴으로써 五胡十六國의 亂을 종식(439년) 시키고 돈황지역은 북위의 통치를 받았다.

鮮卑族 拓跋部가 세운 北魏(386~534년)는 남북조시대에 화북지방에 존재했던 왕조들 가운데 가장 강력하고 오래 존속했던 왕조로 세력을 떨쳤는데, 내분으로 망하자 동서 2개의 나라로 분리되었다. 高歡이 업성을 도읍으로 함곡관 동쪽의 中原을 통치했던 나라를 東魏라고 부르며, 함곡관 서쪽 關中 지방을 중심으로 宇文泰가 세운 나라를 西魏라 칭하는데, 서위는 북위왕조를 계승하여 '魏'라는 국호를 계속 사용하고 長安에 도읍하여 돈황을 비롯한 하서지역의 통치를 계승하였다.

---

1) 돈황이 처음으로 중국 역사에 등장한 것은 한의 무제(재위 기원전 141~88년) 때다. 元鼎 6년(기원전 111년) 무제는 당시 서역정책의 중요성을 깨닫고 무위, 장액, 주천, 돈황지역에 하서사군을 설치하여 이 지역을 중국역사상 처음으로 영토에 편입시켰다. 사군은 후에 양주, 감주, 숙주, 사주로 이름을 바꾸었다. 그중 가장 서쪽에 위치한 사주, 즉 돈황은 그때부터 한족이 이민족과 접촉하는 최전선의 군사적 요충으로서 서역 지배의 거점이 되었다. '돈황'이라는 이름은 이때 붙여진 것으로, 춘추시대에는 瓜州라고 불렸던 곳이었다. 사군(四郡) 중 가장 서쪽에 위치한 돈황에는 흉노가 들어오기 전에 月氏족이 살고 있었다.

535년 서위는 공식적으로 북위를 계승하였지만 돈황지역은 북위에서 임명한 과주자사 원영의 통치가 계속되었고 이 시기에 285굴이 조성되었다.

돈황에 석굴이 처음 개착된 시기는 366년 銘 사문 낙준관련 碑文(唐)에 근거하여 4세기 정도로 보고 있으나 서역과 중국에 인도로부터 불교가 전해진 시기를 감안하면, 이전부터 서역인 등 隊商을 중심으로 석굴조영이 시도되었다고 생각된다. 현존하는 초기석굴은 북량(397~439년)대의 3굴(268, 272, 275굴)이 가장 빠르며 북위, 서위, 북주시기에도 불교의 흥성에 따라 석굴개착이 성황을 이루었다. 이와 같은 석굴조성의 전통은 수, 당 그리고 후대까지 이어졌다.

막고굴 제285굴은 초기석굴 중 기념명이 남아있는 유일한 석굴로 북벽〈8불설법도〉의 동측 두 폭의 설법도 발원문에 거의 완벽한 墨書로 된 기념명 조상제기가 남아있다. 가섭불 발원문에 "大代大魏大統四年歲次戊午八月中旬造"의 묵서명[2]과 무량수불 발원문에 "大代大魏大統五年五月廿日造訖"의 묵서명[3]이 남아있다. 이 두 발원문에 따르면 285굴은 서위 대통 4년(538년)에서 5년(539년)경에 조성되고

---

2) 발원문에는 과거불인 가엽불명이 기록되고 여공양인 6인과 남공양인 7인 등 비구가 선도하고 있다. 공양인의 제명에 첫 번째 남자는 '比丘鞏化供養時', 두 번째 남자는 '清信士陰安歸所供養時', 陰苟生, 陰無忌, 陰胡仁, 陰普仁 등 陰氏 가족 공양상이다. 여공양인은 '清信女史崇姬所供養時' 차례로 阿丑, 乾歸, 乾理, 阿媚, 娥女 등으로 陰安 권속이다. '佛弟子比丘鞏化 仰爲七世父母 所生父母 敬造迦葉佛一區並二菩薩 因此微福 願亡者新遊淨土 永離三途 現在居眷 位太安吉. 大代大魏大統四年歲次戊午八月中旬造.'
3) 발원문에 따르면 불명은 무량수불이다. 발원문 양측에 공양인이 있는데 동측 비구 옆 인물은 머리에 두건을 쓰고 붉은 겹옷과 흰 바지를 걸치고 검은 가죽신을 착용하였으며, 허리띠에 부싯돌, 칼 등 수렵 도구를 착용하였고, 제명에 '清信士滑黑奴供養'이라 적혀있다. 어린 동자는 선비족 동자머리에 승마용 바지를 착용하였는데 제명에 '孫昔海'이며, 후면의 남자 공양인의 제명은 '清信士滑一供養'으로 滑黑奴 일가 3대의 화상이다. '佛弟子滑口安 上爲有識之類 敬造無量壽佛一區並二菩薩 願佛法興隆 魔事微減 願含靈抱識 離事三途八難 現在老苦 往生妙樂 齊登正覺. 大代大魏大統五年四月二十八日造訖.'

봉헌되었음이 확인된다. 현존하는 서위석굴[4] 가운데 제285굴은 규모가 가장 크며 석굴구조는 복두형식으로 당시 유행한 중심주석굴을 탈피하여 새로운 형식이 시도되었으며, 조상내용 역시 풍부하고 회화수준도 최고로 꼽히고 있다. 538, 539년의 과주지역은 북위에서 서위(535~556년)로 정권이양이 진행되는 과도기로 북위의 영향은 계속되었으며 석굴은 탁발족의 영향아래 개착되고 조성되었다.

2) 과주자사 東陽王 元榮의 사경과 발원문

원영은 지금까지 285굴의 조성자로 알려져 있다. 석굴의 성격과 도상을 이해하는데 발원자의 종교적 성향과 당시 유행한 불교를 검토하는 것은 중요하다. 그는 북위 명원제의 셋째아들인 樂安王 范의 曾孫으로 돈황지역에서 각종 佛事에 힘을 기울였는데, 그의 造經과 寫經(抄經)이 대부분 현존하고 있다. 동양왕 원영은 유명한 唐代의 '聖歷碑'에 돈황석굴의 조성자로 기록되어 있어 후대까지 그의 명망이 이어지고 있다. 初唐 332굴 전실 남측에 착굴 당시 건립된 「李君莫高窟佛龕碑」는 武周聖歷元年(698년)에 건립하여 '聖歷碑'라고 부른다. 碑의 주인공은 李義며 자는 克讓인데 비문에 의하면 석굴의 창건연대와 당시 돈황지역의 불교와 시주자 등에 대하여 기술하고 있다.[5] 기록에 따르면 366년 사문 낙준이 산에 올라 금빛천불을 보고 석굴을 조성했다는 기사와 후대에 자사 건평공과 동양왕 등이 대형 석굴을 改修한 사실 등을 기록하였는데, 기사 중에 '東陽王'名을 직접 언급하고 있다.

북위의 종실인 동양왕 원영의 관련기록은 많지 않는데, 『魏書』卷十「敬宗孝皇帝

---

4) 435굴, 431굴, 248굴, 249굴, 285굴, 288굴.

5) '莫高窟者, 厥初秦建元二年(366년), 有沙门乐傅, 戒行清虚, 执心恬静. 尝杖锡林野, 行至此山, 忽见金光, 状有千佛, 遂架空凿岩, 造窟一龛. 次有法良禅师从东届此, 又于傅师窟侧, 更即营建, 伽蓝之起, 滥觞于二僧. 复有刺史建平公, 东阳王等各修一大窟. 而后合州黎庶, 造作相仍. 实神秀之幽岩, 灵奇之净域也.

纪」와『周書』卷三二,[6]『申徽傳卷」三六,『令狐整傳』등에 언급되었으나 상세하지 않다. 그러나 돈황 遺書에 십 여건의 동양왕이 조성한 사경과 사경제기가 남아있어 참고가 되고 있다. 원영은 북위 말년인 효창 원년(525년)에 과주자사로 임명되어 527년에 동양왕에 봉해졌는데[7] 그가 죽은 대통 8년(542년)[8]까지 역임하여 북위대의 십년과 서위 통치기를 포함하여 17년 동안 과주지역에서 봉직하였다.

현재 북위시대에 조성된 석굴은 263굴, 260굴, 251굴, 254굴, 259굴, 257굴 등이며 서위대로 추정되는 석굴은 435굴, 431굴, 248굴, 249굴, 285굴, 288굴 등으로 북

---

6) 『周書』卷三二; 先是, 东阳王元荣为瓜州刺史, 其女婿刘彦随焉. 及荣死, 瓜州首望表荣子康为刺史, 彦遂杀康而取其位. 属四方多难, 朝廷不遑问罪, 因授彦刺史. 频征不奉诏, 又南通吐谷浑, 将图叛逆. 文帝难于动众, 欲以权略致之. 乃以徽为河西大使, 密令图彦. 徽轻以五十骑行, 既至, 止于宾馆. 彦见徽单使, 不以为疑. 徽乃遣一人微劝彦归朝, 以揣其意. 彦不从. 徽又使赞成其住计, 彦便从之, 逶来至馆. 徽先与瓜州豪右密谋执彦, 逶叱而缚之. 彦辞无罪. 徽数之曰:"君无尺寸之功, 滥居方岳之重. 恃远背诞, 不恭贡职, 戮辱使人, 轻忽诏命. 计君之咎, 实不容诛. 但授诏之日, 本令相送归阙, 所恨不得申明罚以谢边远耳." 于是宣诏慰劳吏人及彦所部, 复云大军续至, 城内无敢动者. 使还, 迁都官尚书.

7) 원영이 동양왕으로 봉해진 시간은『위서』권10에 기재된 영안2년(529년) 8월로 '封瓜州刺史元太荣为东阳王' 라고 기재되어 있으나 일본 서도박물관에 소장된 尹波가 사경한『관음경』제기에 '扈从主人东阳王殿下届临瓜土尾署孝昌三年' 라고 기재된 '尾署孝昌三年'은 527년으로 이 경전을 사경한 시기가 527년으로 당시 이미 원영을 동양왕이라고 칭하고 있다.
宿白,『东阳王荣与建平公』, 北京:文物出版社, 1998; 段文杰,『中西艺术的交会点—莫高窟第285窟』, 兰州:甘肃民族出版社, 2000; 文梦霞,『东阳王为敦煌第285窟之窟主补证』, 台北:文史哲出版社, 2001; 文梦霞,「再論東陽王元營令瓜州刺使的時間」,『돈황연구』2, 2006.

8) 원영의 졸년에 관한 논거는 다양하다. 542년 설은 "西魏特从中原派来鲜卑宗室东阳王元荣于孝昌元年(525)出任瓜州刺史, 一直延续到大统八年(542)元荣去世, 长达十七年之久." (『1994年敦煌学国际研讨会文集石窟艺术卷』, 第52页). 로 원영이 과주자사부임은 525년이며 542년에 원영은 사망하였으며 "北魏孝昌元年(公元525年), 宗室元荣任瓜州(敦煌)刺史, 永安三年(公元530年), 元荣被封为东阳王. ……第285窟竣工于西魏大统五年(公元539年), 此时元荣已去世2年."(『敦煌石窟全集』本生因缘故事画卷, 第84页)에 따르면 525년에 부임하고 530년에 동양왕에 봉해지며 285굴의 준공은 539년으로 그 때는 이미 원영이 사망한 후 2년이 지났다.

위시대 말년 10년과 서위 초 7년을 과주자사로 봉직한 동양왕이 직접 改修한 석굴은 북위와 서위시대의 석굴 중에 있을 가능성이 많다.

285굴의 벽화에 일단의 묵서명과 함께 선비족 고위관료의 예배상이 보이는데, 285굴의 조성자가 과주자사 원영일 가능성을 한층 높여주고 있다. 북벽 〈8불설법도〉를 포함하여 동벽의 〈무량수불설법〉도 하단에 등장한 공양인의 服飾과 侍者는 그들이 고위관료나 귀족집단이 확실하며, 제기에 선비족의 이름[9]이 등장하는 등 일반인이 조성한 석굴과는 차이가 난다.[10] 그가 조성한 수많은 사경의 발원문에도 나타나듯이 그는 독실한 불교신자였으며, 285굴의 조영에도 참여했을 가능성은 상당하다. 더구나 285굴의 제기에 기록된 墨書銘文 538, 539년은 원영의 돈황 임직시기와도 부합한다.

그러나 285굴이 동양왕 이전에 혹은 동시대에 다른 시주자에 의하여 조성되었을 가능성도 여전히 상존하고 있다. 그것은 248굴의 주벽인 서벽과 남벽의 각종 보살과 신중들의 회화양식이 북벽, 동벽과는 달라서 석굴 전체를 원영이 조성하였다는 가설은 무리일 수 있다.[11] 특히 주벽인 서벽의 밀교도상과 남북측에 마련된

---

9) 발원문에 따르면 불명은 무량수불이다. 발원문 양측에 공양인이 있는데 동측 비구 옆 인물은 머리에 두건을 쓰고 붉은 겹옷과 흰 바지를 걸치고 검은 가죽신을 착용하였으며, 허리띠에 부싯돌, 칼 등 수렵 도구를 착용하였고, 제명에 '淸信士滑黑奴供養'이라 적혀있다. 어린 동자는 선비족 동자머리에 승마용 바지를 착용하였는데 제명에 '孫昔海'이며, 후면의 남자 공양인의 제명은 '淸信士滑一供養'으로 滑黑奴 일가 3대의 화상이다.

10) 북벽의 8불 설법도 서측 2불 아래 旁題와 여자 공양인 한사람이 왼손에 병 향로를 들고 있고 동측에 3인의 남자 공양인들이 소매가 긴 옷을 입고 있다. 화면에서 4인의 공양인은 귀족 복식을 입고 있어 과주의 통치자나 귀족일 가능성이 높은데 이와 같은 몇 가지 이유로 원영이 285굴의 조영자일 가능성을 높다고 보고 있다. 그러나 일단의 학자들은 건평공이 개수한 428굴은 대체적으로 인정하고 있으나 동양왕이 개수하였다는 285굴에 대하여는 아직 이론이 존재한다.

11) 본문 V-2, 285굴의 '벽화양식문제'에 기술.

각 4개의 감실은 이 석굴의 최초 조상자의 조성의도가 일반적인 예배굴과는 달라서 신중한 검토가 필요하다고 본다. 285굴은 석굴전체의 조성의도를 파악하는 데는 상당한 어려움이 있다. 본서에서는 석굴천정과 회화양식이 같은 서벽과 남벽이 선행하여 조성되었고, 상당기간 석굴이 방치된 후에 동벽과 북벽이 다른 시주자에 의하여 조성되었을 가능성이 높다고 보고 있다.

원영은 불법을 숭상하였는데, 장경동[12)에서 발견된 그가 발원한 사경은 상당히 많다. 현재 각 소장자가 소장경권을 모두 공개하여 원영의 사경정황 등이 밝혀지게 되었는데, 원영과 불교와의 관계, 그리고 造經背景 등 상당한 연구가 진행 중이다. 대표적으로『仁王護國般若波羅密經』300부(530년),『無量壽經』100부(532년),『摩詞衍』100권(532년),『內律』55권,『현우』1부,『관불삼매』1부,『大雲』1부, 그리고 533년의『반야』,『법화』,『대운』,『현우』,『관불삼매』,『祖持』,『금광명』,『유마』,『약사』각 1부 등이 사경되었다. 원영은 과주자사 재직 시에 모두 십 여종의 불경을 抄寫하여 2,200여부(권)를 완성하였다.

원영의 사경 중에 銘文題記가 있는 경전은 11건에 이르는데 개략적인 내용을 살펴보면, 대부분『인왕경』,『반야경』,『마하연경』,『대지도론』등을 사경하면서 범천, 제석천, 비사문천 등에게 성불과 구원, 그리고 수명연장과 안락을 염원하였다. 당시 사경에는『금광명경』등과 같은 밀교계통 전적도 보인다. 그의 사경과 묵서제기를 통하여 석굴조성 당시에 유행했던 돈황지역의 불교신앙과 석굴의 성격 등을 유추해 볼 수 있다. 그가 사경한 경전의 발원문을 살펴보면(필자번역);

---

12) 藏經洞은 막고굴 제17호굴이다. 막고굴의 북쪽 끝에 있는 3층 누각 전실 제1층에 제16호굴이 있고 위에 제365호굴과 366호굴 등이 뚫려 있다. 이 석굴에서 약 5만여 권의 경전과 유서들이 발견되어 '돈황학'이 탄생하였다.

1.『仁王護國般若波羅密經』북경 은자46호 잔권(530년); '530년 7월 23일 불제자 원태영은 범석천왕을 위하여… 반야경 100부 도합 300부를 바치며 수명연장을 기원하며…'13)

2.『佛说仁王般若经』卷上, 日本京都博物馆(530/7/23); '(전략)… 상시도독영서장군사차기대장군과주자사동양왕 원영은… (중략)『仁王般若经』三百部를 조성하여 100부는 범천왕께, 100부는 제석천께, 100부는 비사문천께 바칩니다. 이 경전의 힘으로 속히 성불하고 제자를 구원하며 수명을 연장하고, 위로는 보살을 아래로는 인간을 구원하길 기원합니다. 만약 천왕께서 버리지 않으시면 천왕 앞에 서원을 세워 제자는 수명연장을 편안한 마음으로 원하기가 전과 같습니다. 생각하는 곳이 없는바와 같이 우리 생이 고난을 떠나길 기원합니다.'14)

3.『般若波羅密經』S.4528 (530/4/15); '530년 4월 15일 불제자 원영은 이미 오랜 생을 살았고, 생과 사를 거듭하며 고향을 떠난 지가 오래되어 항상 돌아갈 마음뿐입니다. 그리하여 내 몸과 처자, 노비, 육축에 이르기까지 비사문천왕을 위하여 3보포시를 다하고자 합니다. 銀錢 千文으로 속죄하며, 천문으로 나와 처자를 위하

---

13) 『仁王護國般若波羅密經』北图殷字46号殘卷(530/7/23) '永安三年七月廿三日佛弟子元太荣为梵释天王……若经一百部合三百部并前立愿乞延年….'

14) 常侍都督岭西将军车事车骑大将军瓜州刺史东阳王元荣, 生在末劫, 无常难保, 百年之期, 一报极果. 窃闻诸菩萨天人将护圣智, 立誓余化, 自有成告, 有能禀圣化者, 所愿皆得, 天人将护, 覆卫其人, 令无衰?, 所求称愿. 弟子自惟福薄, 屡婴重患, 恐? 灰粉之央, 天竺难诣, 既具秽类, 将何以自救?惟庶心天人, 仰凭诸佛. 敬造『仁王般若经』三百部, 一百部仰为梵天王, 一百部仰为帝释天, 一百(下缺一部字) 仰为比沙门天王等. 以此经力之故, 速早成佛, 救护弟子, 延年益寿, 上等菩萨, 下齐彭祖. 若天王誓不虚发, 并前所立愿, 弟子晏望延年之寿, 事同前愿. 如无所念, 愿生离苦也.'

여, 천문은 노비를 위하여, 천문을 육축의 속죄를 위하여 바칩니다. 이 돈은 법을 구하는데, 즉 경전을 조성하는데 사용합니다. 원컨대 이 몸이 성불을 이루고 나의 가속, 노비, 육축이 더욱 命을 보호하고 ... 그리고 보리를 이루어 대궐에 돌아가는 은혜를 입기를 빌며 소원은 이와 같습니다.'15)

4.『摩诃衍经』卷一北图荼50号(532년)16), 5.『大智度论』P.2143 卷26「品釋論」(532년) 6.『大智度论』日本京都博物馆 7.『初分』日本书道博物馆律藏 8.『维摩诘经疏』권1(532년)上海图书馆8926호의 사경제기는『律藏初分』卷第十四와 대체적으로 동일하다.

『律藏初分』卷第十四; '532년 3월 25일에 제자 사지절산기상시도독령서제군사 차기대장군개부의동삼사과주자사동양왕원영은 세상이 요망하고 어지러워 왕로가 막히고 임금과 신하가 예절을 범함이 빈번합니다. 천자께서 중흥하심으로 소식을 보내어 속히 돌아가길 빌며,『무량수경』100부를 조성하는데, 40부는 비사문천왕을 위하여, 30부는 제석천왕을 위하여, 30부는 범석천왕을 위하여 받들어 조성합니다.『마하연』100권, 30권은 비사문천왕을 위하여, 30권은 제석천왕을 위하여, 30권은 범석천왕을 위하여 조성합니다.『내율』55권 중에 일분은 비사문천왕을 위하여, 일분을 제석천왕을 위하여, 일분을 범천왕을 위하여 조성합니다.『현우』1부를 조성하여 비사문천왕께 바칩니다.『관불삼매』1부를 제석천왕께 바치고『대운』

---

15) '大代建明二年四月十五日, 佛弟子元荣, 既居末劫, 生死是累, 离乡已久, 归慕常心, 是以身及妻子奴婢六畜, 悉用为比沙门天王布施三宝. 以银钱千文赎, 钱一千文赎身及妻子, 一千文赎奴婢, 一千文赎六畜. 入法之钱, 即用造经. 愿天生成佛, 弟子家眷奴婢六畜, 滋益护命, 乃至菩提, 悉蒙还阙, 所愿如是.'

16) '大代普泰二年岁次壬子三月乙丑朔廿五日己丑, 弟子使持节散骑常侍都督岭 西诸……阳王元荣.'

1부를 범석천왕께 바칩니다. 천왕 등께 원하옵는데 속히 불도를 이루게 하시고, 원컨대 조정이 무궁하고 후대가 끊이지 않게 하시고, 사방에서 부화뇌동하는 악적을 퇴치하길 빕니다. 나라가 풍요롭고 백성이 안일하며 마음으로 선행에 힘쓰고 모든 살아있는 것들을 포함하여 같이 이룰 수 있기를 기원합니다.'17)

9. 『无量寿经』上海图书馆100号는 비구승 保가 사경했으며, 비록 사경연대가 누락되었지만 普泰二年에 사경된 『无量寿经』100部 중 한 부일 가능성이 있다.

10-11. 『大方等大集经』日本五岛美术馆 『涅槃经』等. 『涅槃经』题记; 532년7월 13일 동양원영은 『열반』, 『법화』, 『대운』, 『현우』, 『관불삼매』, 『조지』, 『금광경』, 『유마』, 『약사』 각 1부, 모두 100권을 받들어 조성합니다. 비사문천왕께 비옵는데 제자의 병환을 영원히 소멸시켜 주시고 온몸이 안녕하길 소원합니다.'18)

정리하면 530년(북위 제직)에 『仁王護國般若波羅密經』의 사경을 통하여 범석천왕에게 수명연장을 기원하였고, 『佛说仁王般若经』300부를 사경하며 범천, 제석,

---

17) 『律藏初分』卷第十四; 大代普泰二年岁次壬子三月乙丑朔廿五日己丑, 弟子使持节散骑常侍都督岭西诸军事车骑大将军开府仪同三司瓜州刺史东阳王元荣: 惟天地妖荒, 王路否塞, 君臣失礼, 于兹多载. 天子中兴, 是得遣息叔和, 早得回还. 敬造 『无量寿经』一百部, 四十部为毗沙门天王, 卅部为帝释天王, 卅部为梵释天王. 造 『摩诃衍』一部百卷, 卅卷为毗沙门天王, 卅卷为帝释天王, 卅卷为梵释天王. 『内律』五十五卷, 一分为毗沙门天王, 一分为帝释天王, 一分为梵释天王. 造 『贤愚』一部, 为毗沙门天王. 『观佛三昧一部』为帝释天王. 『大云』一部, 为梵释天王. 愿天王等早成佛道, 又愿元祚无穷, 帝嗣不绝. 四方附化, 恶贼退散. 国丰民安, 善愿从心, 含生有识之类, 咸同斯愿.
18) 『涅槃经』题记: 大代大魏永熙二年七月十三日, 清信士使持节散骑常侍开府仪同三司都督岭西诸军事骠骑大将军瓜州刺史东阳王元荣敬造 『涅槃』 『法华』 『大云』 『贤愚』 『观佛三昧』 『祖持』 『金光明』 『维摩』 『药师』各一部, 合一百卷. 仰为比沙门天王, 愿弟子所患永除, 四体休宁, 所愿如是.

비사문천에게 성불과 제도, 수명연장 등을 기원하였다. 또 같은 해『般若波羅密經』을 사경하고 조정복귀를 염원하며, 은전 4천문을 보시하며 비사문천왕께 본인과 권속, 노비 육축의 속죄를 빌었다. 532년에는『般若波羅密經』과『大智度论』,『律藏初分』등을 사경하며 君臣間의 無禮를 걱정하고 북위말년 횡횡한 잔적과 도적의 무리를 퇴치할 것을 염원하였다.

북위는 공식적으로 534년에 패망하였으나 변방에 해당하는 돈황지역은 서위의 세력이 아직 미치지 않았다. 서위는 대외적으로 북위를 계승하고 있어, 황족이자 탁발족의 지방행정가인 원영의 통치는 계속될 수 있었다. 史書에 의하면 당시 '북위 正光年間(520~525년) 이후 나라가 점차 어지러워져서 농업과 상업이 황폐하고 魏나라가 차츰 쇠약해져 권력이 있는 신하의 독단이 심하고 도적이 일어나 백성이 도탄에 빠졌다', 그리고 '하서지구 역시 영희 3년(534년)에 양주자사 이숙인이 민중을 소집하여 氏, 康, 토곡혼 등에서 봉기하여 남지로부터 과, 선, 과주에 이르러 점거를 하였으나 이길 수 없었다'는 기록을 남기고 있다.

530년은 원영이 북위의 과주자사로 봉직한지 5년이 되는 해다. 북위 말년은 이와 같이 정변과 도적이 극심하여 변방인 돈황지역을 다스렸던 원영의 고뇌가 매우 컸고, 노년에 접어든 그는 노환과 변고로 고통을 당하고 있었음이 짐작된다. 더구나 후계문제도 항상 그를 괴롭혔으며 결국 원영 사후 아들이 후계를 이었으나 사위에게 주살을 당하고 왕위를 찬탈당하는 지경까지 이르렀다.[19] 원영은 과주자사

---

19) 『周书』권22 '申徽传'에 '先是, 东阳王元荣为瓜州刺史, 其女婿刘彦随焉. 及荣死, 瓜州首望表荣子康为刺史, 彦遂杀康而取其位. 属四方多难, 朝廷不遑问罪, 因授彦刺史.' 기재하여 원영을 둘러싼 사건을 기록하고 있으나 구체적인 년대를 밝히지 않고 있다. P.3312『贤愚经』사경에 기재된 것은 '敦煌太守邓彦妻元法英供养'로『周书』와 이 기록을 참고하면 元法英은 원영의 여식이다. 원영의 여동생 金城郡君(王夫人华光)의 墓誌에 따르면 542년에 원영이 사망한 시기가 추정가능 하다. 사위 등언邓彦이 동양의 아들 康을 죽이고 지위를 박탈했다고 기록하고 있다. 과주자사는 원영의 아들 康에 이어 여식에게 이어지는데, 大统八年

로 십 칠 년 봉직하며 사경에 집중한 기간은 약 4년 정도인데, 532년에 집중적으로 6건이 이루어져 당시 원영의 신체나 주변에 변고가 있었을 확률이 높다.

원영의 발원문 중에 '天地妖荒 王路否塞 君臣失禮 于兹多載', '四方附化 惡賊退散 國豊民安', 라는 문구는 당시의 정황을 대변하고 있으며, 고난 속에서 불교에 의지하였음은 당연하다고 볼 수 있다. 이와 같은 말세적인 분위기에 불교가 성하고 특히 밀교가 차츰 흥하게 되는데, 밀교경전에 나라가 침략을 당하거나 내부에 반란이 있을 때 군주가 다라니를 지니고 염송하면 외적을 퇴치하고 내적을 귀순시킬 수 있다고 믿었다. 원영의 사경에 『인왕경』류가 주종을 이루고 밀교경전인 『금광경』이 보이는 것은 이와 같은 분위기를 반영하고 있다.

예배대상도 佛菩薩이 아닌 비사문천왕, 제석, 범천왕 등 신장을 택하여 기원하였는데, 모두 유명한 호법신장이며 대표적인 분노존상들이다. 285굴의 남벽에 조성된 〈오백강도성불고사화〉는 담무참역 『대반열반경』을 소재로 당시의 사회 현상을 반영하고 있으며, 서벽의 조상은 조성의 주체는 알 수 없지만, 이와 같은 사회 분위기와도 관계가 있을 수 있다.

둘째로 그는 나이가 많고 병이 잦아 불교에 의지하여 재난을 멀리하고 수명을 연장하려고 하였다. 永安 3年(530년)에 누차 병으로 『인왕반야경』 300부를 사경하여 '速早成佛 延命壽命 上等菩薩 下齊彭祖'라 쓰고 범석천왕, 제석천왕, 비사문천왕에게 쾌유를 빌었다. 531년에는 그는 중원에 돌아가려고 사경을 하였으며, 비사문, 제석, 범천 등 三天王에게 성불을 빌고 '滋益護命 悉蒙還厥'을 기원하였다. 普

(542년) 十一月에 원영의 여식이 사경한 『摩诃衍经』에는 "大魏大统八年十一月十五日, 佛弟子瓜州刺史邓彦妻昌乐公主元敬写 《摩诃衍经》一百卷. 上愿皇帝陛下国祚再隆, 八方顺轨. 又愿弟子现在夫妻男女家眷, 四大康健, 殃灾永灭. 将来之世, 普及含生, 同成正觉." 라고 기재되어 542년 당시 원영은 이미 사망하였으며 등언의 처 즉 원영의 여식이 과주자사에 부임하였다고 기재되어 이와 같은 사실이 입증된다.

泰 2年(533)에 원영은 병환이 깊어 천왕에게 '前患永除, 四體康寧'을 빌었다.

동양왕이 사경한 경전은 當代에 유행하였으며 상당부분이 제285굴의 벽화에 반영되었을 가능성이 높은데, 『법화경』「견보탑품」의 〈이불병좌설법도〉와 『대반열반경』「범행품」의 〈오백강도성불인연설화〉는 제285굴 남벽의 주제화며, 『무량수경』관련 〈무량수불설법도〉가 동벽에 도해되었고, 주벽인 서벽에는 『대지도론』, 『인왕호국반야바라밀다경』, 『摩詞衍』, 『관불삼매』, 『금광명경』 등과 관련된 호법신장이 등장한다.

그리고 북벽의 〈이불병좌설법도〉아래 발원문 동측 남자공양인상은 용관을 쓰고 큰소매가 달린 무릎까지 긴 상의를 입고 있는데, 선비족 관원의 한화된 예복으로 볼 수 있다. 서측 여자상은 큰 소매 속옷과 긴치마가 무릎을 덮고 머리에 높은 상투장식과 양 측에 명류관식이 달려 있어 이동할 때 바람에 흔들린다. 이와 같은 복식은 당시 귀족부녀의 예복으로 동양왕과 동양왕의 부인일 가능성이 있으며, 538년과 539년의 명문이 있는 제285굴의 동벽과 북벽의 조상자일 가능성도 있다.

2. 조성내용과 석굴의 성격

1) 석굴형식

제285굴의 내실 평면은 정방형(약6.4m×6.4m)이며 천정은 복두형식으로, 현재 바닥 중앙에 높이 약 30cm정도의 土壇이 설치되어 있다〈그림 87〉. 정벽인 서벽에는 대소 3개의 감실이 있으며, 남북 벽에도 각 4개의 소형 감실(禪室)이 대칭을 이루고 있다〈그림 88〉. 서벽 중앙의 대형 감실에는 본존인 의좌불상이 조성되어 있고, 양측 소형 감실에도 선정 비구상이 존치되어 있다. 남 북벽에 조성된 각 4개의 감실은 토탑 등으로 봉한 흔적이 남아 있으나 현재 내부는 비어 있다. 서벽은 일월신, 대자재천 등 힌두교계 호법신들이 본존을 중심으로 그려져 있고, 동벽에는 대

〈그림 87〉 석굴내경(서벽과 북벽) 돈황석굴 285굴, 서위538, 538

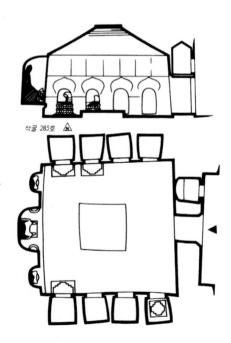

석굴 285호

〈그림 88〉 석굴단면과 평면도, 돈황석굴 285굴, 서위538, 538년

〈그림 89〉 로마스리시 석굴외관, 바라바언덕, 비하르, 인디아, 마우리아, 기원전 3세기

〈그림 90〉 준나르 석굴군 전경, 기원전3세기~ 기원후 3세기, 인디아

형 〈무량수불설법도〉가 2폭 조성되었다. 북벽은 〈8불설법도〉가 펼쳐지고, 남벽에는 돈황 최대의 〈오백강도성불도〉의 故事畵와 〈석가다보이불병좌도〉등이 조성되어 있다. 석굴천정은 네 경사면을 따라 복희, 여와, 뇌신 등 중국 전통의 신들과 마니보주, 아수라상 등 불교소재의 천상화가 도해되어 있다.

불교석굴은 승려나 참배객들이 예불이나 선수행을 위한 장소로 불교가 발생한 인도에서 기원전 3세기경부터 본격적으로 개착되었다〈그림 89-90〉. 인도의 석굴전통은 불교의 東傳에 따라 기원후 3, 4세기경부터는 쿠차지역을 중심으로 유행하였고, 실크로드를 따라 중국에도 전해져 하서회랑의 돈황, 병령사, 맥적산, 운강 등 수많은 석굴이 현존하고 있다〈그림 91〉.

인도에서 불교석굴은 차이티야 석굴과 비하라 석굴로 구분하고 있다. 예배당인 차이티야 석굴은 대부분 대형 터널식구조로 내부에 안치된 스투파를 중심으로 참배와 우요의식을 수행하였고, 비하라석굴은 승려들의 생활공간이다. 차이티야석굴의 스투파는 후대에 중심주로 변하였으며, 중심주를 중심으로 차츰 불상을 존치하고 예배는 사원형식으로 변하고 있다.

돈황에서 현존하는 최초의 석굴인 북량시대에 개착된 3개굴은 형식이 모두 다르다〈그림 92-94〉. 268굴은 종 방향으로 긴 석굴로 석굴내부의 종단에 본존을 안치하였고, 272굴은 석굴평면이 방형이며 천정은 약간 만곡된 궁륭형으로 천정 중

앙에 말각조정문[20]을 그렸다. 275굴
도 내부가 방형이며 천정부분이 약
간 만곡되어 있다. 돈황 지역에서 최
초로 조성된 북량시대 석굴들은 규
모도 작고 아직 본격적인 석굴조영
이 이루어지지 않은 초기단계로 현
지 지형에 적합한 각종형식의 석굴
이 시도된 모습이다. 그러나 북위시

〈그림 91〉 맥적산 석굴 전경, 북위-당-원, 중국

대가 되면서 중심주석굴이 유행하며[21] 규격도 대형화되었고 바닥 평면은 대부분
장방형으로 중심주와 측벽 사이에 우요를 위한 통도를 두고 있다〈그림 95〉. 석굴
은 중심주를 중심으로 불보살상이 존치되고 석굴 벽에도 각종 채색화가 시도되었
다. 석굴의 형식은 대체적으로 인도의 석굴을 계승하였으나, 내부에 전통가옥의
천정형제(人字披頂)를 적용하는 등 불교석굴의 현지화가 시도되었다〈그림 96-97〉.
　석굴의 규모나 형식은 산의 형세나 암석의 硬度와 같은 質에 의하여 큰 영향을
받는다. 인도의 석굴은 대부분 화성암지역에 개착되었는데, 암석이 균질하고 절리
가 횡으로 발달하여 굴착에 용이하며, 굴착 후에 석굴 내부의 단면을 안정적으로
유지시킬 수 있는 지질적인 이점을 갖고 있다. 인도는 이와 같은 지리학적인 특성

---

20) 말각조정(末角藻井)또는 모줄임천장(-天障)은 현실의 주벽 위 부분에 주벽과 평행하여 계
　　단식 층급(層級) 받침을 보통 2-3층, 많을 때는 5층까지 안으로 내밀어 천장 면적을 좁힌 다
　　음, 그 위에 주벽선(主壁線)과 엇갈리도록 네 귀퉁이에서 각각 삼각평석(三角平石)의 받침
　　돌을 내민 가구가 보인다. 속칭 투팔천장(鬪八天障)이라고도 불리는 이 형식의 특색은 건축
　　내부의 같은 평면의 공간을 한층 넓히는 효과를 가졌다. 서양에서 가장 이른 예는 기원전 . 4
　　세기경에 축조된 이탈리아의 에트루스칸(Etruscan)묘이고, 동양에서는 중국 후한(後漢)시대
　　에 처음 사용된 것으로 알려지고 있다. 한국에서는 고구려 안악 3호분에서 처음 확인된다.
21) 북위와 서위의 중심주석굴; 260, 251, 254, 257(이상 북위조성), 435, 431, 248, 288(이상 서위조성).

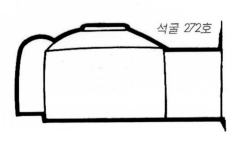

석굴 272호

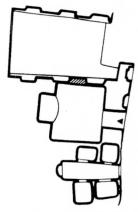

〈그림 92〉 북량 272굴 입면, 돈황석굴, 북량

〈그림 93〉 북량3굴의 평면,
돈황석굴, 북량

〈그림 94〉 275굴 내실의 본존, 돈황석굴, 북량

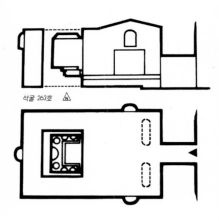

석굴 263호

〈그림 95〉 263굴 돈황석굴,
중심주석굴 평면과 입면, 북위

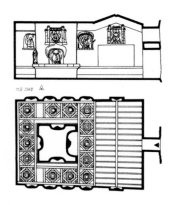
〈그림 96〉 중심주석굴 인자피정석굴
평면과 입면, 254굴, 돈황석굴, 북위

〈그림 97〉 천정 말각조정

을 갖춘 데칸고원의 서부지역에 석굴이 집중되어 있다. 그러나 중앙아시아나 돈황
지역은 대부분 사암계통으로 굴착은 용이하나 대형의 석굴을 조성하고 유지하는
데 구조적으로 불리한 여건을 갖추고 있다.

　제285굴은 실내가 正方形이고 천정은 사각형 조정문양을 중심으로 4경사면이
벽면까지 이어지는 사각뿔 형태이며 내부에는 중심주가 배제되었다. 이와 같은 석
굴 형제는 인도나 중앙아시아에서는 시도된 적이 없으며, 위진남북조시대 북방민
족의 墓制에서 영향을 받았을 가능성이 있다.[22] 전통적인 석굴의 천정구조는 볼트
형식이나 궁륭형식으로, 285굴과 같은 복두형식의 적용은 방형의 내실에 적합한
새로운 시도로 볼 수 있다. 이 석굴의 장점은 정방형 내실과 천정이 어긋나지 않아
외관과 구조가 안정되며, 중심주가 사라진 실내공간도 넓게 유지할 수 있는 점이
다. 석질이 견고하지 않은 돈황의 석굴은 석굴규모를 작게 하거나 중심주를 이용

---

22)　黃佩賢, 『漢代墓室壁畵硏究』, 文物出版社. 2008, pp.174-184.
　　孫彦, 『河西魏晋十六國壁畵墓硏究』, 文物出版社, 2011, pp.23-34.

하여 平天頂을 보완하는 방법이 최선인데, 내부공간을 극대화하면서 상부 하중을 구조적으로 분산할 수 있는 적절한 방법이라고 생각된다. 석굴 내부에 조성된 각 종 장식물이나 벽화는 천막용 모티프로 꾸며져 있다. 古代中國의 北朝정권은 대부분 유목민이 승계하였으며, 이와 같은 석굴의 형제와 벽화는 석굴의 기부자인 유목민의 취향이 반영되었을 가능성이 많다.

복두형식의 천정은 四方으로 구획하여 동서남북 방향에 천상도를 그릴 수 있으며, 중심주가 사라진 내부공간도 집회를 하거나 불교의식 등 행사에 적합하다. 285굴의 바닥은 현재 철제 펜스가 설치되어 있고 중앙부분이 주변보다 약 30cm 정도 높은 土壇이 조성되었으나 이곳에 불상이나 탑을 설치한 흔적은 없다. 남북 벽에 조성된 일부 감실에는 후대에 土塔 등으로 입구를 봉한 흔적이 남아 있으며 내부에 불상 등 벽화가 보이고 약간의 시설물이 남아있다〈그림 98〉. 서벽에서 승상이 존치된 좌우 두 개의 감실과 남북벽의 소형 감실(1.1m×1.1m, h-1.5m)은[23] 크기와 형식이 모두 비슷하다. 석굴의 형제와 내부구조는 석굴의 성격을 규명할 수 있는 단서를 제공한다고 본다면, 석굴중앙에 토단이 설치된 경우는 석굴이 수계의식 등 불교의식으로 사용되었다는 방증이 될 수 있으며, 현재 남 북벽에 비어 있는 8개 소형 감실의 용도도 규명할 수 있다고 본다.

2) 천정화와 벽화

천상도는 석굴이나 무덤 등 지하공간에 하늘의 세계를 벽화형식으로 재현한 도

---

23) 285굴의 바닥편면은 인도 5-6세기의 아진타석굴(비하르)를 계승하였으나 側窟의 규모가 달라 비하르굴로는 볼 수 없다. 현재까지 중국 학계에서는 승려들의 수행을 위한 修禪窟로 보고 있다. 최근의 국내논고에서 측실을 수계와 의례를 위한 공간으로 보는 논고가 있다. 권영우, 『돈황막고굴 제285굴의 형제와 장엄의 의미와 기능』, 서울대학교 대학원 석사논문, 2014.

상을 이르며, 고대로부터 제왕 등 유력자의 무덤
에 시도되었다. 불교석굴은 인도의 로마스리시석
굴을 시작으로 기원전 2세기경 조성된 뭄바이 근
처의 바자, 아잔타석굴 등의 석굴이 잇달아 조성
되었다. 로마스리시석굴의 평면은 전방후원식으
로 천정이나 벽면에 벽화가 시도되지 않았고, 바
자석굴 등 서부 데칸고원에 산재한 초기석굴 천정
도 리브(lib)라고 호칭되는 늑재를 시공하였을 뿐
벽화나 천정화는 시도되지 않았다. 그러나 기원
후 5-6세기로 편년되는 유명한 아잔타의 일부석
굴에서 벽화와 천정화가 시도되었는데, 석굴내부
평천정을 격자형으로 구획하고 각종 동물이나 식

〈그림 98〉 감실입구 토탑 (라마탑
형식—후대보완) 북벽서측, 1908년
사진, 285굴 돈황석굴, 서위

물 등 길상문양으로 화려하게 장식하였다. 특히 아잔타 17굴의 천정에 날개가 달
린 반인 반수의 천인을 묘사하여 석굴천정을 우주공간으로 인식하였음이 확인된
다.[24] 그러나 당시 불교적인 우주관을 주제로 도해하지는 않았고, 이후 후대에 일
부 석굴을 중심으로[25] 천상의 세계를 우주의 각종 현상을 의인화 하거나 신격화
하여 표현하는 전통이 시작되었다.

---

24) 아잔타 석굴에서 벽화는 1, 2, 16, 17굴 등에서 시도되었다. 아잔타 1굴은 5세기 후반 작으
로 천정을 격자형으로 구획하여 동식물, 연문 등 길상으로 채웠으며, 2굴은 6세기 후반 작으
로 천장 가운데 대형 동심원을 중심으로 역시 길상과 문양이 채워지고, 5세기 후반 작으로
편년되는 17굴은 2굴과 유사하나 천인 등 인물이 유영하는 장면이 추가되었다.
25) 불교석굴에서 천상화는 타클라마칸 사막을 중심으로 서쪽으로 아프가니스탄의 바미안석
굴과 키질, 쿰트라석굴 그리고 동쪽에 돈황 막고굴의 서위시대에 조성된 몇 개의 석굴에서
보이고 있다.

〈그림 99〉 궁륭형 천정,
바미얀 석굴 164굴 아프가니스탄

아프가니스탄의 바미안석굴[26]은 4세기경 개착되어 6,7세기까지 조성되었는데, 일부 석굴천정에 천정화가 남아있다〈그림 99〉. 이 지역은 그리스계통의 박트리아, 파르티아에 이어 불교에 우호적인 쿠샨왕조(78~226년)의 지배를 받았고, 페르시아의 전통을 계승한 사산왕조(226~651년)는 조로아스타교를 신봉했으나 타 종교에 관대하여 불교석굴의 전통은 계속될 수 있었다. 이와 같은 정치, 지역적 특성상 이곳의 불교미술에는 헬레니즘 및 인도, 이란적인 요소 등이 혼재되어 나타나고 있다. 현장의 『대당서역기』는 이 나라를 범연나국이라 칭했으며, 이 지역의 석굴에 대하여 비교적 자세한 기록을 남기고 있다.[27] 바미안

---

26) 바미안석굴은 아프가니스탄 카불 북서쪽 바미안계곡의 해발고도 2,590m 지점에 있으며 현장의 『대당서역기(大唐西域記)』에 범연나국(梵衍那國)이라 기록되었는데 7세기 현장이 이곳을 지난 때 본 석불을 묘사하고 있다. 석굴 대부분은 계단 또는 회랑(廻廊)으로 연결되어 있으며, 높이 35m 및 53m의 거대한 마애불입상(磨崖佛立像)이 유명하다. 간다라 미술을 기조(基調)로 이란·중부 및 인도양식을 찾아볼 수 있는 대불감천정과 측벽의 벽화가 있다. 38m 불의 천정에 있는 태양신 수리아의 그림이 주목받고 있다. 이곳은 역사상 6세기에 등장하지만, 8세기경부터 이슬람 침략이 시작되었으며 그 후 가즈니 왕조와 고르 왕조의 치하에서 번영하였고 1221년에 칭기즈칸의 침략으로 큰 피해를 입게 된다.

27) 梵衍那國. 東西二千餘里. 南北三百餘里. 在雪山之中也. 人依山谷逐勢邑居. 國大都城據崖跨谷. 長六七里. 北背高巖. 有宿麥少花果. 宜畜牧多羊馬. 氣序寒烈風俗剛獷. 多衣皮褐亦其所宜. 文字風敎貨幣之用. 同都貨邏國. 語言少異. 儀貌大同. 淳信之心特甚鄰國. 上自三寶下至百神. 莫不輸誠竭心宗敬. 商估往來者. 天神現徵祥. 示崇變求福德. 伽藍數十所. 僧徒數千人. 宗學小乘說出世部. 王城東北山阿有立佛石像. 高百四五十尺. 金色晃曜寶飾煥爛. 東有伽藍. 此國先王之所建也. 伽藍東有鋀石釋迦佛立像高百餘尺. 分身別鑄總合成

석굴의 천상도는 현재 박락이 심하나 수리야, 풍신, 인수조신 등이 식별가능한데, 일신은 해를 상징하는 큰 원안에 마차에서 무장한 정면상으로 한손에 창을 들고 다른 손에 검을 쥐고 있다. 마차 양측에 방패를 든 무사가 있고 두 마리의 飛馬가 좌우 양방향으로 끌고 있다. 풍신은 등에 風袋를 지고 있으며 人首鳥身의 신상도 보인다.

4세기경 조성된 키질 8굴, 38굴 등은 볼트형식 천정을 마름모꼴로 구획하여 천불을 배치하고 중앙에 풍신, 입불, 우신, 가루다 등이 나열해 있다〈그림 100〉. 정벽 본존 상단의 태양신은 월신과 함께 양단에 배치하였다. 하늘을 상징하는 코발트색 바탕에 태양은 회색이며 대형 흰색 거위 4마리가 태양 주위를 날고 있는 장면이 있다. 일신은 말이 좌우 반대로 달리는 마차에 좌정하고, 하늘을 날고 있는 기러기와 풍대를 메고 있는 풍신, 그리고 긴 뱀을 부리로 물고 있는 금시조왕 등 서역식의 천상도가 그려져 있다.

6세기경 조성된 키질 17굴에 묘사된 천상도 역시 본존이 안치된 천정을 중심으로 도해되었는데, 고대인들의 천상에 대한 관념과 불교적인 우주관을 상당히 구체적으로 표현하고 있다. 천정 중앙에 일월천신과 풍신, 뇌신, 우신, 금시조 그리고 입불을 함께 배치하였다. 배치순서는 정벽의 본존 상단에 일천을, 그리고 반대편에 월천을 배치하고 금시조는 중앙에 두었다.[28] 양측에는 풍신과 우신을 배치하여 키질석굴에서 천상도는 일정한 규범을 보여주고 있다. 키질석굴 135굴의 궁륭형식의 천정에는 현재 반 정도의 천정이 망실되었으나 천정 중앙을 중심으로 방사선으로 구획하여 각종 불보살 입상을 배열하였는데, 로마 등 기독교계통 건축의 영향으로 보인다〈그림 101〉. 키질과 쿰트라석굴에서 태양신과 풍신 등의 모티프가

立城東二三里伽藍中有佛入涅槃臥像. 長千餘尺. 其王每此設無遮大會.
28) 본문 Ⅵ-1. 일월신의 기원부분 참조.

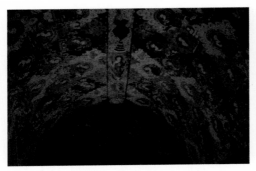

〈그림 100〉 볼트형식 천정, 키질석굴 제8굴, 키질, 중국신장, 4-5세기

〈그림 101〉 궁륭형 천정, 키질석굴 135굴, 키질, 중국신장, 6세기

바미안석굴과 유사하여 도상학적 기원에 대하여 논란이 있으나, 두 석굴의 거리가 멀지않고 조성시대도 비슷한 점, 그리고 고대 대상들의 무역루트에 개착된 점 등을 고려할 때 불교전파 루트를 따라 영향을 주었을 개연성은 충분하다.

천상도의 전통은 실크로드를 경유하여 돈황지역으로 이어지는데 북량과 북위대의 석굴 천정은 말각조정문이나 연화문을 중심으로 각종 길상이나 문양, 그리고 천불 등을 배치하였으나 천상도는 시도되지 않았다. 그러나 서위의 제249굴〈그림 102〉, 285굴 등 복두형식의 천정에 천상도가 최초로 시도되었는데, 석굴구조에서 영향을 받았을 가능성이 많다. 서위대의 천상도는 불교적인 연화화생의 장면에 마니보주와 아수라가 전면에 등장하는 등 장엄한 불교적 우주세계를 보여주고 있다. 그리고 천체사방 빈 공간에 복희, 여와, 비렴, 계몽, 오획, 벽전 등 각종 천신 수십구가 허공을 유영하고 있다. 천화가 소용돌이치며 운기가 충만하고 우주의 기를 형성하는 우주공간에 불가와 도가의 천인이 결합하는 動的인 세계를 연출하고 있다. 이와 같이 6세기 전반에 조성된 서위시기의 천상도는 불교에 중국 전래의 도교적인 천상관이 반영되어 현지화가 이루어졌다.

석굴의 구조도 천상화의 조성에 영향을 주었을 가능성이 있다. 바미안석굴의 천상도는 거대한 입불이 안치된 천정에 조성되었는데, 천정의 구조는 궁륭형으로 자연스럽게 하늘을 상징하고 있다. 궁륭형식의 석굴 천정은 인도에서는 유행하지 않았고, 기원 전후 중동지역을 지배했던 로마의 돔 양식을 도입했을 가능성이 많다.[29] 북위 초 유행하였던 중심주 형식의 석굴은 중심주를 중심으로 불과 보살을 안치하고 천정에는 각종 길상 등 문양이나 천불을 선호하였다. 그러나 중심주가 사라진 서위시대의 복두형식 석굴은 내부

〈그림 102〉 복두형식 천정
돈황석굴 제249굴, 서위

가 개방되면서 천정을 중심으로 천상도를 조성할 수 있는 환경이 조성되었다. 키질의 석굴은 볼트형식 천정에 천상도를 도해했고, 서위의 249굴, 285굴은 복두형식 천정에 천상도를 그렸다.

불교사상적인 측면도 천상화에 영향을 주었을 가능성이 있다. 소승의 단계에서는 개인의 成佛을 중요시하여 조상활동을 기피하였지만, 대승기에는 전래의 천신 즉 태양신, 월신, 바람신 등 힌두교계통의 신들이 불교의 보살이나 호법신으로 편입되면서 天神의 중요성이 대두되었고, 천상의 자연신이 각종 경전에 등장하면서 조상활동이 시작되었을 가능성이 많다. 특히 개인의 성불이나 대승적인 구제보다 소속된 국가나 개인의 안녕을 중요시하는 밀교의 등장에 따라 각종 천신들은 개별

---

29) 로마의 돔 건축은 기원전 3세기 무렵 이미 완성단계에 이르는데 로마의 거대한 판테온은 기원 후 1세기경에 완성하였다. 로마의 돔은 로마의 지배가 중동지역에 확대되면서 자연스럽게 인접지역에도 전파되었다고 볼 수 있다.

적 숭배의 대상으로까지 발전하였고, 이와 같은 배경에서 대승불교에서 밀교의 태동기에 천상화가 집중적으로 조성되었다.

제285굴에 조성된 천정화는 고대 불교석굴 천상화의 완결판으로 볼 수 있다. 석굴 천정은 불교소재의 마니보주, 아수라와 비천 등과 중국 도가의 각종 신들이 혼합된 새로운 천상계가 도해되었다. 천정 중앙에 그려진 말각조정문을 중심으로 벽과 만나는 네 경사면은 화려한 천막 장식용 차양과 도척, 옥패, 진주, 유술, 우소 등으로 구성된 대형 繡裝飾이 구획하고 있다. 내부구조가 고대 제왕 출행시의 화개 장식과 화려한 유목민족 왕의 천막과도 흡사하여 석굴조성 주체인 유목민의 趣向을 잘 보여주고 있다. 그리고 천상도 하단에 배치된 35존의 선수행도는 서벽에서 본존을 협시하고 있는 선승상과 남·북벽의 8개 선실과 함께 당시 중국 북방에서 禪불교가 유행하였음을 나타내고 있다. 제285굴의 동서남북 방향에 도해된 천정의 소재를 간략하게 살펴보면;[30]

동 천정 〈그림 103〉은 동벽에 마련된 출입구 상단 즉 서벽에서 본존이 바라보는 곳에 위치한다. 화려한 차양과 수 장식으로 구획된 사다리꼴 화면에 불교적인 우주관이 도해되었다. 상단에는 불교의 보물인 마니보주를 중국 전래의 복희, 여와가 천의를 휘날리며 좌우에서 호위하고 있다. 마니보주의 좌측에 위치한 복희는 人面龍身으로 손에 규(콤파스)를 들고, 우측 여와는 오른손으로 거(직각자)를 왼손에는 墨斗(먹통)을 힘차게 쥐고 있다. 복희와 여와의 가슴에는 커다란 방패형식

---

30) 285굴 천상도의 도상분류와 분포도.

구분	동	남	서	북
불교소재	마니보주,역사,비천	마니보주,비천,선승	화생동자,연화,비천	연화,비천,선승
중국전통	복희,여와,비렴	풍신,비렴,오획,개명	뇌공,비렴,주작	천추,전시,비렴,조
신화소재	개명신수	獸,주작,羽人	우인	오획,개명,신수,우사
장식문양	운문, 飛花	同	同	同

의 원윤이 그려져 있는데 복희의 원윤에 그려진 三足烏는 태양을 상징하고, 여와의 원윤에는 두꺼비를 그려 달을 상징하고 있다. 중국에서 복희, 여와는 日月神으로 창조신이며 八卦를 상징하고 網罟를 제작하였으며 琴瑟(음악)의 신이다. 마니보주 아래 아수라로 알려진 두 역사가 마주하고 서있는데, 역사는 검은 색 나신으로 두광이 있고 수지하고 있는 대형 연꽃에서 육각형 마니보주가 化生하고 있다.

아수라 좌측에 위치한 일명 烏獲[31]은 짐승의 머리에 신체는 근육질인 力士로, 새의 발톱과 어깨에 날개가 달린 가공할 힘을 소유한 괴인이며, 진시왕대의 전설적인 大力士다. 우측 상단에 위치한 飛廉(풍백)[32]은 사슴머리와 당나귀 몸에 날개가 있어 날갯짓으로 바람을 일으킨다는 道家의 風伯 즉, 風神이다. 비렴아래는 開明[33]이 있는데 인면에 9수, 11수, 13수와 14수가 전해진다. 화면 우측 모퉁이에 불교적 소재인 비천상 한 구가 유영하며 신과 신수들 사이에 天花와 소용돌이 문양이 가득하다. 제285굴의 동 천정에서 마니보주와 불교의 아수라, 비천은 이곳이 부처의 세계임을 확인하며 중국 전래의 비렴과『산해경』의 대역사 오획, 그리고 신수 개명 등을 등장시켜 중국적인 신화를 적용하고 있다. 그리고 불교에서 가장 소

---

31) 『史记』「秦本纪」 전국시대 사람으로 秦나라 武王의 신하인 壯士 烏獲(오획)의 힘이 엄청났다고 전해진다. "战国时人. 秦武王爱好举重比赛, 重用他与任鄙, 孟说为大官. 据说能举千钧之重, 年寿至八十以上."『战国策·燕策1』记苏代日: "今夫鸟获举千钧之重, 行年八十而求扶持."

32) 飛廉은 전설에 나오는 원고(遠古)때 사람인 풍백(風伯)으로 큰 바람을 불러일으켰다. 그는 신금(神禽)으로 몸은 사슴이고 머리는 참새(雀)며 뿔이 있고 뱀 꼬리가 달렸으며 꽃무늬가 있어 표범을 닮았는데 바람을 불러온다고 한다.
『孟子』滕文公下; 周公相武王 誅紂 伐奄三年 討其君 驅飛廉於海隅而戮之(주공이 무왕을 도와서 주를 토벌해 죽이고, 엄 나라를 정벌한 지 3년 되어 그 임금을 죽이며, 비렴을 바닷가로 내몰아 죽였다.)『漢書』「武帝紀」 바람을 맡은 신. 바람을 잘 일으킨다는 신금(神禽).

33) 곤륜산위의 神獸로서 13개의 인면과 용의 머리를 갖추고 어깨에 날개가 있다.『山海經』에는 '身大類虎'라 적고 있으나, 석굴의 천정에 보이는 비렴은 용신이 확실하다.

〈그림 103〉 돈황석굴 285굴 복두형식 천정동면 서위 538, 539

중한 마니보주를 중국 전래의 최고의 신인 복희와 여와가 협시하며 우월한 불교를
상징적으로 보여주고 있다. 인도전통의 아수라는 화면에서 이례적으로 善神으로
등장하고 있다.

　서 천정 〈그림 104〉은 동쪽에서 입장한 참배객이 본존과 함께 바라보는 곳이다.
본존의 감미상단에 거대한 연화화생장면을 있고 좌우에는 비렴, 비선, 봉황 등이
소용돌이문과 천화가 휘날리는 가운데서 유영하고 있다. 상단에는 두 비천이 마니
보주위에서 유영하며 꽃을 공양하고, 좌우에는 오획이 回傳連鼓를 두드리고 서로
마주하고 있다. 천인과 선인이 우주를 유영하는 가운데 오획은 북을 연속으로 두
드려 천둥을 울리고[34] 풍신인 두 비렴이 바람을 일으키고 있는 장면이다. 화면 전
체는 긴장이 넘치고 환상적이며 마니보주가 탄생하기 직전의 천지요동의 순간을

---

34)　王充의 『論衡, 雷虛篇』에 '畵工畵雷神畵一力士, 左手引連鼓, 右手推椎' 라 하여, 연고를
　　두드림이 뇌성을 뜻한다.

〈그림 104〉 돈황석굴 285굴 복두형식 천정서면 서위 538, 539

장엄하게 묘사하고 있다. 천둥의 신이 연고를 두드리는 모티프는 바미안석굴에 이미 등장하였으나, 285굴에서는 중국신화의 力士인 오획이 연고를 두드리고 있다. 서천정도 불법의 상징인 마니보주를 비천과 중국의 仙人이 봉황을 타고 협시하는 구도로 3교가 대립하는 사회적 분위기에서 불법에 대하여 우월적인 석굴조상자의 인식이 반영되었다.

〈五百强盜成佛古事畵〉가 펼쳐져 있는 남벽상단의 남천정 〈그림 105〉도 연화화생 주재의 천상화가 도해되었다. 상단 중앙에 위치한 화려한 대형 연화에서 육각 마니보주가 化生하는 장면이 있고, 좌우측에 두 비선이 천의를 휘날리며 마니보주를 마주보며 유영하고 있다. 마니보주 아래 좌우에 비렴과 計蒙이 있는데, 비렴은 바람을 일으키고 계몽35)은 비를 내리고 있다. 계몽은 새 발톱과 어깨에 날개가 있는 용두인신으로, 두 발톱을 위로 향하고 머리를 들어 안개를 토하여 비를 만들

---

35) 『산해경』에서 계몽에 대하여 '恒遊於漳淵, 出入必有飄風暴雨'라 하였다.

〈그림 105〉 돈황석굴 285굴 복두형식 천정남면, 서위 538, 539

고 있다. 하단에도 개명, 오획, 비선, 주작 등이 유영하고 있다. 7폭 설법도가 있는 북벽 상단의 북 천정 〈그림 106〉도 화생중인 연화 양측에 두 飛仙이 좌우에서 협시하며 유영하고 있다. 하단에는 비렴은 바람을 일으키며 오획이 요동하고 계몽은 안개를 뿜어내고 있다. 하단 중앙에 위치한 오획 형상의 霹電36)은 두 손으로 녹색 철찬(鐵鑽)37)을 쥐고 온힘을 다해 돌을 깨뜨려 섬광을 일으키는 者로 번개를 상징한다. 주위에 봉황, 비천, 비선, 비렴, 개명 등이 하늘을 유영하고 있다.

천정과 4벽이 만나는 곳에는 35존의 선수행상이 있다. 선수행자들은 모두 깊은 산속 토굴에서 선정인을 결하고 있으며 복색은 각자 다르나 두광과 신광, 그리고

---

36) 벽전은 북위정광3년(522년) 풍옹의 처 원씨 묘지4면에 제명이 존재하는 조각상이 있는데, 오획, 벽전의 형상과 일치하며 중국신화 중의 神王형상이다.

37) 一種의 송곳으로 비비송곳이라고 부른다. 두 손바닥으로 비벼서 구멍을 뚫는 자루가 길며 촉이 짧고 네모진 송곳이다.

염화를 갖추고 있어, 이들이 이미 도의 경지에 도달하였음을 암시하고 있다. 35존의 선수행상과 서벽의 두 선승, 그리고 남·북벽에 조성된 4개의 선실은 이 석굴의 조성의도를 암시하고 있으며, 북조 당시 불교에서 선 수행을 중시하였음을 보여주고 있다.

동벽 〈그림 107〉은 석굴의 출입구가 있으며, 서벽에서 본존이 바라보는 곳에 위치한다. 입구를 중심으로 좌우에 대형 〈무량수불설법도〉가 두 폭 조성되어 있고, 입구상단에는 墨書銘에 기록된 과거, 현재, 미래 삼세불이 있다. 三世佛 가운데 석가모니불은 홍색 통견가사를 걸치고 전법륜인을 취하며, 좌우 과거 가섭불과 미래 미륵불은 옷 주름이 선명한 내의와 감색대의를 입고 얼굴은 석가모니불을 향하고 있다. 삼세불은 모두 삼도가 완연하고 머리는 상투지어 묶고 두광과 신광을 갖추었으며 둥근 방석위에 결가부좌를 취하고 있다.

입구 좌우에 조성된 설법도는 본존의 화개에 墨書銘으로 '無量壽佛說法圖'라는 榜題가 기록되어 있다. 양측 모두 대형 9존 설법도로 등장인물과 형식이 동일한

〈그림 107〉 돈황석굴 285굴 동벽 서위 538, 539

대칭형 구도다. 본존은 통견에 적색가사를 입고 금강좌에서 설법인을 결하고 있
다. 상부에 화려한 대형 화개가 있고 광배는 화불과 비천이 상세하며 둘레를 화염
문으로 장식하였다. 무량수불 좌우에는 네 보살과 네 비구가 협시하는데 현존하는
묵서에 따르면, 우측의 보살은 무진의보살(無盡意菩薩)과 관세음보살(觀世音菩
薩)이며, 좌측은 문수사리보살(文殊舍利菩薩)과 대세지보살(大勢至菩薩)이다. 4보
살의 보관이나 복식은 큰 차이가 없으며 관음보살과 대세지보살이 공양물을 수지
하였을 뿐이다. 상단의 불제자는 우측에 아난(阿難之像供養時)과 사리불(舍利佛
之像)이며, 좌측에 마하가섭(摩訶迦叶之像)과 목련존자(目連之像)로 기록되었다.
지물은 아난이 拂子를 수지하고 가섭은 경권을 수지하며 사리불은 공양물을, 그리
고 목련존자는 합장을 하며 모두 무량수불을 향하여 주시하고 있다. 아난은 젊은

청년의 모습이며 가섭존자는 늙은 노승의 형상을 하고 있다.

　무량수불과 보살 주변은 天花로 채워지고 연봉우리나 인동문양이 불국토를 상징하고 있다. 설법도 하단에 공양인 남13구와 여14구가 조성되었는데, 머리와 복색이 선비족의 특색을 보여주고 있다. 공양인은 모두 묵서명이 존재하나 박락이 심하여 판독이 불가능하고, 남측 공양인 역시 모두 박락되었다. 무량수불의 극락정토가 서방세계인 점을 감안할 때 석굴 동벽에〈무량수불설법도〉를 배치한 것은 이례적인 구도로 보인다.

　제285굴의 동벽에 조성된〈무량수불설법도〉는 중국에서 최초로 조성된 본격적인 무량수불 변상도로써[38] 당시 무량수불의 신앙이 유행했음을 보여주고 있다. 동벽은 복식과 양식측면에서 북벽과 동일하며 이미 漢化가 상당히 진행된 작품으로 본고의 주제인 서벽과는 조성자와 조성시기가 서로 다를 가능성이 많다.

　남벽〈그림 108〉에는 대형〈五百强盜成佛古事圖〉가 조성되어 있다. 천정과 만나는 상단에 12 奏樂飛天이 천화와 운기가 소용돌이치는 가운데서 현란한 춤을 추며 악기를 연주하고 있다. 두 손으로 공후, 완함, 비파를 연주하거나, 죽생을 불고 배수를 연주하며 요고를 두드리고 하늘에서 춤을 추고 있다.

　〈오백강도성불고사도〉는『대반열반경』과『보은경』,현장의『대당서역기』'得眼林'[39] 등에 등장하는 유명한 오백나한이 관련된 고사도로 이 벽화는 중국에서 가

---

38)　張元林, 張志海,「莫高窟第285窟無量壽佛說法圖」,『敦煌北朝時期法華信仰中的無量壽佛信仰』,『돈황연구』총 제101기, 2007, pp.34-39 참조.

39)　현장의『대당서역기』伽藍西北三四里至得眼林. 有如來經行之跡. 諸聖習定之所. 並樹封記建窣堵波. 昔此國 群盜五百. 橫行邑里跋扈城國. 勝軍王捕獲已. 抉去其眼棄於深林. 群盜苦逼求哀稱佛. 是時如來在逝多精舍. 聞悲聲起慈心. 淸風和暢吹雪山藥. 滿其眼已尋得復明. 而見世尊在其前住. 發菩提心歡喜頂禮. 投杖而去因植 根焉.

〈그림 108〉 돈황석굴 285굴 남벽 서위 538, 539

장 큰 〈오백강도성불고사도〉로 보고 있다. 경전에 따르면 오백강도가 마을을 파괴
하고 재물을 약탈하자, 파사닉왕이 관병을 동원하여 도적을 포로로 잡아 눈을 도
려내는 혹형을 가한 뒤 추방한다. 佛陀가 이들을 불쌍히 여겨 山藥을 눈에 불어넣
어 광명을 되찾게 되었다. 도적들은 눈을 뜨고 부처를 보자 설법을 청하고 모두 출
가 수행하여 성불을 이룬다는 고사를 바탕으로 그렸다. 폭이 6m가 넘으며 출동하
는 관병과 포로가 된 도적, 국왕의 신문장면, 눈을 도려내어 추방하는 장면, 산중에
서 고통을 받고 개안하는 장면 등이 있다. 그리고 불타설법 후 출가하여 심산에서
수행하는 장면 등이 한 화면에 파노라마처럼 연속으로 펼쳐지고 있다.

전쟁 중인 기마병은 투구를 쓰고 긴 창과 방패로 무장하였는데, 말의 신체에 갑
옷을 씌웠으며 보병의 방패는 긴 육각방패로 서벽의 무장과 일치하고 있다. 오백

강도를 문초하는 관원의 관사는 중국전통 가옥이며, 오백강도가 득도 후에 착용한 승복은 우견편단으로 여러 민족의 민속전통이 혼재되어 나타나고 있다. 곳곳에 불전고사를 설명하는 묵서가 존재하나 현재는 판독이 불가능하다.

남벽 우측 상단에 『법화경』 「견보탑품」의 석가 – 다보불의 〈이불병좌도〉가 조성되었는데, '이불병좌'와 '오백강도고사'가 설해진 『법화경』이 남벽의 소의경전임을 암시하고 있다. 동양왕 원영 제직시의 돈황 지역은 북위 말기에 정세가 불안하여 도적이 기승을 부리고 민폐가 극심하여, 그의 사경 발원문에 '天地妖荒 王路否塞 君臣失禮 於茲多載 願四方附化 惡賊退散'하여 佛力을 빌어 이들을 물리치고 교화하려는 당시대의 願望을 보여주고 있다. 남벽 하부 4개의 감실사이에는 4폭의 불전고사가 묘사되었고, 아래 인동문양을 경계로 5구의 약차가 있다. 약차는 힌두교계 신중인 약사로 야차로도 불리며 머리가 크고 몸이 비대한 장사로 역사형상을 하고 있다. 이들은 근육질로 나신을 드러내고 각종 무술동작을 취하며 힘의 무한한 생명력을 표현하고 있으며 불국토를 수호하고 있다.

북벽〈그림 109〉 상단에는 7폭의 설법도가 마련되었고 하단에는 남벽과 마찬가지로 문미가 크고 화려한 4개의 감실이 조성되었다. 감실의 문미에는 쌍 앵무, 쌍 봉황, 쌍 비둘기, 쌍 공작 등으로 장식하였으며 감실사이 마다 천불과 불보살을 배치하였다. 그리고 하단에는 힘찬 몸짓을 하고 있는 근육질의 야차 5구가 권법을 선보이며 불국토를 수호하고 있다. 서측 2개의 감실은 하단에 후대에 불단 혹은 탑으로 봉한 흔적이 남아있으며, 동측 첫 번째 감실은 현재 비어있고 두 번째 감실 내부에 탑으로 보이는 건조물이 있다.

동측의 제1 설법도는 1불2보살 구도의 삼존상이다. 부처는 결가부좌로 적색 통견가사를 걸치고 설법인을 결하고 있으며, 보살은 양측에서 꽃을 공양하고 있다.

불좌 밑에 발원문이 있는데 글자가 비교적 뚜렷이 남아있다.[40] 발원문에 따르면 불명은 '無量壽佛'이다. 중앙에 두 비구가 무량수불을 향하여 香을 공양하고 양측에 공양인들이 나열해 있다. 동측 비구 옆 인물은 머리에 두건을 쓰고 붉은 겹옷과 흰 바지를 걸치고 검은 가죽신을 착용하였다. 허리띠에는 부싯돌, 칼 등 수렵 도구를 착용하여 북방유목민족의 복색이 확연히 들어난다. 제명에는 '淸信士滑黑奴供養'라고 적혀있다. 뒷면 아래 어린동자는 선비족 동자머리에 승마용 바지를 착용하였는데 제명은 '孫昔海'이다. 후면의 남자공양인의 제명은 '淸信士滑一供養'으로 이 설법도의 발원자는 滑黑奴 일가며 이들의 초상으로 보인다. 서측 비구 후면에 나열한 7명의 여성 신도는 묵서명은 현재 식별이 불가능하나 동측 공양인의 가족으로 보이며, 기립한 두 비구 사이에 발원문이 비교적 상세히 남아있다.

두 번째 설법도는 본존이 적색과 검은색 가사를 착용한 삼존상이다. 설법도 아래 공양인 남자와 여자 각 6인이 중앙에 시립한 두 비구를 중심으로 양측에 나열해 있다. 비구의 제명은 '比丘曇珠之像'이며, 첫 번째 공양인은 제기에 '淸信士僧一供養'이라 적혀있다. 세 번째 설법도 역시 삼존구도로 두 비천이 하늘에서 하강하고 있으며, 설법도 아래 남공양인 3인과 여공양인 7인이 있다. 네 번째 설법도의 발원문에[41] '무량수불'이라는 불명이 적혀있고, 남녀공양인 각 5인이 소매 안에 양손을 모으고 서있다. 다섯 번째 설법도의 발원문에[42] 적혀있는 '구나함모니불'은 과거불이며, 이례적으로 좌우에 6명의 여성 공양인이 나열해 있다.

---

40) '佛弟子滑黑奴上爲有識之類 敬造無量壽佛一區並二菩薩 因斯微福 願佛法興隆 魔事微減 後願含靈抱識 離事三 途八難 現在老苦 往生妙樂 齊登正覺. 大代大魏大統五年五月二十一日造訖.'

41) '佛弟子滑口安 上爲有識之類 敬造無量壽佛一區並二菩薩 願佛法興隆 魔事微減 願含靈抱識 離事三途八難 現在 老苦 往生妙樂 齊登正覺. 大代大魏大統五年四月二十八日造訖.'

42) '佛弟子比丘惠遵 仰爲有識之類 敬造拘那含牟尼佛一區並二菩薩. 大代大魏.........八口中旬造.'

〈그림 109〉 돈황석굴 285굴 북벽 서위 538, 539

여섯 번째 설법도의 발원문에[43]는 과거불인 가섭불이 기록되었고, 여성공양인 6인과 남공양인 5인 등을 비구가 선도하고 있다. 공양인의 제명에 첫 번째 남자는 '比丘鞏化供養時', 두 번째 남자는 '淸信士陰安歸所供養時' 등과 陰苟生, 陰無忌, 陰胡仁, 陰普仁 등 陰氏 가족 공양상이다. 여공양인 제명에는 '淸信女史崇姬所供養時'가 기록되고, 차례로 阿丑, 乾歸, 乾理, 阿媚, 娥女 등으로 陰安 권속이다.

일곱 번째 설법도는 석가와 다보 이불병좌상으로 설법인을 결하고 있으며, 양측에서 보살들이 공양물과 정병을 들고 협시를 하고 있다. 하단 발원문 동측에 남공

---

43) '佛弟子比丘鞏化 仰爲七世父母 所生父母 敬造迦葉佛一區並二菩薩 因此微福 願亡者新 遊淨土 永離三途 現在居 眷 位太安吉. 大代大魏大統四年歲次戊午八月中旬造.'

양인 3인이 한족복장을 하고 있는데, 머리에 용관을 쓰고 큰소매가 달린 긴 옷에 허리를 묶고 옷자락은 무릎에 이르고 있다. 이와 같은 복장은 좌우대신이나 무관의 복식에 속하며, 태화 18년 魏 효문제의 칙령이후 선비족 귀족은 대부분 이와 같은 복장을 착용하였다. 서측의 여공양인 한사람 역시 한족의 귀족 복식을 하고 손에 향을 올고 있다. 발원문과 묵서명은 모두 지워져 식별이 불가능하다.

북벽의 〈8불설법도〉는 공양인의 묵서명과 복식을 통하여 각 설법도마다 滑黑奴, 陰安 등 귀족 가문 단위로 가족의 願望을 세우고 조상의 명복을 염원하며 현세에 재난이 없기를 기원하고 있다. 남자의 복식은 북방 유목민인 선비족의 특색을 보여주나, 여성의 복식은 북위의 통치기간 중 한화정책에 따라 한족의 전통을 따르고 있다. 동벽과 북벽의 불보살과 공양인의 복식과 제명에서 538, 539년의 조상 편년이 확실한 285굴의 지역적, 시대적 배경이 나타나고 있다.

북벽의 설법도는 정확히 7폭의 설법도인데 8불이 존재한다. 일곱 폭의 설법도 중에 판독이 가능한 묵서명은 가섭불, 구나함모니불과 무량수불 2구로 전체 4구이며, 7번째의 二佛은 경전에 등장하는 석가불과 다보불로 명명할 수 있다. 식별이 가능한 묵서명을 참고하면 순서는 서측에서 차례로 석가불-다보불-가섭불-구나함모니불-무량수불-무명-무명-무량수불의 배치를 보이고 있다.

학계를 중심으로 285굴의 북벽을 과거 7불도나 8불도로 보고 있다. 과거불의 구성이나 존명은 시대와 소의경전에 따라 다를 수 있다는 것은 경전과 유물 등을 통하여 확인되고 있다. 그러나 285굴의 〈8불설법도〉에 몇몇 과거불명이 존재하나 佛의 수인이나 자세 등이 모두 동일하고, 협시보살 역시 복식이나 지물에 특별한 특색이 없어 도상학적인 판단으로 존명을 파악하는 것은 무리가 있다. 현재 묵서명에 무량수불이 2구가 존재한다는 사실도 당대에 유행한 佛格을 尊置하였을 뿐, 과거7불의 배치로서는 적절치 않아 보인다. 이불병좌 역시 과거7불에 편입한 사례가 없어 7폭의 설법도가 과거7불일 가능성은 거의 없으며, 시주자의 염원에 따라 당대에 유행한 佛名이 정해졌을 가능성이 많다.

3) 제285굴 서벽도상 〈그림 110〉의 형식과 특징

제285굴의 각종 시설은 본존을 중심으로 대칭구조로 조성되었다. 정벽(서벽) 대형 감실에 본존을 안치하고 좌우 소형 감실에는 승상을 두어 삼존형태를 취하고 있다. 남벽과 북벽에도 각 4개의 소형 감실을 조성하여 전체적으로 7개의 감실이 중앙의 토단을 중심으로 마주하며 대칭을 이루고 있다. 현재 토단에 불상을 둔 흔적은 남아있지 않아 석굴은 수계 등 불교의식을 위하여 조성되었으며, 현재 비어 있는 남북 8개의 감실은 의식을 주관하는 승려들의 임시 거처로 사용되었을 가능성이 높다.[44] 삼존이 안치된 서벽과 마찬가지로 남·북벽 감실도 상단에 화려한 문미를 장식하여 감실에 존치된 인물의 위계를 고려하였다.

서벽에는 95尊의 각종 신중과 인물이 등장하고 3마리의 飛鳥, 그리고 3마리의 神獸가 본존을 중심으로 그려져 있다. 95존의 배치구도를 살펴보면, 서벽 상단에 日神衆과 月神衆이 20존으로 가장 많은 구성요소를 보이고 있다. 본존을 중심으로 우측에 일신과 일신중 7존이 나열되고, 좌측에는 월신과 월신중 9존이 배치되었다. 그 아래 각 2존의 力士가 일월신의 마차를 끌고 천공을 비상하고 있다. 일신과 월신의 마차는 飛鳥와 神獸 각 3마리가 끌고 있다. 일월신 중 아래는 연화화생 공양천인 12존이 배치되어 불법의 세계를 찬양하는 각종 心事를 표정과 자세로 표현하고 있다. 공양천은 모두 좌상으로 두광이 있고 나신으로 蓮花에서 化生하고 있다.

본존 좌우에는 인도전통의 주요 신중이 배치되었는데, 위계에 따라 상단에 시바와 나라연천[45]이 배치되었고 아래는 모두 2존의 하위신중을 두고 있다. 서벽에 도

---

44) V-2 삼존상의 도상특징과 의미 참조.
45) 본고에서는 비슈누를 나라연천으로 호칭하였다. 엄계한 의미에서 비슈누와 나라연천은 기

〈그림 110〉 제285굴 서벽

해된 95尊 중 시바와 나라연천은 가장 중요한 협시신중으로 본존과 근접한 곳에
배치되었고, 특히 좌측에 좌정한 시바신은 전체 구도에서 위계가 가장 높다. 시바
는 그의 아들인 쿠마라와 가네샤를 거느리며, 나라연천은 현재 명호가 불확실한 두
명의 신중을 거느리고 있다. 학자에 따라서는 범천과 제석천으로 호칭하나 나라연
천의 하위신중으로 적합지 않으며 경전이나 도상학적인 배경도 설명되지 않았다.

하단에는 유명한 4천왕이 배치되었다. 본존 좌측 첫 번째에 탑을 수지한 북방다
문천을 배치하여 서벽에 위치한 본존과 방향구도에서 일치하고 있다. 다문천 좌측

원과 힌두교에서의 권능이 다르나 초기 불교경전을 중심으로 同尊으로 여기고 있다(Ⅵ 장
제존상-나라연천 참고).

에 위치한 천왕은 시선을 본존이 아닌 북방을 향하고 있어 이들이 4방을 경계하는 호법신임을 암시하고 있다. 서벽의 남·북단에도 각 3존의 신장이 배치되어 있다. 모두 무장한 호법신으로 보이나 남쪽 하단에는 이례적으로 늙은 바라문 형상의 파수선이 본존을 향하여 기립하고 있다. 서벽에서 현재까지 명호가 확인 가능한 신중은 일신과 월신, 힌두교 계통의 4신, 그리고 4천왕과 파수선이다. 서벽 신중에서 공양천인 12존과 일월신의 운반체를 끌고 있는 4존의 力士를 제외하면, 나라연천의 하위신중과 남북단의 5武將은 名號와 그들에 權能이 현재로서는 불확실하다.

서벽 3존의 문미와 감실 내부에도 각종 인물상이 그려져 있다. 본존의 문미는 대형으로 천정에 이르는데, 이곳에 연화화생비천 1구를 중심으로 좌우에 10구의 주악천을 문미 곡선을 따라 차례로 배치하였다. 감실 내부에도 천정에 4구의 비천이 하강하고 좌우 벽에는 공양천인 20존이 좌우에 10존씩 2단으로 기립하고 있다. 승상의 감실 문미는 화려한 인동문으로 장식하였고, 내부에는 비천상 2구가 천정에서 하강하고 좌우 측벽에 4구의 승려가 우견편단을 착용하고 선정중인 승려를 향하여 기립해 있다.

제285굴의 서벽을 보면 본존을 중심으로 『베다』와 힌두교신, 그리고 토속의 신들이 대거 등장하고 있다. 상단에는 하늘을 상징하는 일신과 월신이 권속과 함께 배치되었고, 본존 좌우에는 힌두교 삼대신 중 시바와 나라연천이 권속인 가네샤와 쿠마라 그리고 두 신장을 거느리고 호위하고 있다. 하단에도 파수선과 수미산을 상징하는 4천왕 등이 불법의 세계를 외호하고 있다. 이와 같은 서벽의 도상이나 각종 호법신장의 성격을 이해하는데 불교나 힌두교의 우주관은 중요하다고 본다. 불교에서는 우주라는 절대적인 공간에 방위개념을 도입하여 각 방위마다 호법신장을 배치하고, '부처의 우주'라는 불법의 세계를 수호하도록 하였다. 방위적 성격을 갖는 호법신중들은 대부분 인도 전래의 토속신이나 힌두교신을 수용하여 거대한 '우주적 판테온'을 구성하고, 나아가 밀교에서는 부처와 보살까지 권역을 나누어 우주를 구성하고 있다.

불교에서 우주관의 중심이 되는 12天은 8方과 上下, 그리고 일천과 월천을 이른다.[46] 8방은 4方과 4維를 이르며 各 方位을 지키는 신을 八方天이라 한다. 4방천은 동방의 帝釋天(Indra), 남방의 염마천閻魔天(Yama), 서방의 水天(Varuna), 북방의 毘沙門天(Kubera)으로, 북방의 비사문천은 欲界天을 지키는 4천왕가운데 多聞天으로 야차나 귀신을 영솔한다. 4維는 동남의 火天(Agni), 서남의 羅刹天(Nirṛti), 서북의 風天(Vayu), 동북의 伊舍耶天(isana)으로, 나찰천은 번뇌를 먹는 나찰로 악마의 왕이며 이사야천은 시바의 변화신이다.[47] 8방의 上方을 담당한 신은 브라만이며 下方은 地天[48]이 호위하고 있다. 이와 같은 방위관은 비교적 후세에 정립되었으며, 285굴의 서벽도상은 불교적인 우주관이 정립되는 과정으로 일부 신중을 중심으로 적용되었다.

西魏 이후 285굴 서벽에서 인도전통의 각종 신중과 배치형식은 唐代의 변화관음 등 각종 밀교계통의 변상도나 만다라를 중심으로 계승되었다. 일월신은 도상의 변모를 거치며 일정하게 상단에 배치되었고, 시바나 비슈누, 파수선 등은 중단이나 하단에 1대2응신의 구도로 배치되었다. 각종 신중의 도상과 형식은 285굴을 계

---

46) 불교적 우주관을 담당하는 12천은 火天(Agni), 梵天(Brahmā), 月天(Chandra), 帝釈天(Indra), 地天(Prthivi), 羅刹天(Rakshasa), 大自在天, 伊舍那天(Shiva or Maheshvara), 日天(Sūrya), 毘沙門天, 多聞天(Vaishravana), 水天(Varuna), 風天(Vāyu), 焔魔天(Yama)이 있다. 그 밖에 인기 있는 주요신중으로는 摩里支天(Marici), 大黒天(Mahakala), 辯財天(Saraswati), 歓喜天(Ganesha), 韋駄天 또는 鳩摩羅天(Skanda) 등이 있다.

47) 후대에 불교미술에서 12천의 도상은 상방의 梵天, 하방의 地天, 흰 코끼리를 타고 금빛을 띤 동방의 帝釋天, 물소를 탄 남방의 閻魔天, 갑옷에 투구를 쓰고 二鬼 위에 앉아 있는 북방의 毘沙門天, 물속에 살며 거북을 타고 있는 사방의 水天, 푸른 양을 타고 화염을 두른 남동방의 火天, 흰 사자를 타고 왼손에 칼을 쥔 남서방의 羅刹天, 구름 속에 갑옷을 입고 투구를 쓴 북서방의 風天, 황소를 타고 오른손에 칼을 쥔 북동방의 伊舍那天, 日天, 月天을 말한다.

48) Shaw, Miranda Eberle, *Buddhist Goddesses of India*, Princeton University Press, 1999, p.237.

승하였으나 차츰 도식화 되었고 분노의 경향은 더욱 증대되며 화염에 휩싸이는 등 후기적인 밀교화도 진행되었다.[49] 중기밀교에서 힌두교계 신들은 5대 명왕이나 8대 혹은 10대 명왕으로 재편되는데, 대부분 다면다비의 분노존상으로 무장을 하고 화염에 휩싸여 있다. 이와 같은 명왕의 기원은 후술하겠지만 대부분 힌두교계 시바나 아그니의 도상과 성격을 차용하고 있다.

4) 서벽 삼존상의 도상특징과 의미

(1) 도상특징

돈황의 막고굴에서 대부분의 석굴은 東측에 마련된 출입구로 입장하며 입장자가 바라보는 서벽을 중심으로 본존을 안치하고 참배를 한다. 이와 같은 구조에서 서벽은 석굴의 중심이 되며 서벽의 내용은 석굴의 성격을 대표한다. 특히 서벽에 안치된 본존은 석굴의 해석에 중요하며 서벽을 중심으로 도해된 각종 벽화는 석굴의 불교사상과 관련 있다.

본존과 본존이 안치된 대형 감실은 서벽을 가득 채우고 있다〈그림 111〉. 감실 상부를 장식한 門楣는 연잎 형태로 천정에 이르며, 가장자리는 화려한 인동문으로 장식하였다. 문미는 연화화생중인 천인을 중심으로 좌우곡선을 따라 10주악천이 각종 악기를 연주하고 있다. 10주악천은 나신으로 연꽃에서 화생하는 모습인데, 서로 엇갈리며 도치되어 표현되었다. 주악천은 공후, 비파, 횡적, 배수, 요고, 제고 등 악기를 연주하며 불법의 세계를 찬양하고 있는 장엄한 모습이다. 감실 내부 천정은 두 비천이 천의를 휘날리고 춤을 추며 하늘에서 하강하고 있다. 양 측벽의 보살들은 보관을 착용하고 裸身 혹은 우견가사를 걸치고 청수한 얼굴에 각종 자세를

---

49) Ⅷ장 초기밀교 미술의 전개 부분 참고.

취하며 불제자의 심리상태를 표현하고 있다. 본존의 부드러운 적색 대의 주름과 광배의 화염문, 그리고 비천, 공양천 등이 매우 생동감 있고 균형을 잘 유지하고 있다. 감실내부를 가득 채운 본존의 광배는 소용돌이문과 화염문 등이 6중 동심원을 이루며 매우 화려하게 표현되었다.

본존은 소상으로 의좌상이다. 연잎 형태의 두광과 신광에 각종 화염문과 오채염문을 화려하게 장식하고 있다. 두상과 신체는 비교적 온전한 편이나 얼굴은 박리되어 지워졌고 두 손목은 결실되었다. 신체는 육계가 크고 어깨가 당당하며 의자에 앉아 맨발로 바닥에 마련된 사각형 받침대를 딛고 있다. 짙은 자색 통견 형식의 불의는 주름이 선명하고 비교적 얇아 불신이 드러나며, 소매 자락이 길어 바닥에 닿는다. 본존의 대의는 간다라와 서역, 그리고 병령사 169굴을 계승하고 있다.

서벽 좌우측 감실도 본존 감실에 비하여 크기는 작으나 문미는 크고 화려하다 〈그림 112-113〉. 감실 내부 천정에는 2구의 비천이 하강하고 좌우 벽에 4비구가 시립하고 있다. 선승은 결가부좌의 좌상으로 신광과 두광을 갖추고 三衣라고 불리는 가사를 걸치고 있다. 身光은 서역식의 역삼각형이며, 대의는 크고 색상이 다른 옷감을 4각형으로 엇대어 기워 입었다.[50] 현재 본존 좌측 승상의 머리 부분이 결실

---

50) 인도 승단에서 개인의 소유를 허락한 세 가지 옷으로 승가리, 울다라승, 안타회를 이른다. (1) 승가리(僧伽梨). 산스크리트어 saṃghāṭi의 음사. 삼의 가운데 가장 크므로 대의(大衣), 베 조각들을 거듭 이어서 만드므로 중의(重衣), 조(條)의 수가 가장 많으므로 잡쇄의(雜碎衣)라고 함. 직사각형의 베 조각들을 세로로 나란히 꿰맨 것을 1조(條)로 하여, 9조 내지 25조를 가로로 나란히 꿰맨 것. 설법할 때, 걸식하러 갈 때, 왕궁에 갈 때 입음. (2) 울다라승(鬱多羅僧). 산스크리트어 uttara-āsaṅga의 음사. 윗도리로 입으므로 상의(上衣)·상착의(上著衣), 삼의 가운데 그 가치가 중간이므로 중가의(中價衣), 대중이 모인 의식 때 입으므로 입중의(入衆衣)라고 함. 직사각형의 베 조각들을 세로로 나란히 꿰맨 것을 1조(條)로 하여, 7조를 가로로 나란히 꿰맨 것. 의식을 행할 때 입음. (3) 안타회(安陀會). 산스크리트어 antarvāsa의 음사. 내의(內衣)·중숙의(中宿衣)라고 함. 직사각형의 베 조각들을 세로로 나란히 꿰맨 것을 1조(條)로 하여, 5조를 가로로 나란히 꿰맨 것. 작업하거나 잘 때 입음. (『시공 불교사전』, 시

〈그림 111〉 돈황석굴 285굴 서벽감실 본존(의좌불),
돈황석굴 285굴, 서위 538, 539

되었지만 좌우측 두 승상의 자세와 수인, 그리고 옷차림은 거의 비슷하다. 두 승상은 민머리에 육계가 보이지 않고 얼굴은 맑고 사색에 잠겨있는 눈, 그리고 단정한 코와 입술은 道를 이룬 원만상이며 머리를 숙이고 깊은 선정에 든 모습이다. 머리부터 둘러쓴 부드러운 통견을 입었는데, 옷자락을 왼쪽 어깨 뒤로 넘기고 두 손은 대의 안에 두었다. 대좌는 원형으로 앙련좌에 앉아 있다.

공사, 2003.7.30., 참조).

<그림 112> 본존 우측감실의 승상 서벽,
돈황석굴 285굴, 서위 538, 539

<그림 113> 본존 좌측감실의 승상 서벽,
돈황석굴 285굴, 서위 538, 539

285굴 서벽 3존상은 승상 - 미륵불 - 승상의 구도를 보이고 있다. 불교미술에서 의좌불은 미륵불을 상징하며 본존을 협시하는 두 승상도 비천과 광배를 갖추어 도를 성취한 나한으로 볼 수 있다. 그러나 이와 같은 3존의 구도는 미륵의 상생이나 하생의 도상과는 적합하지 않으며 벽면에 도해된 각종 인도전통의 호법신중도 본존인 미륵불과의 관련성에 상당한 의문이 남는다.

중국에 불교가 유입될 당시 석가모니불 위주로 신앙되었으나, 차츰 미륵에 대한 신앙이 뒤를 이었다. 미륵신앙과 관련된 초기 경전으로 구마라집 역의 『彌勒大成佛經(402년)』, 『彌勒下生成佛經(402년)』, 沮渠京聲의 『觀彌勒菩薩上生兜率天經(455년)』 등이 전하고 있다. 5세기 이후 중국에 미륵신앙이 유행한 배경에는 이와 같은 미륵을 설한 경전의 유행과 중국인의 사후세계에 대한 관념의 변화도 일정부분 관련이 있다. 특히 남북조시대 미륵의 조상은 개인성불보다 망자추선이나 정토신앙과 관련이 있는데, 불교사상의 변화는 불교미술에도 영향을 미치며 대부분의 석굴에서 미륵이 본존으로 채택되었다. 미륵상생신앙의 대상은 미륵보살로 도솔천에 주거하며 보관을 착용한 교각상으로 표현하였고, 미륵이 하생한 후에는 미륵

불로 호칭되며 용화수 아래서 설법하는 의좌상으로 표현하였다.[51]

5세기 전반 420~430년경에 제작된 북량시기[52]의 석조 봉헌탑에 중국 최초의 미륵보살상이 새겨져 있다. 14구가 현존하는 봉헌탑은 중국에서 초기 미륵상의 확립 과정을 보여 주는 작례로 석탑에 새겨진 8불은 석가모니를 포함한 과거7불과 미륵으로 구성되어 있다. 미륵상은 6구의 과거불과 석가불상 다음에 위치하고 미륵이라는 명문이 존재하여 미륵불의 도상임이 확인된다. 교각자세의 기원은 박트리아-쿠샨왕조시기의 동전에 보이는 인도 서북부지역의 유목민 전통의 왕이나 귀족의 자세에서 기인하였다. 간다라 지역에서 교각상은 다른 보살상에도 적용되었지만, 중국에서는 이른 시기부터 미륵보살로 정형화 되었다.[53] 미륵상은 5세기 후반에 개착된 돈황 막고굴(북량263, 275, 북위254굴), 운강석굴(북위11굴, 17굴) 등으로 계승되며 중국에서 초기 미륵상으로 정착되었다.[54]

돈황에서 최초로 조성된 북량 삼굴(268, 272, 275굴)은 비교적 규모가 작지만 석굴 조성의 의의는 크다. 이 석굴은 인도나 중앙아시아 지역의 석굴조형과 연관이 있을 뿐만 아니라, 막고굴에서 先導的인 위치에 있어 후대의 북조석굴에 큰 영향

---

51) 강희정, 『관음과 미륵의 도상학』, 학연문화사, 2001, pp.165~181; 殷光明, 『北涼石塔研究(新竹』, 覺風佛教藝術文化基金會, 1999.

52) 돈황석굴의 개착은 16국 만기 西涼(400~421년)에서 北涼통치시기(421~439년)로 학자들은 추정하고 있다. 이시기에 개착된 현존석굴은 267, 268, 269, 270, 271, 272, 275굴 등 7개이다. 북량(397~439년)의 沮渠蒙遜은 420년 서량을 멸하고 주천, 돈황, 하서주랑을 완전히 점령하였으며 서역 36국의 조공을 받고 중원의 동진 유송과 사신을 교환하는 등 정치, 군사, 경제적을 체제를 갖추어 비교적 민심이 안정되었다. 이시기는 중국대륙에 전쟁이 계속된 시기로 민중이 전쟁의 고통에서 해방을 기원하는 미륵하생신앙이 유행하였다. 석굴에 戰禍로부터 인류를 구제하는 미륵보살, 선정불, 설법불 등을 조성하여 감실에 안치하고 예배하였다.

53) 宮治昭 著, 李 萍, 張淸濤 譯 『涅槃和彌勒的圖像學』, 文物出版社, pp.297~324.

54) 돈황 지역을 포함한 하서화랑은 북위에게 멸망한 북량의 거점지로 금탑사석굴, 천제산석굴, 운강석굴 등 이 지역에 영향을 미치고 있다.

을 미치고 있다. 북량 三窟의 조성연대는 학계의 의견이 대부분 일치하나, 조성내용은 비교적 다른 견해를 보이고 있다. 북량 268굴은 긴 통도 서벽 끝단에 조성된 불감과 양 측 4개소의 작은 감실로 구성되었다. 가사를 걸친 교각자세의 서벽 감실의 불상은 禪觀을 위한 主尊으로 북량 三窟의 조성사상을 연구하는데 중요한 불상이다. 이 교각 미륵상은 막고굴에서 최초로 만들어진 소상으로 손이 일부 결실되었으나 전체적으로 조형성이 좋고 표면처리가 잘된 우수작이다. 몸에 붉은색 가사를 걸치고 두 다리는 의자 앞에서 교차하고 있다. 전신과 두부는 비교적 완전하며 얼굴에 자상한 미소를 머금고 있다. 본존의 頭光에 대승불교의 정토관을 상징하는 化佛이 생략되었으나 양 측벽에 연지에서 솟아난 줄기에 매달려 있는 4구의 연화화생상이 그려져 있다. 천정에도 방형 연못과 연화 그리고 주변의 연화화생의 장면이 있다. 제268굴의 본존은 정토관련 佛陀로 미륵보살이며, 소의경전은 서진의 축법호와 후진의 구마라즙이 번역한『불설미륵하생경』과『불설무량수경』등이 있다.

북량 제275굴의 교각 미륵보살상은 막고굴 현존 최대의 미륵보살상으로〈그림 114〉얼굴이 풍만하고 이목구비가 뚜렷하다. 코는 높게 솟고 눈동자가 들어가고 콧마루는 절제되었으며 입술은 약간 다물고 있다. 이 불상은 입을 굳게 다물고 눈을 내리뜨며 내면의 정신성을 표현하고 있으며 미술적 완성도가 높아 우리들에게 감동과 예술적 미감을 주고 있다. 북조시기의 소상은 古拙質朴하며 후중하고 약간 거친 양식으로 북방유목민들의 기질적 특성을 보여주고 있다. 275굴의 미륵보살상은 조성시기와 불교사상에 있어 268굴을 계승하고 있다.

제272굴은 궁륭형(만곡형) 천정을 가진 비교적 작은 규모의 禪窟로 천정에 천인과 주악천, 가무천 등을 등장시켜 도솔천궁을 표현하고 있다. 제272굴 역시 미륵정토를 표방하고 있으며 주불은 미륵불로서 두 손은 결실되었으나 사각대좌에 좌정한 의좌불로〈그림 115〉육계가 크며 의문이 확연한 우견편단의 대의를 착용하여 불신이 들어난다. 이 의좌불상의 성격에 대하여 첫째 본존은 석가모니불이나 미륵불로써 양 측벽의 설법도와 함께 삼세불을 형성하고 있다.[55] 둘째 역시 삼세불이나 석가모니불이다.[56] 그리고 세 번째는 서벽의 본존은 용화3회 사상을 표현한 미륵하생 정토의 미륵불[57]로 보는 등 몇 가지 견해가 있다.

종합하면 북량시기의 의좌불은 현재불인 석가불보다 삼세불 성격의 미래불이며, 미륵하생정토사상의 미륵불로 볼 수 있다. 이와 같은 견해는 양 측벽에는 三世佛 思想[58]이 반영된 천불이 도해되었고, 천정에는 도솔천궁을 묘사하고 있어 이 석굴의 성격을 증명하고 있다. 그리고 본존의 광배와 정벽의 내용은 정토의 세계를 표현하고 있으며, 측벽 상단에는 교각의 미륵보살을 존치하여 미륵상하생의 도솔천궁을 표현하고 있다.

미륵조상의 원류는 서북인도와 중앙아시아의 아프가니스탄 지역, 그리고 중국 신장의 키질석굴로 경전의 내용에 따라[59] 석굴은 미륵보살과 그의 所處인 도솔천

---

55) 東山健吾著, 賀小萍譯, 「敦煌莫高窟樹下說法圖形式的外來影響及其變遷」, 『敦煌研究』, 1991年 第1項.

56) 賀世哲, 『敦煌圖像研究-十六國北朝卷』, 甘肅敎育出版社, 2006年, p.152.

57) 賴鵬擧, 『絲路佛敎的圖像與禪法』第6, 7章, 圓光佛學硏究所, 2002年, 참고.
　　 "제272굴과 275굴은 정벽에 정토사상에 의한 연지를 배경으로 하고 있으며 천인이 연화좌하여 두 굴의 본존의 성격이 정토적 성격을 보여주는데 272굴은 하생정토적인 미륵불이며 275굴은 상생정토적인 미륵보살상이다. 275굴 양 측벽의 주요내용은 선법관련 정토적 蓮池를 배치하여 '一念佛三昧'와 '像觀'을 주제로 석굴의 주존을 觀하거나 그의 법신관적 기초에서 불전의 '生身觀'과 '本生古事' 등 보살인연이 되는 무량공덕을 염할 수 있도록 조성하였다. 서북인도의 미륵보살관련 대승경전인 『반주삼매경』과 서방아마타불 정토를 강조하는 '시방불사상'이 결합하여 돈황 북량석굴의 미륵정토사상이 석굴 조상배경이 되었는데 이는 서인도에서 중앙아시아를 거쳐 병령사까지 대승정토 미륵과 미타 양계 경전의 영향으로 보고 있다."

58) 천불은 과거천불 - 현재천불 - 미래천불의 三世思想을 표출한다.

59) 대장정 12, 항271-272 연지와 연화화생관련 가장 이른 역경은 三國曹魏代(220~265년)의 『불설무량수경』으로 "又講堂 精舍 宮殿 樓觀 階寶莊嚴 自然化成—內外左右 有諸浴池— 此等衆生—卽隨彼佛 往生某國 便於七寶華中 自然化生—"라 설하고 있다.

〈그림 114〉 북량275굴 본존   〈그림 115〉 북량272굴 본존

궁의 내용을 조영하였으며 돈황의 초기 막고굴에도 영향을 미치고 있다. 북량3굴에 이어 북위 257굴의 중심주를 중심으로 미륵불을 존치하여〈그림 116〉3세불 사상이 이어지며, 북위 254굴에도 교각미륵상이 존치되었다〈그림 117〉. 그리고 서위 288굴도 중심주 석굴로 본존은 의좌불인 미륵불이며〈그림 118〉, 특히 제285굴과 동일한 형제로 천정에 불교적 천상도가 도해된 서위249굴의 본존은 통견대의를 착용한 의좌형식의 미륵불로 양 측벽에 천불이 도해되어 역시 삼세불 성격의 미륵불로 볼 수 있다〈그림 119〉. 그리고 북주시대 조영된 290굴 역시 의좌불인 미륵불을 존치하고 있다〈그림 120〉.

본고의 주제인 제285굴 역시 북조시대 미륵신앙의 유행에 따라 주벽인 서벽에 본존불로 미륵불을 채택하였으나 도솔천궁을 암시하는 미륵보살이나 천불은 조성되지 않았고, 일월신중을 비롯하여 각종 밀교화된 호법신중이 본존을 중심으로 배치되었다. 이와 같은 배치구도는 불설법장면의 20천이나 33천으로 볼 수 있으나 신중들의 도상과 구성, 그리고 배치구도가 前代의 미륵석굴과는 다르다. 특히 본존과 본존의 성격을 보완하는 좌우 두 선승과의 협시구도도 이례적이며, 더구나 석굴 바닥에 조성된 의식용 土壇과 남북 벽의 소형 窟도 이 석굴이 갖는 새로운 기

능을 암시하고 있다. 이와 같은 점을 고려할 때 석굴은 특정 밀교화된 경전에 소의
하여 조성되었을 가능성이 있으며 다면다비의 마혜수라천과 같은 힌두교계통의
신을 숭상하는 집단이 관여하였을 가능성이 있다.

5) 석굴의 성격과 기능

제285굴의 성격에 대하여 학계에서는 본존 좌우의 두 선승상과 남북 벽에 조성
된 각 4개소의 선굴, 그리고 천정 하단에 도해된 35존의 深山 禪修圖 등을 근거로
대부분 修禪窟로 보고 있다. 전술한바 본존이 미륵인 북량삼굴 역시 선굴로 보며,
선관을 위한 본존인 미륵불을 존치하고 있는 285굴의 성격도 修禪窟로 볼 수 있
다. 그러나 현재 석굴 바닥에 존재하는 토단과 토단을 중심으로 남북벽에 조성된
각 4개의 감실은 서벽 삼존상과 함께 이 석굴의 조성목적이 수선굴과는 다를 가능
성도 암시하고 있다.

285굴의 석굴형식은 북조시대에 유행한 중심주를 탈피하여 석굴내부 공간이 확
대된 방형석굴로 천정은 복두형식이다. 중심주석굴은 탑을 중심으로 예배나 우요
의식을 행하는 석굴인데 반하여, 285굴과 같은 중심주가 사라진 복두형식의 석굴
은 실내공간이 넓어 집회나 의식을 치루기에 적당하다. 285굴은 서벽에 대형 감실
을 마련하여 미륵불인 의좌불상을 배치하였고, 좌우 작은 감실에는 이례적으로 三
衣를 착용한 승상을 안치한 삼존구도를 취하고 있다. 그리고 남북벽 하단에도 각
4개의 감실이 조성되었지만 현재 불상은 두지 않았고 내부는 비어있다. 이 8개의
소형 감실은 장시간 선수행을 위한 공간으로는 너무 협소(1.1m×1.1m, h-1.5m)하
여 선굴일 가능성은 적으며, 특수한 목적을 위하여 조성되었을 가능성이 있다.[60]

---

60) 孫毅華 主編『敦煌石窟全集 22 – 石窟建築卷』香港: 商務印書館, 2003. p.44; 張景峰,「敦
    煌石窟的中心佛壇窟」,『敦煌研究』(2009年 第 5期), pp.32-33.
    손의화는 285굴의 방형단이 불단으로 우요의 가능성을 지적하였으며, 장경봉은 이 굴에서

〈그림 116〉 북위257본존　　　〈그림 117〉 북위254　　　〈그림 118〉 서위288본존

〈그림 119〉 서위249본존　　　　　〈그림 120〉 북주290굴 본존

그리고 석굴의 바닥은 후대에 훼손되었으나 현재 중앙이 방형(2.6m×2.6m)으로 약 30cm정도 높게 土壇이 조성되었다. 이곳은 佛壇의 흔적으로 볼 수 있는데, 이곳에 불상을 두지 않았다면 일종의 의식을 위한 方壇으로도 볼 수 있다.

서벽에서 본존을 좌우에서 협시하고 있는 승려 소상은 좌상으로 선정인을 결하고 두광과 신광을 갖추었다. 감실내부는 천정에 두 비천이 하강하고, 좌우에는 각각 두 명의 승려 시자가 기립하며 깊이 선정중인 승려를 위호하고 있다. 두 승려역시 두광을 갖추고 우견편단의 긴 대의를 착용하였다. 선정중인 승려는 대의를 착용하였는데, 대의는 三衣로 볼 수 있다. 삼의를 착용한 감실의 승상은 천정하단에 도열하고 있는 선승의 복식과는 다르며, 두광과 신광을 갖추고 비천과 협시를 대동하여 석굴 내에서 두 승려상의 특별한 지위를 암시하고 있다.

삼의는 고대 인도의 승단에서 개인의 소유를 허락한 세 가지 종류의 옷으로 '승가리', '울다리승', '안타회'를 지칭한다. '승가리'는 大衣로 대외 행사시에 주로 착용하고, '울다리승'은 상하의를 지칭하는데 의식용이며, '안타회'는 일상복으로 작업할 때 착용한다.[61] 三衣는 보통 베 여러 조각을 사각형으로 잇대어 만드는데, 285굴에서 두 협시 승상은 삼의 중 '승가리'를 착용하였다. 의식용 '승가리'를 착용한두 선승과 석굴의 구조와 형식을 고려할 때, 서벽의 삼존상은 단장에서 의식을 集行 감독하는 一名 三師일 가능성도 있다.

三師는 戒를 내리는 授戒師와 戒壇에 대한 여러 가지 작법을 가르치는 敎授師, 그 작법을 실행하는 羯磨師를 지칭한다. 라이펑쥐는 그의 책『敦煌石窟造成思想研究』에서 285굴 서벽의 삼존상을 三師로 보았으며, 삼사를 경전에 의거하여 단두

요잡과 좌선수행이 동시에 이루어 졌다고 보았다(권영우,「돈황 막고굴 제285굴의 형제와 장엄의 의미와 기능」, 서울대학교 석사학위 논문, 2014, 재인용).
61) 주 50번 참조.

화상(아미타불), 아도리(미륵), 갈마아도리(석가모니)로 지칭하였다. 단두화상은 교수화상教授師, 아도리는 득계화상授戒師이며 갈마아도리는 갈마화상羯磨師으로 모두 三師로서 證戒師에 속한다고 보았다. 삼사는 수계의식을 주관하며 막고굴의 관습에 따라 미륵불인 득계화상(미륵불)이 계단 정벽의 중앙에서 수계의식을 주관한다고 기술하고 있다.[62]

그의 論旨에 따르면 경전의 내용에 따라 285굴 서벽의 미륵을 본존으로 하는 삼존이 모두 증계사며, 미륵불은 수계사, 좌우 협시승은 교수사와 갈마사로 석가모니와 아미타불로 보고 있다. 이와 같은 이론이 성립된다면 서벽의 삼존은 석가-미륵-아미타불의 구도로 3세불의 구도를 갖는다. 그러나 경전의 내용에 따르면[63] '奉請阿彌陀佛爲證戒師檀頭和尙 奉請釋迦牟尼佛爲阿闍梨 奉請彌勒菩薩爲羯磨阿闍梨 奉請十方諸佛爲證戒師' 즉 '아미타불에게 받들어 청하온데 증계사로 단두화상을 하시고, 석가모니불께 받들어 청하온데 증계사로 아도리를 하시고, 미륵보살께 받들어 청하온데 증계사로 갈마아도리를 하시고, 시방제불에게 청하온데 증계사가 되시어, (후략)'하여, 아미타불(단두화상) - 석가모니(아도리) - 미륵보살(갈마

---

62) 賴鵬擧, 『敦煌石窟造成思想硏究』, 文物出版社, 2009, pp.300-312.
　　라이펑쥐는 경전(S.4115)에 '奉請阿彌陀佛爲證戒師檀頭和尙 奉請釋迦牟尼佛爲阿闍梨 奉請彌勒菩薩爲羯磨阿闍梨 奉請十方諸佛爲證戒師'의 기사를 인용하고 있다. 즉 '아미타불을 단두화상으로 받들어 청하며 석가모니를 아도리로 받들어 청하고 미륵보살은 갈마아도리로 받들어 청하며 시방제불을 증계사로 받들어 청한다'는 내용이다.

63) 『勸發菩提心集』(No. 1862), T2248_.62.0846c02-29: 五人戒法中 云云 問. 此入字如何 答. 云 入大僧授戒之法中意歟鈔. 準前須請 云云但僧中僧十師中請羯磨師. 餘不請也. 尼中有和尙故. 敎授尼中敎授也. 當寺相傳義云. 僧受戒時. 本律單請和尙有文. 餘文無之. 羯磨敎授依佛阿毘曇. 請證戒師. 祖師義立也. 此又以義. 羯磨師外自餘九人. 一度請證戒尊師. 和尙敎授尼方有之. 故僧方不請和上敎授單請羯磨師故對和上敎授. 云單請戒師也. 凡本法時受前八法. 無差至僧中戒師問和對衆問難計也. 其後正受戒體白四作也. 准此僧中敎授和尙無之. 羯磨文牒尼衆名. 故知受戒從和尙得也問. 第四安置儀式. 請師後也. 何安置儀式.

아도리)의 구도로 볼 수 있다. 경전에서 수계사인 아도리는 미륵불이 아닌 석가모니불이며, 석가모니불의 좌우 승상은 각각 미륵보살과 아미타불에게 권청하여 두 부처의 권능을 이어받은 대리인으로 명망 있는 고승의 상을 상징적으로 존치하였을 가능성이 있다.

그는 또 三戒師와 七尊證을 10명의 스승(十師)으로 보며, 285굴에서 수계에 필요한 十師는 미륵불을 제외한 정벽(서벽)의 二師와 남북 8감실의 八師로 채워진 형국으로 보고 있다.[64] 불교에서는 전통적으로 사미신분으로 구족계[65]를 받을 때 三戒師와 七尊證의 예식(三師七證)이 필수적이다. 칠존은 삼사가 수계를 주는 자리에 입회하며 수계를 입증하는 7명의 증인(七證)을 이른다. 칠존은 285굴의 남북측에 마련된 소형 감실에 위치하며 戒壇에 오른 사미의 수계를 증명하게 되는데, 한림석굴 25굴의 북벽 미륵정토변의 수계 장면에서 미륵불 양측에 각 네 명의 증좌화상이 존재한다. 이 8명의 증좌화상이 285굴의 남북벽의 감실에 좌정하며 본존인 미륵불 앞에서 수계나 관정의식을 입증한다는 가정이 성립될 수 있다. 남북 벽에 조성된 8개의 감실은 감미 등 장식이 화려하고 좌우에 야차 등 호법신을 배치하여 다른 석굴의 선 수행을 위한 일반 감실과는 기능이 다르다.

라이펑쥐는 285굴의 북벽에 도해된 7폭의 삼존상을 모두 과거7불로 보았다.[66]

---

64) 賴鵬擧, 『敦煌石窟造成思想研究』, 文物出版社, 2009, pp.300~312.

65) 具足戒는 재가신도는 5계, 사미·사미니는 10계, 비구는 250계, 비구니는 348계를 받는데 대승불교의 菩薩戒와도 구별된다. 계의 숫자는 단지 긴요한 것만을 열거한 것이며, 이것을 바탕으로 하여 일체의 행위에 청정(淸淨)을 약속하는 것이므로 구족이라고 한다. 계를 받기 위해서는 특별한 受戒作法을 필요로 하는데, 이를 통하여 불교교단에 들어감을 의미한다. 作法은 일백삼갈마(一白三羯磨), 즉 갈마사가 참석한 대중에게 수계 희망자의 뜻을 말하고 그들의 승인을 세 번 묻는 의식이다. 이를 백사갈마(白四羯磨: 즉 1백 3갈마)라고도 한다. 또한 이 경우 수계의 자격으로서 10차(遮)와 13난(難)을 묻는다.

66) 라이펑쥐는 정벽(서벽)과 이 석굴 전체의 성격이 비구계단을 중심으로 조성된 점을 고려하여 각 벽의 조성내용을 검토해야 한다고 보았다. 그는 북벽에 대하여 8불도는 부처는 8존이

그는 285굴에서 과거7불이 등장하는 것은 수계의식에 중대한 의의를 갖으며 비구계나 보살계 모두 과거 7불이 있는 곳에서 전수를 받는다고 하였다.[67] 그러나 285굴 북벽의 7폭 삼존상은 과거7불로 볼 수 없다는 논고가 많으며[68] 벽화양식도 서벽과는 달라 조성주체나 조성시기가 다르다는 점을 고려할 때,[69] 북벽의 7불이 285굴의 수계의식과는 관련이 없어 보인다. 그러나 남벽의 〈오백강도성불고사〉장면은 서벽과 양식적으로 일치하며 고사의 내용은 수계자에게 경각심을 일깨우는 장면으로, 당시 혼란한 사회상에 비추어 수계단장의 벽면에 그려졌을 가능성도 있다.

석굴내부에 불단을 조성하고 예배하는 전통은 북량시기에 개착된 토욕구석굴에서 볼 수 있다. 토욕구 천불동석굴은 신장지역의 3대 석굴 중 하나로, 北涼-麴氏高昌統治시기(5-6세기)[70]에 대부분의 석굴이 개착되었다〈그림 121〉. 북량시기에 개착이 시작된 돈황석굴은 불교의 동전을 고려할 때 키질 - 고창 - 돈황과 같은 전

나 양 협시를 고려할 때 이불병좌 형식을 포함하여 7불 형식으로 볼 수 있으며 이 도상은 과거칠불로 이불병좌를 포함시키고 중복되어 문제가 되는 맨 동측의 아미타불은 추가된 조합이라고 설명하고 있다. 불명에 대하여 후진 불타야사, 축불념역『장아함경』에 기술된 1불-비파시불, 2불-시기불, 3불-비사파불, 4불-구루손불, 5불-구나함불, 6불-가엽불, 7불-석가모니불로 소개하였다. 과거칠불은 수계의식에서 중요한 의의를 갖으며 경전의 내요에 따라 비구계나 보살계 모두 과거칠불과 관련 있고 수계의식 마지막 계송은 이 과거칠불에서 끝난다고 기술하고 있다.

67) 라이펑쥐는「四分律比丘戒本」『大正藏』册22, 項1022의 마지막 戒誦에 '此是諸佛敎 七佛爲世尊. 滅除諸結使 設是七戒經'라고 說하며『梵網經』『大正藏』册22項1007北傳菩薩戒관련「28輕戒文」중 '七佛無別請法' 그리고「四分律比丘戒本」『대정장』項1007에서 受戒僧이 보름마다 誦戒時에 우선 過去佛에 예를 표하는데 '…毗婆尸, 式葉, 毗舍, 拘樓孫, 拘那含牟尼, 迦葉, 釋迦牟尼, 諸世尊大德爲我設是事…如來立禁戒 半月半月說'라고 설하여 수계의식에 과거불을 언급하고 있다.

68) 본문 V-2 제285굴의 조성내용 중 북벽 벽화 참조.

69) 본문 V-2 제285굴의 벽화 양식문제 참조.

70) 하서지역의 북량이 442년 북위에게 함락된 후 그 망명정권이 서부 사막지역으로 후퇴하여 건립하였으며 망명정권은 460년까지 19년간 유지되었다.

파경로(타클라마칸사막 북로)를 따라 불교가 전해졌을 가능성이 많다. 唐이 경영한 西州시기(7-8세기)에도 토욕구 계곡의 양안을 중심으로 꾸준히 조성되었으며 回鶻高昌위구르통치시기(9-12세기)까지 석굴조영이 계속되었다. 막고굴에서 출토된 唐代 문헌인『서주도경』내용[71]과『대당서역기』卷一에 기술된 고창국왕 麴文泰가 현장을 직접 영접한 기록에서 당시 고창국에 불교가 성행했음이 추측된다.

현존하는 94개 석굴 중에 46개의 동굴이 조사(編戶)되었으나, 석굴벽화의 90% 이상은 대부분 훼손되었고 이중 약 8개의 석굴에 벽화가 잔존하고 있다. 석굴의 형식은 대부분 방형굴이나 중심주석굴이 적용되었으며, 바닥에 佛壇이 설치된 석굴이 있다. 방형석굴의 지붕형식은 平頂式, 覆斗式으로 키질석굴을 계승하였으며, 복두형식은 돈황의 285굴과도 유사하다. 초기 개착 석굴은 44, 42, 41, 38, 20, 6, 2굴 등으로 초기석굴 연구에서 상당히 중요한 위치를 차지하는데, 중국석굴에서 '사방불도'나 네 벽의 '천불도'가 시도된 최초의 석굴로 평가받기 때문이다〈그림 122〉.

토욕구 6굴은 방형으로 천정은 궁륭형이다. 바닥에는 불단(佛壇)이 설치되었고, 벽에는 佛 삼존도와 하부에 본생인연고사가 그려져 있다〈그림 123〉. 44굴은 초기에 굴착된 소형 선굴로 석굴의 천정은 바미얀석굴의 천정과 유사한 궁륭형제로 동심원을 따라 천불이 도해되었다〈그림 124〉. 네 벽 역시 천불과 삼존불 형식의 설법도와 본생도, 인연고사도,[72] 시방삼세불과 사방불, 그리고 사천왕도가 그려져 있다. 사방불은 네 벽 중앙에 조성되었고, 사천왕은 천정과 벽이 만나는 네 모서리

---

71) 『西州図経』, "在吐峪沟中有随山势展布的重重寺院, 它们背依危峰, 下临清溪, 四周绿树掩映, 佛寺, 禅院密集, 佛乐飘飘, 烟火不断, 游僧云集, 人行沟谷深处, 难见日月."

72) 摩钳太子求法赴火, 慈力王施血饮五夜叉, 萨那太子舍身饲虎, 毗楞竭梨王身钉千钉, 尸毗王割肉贸鸽 등이 도해됨.

상단에 조성되었다. 중앙아시아지역의 무사복장을 하고 있는 사천왕은 합장을 결하고 꿇어앉아 불법을 수호하는 역할을 하고 있다. 토욕구 지역의 초기석굴은 불교사상적으로 담무참이 역술한『금광명경』의 사방불과 사천왕, 그리고「유수장자자품」「사신품」등의 고사가 적용되었다고 보고 있다.[73]

44굴의 중앙에 남아있는 토단은 의식과 관련된 壇場일 가능성이 높은데, 단은 방형으로 1m 정도의 높이로 조성되었고, 형식은 탑의 기단과도 비슷하다. 토욕구 44굴은 시방삼세불을 본존으로 모시고 사천왕이 호위하는 석굴로, 중앙에 단장을 마련하여 북량의 망명정권(442~460년)의 國泰民安을 기원하였을 가능성이 있다. 돈황의 제285굴보다 약 반세기 정도 빠른 토욕구의 초기석굴에서 조성된 불단은 285굴에도 영향을 주었을 가능성이 있는데, 두 석굴은 인접하며 석굴의 형제가 비슷하고『금광명경』등을 소의경전으로 4천왕이 조성된 석굴이다.

북위 말년과 서위시기의 혼란스러운 사회적 분위기에서 돈황 지역의 초기밀교와 관련된 신앙은 상당히 유행하였다. 당시 돈황지구 최고 통치자인 동양왕 원영이 護身과 功德을 목적으로 사경한『인왕반야경』과『금광명경』역시 초기밀교 계통의 경전에 속하며, 경전에서 설해진 항마를 위한 호법신으로 각종 힌두교계통의 신중과 사천왕이 등장하는데 285굴의 조성배경에 대하여 참고가 된다.

6) 제285굴의 양식적 특징과 편년

돈황지역은 실크로드의 오아시스 도시로 서역과 중국의 교차점에 위치하여 문물과 종교, 그리고 예술이 교류하는 지리적인 특성을 가지고 있다. 이 지역은 漢代 이후 이민족과 한족이 번갈아 지배하며 복잡한 인종적인 구성요소를 지니며 불교

---

73) 관련 논저는 매응일,『토욕구 제44굴과 막고굴 북량석굴의 비교연구』, 1988, pp.32~45가 있음.

<그림 121> 토욕구 천불동 전경 투르판 신장 중국

<그림 122> 볼트식 통도, 토곡구
천불동, 북량–국씨고창국 5–6세기

<그림 123> 불삼존도, 토욕구 석굴 6굴,
북량–국씨고창국 5–6세기

<그림 124> 복두형식 천정, 토욕구 석굴 44굴,
투르판 신장, 북량–국씨고창국 5–6세기

미술도 다양한 특색을 보여주고 있다. 돈황석굴의 회화양식은 서역양식과 중원의
남조양식으로 대별할 수 있으며, 회화뿐만 아니라 조각, 건축에서도 두 양식의 존
재는 비교적 확연한 편이다. 불교의 동전과정에서 인도나 서역의 미술이 중국에
영향을 주었지만 중국의 높은 문화사상적 역량으로 외래종교인 불교와 불교미술
도 점차 중국화 되었다. 다양한 민족의 지역양식과 종교미술에서 공통적인 심미관
을 돌출하여 돈황의 불교미술이 탄생하는 배경이 되었다.

　중국의 16국 시대는 석굴미술의 초창기로 이미 상당한 수준의 불교미술을 구가
하고 있던 인도와 키질 등 서역의 불교미술이 실크로드를 통하여 끊임없이 전해졌
다. 고창의 토욕구석굴이나 돈황의 북량3굴이 대표적이다. 16국시기의 벽화는 내

용에 있어 서역의 영향을 받았을 뿐 아니라 조형이나 심미관점, 의관복식의 표현 등에 쿠차지역의 초기벽화와 밀접한 관계가 있다. 이 시기의 인물조형은 머리와 몸의 비율이 1:4로 얼굴은 통통하고 둥글며 코는 곧고 눈썹은 세워져 있다. 머리는 상투모양으로 올라가고 三株寶冠과 귀걸이를 착용하고 있다.

북위시대는 서역의 불교미술이 중국 전래의 회화전통과 융합되는 시기다. 북위는 북방계 탁발족이 건립한 나라지만 상당기간 중국전역을 장악하며 문화와 사상적으로 한화되었고, 변화된 그들의 심미관은 석굴미술에도 영향을 미치고 있다. 인물표현은 중국 전래의 인물조형에서 영향을 받아 얼굴 형태가 점차 갸름해지고 머리와 몸의 비율이 1:5~6로 늘어났다. 몸은 길어지고 허리와 팔다리가 유현해지는 등 묘사에 있어 상당한 변화를 보이고 있다. 그리고 線描는 더욱 자연스러워지고 運筆의 리듬이 인물의 움직임과 질감을 더욱 힘차게 표현해 냈다. 북위의 벽화는 점차 서역의 영향에서 벗어나 전통적인 수법을 운용하게 되면서 종교적 경직성에서 벗어나 현실감과 인간미가 표출되면서 새로운 전기를 맞게 된다.

특히 북위 말년(525년)에 동양왕 원영이 과주자사로 임명되면서 낙양에서 돈황으로 이주하였다. 그는 돈황석굴을 중심으로 대규모의 불사를 일으키고 석굴조영에도 공을 들였다. 당시 돈황의 제249, 285굴의 천정을 중심으로 도가사상 등 새로운 양식이 도입되었고 인물의 비례도 더욱 길어졌는데, 머리와 신체의 비율이 1:7에 이른 것도 있다. 머리 형태는 이마가 넓어지고 좁은 턱에 뒷머리는 돌출되고 야윈 얼굴에 또렷한 눈과 눈썹이 특징이다. 복식도 큰 차이를 보이고 있는데 중국식 籠冠이나 通天冠을 쓰고 소매가 넓은 두루마리와 方頭履를 着用하고 있다. 이와 같은 중원식의 수골청상은 당시 남조 사대부들의 심미관의 산물로 동양왕과 함께 돈황에 유입되었다. 그러나 당시 서역식 훈염법도 상당기간 竝存하였다.

이후 563년경 북주시대에 돈황의 벽화양식은 또 다시 변모를 보이는데, 建平公 于義가 중원에서 돈황으로 이주한 이후부터 불상화에서 인체비례와 선묘 등이 16

국시대로 되돌아갔다. 당시 북주정권이 서역과 우호관계를 맺었고 교류가 잦았기 때문인데, 돈황지역의 벽화에서 서역식 인물양식의 회귀는 중국을 통일한 수대까지 지속되었다.

조상 例를 살펴보면, 서역 양식으로 대표되는 북량시대에 조성된 제257굴에서 본존의 우측 협시보살은 나신에 긴 천의를 걸치고 화려한 두광과 보관을 갖추었다〈그림 125〉. 맨발로 연좌를 결하며 3곡의 자세로 본존을 향하고 신체의 윤곽선은 서역식의 명암대비 색채 즉, 薰染法을 적용하고 있다. 북위시대에 조성된 초기 석굴도 이와 같은 서역의 영향이 계승되었다. 그러나 제263굴의 보살은 점차 신체가 길어지며 얼굴과 몸이 풍만해지고 영락과 X-자 천의가 늘었으며 전래의 훈염법은 적용되지 않았다〈그림 126〉. 제288, 285굴 등 서위시대의 보살상도 형체가 점차 三曲에서 벗어나 직립의 자세를 취하며 보관이 화려해지고 천의도 두터워지나 아직 나신 등 서역의 영향은 상존하고 있다〈그림 127〉. 이후 북주시대가 되면 일시적으로 서역의 훈염법이 다시 시도되면서 보살의 신체는 짧아지고 두터워지며 삼곡자세를 지향하나 경직된 후기적 요소를 보이게 된다. 북주428굴의 석가모니 설법도 양측 4인의 공양보살상은 얼굴이 풍만하고 신체가 비교적 짧으며 두터운 凹凸 훈염법을 적용하여 안면 등이 심하게 변색되었다〈그림 128〉.

본 논문의 주제인 제285굴은 하나의 석굴에서 두 양식이 혼재하며 서역과 중국의 미술교류 실태를 잘 보여주고 있다. 석굴의 정벽인 서벽과 남벽의 조상은 서역의 영향이 완연하나 동벽과 북벽은 전형적인 한화된 양식을 보여주고 있다. 동벽과 북벽에서 협시보살은 신체를 들어내지 않고 두터운 대의를 입었으며 직립형으로 신발을 신고 연화를 밟고 있다〈그림 129〉. 대의는 길며 양측으로 물고기 지느러미 형상을 하고 보관의 형식도 서역식과는 차이가 난다. 포의박대, 수골청상으로 대표되는 남조의 전통은 돈황석굴에도 적용되고 있다. 벽의 바탕색도 서벽에는

〈그림 125〉 보살상.
돈황석굴 257굴, 북량

〈그림 126〉 보살상. 항마변상도,
돈황석굴 263굴, 북위

〈그림 127〉 공양인상
돈황석굴 285굴 서

〈그림 128〉 돈황석굴 북주 428굴

〈그림 129〉 보살상 285굴 북벽

重彩[74)]를 사용한 색채가 농후한 홍색으로 화려한 서역의 전통양식이 적용된 반면
〈그림 108, 110〉, 동·북벽에는 백분을 바탕에 칠하여 밝고 명랑한 느낌을 주고 있
다〈그림 107, 109〉. 하나의 석굴에서 두 가지 양식이 혼재된 사실은 벽화의 편년과
조성주체를 추정할 수 있는 중요한 기준이 된다.

　　제285굴은 4벽이 벽화양식 뿐만이 아니라 조성내용에 있어서도 확연한 차이를
보인다. 벽화의 공양제기에 538, 539년의 묵서명이 존재하는 동벽과 북벽은 벽화
양식과 공양인의 용모로 미루어 동양왕 원영과 같은 선비족의 시주에 의하여 조성
되었을 가능성이 많다. 그러나 천정을 포함한 남벽과 본고의 주제인 서벽은 동·북
벽보다 선행하였으며 조성사상과 주체가 모두 다르다. 이와 같은 점을 고려할 때
석굴은 개착이 완료된 후에 천정화가 선행하여 시행되었고 이어 서벽과 남벽이 완
성되었으며, 그리고 알 수 없는 사유로 한동안 휴지기를 거쳐 동북벽이 완성되었
을 것으로 판단된다. 이와 같은 관점에서 서벽은 538, 539년이 아닌 6세기 초에 조
성되었을 가능성이 높다.

---

74)　重彩는 불투명 광물성 안료인 석청, 석록, 주사 등을 기본 색체에 사용하는 것으로 돈황의
　　벽화가 중채를 사용하였다. (중채는 淡彩와 구분된다) 以形寫神(모양을 빌어 정신을 표현한
　　다) 線描造型, 장식성 구도, 工筆중채 등 여러 가지 측면이 유기적으로 결합하여 만들어진다.

VI 초기밀교계 신중의 도상해석

(제285굴의 서벽중심)

1. 일신과 월신

〈그림 130〉 일신과 일신중, 돈황석굴 285굴 서벽상단, 서위 538, 539

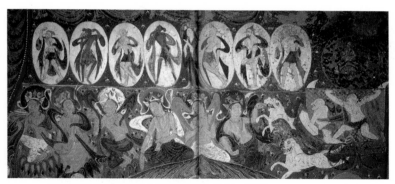

〈그림 131〉 월신과 월신중, 돈황석굴 285굴 서벽상단, 서위 538, 539

서위 제285굴의 일월신은 서벽 좌측 상단(남측)에 일신과 그의 권속 등 7존을 배치하고〈그림 130〉, 우측 상단(북측)에는 월신과 월신의 권속 등 9존을 배치하였다〈그림 131〉. 일신과 월신의 신중이 함께 배치된 도상은 제285굴에서 최초로 조성되었다. 이 의인화된 신상들은 하늘에 있는 해와 달을 상징하듯 청색 바탕에 백색 원형 광배를 배경으로 각종 포즈를 취하고 있다. 일신과 그의 권속들은 젊고 활

〈그림 132〉 일신, 돈황석굴 285굴
서벽상단, 서위 538, 539

〈그림 133〉 일신의 새가 끌고 있는 마차,
돈황석굴 285굴 서벽상단, 서위 538, 539

기차며, 월신과 그의 권속들은 늙고 초라한 표정과 쇠약한 신체를 강조하고 있어, 해와 달의 형태와 명암의 차이를 의인화 시켜 나타내려는 의도가 있어 보인다. 일신과 월신은 모두 말이 반대방향으로 달리는 마차에 좌정하며, 그 아래 역사가 일신과 월신을 태우고 신화의 동물이 끌고 있는 전차를 타고 천계를 운행하고 있다.

일신은 두 마리의 말이 좌우에서 힘차게 끌고 있는 이륜마차 위에서 두 손으로 말고삐를 잡고 좌정하고 있다〈그림 132〉. 일신은 두광이 있으며 검은머리는 상투를 틀고 얼굴과 신체는 원만하며 자세는 당당하다. 검은색 천의는 바람을 흠뻑 마주하고 말과 마차는 녹색인데 필선이 유려한 편이다. 일신이 좌정한 마차는 바퀴살이 선명하고 말은 좌우

양 방향으로 두발을 높이 들고 달리는 비현실적인 장면을 보여주고 있다. 일신과 일신이 좌정한 마차는 태양을 상징하는 커다란 원형광배를 배경으로 묘사되었다. 일신 좌측에 나열한 6명의 일신권속 역시 두광과 신광을 갖추고 머리에 상투를 틀었으나 마차는 생략되었다. 모두 좌상으로 가부좌를 결하고 있으며 천의는 갈색과 녹색으로 변화를 주고 있다. 두 손은 일신과 마찬가지로 가슴 앞에 두고 우수를 펴 보이며 차례로 마차의 고삐를 기다리고 있는 자세를 취하고 있다.

일신 아래 두 역사는 세 마리의 큰 새가 끌고 있는 마차를 타고 있다〈그림 133〉. 역사는 천의를 걸친 나신으로 건장한 체격과 용맹한 표정을 하고 있는 하늘의 역사다.

전면의 역사는 왼손에 분노한 얼굴이 그려진 커다란 방패를 들고 오른손으로 마차의 고삐를 불끈 쥐고 있다. 후면의 역사는 두 손을 위로 향하여 일신과 일신의 마차를 받들고 있다. 두 역사가 타고 있는 마차는 사각형으로 큼지막한 배를 연상케 하고 바퀴는 4개로 안정감이 있다.

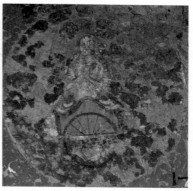

〈그림 134〉 월신, 돈황석굴 285굴 서벽상단, 서위 538, 539

월신의 형태와 의상은 일신과 동일해 보이나 마차 양 측의 말들은 현재 박락되어 보이지 않는다〈그림 134〉. 화면은 검게 칠한 부분이 모호하나 남아있는 필선으로 미루어 월신도 좌우로 달리고 있는 이륜마차 위에서 두 손을 가슴 앞에 모으고 좌정하고 있다. 배경은 검은 색으로 일신의 흰색과 대비된다. 좌측에 나열하고 있는 월신의 권속들은 일신 권속과 다른데, 모두 기립하고 있으며 두광이 생략되었고 신체가 여윈 노인의 모습으로 바

〈그림 135〉 월신의 사자가 끌고 있는 마차, 돈황석굴 285굴 서벽상단, 서위 538, 539

라문 수행자를 연상케 한다. 이들 사이에 특이한 인물이 보이는데, 넷째와 셋째 월신의 권속 사이에 귀족 차림의 여성이 우아한 자태로 기립하며 본존을 주시하고 있다. 이 인물의 두광은 생략되었고 두 손은 가슴 앞에서 교차시키고 있다. 두광과 보관 그리고 복식으로 미루어 285굴 서벽의 보살이나 신중과는 다른 그녀의 신분이 강조되었다. 월신 아래 두 장사는 3마리의 분노한 사자가 끌고 있는 마차를 타고 있다〈그림 135〉. 전면의 역사는 마름모꼴 방패를 손에 들고 전면을 주시하고, 후면의 역사는 두 팔을 위로 향하여 월신과 월신의 마차를 받들고 있다. 마차의 형태는 일신과 동일하나 마차를 끌고 있는 동물은 일신과 차이를 두고 있다.

1) 태양신의 기원

〈그림 136〉 이집트 태양신 라(중앙)배를 타고 매일 나일강 운행, 기원전 10~20세기

라(Ra)[1]는 고대 이집트 종교에서 태양신이다. 이집트인에게 태양은 빛과 따뜻함, 그리고 생명의 성장을 상징하였으며 모든 창조물의 주재자로 인식하였다. 태양광선은 '라'의 신체나 눈으로 표현하였고, 모든 삶의 형태는 '라'에 의하여 창조된다고 여겼다. 인간은 '라'의 눈물과 땀에서 태어났기 때문에 이집트인들은 스스로를 '태양신의 소'라고 여겼다.[2] 이집트의 태양신 '라'는 여신의 모습으로 표현되는데, 人身에 매의 머리를 하고 머리에 코프라가 붉은 태양을 감고 있는 커다란 관을 쓰고 있다〈그림 136〉. 이집트 벽화에 표현된 태양신 '라'는 배를 타고 천상의 은하수(나일강)를 동에서 서로 항해한다. 고대 이집트에서는 태양을 의인화하였으나 머리 위에 붉은 태양을 사실대로 표현하고 있으며, 마차가 발명되지 않은 시절에 태양은 배를 타고 운행하고 있다. 이집트인에게 나일강은 유일한 교통수단이

---

1) 라(Ra, Rah, Ré)는 고대 이집트 신화에 등장하는 태양신이다. 고대 이집트 제5왕조 때부터 주신으로 숭배 받았다. 라는 이집트 낮, 정오의 태양신으로서, 아침에는 케프리, 저녁에는 아툼이라고 불리었다. 벽화에서 라는 인신에 매의 머리로 코브라가 태양을 둘러싼 모양의 왕관을 쓰고 있다. 태양신 라는 고대 이집트 신화에 따르면, 태양의 돛단배(혹은 태양의 배)를 타고 천상의 나일강 즉, 은하수를 따라 항해한다. 라가 태양의 돛단배를 타고 하늘의 여신인 누트를 따라 동에서 서로 향하면 낮이 되고, 서쪽에서 땅의 신 게브 아래로 내려가 다음날 동쪽 땅에서 나타나기까지는 밤이 된다고 이집트 사람들은 믿었다. 고대 이집트 사람들은 태양이 지는 것은 죽음으로, 태양이 뜨는 것은 부활로 보아 서쪽 땅은 죽음의 땅 동쪽 땅은 부활의 땅으로 보았다.

2) Hart, George, *A Dictionary of Egyptian Gods and Goddesses*, London, England: Routledge & Kegan Paul Inc, 1986, p.6, pp.172~182; Müller, M., 'Ra. In D. B. Redford(Ed.), The ancient gods speak: A guide to Egyptian religion. New York: Oxford University Press, USA, 2002, p.328.

며 태양도 배를 타고 이동하리라는 상상을 하였다.

메소포타미아 신화는 유프라테스강과 티그리스강 하류지역에서 시작된 수메르 문명에서 생겨났다. 수메르 신화에 뿌리를 두고 있는 메소포타미아 신화는 지리적으로 가까운 그리스, 인도의 신화와도 상당한 연관성을 갖는다. 메소포타미아 신화에서 태양신은 샤마쉬(Shamash)3)로 알려져 있다. 수메르신화의 우투4)의 다른 이름인 '샤마쉬'는 동쪽 끝에 있는 산에 거주하는데, 그는 전차를 타고 하늘을 운행한다고 전해진다. 태양신 '샤마쉬'는 메소포타미아인의 어둠을 해소하고 불안과 고난을 달래주는 神이 되었으며 질서와 풍요를 상징하게 되었고, '샤마쉬'를 숭배함으로써 삶이 풍요롭고 질서가 있기를 기원하였다.5) 기원전 2500년경의 수메르 점토판에서 샤마쉬는 수평선위에서 좌우 톱니모양의 나무 사이에 서있다〈그림 137〉. 샤마쉬는 왼손으로 곡식 이삭을 들고 어깨에는 화염이 방사되고 있는데, 화염은 태양신의 상징으로 후대에 일신이나 불상에도 적용되었다. 기원전 9세기경 고대 바빌로니아 석편에서 샤마쉬는 수염을 길게 기르고 한손에 원반(디스크)과 敵을 상징하는 봉을 들고 대좌에 앉아 있다〈그림 138〉.

그리스신화의 태양신 '아폴론'은 올림푸스 12神 중 한 神으로 '제우스'신과 여신

---

3) Shamash는 메소포타미아의 신이며 아시리아와 바빌로니아의 신들의 판테온인 아카드의 태양신이다. Shamash는 바빌로니아와 아시리아에서 정의의 신이며, 수메르의 우투에 해당한다.

4) 우투(Utu)는 수메르 신화에 등장하는 태양과 정의, 법의 신이다. 우투는 달의 신 난나와 여신 닌릴의 아들이다. 그의 모습은 보통 뿔 달린 투구를 쓰고 톱날 무기와 철퇴(Mace)를 지닌 형상으로 그려진다. 그는 매일 새벽을 상징하는 동쪽에 있는 산에서 떠올라서 일몰을 상징하는 서쪽에 있는 산의 구멍으로 사라진다. 매일 밤 우투는 사자의 운명을 결정하기 위해 지하로 내려간다. 그는 또한 철퇴를 들고 산위에 한 발 서있는 것으로 묘사된다. 우투의 특징은 어깨위에 태양광선 또는 태양 디스크가 보인다.

5) Jeremy Black and Anthony Green, *Gods, Demons, and Symbols of Ancient Mesopotamia*, 1992, p.168.

<그림 137> 메소포타미야의 샤마쉬 神樹와 어깨 위에 염화가 표현됨, 기원전 25세기경

<그림 138> 고대 바빌로니아 석편의 샤마쉬 태양신과 태양(중앙 원), 기원전1800년 경

'레토'의 아들이다. 신화에서 그는 마차를 타고 천상을 운행하는데, 아들 '파에톤 (Phaethon)'[6]이 아버지를 찾아가 말을 몰게 해달라고 간청한다. 아버지로부터 고삐를 물려받은 '파에톤'은 아버지가 가르쳐준 데로 말을 탈 수 없었다. 말들은 태양신이 가르치는 방향과 반대로 향하고 있었다. 당황한 파에톤이 말의 고삐를 놓치자 마차는 경로를 이탈하여 지상에 불을 내고 별들을 모두 태울 지경에 이르렀다. 아버지 제우스가 번개를 내리쳐서 마차를 멈출 수 있었으나, '파에톤'은 떨어져 죽었다는 내용이다.[7] 기원전 6세기에 제작된 그리스 도기에서 파에톤은 사실적으로 묘사되었는데, 머리에 태양을 상징하는 광채가 나고 날개가 달린 4마리의 말이 끌고 있는 2륜 마차를 타고 있다〈그림 139-140〉.

고대인들의 관점에서 정지된 지구에서 매일 동에서 서로 움직이는 태양을 관찰할 때, 이집트 태양신은 나일강에서 배를 타고 운행하며, 당시 말과 마차를 사용하

---

6) 파에톤(그리스어: Φαέθων, "빛나는"의 뜻)은 그리스 신화에 나오는 인물로 태양신 헬리오스 (후대의 전승에서는 아폴론)의 아들이다. 파에톤은 소원으로 아버지가 모는 태양의 마차를 몰게 해달라고 졸랐다. 태양신인 아버지를 졸라서 태양을 끄는 마차를 몰다가 통제력을 잃자 제우스의 벼락에 맞아 추락하여 죽었다. 태양의 마차는 네 마리의 날개달린 거친 천마(天馬)가 이끄는 마차로 조정하기가 매우 힘들어 태양신 헬리오스만이 몰 수 있었다.

7) *Oxford Dictionaries*, "Phaethon"; Olivia E. Coolidge, *Greek Myths*, Houghton Mifflin Harcourt, 2001, pp.12~17.

〈그림 139〉 그리스신 헬리오스 4마리 말과 두 광, 아테네사원부조, 기원전 4세기 초

〈그림 140〉 그리스신 헬리오스 날개가 표현된 4마리 마차와 두광, 고대그리스 도기

고 있었던 그리스와 메소포타미아에서 태양신은 힘센 말이 끌고 있는 마차를 타고 있다. 고대 이집트와 수메르신화에서 태양신은 모두 의인화 되어 표현되었으며, 신들의 판테온에서 최고의 신으로 등장하고 있다. 말이 반대방향으로 달리는 파에 톤의 마차는 후대 일신의 마차도상에 영향을 주었을 가능성이 있지만, 현재까지 아폴론의 반대로 달리는 마차의 도상은 전하지 않고 있다.

인도의 고대신화에서도 태양과 관련된 神이 다수 등장한다. 태양 자체는 '수리 야(Sūrya)'로 대표되지만 태양의 무한한 생명력을 상징하는 '아디티야(Aditiya)'는 여행자들의 안내자로, 가축의 보호자는 '푸샨(Pushan)'[8]으로, 새벽의 신은 '우샤스 (Usas)'로, 만물의 생장을 관장하는 '사비트리(Savitri)' 등으로 표현하고 있다. 이 중

---

8) Dowson, John, *A Classical Dictionary of Hindu Mythology and Religion, Geography, History and Literature*(2nd ed.), London, Trübner & Co., 1888, pp.249-250.
"Pushan(Sanskrit: पूषन्, Pūṣan) is a Vedic solar deity and one of the Adityas. He is the god of meeting. Pushan was responsible for marriages, journeys, roads, and the feeding of cattle. He was a psychopomp, conducting souls to the other world. He protected travelers from bandits and wild beasts, and protected men from being exploited by other men. He was a supportive guide, a "good" god, leading his adherents towards rich pastures and wealth. He carried a golden lance, a symbol of activity."

'수리야'가 영향력이 가장 강하여 오랫동안 태양신으로 군림했으며, 차츰 힌두교와 불교에도 수용되었다. 수리아는 『베다』에서 '미트라, 바루나, 그리고 아그니의 눈'으로 묘사되었으며,[9] 『아타르바베다』『브라흐마나』 및 서사시 시대까지 오랫동안 최고의 태양신으로 군림했다.

『베다』에서 '미트라'로 기록된 수리아는 불교미술에서 일신의 도상과 성격을 규명하는 중요한 자료가 되고 있다. 『리그베다』에서는 '광명으로 대지를 비추어 인간을 살게 하고 하늘을 충만케 하여 일체 만물을 굽어본다. 7마리의 말이 끄는 마차를 타고 사람을 놀라게 하는 수리야 신이여(후략)'라고 기술하고 있다.[10] 수리야는 힌두교에 수용된 이후에는 태양신으로 세력을 확장시킨 비슈누에 밀려 영향력이 약화되면서 수리아는 보통의 신이 되었다.

인도 뭄마이 부근에 있는 바자석굴은 기원전 2–3세기경에 개착되었다. 수리아

<그림 141> 수리야 4마리 말과 좌우협시, 바자석굴의 비하르측벽, 뭄마이, 기원전 2세기

는 석굴 우측에 조성된 승탑 후면에 있는 비하르 벽에서 볼 수 있는데, 코끼리를 타고 있는 인드라와 함께 조각되었다. 수리아는 머리장식이 화려한 4마리 말이 끌고 있는 전차 위에 서있고 양측에 시녀를 대동하고 있다<그림 141>. 바자석굴은 무불상시대인 기원전에 조성된 불교석굴로 불상이나 기타 신과 관

9) In the Vedas, Surya is frequently referred to as "the eye of Mitra, Varuna, and Agni"(RV 1.115.1, RV 6.51.1, RV 7.63.1, WYV 4.35, WYV 7.42, WYV 13.46, AV 13.2.35). Lord Surya is also considered to be the eye of the Virat Purusha(Lord Sri Krishna's Universal Form).

10) Jansen, Eva Rudy. *The Book of Hindu Imagery: Gods, Manifestations and Their Meaning*, p.65.

련된 조상의 흔적은 현재까지 발견되지 않았다. 이 석굴에서 수리아와 인드라 조상은 저부조로 조악한 편이나 양식이나 조각수법은 숭가시대의 작품으로 볼 수 있으며, 인드라와 함께 조성되어 인도의 태양신으로 볼 수 있다. 후대의 불교석굴인 키질석굴이나 바미안의 일신과도 상당한 차이가 난다.

태양신 즉, 일신은 후대에 시대와 지역, 그리고 종교에 따라 여러 가지 호칭을 하고 있으나 주로 미트라와 수리아 계통으로 대별할 수 있다. 미트라는 상술한 그리스나 메소포타미아의 신화에 근거하며, 수리아는 인도의 『베다』에 기

〈그림 142〉 왕과 미로, 로마의 미트라신,
박트리아-쿠샨동전, 쿠샨, 2–3세기

원을 두고 있다. 그러나 그리스-박트리아 이후 쿠샨왕조시기를 거치며 인도서북부지역의 태양신은 성격과 도상에 있어 두 신의 영향이 함께 나타나고 있다. 고대 페르시아의 미트라(Mithra)는 사산왕조에서는 미르(Mihr)로 불렀고,[11] 박트리아-쿠샨시기의 코인에 새겨진 태양신은 항상 미로(Miiro)와 헬리오스(Helios)로 기록되어 있다〈그림 142〉.

기원전 4세기경의 아테네 사원부조에서 헬리오스는 4마리의 말이 끌고 있는

11) M. Boyce, *The Zoroastrian Temple Cult of Fire*, JAOS 95, 1975, pp.454~465. "ĀDUR BURZĒN-MIHR, a Zoroastrian sacred fire of the highest grade. The tradition of its foundation is lost in antiquity, but if it is correct that the temple cult of fire was first established in the late 5th or early 4th century B.C., its installation cannot be put earlier than that. Burzēn-Mihr ("Exalted is Mihr") is known as a personal name, and is presumed to be that of the unknown founder of the fire. "Burzēn" is a Parthian form, and the fire was established in Parthia(the northeast of Iran)."

마차를 타고 있는데, 성격은 아폴론과 같으며[12] 도상은 파에톤과 유사하다. 그리스 박트리아에서는 그리스 신화에 등장하는 헬리오스(Helios)[13]를 박트리아왕의 동전에 새기었으며, 코탄지역에서는 조로아스터교의 오마즈(Ohrmazd)[14]로 호칭하였고, 이란의『아베스탄』에서는 미트라(Mithra)[15]로 불렀다.

---

12) Karl Kerenyi, 1951. "The Gods of the Greeks", *The Sun, the Moon and their Family*, pp.190~194. et passim; Smith, William, "He'lios", *Dictionary of Greek and Roman Biography and Mythology*, London, 1873.

13) 그리스 신화의 태양신으로 티탄족(Titan)의 히페리온(Hyperion)과 테이아(Theia)의 아들이며, 달의 여신 셀레네와 여명의 여신 에오스의 형제다. 그리고 키르케와 파에톤의 아버지이다. 의인화(擬人化)된 신으로 새벽녘에 동방의 대양(大洋) 오케아노스에서 솟아올라 하늘을 가로질러서 저녁에는 서쪽의 대양으로 가라앉아 새벽녘까지 동쪽으로 다시 이동한다고 여겨졌다. 비교적 후대의 신화에서는 헬리오스가 동서에 2개의 궁전을 가지고 있고, 4두(頭)의 신마(神馬)가 끄는 전차(戰車)를 타고 하늘을 달리는 것으로 묘사되어 있다. 신앙의 대상이 되는 경우는 드물었는데, 기원전 3세기에 로도스 항구의 입구에 고대 세계의 7대 불가사의의 하나로 생각되는 거대한 태양신상이 세워졌다.

14) Ahura Mazda(Ohrmazd, Ahuramazda, Hormazd, and Aramazd)는 조로아스터교의 주신으로 아베스타 성전에는 마스단(아후라) 또는 아우라마스다, 파후라비어로는 아후할마스드라고 기록한다. 아후라 마스다란 '전지(全知)'의 뜻이며 정선(正善) 진실(眞實)의 법을 맡은 전지전능한 자비로운 신 또는 우주창조자로서 영원무궁한 광명에 사는 신이라고 생각하였다. 아케메네스왕조와 사산 왕조의 수호신이기도 하다. 보통 독수리의 날개와 꼬리(尾翼)를 달고 원반 위에 서서 후바루나(왕권) 상징을 지닌 (수염이 있는) 인간으로 아케메네스 조의 왕의 묘 부조와 인장에 나타나 있다. 파르티아 시대에는 아라마스드, 사산조 이후에는 올마스드라고 부르며 왕의 도상으로 표현되었다. 고대 인도의 바루나 신과 공통점이 많으며, 헬레니즘 시대에 고대 그리스의 제우스신과의 관련성도 엿보인다.

15) 미트라는 고대 아리아인의 남신으로 빛, 진실, 맹약을 지배한다. 기원전 15세기의『리그베다』는 미트라의 이름이 전하는 가장 오래된 문헌인데, '태양신'이라고 칭하였으며, 미트라는 '소마주'나 '수소를 둘러싼 신화'와 관계있다. 이란인의 성전인『아베스타』에서는 미트라(Mithra)라고 불렸는데,『미트라 찬가』에서 〈죽음으로부터의 구세주〉, 〈축복을 주는 자〉, 〈승리자〉, 〈전사〉, 〈목장의 주〉 등으로 불렸다. 조로아스터의 종교개혁에서는 최고신 '아후라 마즈다'(빛과 선의 원리)의 분신이라고 하였다. 미트라는 아케메네스 왕조, 아르사케스 왕조, 사산 왕조 등에서는 왕조의 수호신으로서 숭배되었으며, 로마제국에서는 미트라스(Mithras, 미트라교)가 되었다. 미트라는 신비스러운 힘에 의해 돌에서 벌거벗은 채로 태어났다. 한 손

고대의 이란과 그리스에서 미트라는 빛
과 진리의 신이었으나 로마에서 사후에 인
간의 행위를 판단하는 신격이 추가되었다.
기원후 1~2세기경의 석판에 조각된 미트라
신은 코린트식 주두 상단 아치 아래에 묘사
되었는데, 머리에는 태양광이 표현되었고
4마리의 말이 2마리씩 좌우로 상배하여 달
리는 마차를 타고 있다〈그림 143〉. 석판에
서 천공은 별이 표현되었고 미트라신 하단
에 각종 인간사가 부조되어 있다. 이 조각
에서 로마의 미트라신이 타고 있는 마차는
불교미술에도 영향을 미치고 있다.

〈그림 143〉 미트라신(상단 2마리 말이 각각
좌우로 달리는 모티프), 석편, 로마, 1~2세기

2) 인도, 중앙아시아 지역의 일월신

(1) 인도와 간다라지역의 일월신

인도와 간다라 지역의 초기 불교유적에서 발견된 일신은 논란이 있을 수 있지
만『베다』의 수리아로 볼 수 있다. 인도의 초기 불교미술에서 수리아의 흔적은 많
지 않으나, 석굴 벽과 사원의 기둥, 주두 그리고 석편이나 테라코타 부조 등에서
제한적으로 나타나고 있다. 수리아가 묘사된 위치나 작품의 크기를 고려할 때, 수
리아가 제단이나 사당에서 직접 숭배를 받은 흔적은 보이지 않고 있다. 이 지역에

에는 횃불을, 다른 손에는 후에 황소를 죽이는 데 사용되는 단검을 들고 머리에는 모자를 쓰
고 허리에는 활과 화살을 차고 있다. 그는 태어나자마자 큰 바위에 활을 쏘았고 활을 맞은
돌에서는 물이 흘러나왔다.

〈그림 144〉 수리야(정면상, 좌우 협시), 마하
보디사원의 펜스 부조상), 1~2세기

서 수리아는 일신으로 주로 불법의 세계를 외호하는 신장의 역할을 하고 있다.

현재까지 발굴된 말이 상배하여 달리는 일신의 도상은 보드가야와 마투라 지역의 고대사원지가 가장 빠르며, 조성연대는 쿠샨왕조 초기인 기원후 2~3세기경으로 추정된다. 일신 즉 수리아는 보드가야에 있는 마하보디사원의 북서쪽 울타리 기둥에서 볼 수 있는데, 수리아뿐만 아니라 락시미, 시바, 인드라도 함께 조성되어 있다. 보드가야의 태양신은 좌우에 두광을 갖춘 2여신이 협시하는 모티프로 모두 수리아를 향하며 손에 활을 들고 있다. 이곳에 조각된 수리야를 불교미술로 볼 수 있는지는 논란이 있지만, 수리아는 말이 상배하여 달리는 마차에서 고삐를 잡고 좌정하고 있어 일신도상의 기원문제에 참고가 된다〈그림 144〉.

마투라지역과 가까운 자말푸르(Jamalpur)에 위치한 쿠샨왕조시기에 조성된 후비스카 비하르(Huvishkavihara)사원의 상인방 부재에 수리아신이 묘사되었다. 후비스카(Huviska, 126~164년)는 쿠샨왕조의 왕으로 카니시카 대왕을 계승하여 이 사원의 조성연대를 기원후 2세기경으로 볼 수 있다. 수리아는 부재의 우측 모서리 상단에 정면을 향하여 좌정하며, 수리아 아래 두 마리의 말이 상배하여 좌측과 우측을 향하여 달리고 있다〈그림 145〉. 후비스카의 수리아신은 기년이 비교적 확실한 최초의 일신도상으로 알려져 있다.[16] 이 부조는 상하 2단으로 구성되었으며 상

---

16) Helene Diserens, "Two stone reliefs of Surya from Gum-A study of the sun-chariot and its terms," *Silk Road Art and Archaeology: Journal of the Silk Road Studies,* vol.5, pp.329~351, 1997.

〈그림 145〉 수리야 후비스카사
원 상인방 부재장식, 2세기, 후
비스카(126~164년)

〈그림 146〉 후비스카사원의 상인방 부재, 후비스카, 2세기(로센
필드1967년. p.46인용)

단에는 좌정하고 있는 부처가 나열되어 있으며, 하단은 부처가 깨달음을 얻은 후의
일련의 사건을 묘사하고 있다〈그림 146〉. 로울렌드는 이 장면에서 수리아는 부처
의 탄생을 상징한다고 주장하였고,[17] 데비드에푸르는 현재 망실된 상인방의 좌측
상단에도 월신의 조각이 있을 가능성을 제시하였다.[18] 현재 망실된 좌측 상단에 월
신이 조각되었다면, 후대의 불교미술에 적용되는 일신과 월신 관련하여 도상학적
으로 상당한 의미를 갖는다. 부재에서 좌우측 상단에 조각된 일월신은 돈황석굴 제
285굴의 도상과도 유사하며, 일신은 불법의 세계를 외호하는 신중으로 볼 수 있다.

로울렌드는 간다라 지역의 자말갈히(Jamalgarhi)에서 출토된 쿠샨시기의 석편도

---

17) B. Rowland, "Buddha and the Sun God", *Zalmoxis: Revue des Etudes Religieuses I*,
    pp.69~84, 1938.
18) David Efurd, *Early Iconography of the Indian Sun-god Surya*, MA. Thesis, University of
    Georgia. pp.15-16, 1999.

<그림 147> 수리야 자말갈리사원출토 석편
(용도불명), 간다라비편, 3~4세기

<그림 148> 수리야 마부와 상배하여 달리는 두 마리
말, 굽타시기, 카불박물관

제시하였는데, 이 조각에서 수리아는 보살형식으로 다른 지역에서 출토되는 수리
아(인도-스키타이 왕의 복식)의 복식과는 차이가 난다고 밝히고 있다.[19] 이 석편에
조각된 수리아는 두부가 결실되었지만, 이례적으로 壇 위에 좌정하며 두 마리의 말
은 후비스카 비하르조각과 마찬가지로 서로 반대방향으로 달리고 있다<그림 147>.
인도의 서북부지역에서 출토된 이 조각들은 대부분 쿠샨시대에 속한다. 쿠샨의 왕
들은 불교와 힌두교를 포용하였고, 이와 같은 사실은 왕들의 각종 동전에서 확인되
고 있다. 전통적으로『베다』에 기반을 두고 있는 수리아신이 대승불교의 발흥과 헬
레니즘의 영향으로 쿠샨왕조시기에 불교의 神으로 편입되었을 가능성이 많다.

굽타시기인 5–6세기의 석편에서 수리아는 장식이 많은 옷을 입고 높은 관을 착
용하며 대좌 위에 무릎자세로 앉아 있다. 수리아의 좌우에는 두 시중이 수리아를
향하며 수리아가 타고 있는 마차는 두 마리의 말이 좌우 반대방향으로 끌고 있다

---

19) B. Rowland, 앞의 논문, pp.76-77.

〈그림 148〉. 이 석편은 높이 약 32㎝로 카불 박물관에 소장되어 있는데, 복식과 자세로부터 페르시아의 영향이 강하게 나타나고 있다.

<그림 149> 수리아(일월신), 카니시카 사리기, 카니시카 대탑출토, 기원후 2세기 추정

지금까지 검토한 인도의 서북부지역에서 말이 반대방향으로 끌고 있는 수리아는 불교의 일신으로 추정되나, 키질석굴이나 바미안석굴의 일신과는 보관과 복식에서 상당한 차이가 난다. 그러나 정면향의 자세와 두 마리 말이 상배하여 달리는 모티프는 서역에도 영향을 미치며 중국 돈황 지역까지 계승되었다.

유명한 카니시카 대왕의 금속제 사리기는 카니시카 대탑의 遺址에서 발견되었으며 사리기가 제작된 시기는 기원 후 2세기경으로 보고 있다. 사리기 뚜껑 상단에 佛과 좌우에 브라흐마와 인드라가 환조로 조성되었고, 사리기 외면은 상단에 기러기가 날며 하단에는 꽃 줄(garland)을 경계로 불좌상과 카니시카대왕이 조각되어 있다. 카니시카 대왕은 입상이며 좌우상단에 의인화된 일신과 월신이 화관을 들고 있다〈그림 149〉. 이와 같은 통치자의 초상이나 종교화에서 인물의 좌우상단에 묘사된 일과 월의 모티프는 페르시아나 로마의 미술에서 볼 수 있으며 불교의 각종 존상에도 적용되었다. 이 사리기는 불교용도로 제작되었지만 일신과 월신은 佛보다 대왕의 권위를 표현하고 있다. 카니시카 사리기의 일월신은 복식이나 두광, 그리고 배치형식으로 미루어 인도의 수리아보다 이란이나 로마의 미트라일 가능성이 많다. 쿠샨시대 주조된 동전에서 태양신 미트라는 제국의 수호신으로 전면에 조각된 왕과 함께 뒷면에 자주 등장한다.

(2) 쿠차, 바미얀석굴의 일월신

천산의 남쪽에 위치한 키질지역의 석굴군은 334개소에 이르며 이 중 약 100여
개의 석굴에서 벽화가 시도되었다.[20] 중국학자 숙백의 탄소14 연대측정에 따르
면,[21] 이 석굴들은 4세기부터 7세기경 고대 쿠차왕국시기에 축조되었다. 석굴은
중심주석굴과 방형 차이티야석굴, 그리고 비하르석굴 등이 있는데, 중심주석굴의
볼트형식 천정에 일신, 풍신, 나가, 가루다, 월신과 불입상 등이 본존을 향하여 그
려져 있다.[22] 대부분의 석굴이 심하게 손상되었지만 1〈그림 150〉, 8〈그림 151〉, 34
〈그림 152〉, 38, 87, 98, 126굴과 171굴, 224굴〈그림 153〉의 천정화가 비교적 온전히

20) Ma Shichang, "Kizil zhongxinzhu ku zhushi quanding yu hoshi de bihua", *Zhongguo Shiku-Kizil Shiku II*, vol.2, Beijing, 1996, pp.174~226.
21) Su Bai, "Kizil bufen dongku jieduan huafen yu niandai deng wenti de chubu tansuo"(1986
년), *Zhongguo Shiku-Kizil Shiku I*, vol.1, Beijing, 1989, pp.10~23.
22) Rajeshwari Ghose 『Kizil on the Silk road』 2008, Vol. 59 NO.3 Mary Publications 참조.

석굴 번호	내용	조성연대
8	월신, 풍신, 입불, 가루다, 태양신	7세기
13	우신, 입불, 기타 소실됨	5
17	태양신, 입불, 풍신, 우신, 월신	6
34	태양신, 입불, 풍신, 가루다, 우신, 월신, 거위	5
38	태양신, 풍신, 입불, 가루다, 풍신, 월신	4
58	태양신	7
80	입불, 가루다, 우신, 태양신	7
85	입불, 가루다, 우신, 태양신	-
87	우신, 입불, 월신	-
97	태양신, 입불, 월신	7
98	우신, 태양신, 입불, 월신	7
100	월신, 풍신, 입불, 가루다, 풍신, 태양신	7
118	월신, 입불, 거위, 우신, 가루다, 태양신	3
126	월신, 풍신, 입불, 우신, 태양신	7
163	태양신, 가루다, 우신, 입불, 월신	6
171	월신, 풍신, 입불, 가루다, 태양신	5
172	입불, 가루다, 태양신	5

〈그림 150〉 천상화, 천정벽화, 볼트식천정, 키 질석굴 1굴, 고대 쿠차왕국, 기원후 5-6세기

〈그림 151〉 천상화, 천정벽화, 볼트식천정, 키 질석굴 8굴, 고대 쿠차왕국, 기원후 5세기

〈그림 152〉 천상화, 천정벽화, 볼트식 천정, 키질석굴 34굴, 고대 쿠차왕국, 기원후 5세기

〈그림 153〉 飛仙圖, 천정벽화, 볼트식 천정, 키질석굴224굴, 고대 쿠차왕국, 기원후 5-6세기

보전되었다.[23] 배치순서는 일신과 월신이 일관되게 양단에 배치되었고, 가루다는 중앙에 배치되었으며 일신과 월신 사이에 나가(우신)와 입불 등이 있다. 대체적으로 키질석굴에서 천정은 본존의 외호신중보다 불교적인 천상세계를 묘사하였다.

---

23) 8굴(월신-풍신-입불-가루다-입불-태양신), 34굴(태양신-풍신-가루다-입불-나가-월신), 38굴(태양신-풍신-입불-가루다-풍신-입불-월신), 97굴(태양신-입불-입불-입불-월신), 98굴(태양신-입불-입불-월신), 126굴(태양신-풍신-입불-나가-월신), 171굴(태양신-풍신-입불-가루다-입불-월신) 순서로 배치되었다.

〈그림 154〉 천상화 천정벽화,
볼트식 천정, 키질석굴 38굴,
고대쿠차왕국, 4세기

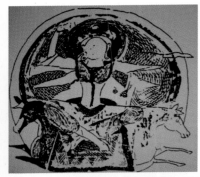

〈그림 155〉 태양신 천정벽화, 볼트식천정, 키질석
굴 17굴, 고대쿠차왕국, 6세기

〈그림 156〉 태양신, 말이 생략되었
음, 고대 쿠차왕국, 기원후 6세기

〈그림 157〉 태양신, 쿰트라석굴 46굴,
고대쿠차왕국, 6세기

4세기경에 조성된 키질 38굴은 볼트형식의 천정을 마름모꼴로 구획하여 천불을 존치하고 정벽 본존 상단에 태양과 반대편 입구에 달을 양단에 배치하고, 중앙에 풍신, 입불, 우신, 가루다 등이 나열하고 있다〈그림 154〉. 하늘을 상징하는 코발트색 바탕에 태양은 회색이며 대형 흰색 거위 4마리가 태양 주위를 날고 있다. 키질 38굴에서 달은 초승달로 묘사되었으며, 달 가장자리에 16개의 별이 배치되었고 주변에 4마리의 거위가 날고 있다. 5세기경에 조성된 34굴은 38굴에 비하여 나가 즉 우신이 추가되었고 달에는 토끼가 묘사되어 있다. 이와 같이 키질의 초기 석굴에서 일과 월은 아직 인격화되거나 신격화되지 않은 모습이며 단순히 천계를 구성하고 있다. 일과 월의 형태도 대부분 둥근 수레바퀴 형태로 사실적이며, 가끔 태양 주변에 광선과 별 혹은 야생 거위가 날고 있는 장면이 있다. 키질석굴과 인접한 동시기에 개착된 쿰트라석굴이나 심심석굴의 천정에도 양단에 일월을 배치하고 가운데 입불이나 기타신중을 배치하고 있어 4–5세기경 이 지역의 천정화는 일정한 형식과 규범을 보여주고 있다.

그러나 6세기경 조성된 키질석굴 17굴에서 태양신은 의인화되었는데, 등에 삼각형 망토 혹은 날개를 달고 장식이 화려한 보관과 갑옷을 착용하고 있다〈그림 155〉. 태양신은 두광과 신광을 갖추고 오른손을 위로 향하여 주먹을 쥐고 왼손은 무릎 위에 두고 있다. 태양신은 두 마리 말이 서로 반대로 달리는 말 위에 정면을 향하여 교각자세로 앉아있는데, 마차는 생략되었고 인물과 말은 사실적이며 안장은 넓은 카펫으로 대신하고 있다. 17굴에서 일신이 좌정한 마차는 두 마리의 말이 표현되었으나 대부분의 석굴에서 말과 마차는 생략되고 바퀴만 강조되었다〈그림 156〉. 5세기 개착된 171굴의 월신은 이례적으로 마차를 타고 있는데 말은 생략되었고 도상은 일신과 거의 유사하나 차이점은 일신은 붉으나 월신은 흰색으로 두 신중의 명암을 강조하고 있다.

쿰트라 46굴의 일신은 말이 생략된 채 바퀴 축이 강조된 마차 위에 교각의 자세로 앉아 있다. 일신의 두광과 신광은 태양처럼 둥글며 일신은 보관과 갑옷을 착용하고 등 뒤에 삼각형 날개가 달려있다〈그림 157〉. 심심석굴 11굴에서 일신은 상반신이 박락되었지만 반대방향으로 달리는 두 마리의 말과 두 개의 마차바퀴는 선명하게 남아있다. 일신은 2마리의 말이 반대방향으로 끌고 있는 4륜 마차 위에서 정면을 향하여 좌정하고 교각형식이며 갑옷을 착용하였다. 키질, 쿰트라 등 쿠차지역의 일신은 복식과 자세, 그리고 배치형식으로 미루어 동일계열로 볼 수 있다.

〈그림 158〉 일신과월신 열반도(좌우상단), 모사도,
바미안석굴M굴, 아프가니스탄, 6세기

바미안석굴에서 일신과 풍신 등이 조성된 볼트형식의 천정은 대체적으로 하늘을 상징한다. 바미안석굴 천정의 일신도 두 바퀴가 달린 마차 위에 좌정하였는데, 말은 생략되었고 두 바퀴의 형식과 일신의 복장, 그리고 교각자세는 심심석굴 11굴과 유사하다. 東 바미얀 석굴의 일신은 전모는 남아있지 않으나 38m 높이의 불입상이 안치된 천정에 조성된 일신은 키질석굴 17굴 등과 유사한 점이 많다. 바미안석굴 M, K, J석굴에서도 일신이 확인되고 있어 당시 일신의 조상은 상당히 유행하였다. 석굴 M에서 일신과 월신은 불좌상의 좌우측에 배치되었는데, 그림이 흐리지만 어깨에 날개가 달린 일신은 헬멧을 쓰고 창을 들고 있으며 말이 몰고 있는 마차에 좌정하고 월신의 마차는 새가 끌고 있다. 석굴K, J에서 일월신은 부처의 열반도 좌우상단에 조성되었으며〈그림 158〉, 일월신은 조금 손상되었지만 석굴M과 유사하다.

바미안석굴 M, K, J석굴의 일신과 월신은 부처의 좌우 상단에서 직접 佛을 호위하는 모티프로 구성되어 쿠차지역의 천정에 조성된 일월신과는 차이가 난다. 이와 같은 일월신의 구성과 형식은 마투라 후비스카 사원 이후 중앙아시아와 돈황석굴의 불교미술에 나타나는 일월신의 표준모델로 계승되고 있다. 종교화에서 본존의 좌우상단에 묘사된 일과 월의 모티프는 이른 시기의 페르시아나 로마의 미술에서 볼 수 있는데, 대승불교의 발흥에 따라 일신과 월신이 불교신중으로 편입되어 본존의 좌우상단에 배치되었다. 종교화는 당시대의 불교사상과 관련 있으며 특정한 소의경전에 의하여 조성되었을 가능성이 있다.

3) 중국 전통의 일월신

중국 漢代의 우주관을 살펴보면 우주는 높은 곳에서 낮은 곳까지 4단계로 구성되었다고 보았다. 가장 높은 곳인 천상세계는 우주의 최고 존재인 상제와 수많은 인격화된 자연신이 거주하는 곳이며, 그 아래 西王母가 거주하는 崑崙山으로 대표되는 仙人世界가 있다. 현실의 인간세계가 세 번째이며, 네 번째 세계는 지하의 鬼魂世界로 이루어 졌다고 보았다.[24] 중국의 고대인에게 천상세계는 매우 무서운 곳으로 불교의 우주관이 도입되면서 중국의 천상세계관도 점차 큰 변화를 가져왔다.

불교가 본격적으로 전파된 남북조시대에는 중국인의 천상에 대한 관념이 변화되는 시기다. 불타가 전래의 천상, 선인세계와 인간, 지하세계를 관장하는 우주의 최고 주재자가 되면서 점차 천제와 제신을 대체하게 되었다. 불교 역시 중국인에게 익숙지 않은 불법의 세계를 전래의 우주관을 인용하여 설명하였는데, 이는 당시 경전의 내용을 통하여 확인되고 있다. 제249, 285굴의 천정에 도해된 각종 신선과 신수, 그리고 풍백, 뇌공 등과 동왕공과 서왕모의 등장은 중국 전래의 천상관을 불교의 우주관에 반영한 대표적인 사례로 볼 수 있다.[25]

---

24) 信立祥 箸, 김용성 譯, 「漢代畵像石綜合硏究」『漢代畵像石의 世界』, 학연문화사, 2005, p.176 참조.

25) 풍백, 풍신, 풍사(信立祥의 책, p.187, 189참조); 「산동 장천 효당산사당 동서벽 畵像」의 풍

고대중국의 천상관은 한대의 화상석에서도 참고가 된다. 화상석이란 지하墓室, 墓地祠堂, 廟闕 등 喪葬禮制 성격의 건축부재인 석재의 표면에 새겨진 조각을 이른다. 화상석에서는 당대인의 우주관에 따라 지하 묘실사당의 내면, 즉 천정을 중심으로 천상도, 상서도, 상제제신도 등의 방법으로 천상세계를 표현하였다. 천상도에서 동서남북의 구획을 南宮과 北斗의 天文圖上에 배치하고, 南宮星象圖에는 "남궁은 赤色이고 그 精은 朱雀이다"라고 하여 일륜도와 織女圖 등을 남쪽에 배치하였다. 北斗七星圖에는 '옥토끼와 두꺼비'가 있는 월륜도를 배치하였는데, 북방은 물(水)을 위주로 陰에 속하고 달은 陰의 精이기 때문에 北에 배치하였다.[26]

제285굴의 서벽 일월신의 배치 형식은 이와 같은 중국 전래의 도가사상이나 신선사상과도 관련이 있다.[27] 일과 월은 천상을 구성하는 필수요소로 日은 낮을 상

백은 우사, 뇌공, 부처, 서왕모, 삼족오 등과 함께 등장한다. 풍백은 선계위에 거주하나 선인은 아니다. 그는 천상세계에서 바람을 관장하는 자연신이다. 풍백이 사당 동편에 배치된 것은 고대신앙에서 풍백 즉 풍사가 동방의 신이기 때문이다. 『周禮』 「大宗伯」에 "사당에 불을 밝혀 司中, 司令, 風師, 雨師에게 제사했다"고 기록되어 있다. 풍백은 箕星의 人格神이고 기성은 동방의 창룡 별자리에 속하므로 풍백은 자연히 바람이 부는 동방의 신이다. 『풍속통의』 「祀典篇」에 "風師라는 것은 箕星이다. 기는 파양을 주관하여 능히 바람을 다스린다"고 기재되어 있다.

26) 信立祥 箸, 앞의 책, pp.35~41.

27) 전국시대 백가쟁명의 사상이 난립하며 인간의 가치를 발현시키고 각성시킴에 따라 선인의 환상을 만들어 냈다. 『장자』에서 선인은 천상세계나 인간세계에 거주하지 않고 구름 속에 높이 솟아있는 산에 거주한다고 생각했으며 진시왕대에 이르러 전설의 불사약이 자라는 崑崙山과 동해의 蓬萊, 방장, 영주 등 바다의 섬이 선인의 領地로 여겼다. 서한에 이르러 곤륜산이 인간이 갈망하는 仙境으로 성립하며 마침내 새로운 우주세계인 선인의 세계가 창조되었다. 이와 같은 선인세계가 창조됨에 따라 서한 말기부터 동한 중기까지 신선 만들기 운동(造仙運動)이 활발히 일어나 서왕모, 동왕공 등 선인과 삼족오의 일륜과 두꺼비가 그려진 월륜도상이 천상세계를 나타내며 그 아래 선인세계에 곤륜산을 배치하여 선인세계를 나타내고 아래에 묘주의 인간계가 있고 지하에는 용, 호랑이, 괴수 등이 표현된 지하세계가 잇는 4단계의 세계관이 확립되었다.

징하였으며 月은 밤을 상징하여, 제285굴에서 본존이 안치된 서벽을 중심으로 일신과 일신중은 남쪽에 배치하고 월신과 월신중은 북쪽에 배치하고 있다.

285굴에서 일월신이 모두 좌우로 달리는 마차에 좌정하는 비현실적인 장면이 시도되었는데, 도상의 기원에 대하여 아직까지 정설이 없다. 유명한 사천 출토 한대의 석관화상석에 부조된 서왕모의 대좌는 호랑이와 용이 좌우로 향하고 있는 용호차로 285굴의 일월신 마차와 비록 동물은 다르지만 형식에 있어 유사하다〈그림 159〉. 또 285굴 일신 아래에 장사 2인이 일신을 받들고 달리는 마차는 큰 새 3마리가 끌고 비상하는데, 동한대의 화상석에 묘사된 祠主昇仙圖[28]에 3마리의 仙鳥가 모는 雲車의 모티프와도 유사하다〈그림 160〉. '사주승선도'에는 서왕모의 곤륜산 세계를 묘사하고 2층에 사주가 타고 있는 운거를 세 마리의 선조가 끌고 있다. 三靑鳥는『山海經』에 "三危山에 삼청조가 산다"고 하였다. 삼위산은 지금의 돈황지역이며 삼청조는 西王母의 심부름을 하는 3마리의 새다. 明 朱謀偉의『변아騈雅』권7에 "大鵝小鵝靑鳥西王母之三鳥也" 즉 "대리새, 소리새, 파랑새는 서왕모의 3鳥다"라고 기록되어 있다.[29]

---

28) 祠主昇仙圖(동한 산동성 가상현 가상촌 출토)는 소사당 서벽 제2층 승선도 상부에 서왕모와 옥토끼, 유익선인, 구미호, 삼족오 등 선금 신수를 배치하여 서왕모의 곤륜산 세계를 묘사하고 2층 왼쪽에 사주가 탄 雲車를 한 선인과 세 마리의 仙鳥가 몰고 있다. 운거 앞에 선약을 찧고 있는 옥토끼가 있어 '사주승선'하는 장면으로 보고 있다. 또 동한 산동성 가상현 지방진 경로원에서 출토된 사당서벽 화상 2층 승선도에도 우측 맨 앞에 용을 탄 유익선인이 깃발을 잡고 선도하며 중앙에 거대한 仙鳥가 끄는 운거에 羽翼仙人이 앉아서 인도하며 좌측 맨 뒤에 5마리의 선조가 끌고 있는 운거에 사주가 타고 있다. 운거에는 바퀴가 없고 운기로 대체하고 있는데 보통 인간계의 거마로는 올라갈 수 없는 곳에 있기 때문이다. 인간이 곤륜산에 올라 서왕모의 신변에 도달하려면 오직 서왕모가 파견한 선인과 삼족오 등 사자의 영접과 인도를 받고 승선 전용의 운거를 타야만 실현될 수 있다고 믿었다.(信立祥 箸, 김용성 譯,「漢代畵像石綜合硏究」『漢代畵像石의 世界』, pp.51~164 참조.)

29) 위안커 지음, 김선자 역,『중국신화사』상권(원시시대에서 위진시대까지), 웅진지식하우스, 2007, pp.319~359.

〈그림 159〉 서왕모의 용호대좌 비현신승2호, 석
관측벽화상, 사천출토화상석, 漢代

〈그림 160〉 사주승선도 3마리의 선조가 끄는
사주가 타고 있는 운거, 화상석, 東漢

　　돈황석굴 중에 북위시대에 조성된 257굴은 중심주석굴로〈須摩提女淸佛故事
圖〉중에 '飛鳥場面', '飛虎場面' 등이 보이는데 중국 전래의 신선도가 불교석굴에
적용되었다[30]〈그림 161~164〉. 돈황 329굴의〈승룡선인도〉에서도 선인이 용을 타
고 창공을 날고 있는데, 이와 같은 모티프의 신선도는 중국 전래의 신화가 참고 되
었고 285굴의 일신의 마차로 계승되고 있다.

　　중국의 고대신화에서 복희는 태양신이며, 여와는 월신으로 복희와 여와의 도상
에는 일월이 등장한다. 불교석굴인 285굴의 천정에 그려진 복희와 여와는 인간의
머리를 하고 몸은 짐승(오획)으로 중국식 대의를 착용하였고, 가슴에는 일상과 월
상이 있다〈그림 103〉. 복희와 여와는 불교의 상징인 마니보주를 좌우에서 위호하
며 우월한 불교를 상징적으로 나타내고 있다.

---

30) 『淮南子』「남명훈」 조에 "복희씨는 뇌거를 타는데 뇌거는 응룡이 복마가 되어 끌고 청룡이
　　참마가 되어 그 옆을 달리고, 羅圖를 깔고 雲黃을 수레로 삼고 백룡이 앞에서 인도하고 뒤에
　　서 뱀이 따른다. 공중에 떠올라 九天에 올라 靈門에서 天帝에게 조회하였다"고 기록한다.

〈그림 161〉 승룡선인도, 수마제 처녀 성불 고사　　〈그림 162〉 비조, 비호 승선도, 수마제 처녀 성
화, 돈황석굴 257굴, 북위 5세기　　　　　　　불 고사화, 돈황석굴 257굴, 북위 5세기

〈그림 163〉 동왕공의 4마리 仙鳥가 끌고 있는　　〈그림 164〉 서왕모의 4마리 怪獸가 끌고 있는
마차, 돈황석굴 296굴, 북위　　　　　　　　마차, 돈황석굴 296굴, 북위

4) 제285굴 일월신의 소의경전과 도상해석

(1) 소의경전

唐代의 밀교경전인 『迦樓羅及諸天密言經』에[31] 상당히 구체적으로 일신에 대하

---

31) 般若力, 「迦樓羅及諸天密言經」 『大正藏』 제21책. 제33항, 大正藏CBETA전자불전 V1, 14. po334c03/18 (1278).
　　唐 般若力 譯, 太虛圖書館 藏, 『迦楼罗及诸天密言经』 「迦楼罗画像法」 1卷 : "书日月天. 日天作天王形. 被甲于金车上交胫而坐. 以四匹花聪马驾之. 马首两左两右. 日天左手持越斧下抚左边青衣童子头. 右上手持三股长柄叉. 下手抚右傍青衣童子首. 车厢内日天前

여 설명하고 있다. "又干梵千 帝釋次上 畵日月千. 日千作天王形 被甲于金車上交
脛而坐 以四匹花驄馬駕之 馬首兩左兩右.", "又於梵天帝釋天上. 書日月天. 日天作
天王形. 披甲於金車上交脛而坐. 而四匹聰馬駕之. 馬首兩左兩右…"[32] 즉 "범천 제석
천 다음 상단에 일천과 월천이 있는데, 일천은 천왕형이며 갑옷을 입고 금마차위
에서 교각좌를 결하고 4마리의 얼룩말이 끌고 있는 마차를 타고 있는데 말의 머리
는 두 마리는 좌측에 두 마리는 우측을 향하고 있다." 라고 기재되어 있다. 日千衆
에 대하여는『成菩提集』卷四와『廣大軌』등에 "日千左置日千衆", "일천의 좌측에
일천중을 둔다"라고 기술되었고,『具緣品疏』『大正藏』「圖像篇」第8冊, 제122항에
"日千, 左置日天衆" 즉 "일천 좌측에 일천중이 위치란다"고 기술하여 비록 후대의
저술이지만 돈황 서위285굴의 일천과 일천중 도상이 이와 같은 밀교계통의 소의
경전과 관련이 있음이 짐작된다.

월신관련 경전은『大毘盧遮那成佛經疏』卷五에 "西門之南與日天相對應置月千",
"서문 남쪽에 일천과 상대하여 월천을 둔다"라고 기술되었고『迦樓羅及諸天密言經』
에 "月千坐車上中間 左右各立一朱衣童子", "월천은 마차 가운데 좌정하고 좌우에 한

有一小童子. 而作金色御马也. 天王发黑色.？髻宝冠. 身首皆有圆光. 外以日轮环之. 日轮
赤色. 文如车轮. 二青衣童子并 御马. 于车厢内立. 出胸已上. 日天首光青. 身光像色也.
又月天形貌类日. 左手柱铁斧. 右手上柱兽面 二股叉. 下二手又抚左右二朱衣童子头. 月
天身首光外如日轮环之作黄色. 有车轮文. 又已初月从车厢两傍起向环外侂之. 月作浅青
色. 其月之二尖处于环上当半而相柱也. 有四苍鹅绕车而飞. 其日月二天王车 但有厢及
轮谷而无辕也."

32)　T1278_.21.0334c04-14: "又於梵天帝釋次上. 書日月天. 日天作天王形. 被甲於金車上交脛
　　而坐. 以四匹花聰馬駕之. 馬首兩左兩右. 日天左手持越斧下撫左邊青衣童子頭. 右上手持
　　三股長柄叉. 下手撫右傍青衣童子首. 車廂内日天前有一小童子. 而作金色御馬也. 天王髮
　　黑色. 蠡髻寶冠. 身首皆有圓光. 外以日輪環之. 日輪赤色. 文如車輪. 二青衣童子并御馬.
　　於車廂内立. 出胸已上. 日天首光青. 身光像色也. 又月天形貌類日. 左手柱鐵斧. 右手上柱
　　獸面二股叉. 下二手又撫左右二朱衣童子頭."

명의 붉은색 옷을 입은 동자가 기립한다"라고 언급하고 있다.[33] 월천중의 외모가 초췌한 바라문의 형상을 하고 있는 이유를 『梵天火羅九要』[34] 『七曜攘灾决』에서 "中宮 土宿星의 형상이 바라문 같다"고 기술하고 있으며, "南方灾惑星의 형상은 外道와 같다"고 기술하고 있다.[35] 『七曜攘灾决』에서는 "西方太白星은 天女와 같다"고 說

---

33) 罽宾国, 唐三藏大德般若力译(1278년), 『迦楼罗及诸天密言经』「迦楼罗画像法」一卷:
"又月天形貌类日. 左手柱铁斧. 右手上柱兽面二股叉. 下二手又抚左右二朱衣童子头. 月天身首光外如日轮环之作黄色. 有车轮文. 又已初月从车厢两傍起向环外俒之. 月作浅青色. 其月之二尖处于环上当半而相柱也. 有四苍鹅绕车而飞. 其日月二天王车但有厢及轮谷而无辕也."

34) 大正新脩大藏經第二十一册 No. 1311《梵天火羅九曜》.

35) 『大正新修大藏經』(首页 〉经藏 〉密教部四)七曜攘灾决卷上.
"火宫占灾攘之法第四; 荧惑者南方赤帝之子. 二岁一周天. 所至人命星多不吉. 春至人命星其人男女身上多有疮疾. 本身则灾厄疾疫. 夏至人命星. 其人多有口舌谋狂之事. 秋至人命星多有折伤兵刀之事. 不得登于高处. 勿骑黑驴马. 莫受纳人财物六畜. 冬至人命星其所作所为皆不称意. 钱财六畜皆破散. 四季至人命星合有移改. 若有灾者当画一神形. 形如象黑色向天大呼. 当项带之. 其火过星过讫. 以佛香楸木火燋之. 其灾乃过."
"土宫占灾攘之法第五; 镇星者中方黄帝之子. 二十九年半一周天. 所至人命星多有哭泣声起. 春至人命星其. 人有斗诤死亡之事. 不宜见军器之类. 夏至人命星. 其人男女多疾患. 自身有枷锁之厄. 秋至人命星有失脱之事交关不利. 水中财物损失. 冬至人命星. 其人家中合有哭泣声起. 四季至人命星. 其人合有重病. 攘之法当画一神形. 形如婆罗门骑黑沙牛. 星其至宿当项带之. 星过其命宿讫. 以枯木燋之其灾乃过."
"日宫占灾攘之法第一; 日至其命宿度. 其人合得分望得人敬重. 合得爵禄. 若先有罪并得皆免. 若日在人命宿灾蚀. 其人即有风火灾重厄. 当宜攘之. 其攘法先须知其定蚀之日. 去蚀五日清斋. 当画其神形. 形如人而似狮子头. 人身着天衣. 手持宝瓶而黑色. 当于顶上带之. 其日过本命宿. 弃东流水中灾自散."
"月宫占灾攘之法第二; 月者太阴之精. 一月一遍至人命宿. 若依常度者则无吉凶. 若不依常度者即有变见. 犯极南有灾蚀者. 先合损妻财. 后合加爵禄. 犯极北有灾蚀者. 合损男女奴婢. 若行迟者多有疾病. 若行疾者则无灾厄. 若月行不依行度. 当有灾蚀即须攘之. 当画一神形. 形如天女着青天衣持宝剑. 当月蚀夜项带之. 天明. 松火烧之其灾自散."

하고 있다.36) 밀교경전에서37) 土宿星은 바라문형상으로 灾惑星은 외도형상으로, 太白星은 천녀형상으로 기술하고 있으며, 이 별들은 28수나 12궁에는 속하지 않으나 7曜38)에 속하여 월천의 권속이 7명으로 星宿의 의인화 과정에서 참고 되었을 가능성이 있다. 밀교에서 日月과 月火水木金 5星은 그 정령이 위로는 하늘을 비추고 아래로는 그 신이 인간을 주관하는 즉 선악을 관장하며 길흉을 주관한다고 보았다.

『장아함경』에서 일신을 "과거세에 善心으로 사문과 바라문을 공양하고 여러 곤궁한 자를 구제하며 十善業을 닦았다. 그 인연으로 日宮殿에 태어나 하늘의 광명을 얻었으므로 善業光明 또는 善業天光明이라고 부른다"고 說하였다.39) 또『금광

---

36) "金宫占灾攘之法第六; 太白者西方白帝之子. 一年一周天. 所至人命星即有吉凶. 春至人命星. 其人合远行. 万里路中有疾. 家有之失. 夏至人命星. 其人亲故合有死损. 自上亦合有服起. 秋至人命星. 其人合有兵灾陈厄见血光. 冬至人命星. 其人合主大兵权. 出外大得科益. 四季至人命星. 其人合有恶消息.. 有名无形多足言讼. 攘之法当画一神形. 形如天女手持印骑白鸡. 当项带之. 过命星以火燋之. 其灾必散."

37) 『往世书』Pura∧n!a: "月神驾三轮辇舆, 轭之左右各有五头白马.";『法华经』卷一〈序品〉: "释提桓因的眷属有名为月天子(Candra-deva-putra)者.";『法华经玄赞』卷二(本)云(大正34, 675b): "大势至名宝吉祥, 作月天子, 即此名月.";『须弥四域经』: "谓阿弥陀佛遣宝应声, 宝吉祥二菩萨造日月, 故月天又被视为大势至菩萨之应化身."

38) 일, 월, 화, 수 ,목, 금, 토의 7요일을 말한다. 서양에서는 서기 325년에 정식으로 채택되었다. 1주일을 7일로 정하게 된 동기는 음력 한 달을 4등분하였다. 기원전 7세기경에 아시리아에서는 7일 간격으로 매월 7, 14, 21, 28일에 휴식을 취하였다 하며, 옛 유대력에서도 제7일을 안식일로 지냈다. 서양에서 7요가 정식으로 채택된 것은 서기 325년이다. 325년에 열린 니케아 종교회의에서 춘분날을 그 당시 율리우스력의 3월 21일로 고정하는 동시에 7요가 공식적으로 채택되었다. 인도에서는 5세기경에 서방으로부터 들어왔으나 종교의식에는 쓰이지 않고 역학자 사이에서 통용되었다. 중국에서는 인도의 불교와 천문학을 통하여 들어온 것으로 알려져 있다. 718년 당(唐)나라에서 번역된 구집력(九執曆)에는 매일 7요가 배당되어 있다.

39) 『长阿含经』卷二十二: "月天子住月宫殿, 其宫殿有一大辇, 以青琉璃制成, 高十六由旬, 广八由旬. 月天子在此辇中, 与诸天女共以种种五欲功德和合受乐. 其寿五百岁, 子孙相承拥有月宫. 其身出千光明, 五百光下照, 五百光傍照, 因此又别称千光明, 凉冷光明等名. 因过去修布施, 持戒等善业功德而得生月宫殿中, 受诸乐果."

명경』에서는 "日天子가 타오르는 불길로 하늘에 빛을 뿜어내고 어두운 곳을 비춘다"는 내용이 나온다. 일천은 밀교에서도 중시되어 불법을 옹호하는 팔방천·십이천 중 한 명으로 月天과 함께 만다라에 등장하는데, 태장계 만다라에서는 일곱 마리의 말이 끄는 마차에 올라탄 형상으로 표현된다. 양손에 연꽃을 들고 마부를 거느리고 있어 『베다』의 '아디티야'를 연상하게 한다. 금강계 만다라에서 외측 남방에 두고 일천과 금강식천의 중간에 위치한다. 태장계 만다라에서는 외금강부원 서방 구마라천 곁에 둔다.40) 『大日经疏卷五』에서는 "서문의 남쪽 일천과 상대하여 월천을 둔다. 흰 기러기마차를 타고 신체는 백육색이다"41)고 월천이 타고 있는 3마리의 흰 기러기마차를 강조하고 있으나 285굴의 도상과는 차이가 난다.

라제스와라42)는 파키스탄지역의 카시미르 번역승 프라이나바바(Prajnabhava)가 번역한 경전에서 說한 일신에 대하여 기술하고 있다. "일신은 하늘의 왕으로 갑옷을 입고 금마차 위에 앉는다. 두 발목을 교차하며 마차는 네 마리 말이 두 마리씩 반대로 끌고 있다. 일신은 검은 머리를 묶고 금관을 쓰고 있다. 머리와 몸에 빛이 나와 광배를 이루고 붉은 빛은 수레바퀴 살처럼 퍼진다"는 라제스와라가 인용한 초기 경전에 기술된 일신도상은 이 지역의 쿰트라석굴, 키질석굴, 심심석굴 등에 영향을 미치고 있다. 이 지역의 일신은 대부분 인도-스키타이 복장에 왕관을 쓰고 교각자세며 말이 반대방향으로 끄는 마차를 타고 있다.

---

40) "金刚界曼荼罗将此天安置于金刚界畔外侧的南方, 位于日天与金刚食天中间. 形像作童子形, 身白肉色, 左拳安腰, 右手当胸持半月形. 安置于胎藏界外金刚部院西方拘摩罗天之傍."

41) 『大日经疏卷五』云(大正39, 634c): "西门之南, 与日天相对应置月天. 乘白鹅车.' 形像作身白肉色, 坐三鹅上, 左手舒掌, 中, 无名, 小指稍屈当胸, 右手当腰执杖, 杖头有半月形." 『图像抄卷九』"系作右拳安腰, 左手持满月形当胸. 此天之侧有妃, 坐荷上, 左手持青莲华, 右手之中, 无名, 小三指稍屈当胸. 此妃乃源自阿阇梨所传的曼荼罗图位."

42) 앞의 책, 라제쉬와라, 『Kizil on the silk road』 참고.

(2) 도상해석(종합)

　돈황석굴은 5세기 초 북량시기에 개착되었으며 남북조시기를 거치면서 석굴조
성이 더욱 성행하였다. 대부분의 석굴에서 석가모니나 미륵불을 중심으로 대승경
전과 관련된 천불이나 각종 변상화, 선수행화 등이 유행하였다. 돈황에서 밀교관
련 석굴은 서위 초에 개착된 285굴을 최초로 보는데, 석굴의 규모나 조성내용으로
미루어, 당시 상당한 수준의 밀교관련 신앙과 경전이 유행하였다. 특히 제285굴에
서 본존을 중심으로 상단에 배치된 일신중과 월신중은 고대 동서양의 천문사상을
압축하고 있으며, 도상역시 종교미술의 풍부한 교류를 잘 보여주고 있다.

　태양신(일신)의 숭배는 동서양 모두 강력하고 긴 전통을 갖고 있다. 문명이 시작
된 이집트나 수메르에서 이미 태양신이 숭배되었으며, 독자적인 도상도 갖추었다.
인도의 『베다』에서도 태양신은 '수리아'라는 이름으로 숭배 받았고, 로마의 '미트
라'나 이란지역의 '미르' 역시 유명한 태양신으로 볼 수 있다. 『베다』의 태양신 '수리
아'는 후대에 힌두교와 불교가 성립되며 두 종교의 판테온에 경쟁적으로 편입되었
으며, 미트라 역시 조로아스터교나 마니교의 신중으로 성전 『아베스탄』에 편입되
었다.

　불교미술에서 일신(수리아)은 마투라와 간다라 지역을 중심으로 쿠샨왕조 초기
인 2세기경부터 조상이 시작되었으나 유행하지는 않았다. 지금까지 발견된 유물
을 토대로 당시 수리아는 불법의 세계를 외호하는 신중으로 보이며, 독자적으로는
신봉되지는 않았다. 수리아의 도상은 무장을 하였고, 두 마리 말이 반대로 달리는
마차를 타고 있어 수리아의 양식적인 특징이 이미 이 시기에 완성되었다. 당시 수
리아의 복식은 박트리아나 사카, 그리고 파르타아를 계승한 쿠샨왕조 귀족의 초상
(복식과 부츠 등에)과 강한 연관성을 갖고 있어 후대 키질지역의 사산계열의 수리
아와는 차이가 난다. 서위285굴의 일신 역시 인도의 수리아를 계승하였으나 복식
이 漢化되어 일신의 모티프는 시대와 지역에 따라 변화하고 있다.

일신(수리아)의 마차는 일신의
중요한 상징이다. 그리스의 아폴
론이나 메소포타미아의 샤마쉬,
로마의 미트라, 그리고 베다의 수
리아는 신화나 경전에서 모두 4마
리나 7마리의 말이 끌고 있는 말을
타고 있다. 그러나 불교미술에서
일신(수리아)는 마차를 타고 있으
나 말은 좌우로 향하고 있는 특징

〈그림 165〉 두 마리 괴수를 몰고 있는 인물,
산치대탑1, 북측 토라나부조, 1세기

이 있다. 고대인은 태양을 신격화하여 달리는 말을 태양신의 운반체로 설정하였으
나, 지상에서 볼 때 해와 달은 항상 천공에서 정지한 상태로 '상배하여 달리는 말'
은 '정지'를 상징하는 고대인의 착상으로도 볼 수 있다. 또 수리아의 마차는 수리아
가 불교의 신이 되면서 사자좌와 같은 대좌의 형식을 빌었을 수 있으며, 동물이 상
배하는 대좌의 형식은 산치대탑의 토라나 부조〈그림 165〉나 고대중국의 화상석에
표현된 서왕모의 용호대좌〈그림 159〉에서도 볼 수 있다.

일신의 마차는 인도 『베다』의 수리아와 로마의 미트라를 계승하였으나, 의상과
자세에서 이란지역의 영향이 동시에 나타나고 있다. 이와 같은 일신의 모티프는
중앙아시아를 관통하며 돈황까지 분포를 보이고 있다. 이 지역은 모두 인도로부터
불교가 전해졌으며 고대 페르시아의 영향이 컸고, 알렉산더의 동점으로 헬레니즘
의 영향도 무시할 수 없는 공통점을 가지고 있다.

초기에 인도나 간다라지역에서 일신은 펜스나 상인방과 같은 건축부재에 조각
하였으나, 쿠차 지역을 비롯하여 바미안 등 석굴에서 일신은 천정을 중심으로 조
성하였다. 그리고 바미안의 일부석굴에서는 佛의 좌우에 일신과 월신을 배치하고
있다. 석굴 천정에 조성된 일월신은 천상도의 일원으로 볼 수 있지만, 佛의 좌우에

배치된 일과 월은 불교사상적으로 특별한 의미를 갖는다. 2세기 후비스카의 사원지에서 출토된 상인방 부재에 조각된 일신의 반대편에 월신이 존재했을 가능성이 언급되었다. 특히 5-6세기 바미안석굴 M, K, J굴의 불좌상과 열반도 상단에 그려진 일신과 월신의 배치구도는 돈황의 제285굴 서벽에 직접적인 영향을 주었을 가능성이 많다. 본존을 중심으로 좌우상단에 배치된 일월신의 모티프는 후대의 불교미술에서 각종 도상에 적용되고 있다.

고대로부터 태양과 달을 함께 숭배하는 전통이 이어져 왔다. 숭배의 대상이나 제왕의 도상에 일월을 배치하는 형식은 동양과 서양에서 모두 볼 수 있다. 이집트나 메소포타미아의 유적에서 확인되며, 로마시대의 크리스트 존상이나 미트라신, 그리고 헬리오스의 도상에도 상단 좌우에 일월을 배치하고 있다〈그림 143〉. 특히 훈족의 통치자들과 위구르의 마니교 왕들에게 해와 달은 그들의 권위를 상징하였으며, 각종 왕의 초상에서 일월을 볼 수 있다. 중국에서는 서한(기원전 186년경)시기의 馬王堆 1호 묘에서 출토된 'T'자형 백화도 상단에 묘사된 일월은 아직도 채색이 선명하다〈그림 166〉. 백화도에서 日象은 태양을 상징하는 까마귀를 그렸고, 月象은 초승달형식을 취하며 월을 상징하는 두꺼비를 그려 넣었다. 이와 같은 전통은 각종 종교의 조상에도 영향을 주었고, 조로아스터교나 힌두교 그리고 불교의 존상에 일월을 배치하거나 각종 神衆이 일월을 두 손에 수지하고 있다.

일월의 배치는 불신에도 적용되고 있다. 비로자나불로 불리는 '우주적 존재로서의 불상'에서 신체에 묘사된 일월은 불교의 사상적인 측면이나 경전적인 해석도 가능하지만 본존의 우주적인 권능을 보강해준다. 코탄과 키질 38굴에서 부처는 불신에 불교적인 우주관을 묘사함으로써 이와 같은 설명을 시도하고 있다〈그림 167〉. 일월은 보통 부처의 어깨 상단 좌우측에서 볼 수 있는데, 日은 태양의 모습이며 月은 초승달로 사실적으로 표현하였다. 불신에 직접 표현된 일과 월은 불교 호법신으로 볼 수 없으며, 일신과 월신의 밀교적인 권능과도 다르다.

제285굴에서 불교적 천상세계는 천
정에 조성되었고, 서벽의 일신과 월신
은 본격적인 본존의 좌우 협시신중으로
볼 수 있다. 석굴에서 서벽에 배치된 일
월신은 자연신의 한계를 넘어선 보살과
같이 신격화 되었으며, 다른 힌두교계통
의 신중과 함께 본존을 외호하는 방위

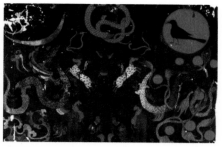

〈그림 166〉 마황퇴의 백화문 상단(부분), 일월신,
후난성 8사시 발굴, 중국, 西漢

적 성격도 지니고 있다. 일월신과 日神
衆은 상투를 틀고 가부좌를 하였으며, 상반신을
벗고 천의를 입어 복식이 현지화 즉 漢化되었다.
그러나 月神衆은 인도의 바라문 형상으로 새로
운 도상을 창출하고 있다. 서벽에서 사천왕은 명
광갑을 착용하고 기타 신중은 일월수지 및 교각
의 자세를 취하여 이란지역의 영향이 두드러지
나, 일월신은 중국과 인도, 그리고 이란의 영향이
동시에 나타나고 있다.

〈그림 167〉 불신에 표현된 일과 월,
키질38굴의 비로자나불, 코탄

일신의 운반체는 3마리의 거위가 끌고 있고,
월신의 운반체는 3마리의 사자가 끌고 있다. 이와 같은 운반체의 등장은 전술한
중국 전통의 신화가 반영된 모습이다. 그러나 운반체를 끌고 있는 天空의 사자는
인도미술의 특징이다. 운반체는 七曜를 담당하고 있는 7존의 일신을 교대로 태우
고 인간세상의 낮을 주관하고, 밤은 월신의 영역으로 월신의 운반체는 9존의 월신
을 태우기 위하여 마련하였다는 가설을 세울 수 있다. 제285굴의 일신 권속인 일
신중의 존재나 월신중은 쿠차나 간다라지역에서는 조성되지 않았으며 불교의 동
전과정에서 밀교화된 대승불교경전의 영향으로 보인다. 5-6세기 경 중앙아시아

지역에서 佛의 좌우보처에서 신격화된 일월신이 우주관이 반영되며 불교사상적으로 더욱 분화되었다. 고대인에게 태양과 달은 일주일 단위(7일)로 우주를 순행하며 매일 새로운 모습으로 나타난다고 가정하였다. 태양에 비하여 달의 모습은 어둡고 초라하게 표현했으며, 월신중에는 월신의 妃를 등장시켜 대지의 생산과 관련 있는 월신의 성격을 암시하고 있다.

이와 같은 관점에서 제285굴의 일신과 일신중을 합하여 7존의 의미는 七曜를 뜻하며, 일신중은 일신의 마차를 탈 차례를 기다리며 우수를 펴서 말고삐를 잡을 태세를 취하고 있다. 월신은 일신의 도상을 차용하였으나 월신중은 의인화 과정에서 어둡고, 초라한 달의 이미지에 부합한 늙은 바라문의 형상이 채택되었다. 월신중은 조로아스타교의 중요한 신 娜娜女神과 관련하여 해석한 논고[43]가 존재하며, 제285굴의 서벽도상과 조로아스터교의 관련성을 뒷받침하고 있다. 월천비는 『梵天火羅九要』『七曜攘灾決』 등 경전에서 기술한 "월천은 항상 월천비와 함께 다니며 12궁宮 18수宿를 권속으로 삼는다"는 밀교계통 경전의 내용이 조성에 참고 되었다.

일신은 후대에 밀교에서 '일광변조소소재보살'로 불린다. 일신은 태양신으로 해를 의인화한 인격신을 종교적 대상으로 신격화 하였다. 일신의 권능은 광명으로 낮과 밤을 창조하여 모든 생물에게 생산력과 힘과 용기를 주어 활기차게 만들고 병과 게으름을 물리친다고 한다. 또 일신은 "매우 찬란하게 밝은 광명을 내며 새벽의 신 우샤(Usas, 일천의 妃)를 따라가며 밝은 광명을 낸다고 보살의 권능을 구체화 하고 있다. 밀교계통의 경전에서 일신의 도상은 하늘 옷을 입고 일곱 말이 끄는 마차를 타며 좌우 손에 연꽃을 수지한다"고 說하고 있다.

---

43) 姜伯勤, 『中國祆教藝術史研究』, 北京:三聯書店, 2004, pp.56~67.

월신은 후대에 밀교에서 '월광변조소재보살'로 불린다. 월신은 인간의 마음을 지배하고 언어를 활성화하여 치명적인 병을 고치고 기쁨을 주며 인간을 불멸의 축복을 받는 세계로 인도하고 무서운 신통력을 지닌 성자로 만들어 주기도 한다. 세계를 창조하고 비와 강물을 지배한다. 월신은 불교에서는 인간의 번뇌와 괴로움을 제거하는 신이 되었다. 특히 밀교에서는 불법을 옹호하는 팔방천·십이천 중의 하나로 日神과 대비하여 만다라에 배치하였다. 보통 月天妃와 함께 다니며 12궁宮 18수宿를 권속으로 삼는다. 금강계와 태장계 만다라에는 일곱 마리 또는 세 마리의 거위가 끄는 수레 위에 앉아있고, 半月帳 또는 연꽃을 손에 쥐고 있는 모습으로도 표현된다.

돈황석굴 제285굴의 서벽 좌우상단에 배치된 일월신중은 하늘의 해와 달을 상징하며 불법의 세계를 주관하고 본존을 호위하는 역할을 맡고 있다. 현재까지 일신의 기원에 대하여 도교미술의 영향이나 南斗6星과 北斗7星으로 보기도 하며[44] 祆敎의 미트라 신이 태양신으로부터 유래했을 가능성[45] 등도 거론되고 있다. 또 서역의 일신이 영향을 주었으며 고대 인도의 수리야 천신으로부터 유래하였다는 등 다양한 논고가[46] 있다. 그러나 285굴의 일월신은 초기밀교의 형성과정에서 그리스의 아폴론, 메소포타미야의 샤마쉬, 베다의 수리아와 중국 전래의 일월신이 불교 우주관을 바탕으로 복합적으로 작용하였을 가능성이 많다.

---

44) 佐佐木律子, 「莫高窟第285窟西壁內容解釋試論」, 『日本藝術』 142, 1997.

45) 姜伯勤, 『中國祆敎藝術史硏究』 北京, 三聯書店, 2004(필자는 아리안족의 숭배신인 수리야는 조로아스타교에서 미트라신으로 흡수하여 우주 창조신 아후라 마즈다와 함께 3대 神 중 한 신이 되었다고 주장); 張元林, 「論幕高窟第285窟日天圖像的栗特藝術原流」, 『敦煌北朝石窟藝術史硏究』, 제3기 敦煌學輯刊, 2007, pp.161~168.

46) 買應逸, 祁小山 『印度到中國新疆的佛敎藝術』, 감숙교육출판사, 2002, pp.56~89; 賀世哲, 『敦煌圖像學硏究-十六國北朝券』, 난주:甘肅敎育出版社. 2006, pp.322~327.

2. 마혜수라천상

1) 마혜수라천상

285굴의 서벽 상단에 그려진 일월신중 아래 본존을 중심으로 좌우에 각 6존의 연화화생 공양보살이 두광과 보관을 갖추고 나열되어 있다〈그림 168〉. 상의는 나신으로 천의와 치마를 둘렀으며, 자유로운 표정과 동작을 구사하며 신을 향하여 찬양하는 몸짓을 보이고 있다. 본존 좌우에는 이례적으로 힌두교에서 가장 중요한 3신 중 2신이 협시하고 있다. 본존의 좌측 즉, 북측에는 그의 탈것인 소와 코끼리 형상의 아들을 고려할 때 시바신이며〈그림 169〉, 우측은 수지하고 있는 지물로 미루어 비슈누신으로 보고 있다. 현재 서벽 힌두교의 중요한 3신 중 브라만신은 보이지 않는다. 시바신과 비슈누신은 모두 하단에 2인의 권속을 거느리고 본존을 향하며, 각종 지물을 수지하고 좌우보처에서 협시의 역할을 하고 있다. 각 신장의 측면에는 명패가 존재하나 글자가 지워져 식별이 불가능하다.

본존 좌측에 좌정한 피부색이 검은 시바신은 3면6비상으로 두광을 갖춘 교각형식의 좌상이다〈그림 170〉. 인도에서 검은 색은 악마를 퇴치하는 색으로 시바를 상징하고 있다. 화려한 페르시아식의 보관 상단에는 力士로 보이는 인물이 부풀은 포대를 등에 지고 있다.[47] 시바의 본 면은 천왕형식으로 좌우 2면은 본 면에 비하여 크기가 작으나 용맹한 무사형식으로 상투와 머리색이 서로 다르며 피부색도 약

---

47) 賀世哲, 『敦煌圖像學硏究-十六國北朝券』, pp.321~327: "마혜수라천신의 두광에 기악천신을 두었는데, 마혜수라천신과 제 천녀가 가무를 즐기며 신통변화를 일으키는 모습이며, 화생천녀는 용모단정하고 기예제일로 모든 천신 중 으뜸이다. 머리에서 튀어나온 기악천은 舞의 왕 또는 舞의 신의 상징이다"며 기악천신일 가능성을 발표하였으나 좀 더 복잡한 경로를 주장하며 풍신이라는 새로운 해석이 있다. 마혜수라천의 풍신은 마혜수라천의 성격을 규명하는 중요한 문제다. 본문 Ⅳ-4, 소그드인의 종교와 마혜수라천 참고.

〈그림 168〉 돈황석굴 제285굴의 서벽, 서위 538, 539

〈그림 169〉 마혜수라천과 두 아들. 285굴
의 서벽, 서위 538, 539

〈그림 170〉 마혜수라천. (賀世哲 模寫圖)

간의 차이를 두고 있다. 우측 얼굴은 콧수염이 보이며 머리는 검고 상투를 틀었고, 좌측 얼굴은 머리는 녹색으로 역시 상투를 틀었다. 시바의 좌우 면은 분노존상으로 볼 수 있다. 시바의 본 면에는 제3안이 있을 가능성이 많은데 현재의 화면으로는 확인이 불가능하다.

시바신의 6개 팔의 색상은 3면의 얼굴색과 일치하는데, 3면6비가 同體로서 서로 다른 肢體를 가지고 있음을 보여주고 있다. 녹색머리 좌면의 두 팔은 위로 향하여 둥근 원을 수지하는데, 이 경우 지물은 대부분 일과 월을 상징한다. 일과 월은 상대적으로 크고 선명하나 일상과 월상은 현재 지워져 식별이 불가능하다. 검은색 머리에 분노형상인 우면의 두 팔은 주먹을 쥐고 창과 같은 무기를 수지하고 있어, 시바신의 폭력적인 성격을 암시하고 있다.

시바는 두 팔을 가슴 앞에 두고 미상의 물건을 수지하고 있다. 우수의 지물은 박락되었고, 좌수는 작은 크기의 활을 들고 있다(현재 박락된 우수의 지물은 운강석굴의 경우 포도를 수지한다). 상의는 나신으로 목 부근에 망토를 착용하였고, 하의는 흰색 치마를 둘러 흑백의 대비를 보여주고 있다. 하의의 중앙부분을 돌출시켜 시바신의 상징인 링가를 표현하고 있다. 시바의 6개 팔 사이에 동일한 푸른색 천의가 휘날려 서로 다른 異體지만 同體임을 나타내고 있다. 시바의 우측 무릎 뒤에 녹색 소의 머리가 보이는데 시바의 탈것인 난디며, 시바는 난디의 등 위에 앉아 본존을 주시하고 있는 형상이다. 경전에서 그를 마혜수라천이라고 호칭한다.

(1) 마혜수라천의 도상해석

대자재천(大自在天; 산스크리트어: Maheśvara, Mahāśvara, 팔리어: Mahissara)은 힌두교의 신 시바(산스크리트어: Śiva, 영어: Shiva)의 전통적인 불교식 명칭이다. 시바를 음역하여 마혜수라(摩醯首羅), 마혜수라천(摩醯首羅天), 마혜습벌라(摩醯

濕伐羅) 또는 막혜이습벌라(莫醯伊濕伐羅)라하며,[48] 대자재(大自在), 자재천(自在天), 자재천주(自在天王) 또는 천주(天主)로 의역한다.[49] 또는 상갈라(商羯羅, 산스크리트어: Śaṅkara) 혹은 이사나(伊舍那, 산스크리트어: Īśāna)라고도 하는데, 이 두 명칭은 시바의 다른 이름을 음역한 것이다. 불교의 12천신 중 伊舍耶天(isana)[50]도 舊譯의 마혜수라천이다. 구마라즙(344~413년)이 한역한 용수(150?~250?년)의『대

48) 『慧苑音義』「摩醯首羅, 正云摩醯濕伐羅, 言摩醯者此云大也, 濕伐羅者自在也, 謂此天王於大千世界中得自在故也.」『大智度論』卷2「摩醯首羅天, 秦言大自在. 八臂三眼, 騎白牛.」『大智度論』卷56「天王者, 四天處四天王, 三十三天王釋提桓因, 乃至諸梵天王, 梵天已上更無有王. 諸天, 是欲界天, 諸梵, 是色界天, 伊賒那, 是大自在天王并其眷屬.」
49) 大自在天: dàzìzàitiān (出處:『佛光電子大辭典』)
解釋: 梵名 Maheśvara, 巴利名 Mahissara. 音譯作摩醯首羅, 莫醯伊濕伐羅. 又作自在天, 自在天王, 天主. 傳說為嚕捺羅天(梵, Rudra)之忿怒身, 因其居住地之不同, 又有商羯羅(梵, Śaṅkara), 伊舍那(梵 Īśāna)等之異名. 然濕婆神進入佛教後, 即成為佛教之守護神, 稱為大自在天, 住在第四禪天. 其像為三目, 八臂, 騎白牛, 執白拂之天人形, 有大威力, 能知大千世界雨滴之數, 獨尊於色界. 密教將此天視同伊舍那天, 為十二天之一. 供養十二大威德天報恩品(大二一 · 三八四上):「伊舍那天喜時, 諸天亦喜, 魔眾不亂也. 舊名摩醯首羅也. 佛言若供養摩醯首羅已, 為供養一切諸天. 此天瞋時, 魔眾皆現, 國土荒亂. 此天形像種類很多, 有二臂像, 四臂像, 八臂像, 更有十八臂像, 然不多見. 列位在現圖胎藏界曼茶羅外金剛部西邊之西南隅, 羅剎眷屬之左外, 身呈赤黑色, 右手開肘豎掌, 屈中, 無名, 小等三指, 左手作拳, 執三股戟向右, 乘青黑水牛, 左腳下垂.〔梵網經卷上, 大教王經卷十一, 守護大千國土經卷下, 大吉義神咒經卷四, 俱舍論卷七, 慧琳音義卷二十六, 胎藏界七集卷下〕(參閱「大自在天外道」784)頁數: p783.
50) 이사나는 시바신의 다섯 얼굴을 하며 이는 우주의 다섯 가지 양상을 상징한다고 한다. 하늘을 향한 얼굴은 하늘을 지배하는 힘과 완전한 자유를 수여하는 모습이며 어둠을 유발시키는 강제적 폭력을 나타내며, 동향의 얼굴은 공기를 지배하는 힘이며, 남향의 얼굴은 불을 지배하고 우주를 새롭게 하며 북향의 얼굴은 물을 지배하고 생물체를 보호하며 서향의 얼굴은 창조의 힘을 상징하며 이와 같은 권능은 시바신의 5가지 권능으로 알려져 있다. 이사나에 대하여『대지도론』에는 '시바의 변화신은 삼계에서 가장 自在한 천신이며 三千大天世界에 내리는 비를 다 헤아리고 三臂三目에 흰 소를 타고 흰 佛子를 들고 있는 모습을 취한다.'고 하여 이사나천의 도상이 다르며 大自在天神의 의미를 부여하고 있다. 이사나천은 본 논문 Ⅶ장에서 자세히 거론된다.

지도론』(402~406년) 제2권에서 마혜수라천(摩醯首羅天)이라고 음역하고 있으며, 중국어로 의역하면 대자재(大自在)가 된다고 적고 있다.[51] 여기서 천(天)은 산스크리트어 데바(deva)로 제바(提婆)라고도 음역되는데, 불교의 세계관에서 데바는 六度가운데 천상도에 거주하는 신중들로, 신적인 자재력 즉 권능 또는 역량을 갖춘 신이며, 천인[52](天人, 산스크리트어: apsaras)으로도 호칭한다.

힌두교에서 주요 3대신은 브라만, 비슈누, 시바로 보며, 브라만[53]은 우주를 창조하였고, 비슈누는 유지하는 신이며 시바는 파괴하는 신으로 알려져 있다. 시바는 『리그베다』(기원전 1700~1100년)에 등장하는 바람과 폭풍우의 신 루드라(Rudra)의 별칭이며 존칭이었다. 루드라[54]는 『리그베다』에 '루드라의 아버지' 'Father of

---

51) 용수, 구마라즙 한역(T.1509), 제2권. p.T25n1509_p0073a02 - T25n1509_p0073b06.(佛陀).(용수지음, 구마라습 한역, 김성구 번역(K.549, T.1509), 제2권. pp.91-93 / 2698. 불타(佛陀). 참조.) "復名「佛陀」(秦言「知者」). 知何等法? 知過去, 未來, 現在, 衆生數, 非衆生數, 有常, 無常等一切諸法. 菩提樹下了了覺知, 故名為佛陀. 問曰: 餘人亦知一切諸法, 如摩醯首羅天,(秦言「大自在」)八臂, 三眼, 騎白牛. 如韋紐天(秦言「遍悶」), 四臂, 捉貝持輪, 騎金翅鳥. 如鳩摩羅天, (秦言「童子」)是天擎雞持鈴, 捉赤幡, 騎孔雀, 皆是諸天大將. 如是等諸天, 各各言大, 皆稱一切智. 有人作弟子, 學其經書. 亦受其法, 言是一切智. 答曰: 此不應一切智.

52) 천인(天人, 산스크리트어: devamanuṣya)은 천(天, 산스크리트어: deva)과 인(人, 산스크리트어: manuṣya), 즉 천상도의 정령과 인간도의 유정을 통칭하는 낱말로도 사용된다.

53) 힌두교에서 브라흐마의 도상은 4개의 머리를 가지며, 4개의 손에 각각 물 항아리, 활, 널빤지, 베다성전을 수지하며 백조를 타고 있다. 대승불교에서 이른 시기부터 제석과 함께 佛의 주요협시로 영입되었다. 불교미술에서 브라만의 도상은 덥수룩한 머리와 수염을 기른 바라문의 형상을 하고 있다.

54) 루드라(Rudra)는 힌두교의 리그베다의 신들 중의 하나로 바람과 폭풍우의 신이며 또한 사냥의 신이다. 루드라는 서양에서 '포효하는 자(The Roarer)' 또는 '울부짖는 자(The Howler)'라고 번역되었다. 산스크리트어 형용사 시바(Śiva)의 뜻은 '친절한(Kind)'인데, 이 시바(Śiva)라는 형용사는 《리그베다》에서 친절하면서도 또한 난폭한 신, 즉 루드라에 대해 호칭으로 사용되었다. 즉, 루드라는 친절하다(Kind: 바람과 비)는 뜻에서 '시바(Śiva)'라고도 불리었고, 난폭하다(Terrible: 폭풍과 폭풍우)는 뜻에서 '고라(Ghora)'라고도 불리었는데, 이 중에서 친절

the Rudras'로 기록되었으며, 폭풍의 신이며 공포와 파괴의 신으로 알려져 있다. 시바는 『베다』의 신 루드라와 많은 특징을 공유하며, 힌두교 성전도 시바와 루드라는 同格으로 묘사되었다. 이와 같은 배경에서 시바의 기원은 원래 자연현상의 파괴적이고 거친 면을 신격화한 것으로 볼 수 있다. 시바는 인드라뿐만 아니라 미트라, 아그니의 별칭으로도 사용되고 있으며, 이와 같은 시바의 수많은 별명을 통하여 시바의 다양한 성격이 드러난다.

인도서북부 인더스강 유역의 모헨조다로 유적에서 '요기(yogi)'나 시바의 원형(proto-Shiva figure)으로 판단되는 인물像이 새겨진 封印이 발견되었다〈그림 171〉. 모헨조다로유적에서 발견된 대부분의 봉인은 동물의 형상을 새기었으나, 이 인장에서 '인물의 형상'이 최초로 나타나 학계의 주목을 끌었다.[55] 초기 발견자에 의하여 인장에 새겨진 인물은 '城主(lord of cattle)'[56]로 명명되었는데, 이 인물은 뿔이 달린 모자를 쓰고 선정의 자세를 취하며 링가

〈그림 171〉 시바의 원형. 모헨조다로출토, 인장(seal), 하라파, 기원전 2100~1750년. E, 뉴델리박물관

를 강조하고 있는 특징이 있다. 존 마샬경과 수잔 헌팅턴과 같은 학자들은 이 인물

하다는 시바라는 별칭이 주로 사용되었다. 후대에는 시바라는 별칭이 원래 이름인 루드라보다 더 널리 사용되었고, 베다시대 이후에는, 특히 산스크리트 서사시(Sanskrit Epics)에서 루드라 라는 이름과 시바라는 이름은 동의어로 받아들여졌으며, 두 이름은 동일한 신을 가리치는 호칭으로 서로 혼용되고 있다.

55) Kenoyer, Jonathan Mark, *Ancient Cities of the Indus Valley Civilization*, Karachi: Oxford University Press, Singh, S.P., 1998; *Rgvedic Base of the Pasupati Seal of Mohenjo-Daro*(Approx 2500-3000 B.C.), Puratattva 19, pp.19~26.

56) Mohenjo-daroPashupati.

〈그림 172〉 시바링가, 구디말람, 안드라프라데쉬, 인디아, 기원전 1세기(1.5m)

에 대하여 "시바의 원형으로 보며, 3개의 얼굴을 가지고 요가자세인 결가부좌를 취하고 있다"고 주장하였다.[57] 그러나 일부 비판적인 학자들은 봉인의 모티프를 소와 같은 동물로 보았으며, 동물숭배와 같은 '신성한 소의 신'으로 해석하고 있다. 다른 학자들은 시바와 파르바티의 아들로 알려진 무르간으로 보기도 한다.[58] 모헨조다로 유적에서 당시 신격을 소유한 인물이나 신을 인장에 새겼을 가능성은 충분하다. 그러나 고대 인더스문명은 루드라가 최초로 언급된『리그베다』보다 시기적으로 선행하며, 후대에 힌두교에서 재창조된 시바와 같은 특정신은 존재하지 않았다고 본다.

의인화된 시바상은 인도 안드라프라데시주 구디마람사원의 '링가-시바상'〈그림 172〉을 최초로 보나, 슝가시대(기원전1세기) 작품으로 알려진 이 像도 논란이 있을 수 있다.[59] 그러나 박트리아-쿠샨시기에 제작된 동전에 새겨진 시바로 알려진 인물상〈그림 173〉은 명문과 도상이 비교적 확실하여 참고가 된다. 동전에서 시바는 탈것인 소가 표현되었고,

---

57) Ranbir Vohra, *The Making of India: A Historical Survey*, M.E. Sharpe, 2000, p.15; Grigoriĭ Maksimovich Bongard-Levin, 1985; *Ancient Indian Civilization*, Arnold-Heinemann. p.45. Steven Rosen, Graham M. Schweig, 2006. 'Essential Hinduism'. Greenwood Publishing Group.p.45. Huntington, 1985, The Art of Ancient India, Weather Hill, pp.18~24.

58) Srinivasan, Doris Meth, *Many Heads, Arms and Eyes: Origin, Meaning and Form in Multiplicity in Indian Art*, Brill Academic Pub, 1997; Mahadevan, Iravatham, *A Note on the Muruku Sign of the Indus Script in light of the Mayiladuthurai Stone Axe Discovery*, www.harappa.com, 2006.

59) Susan L. Huntington and John C. Huntington, *The Art of Ancient India: Buddhist, Hindu, Jain*, Weather Hill, 1985, pp.87-88.

〈그림 173〉(삼지창, 소, 링가가 표현됨), 박트리아—쿠샨동전, 2~3세기

〈그림 174〉 시바상(1면4비상) 석조, 간다라지역 출토, 쿠샨 2세기, 아프가니스탄 박물관

시바의 지물인 사슴[60]이나 북,[61] 그리고 유명한 삼지창 등을 들고 있다. 비슷한 시기의 간다라지역에서 출토된 토르소가 한 구가 전하는데, 이 석상에서 시바는 3면 4비상으로 이마에 제3의 눈이 있고 상체는 나신으로 허리부근에 도티와 같은 간단한 치마를 입었다〈그림 174〉. 오른손에 긴 삼지창을 들며 허리부근에 링가를 노출시켜 의인화된 시바의 도상적인 특징이 잘 드러나고 있다. 쿠샨시기의 시바는 다면다비를 표현했으나 분노상은 아니며 평범한 인도인의 모습을 하고 있다.

힌두교는 불교와 마찬가지로 『베다』를 계승했으나, 종교로서의 성립은 불교나 자이나교보다 늦으며 기원전 2세기 무렵부터 성립된 『라마야나』와 『마하바라타』그리고 『퓨나라』와 같은 서사시가 중요하다. 힌두교에서 의인화된 신의 造像 역시 대

---

60) 사슴(Deer) : His holding deer on one hand indicates that He has removed the Chanchalata of the mind(i.e., attained maturity and firmness in thought process). A deer jumps from one place to another swiftly, similar to the mind moving from one thought to another.

61) 북(Drum) : This is one of the attributes of Shiva in his famous dancing representation known as Nataraja. A specific hand gesture(mudra) called ḍamaru-hasta(Sanskrit for "ḍamaru-hand") is used to hold the drum. This drum is particularly used as an emblem by members of the Kāpālika sect.

〈그림 175〉 링가에서 현현하는 시바상,
바루파크샤사원, 인도, 촐라, 9~10세기

〈그림 176〉 시바링가의 9면, 카일라사나타 힌두
교석조사원, 엘로라석굴, 인도, 8세기

〈그림 177〉 시바상 바다미석굴 제1굴 우측
벽감, 카르나타카주, 남인도, 6세기 중반

승불교의 영향이 크며, 대체적으로 쿠샨시기부터 시작되었다.[62] 시바의 초기 조상
은 신의 형태를 구상적으로 표현하는 전통을 가지며 주로 링가형태의 검을 돌을
숭배하였는데, 차츰 링가에 시바의 얼굴을 새기거나 링가 주변에 시바의 얼굴을
배치하고 있다〈그림 175-6〉. 초기에는 원만형식의 1면이 유행하였으나 시바교의

---

62) 본문 Ⅲ-1, 2 쿠샨-굽타시기의 힌두교 조상 참조.

다양한 사상이 전개되면서 얼굴은 3면이나 5면이 되었고 표정도 점차 폭력적인 양상이 반영되었다. 후대에는 요니와의 결합상도 유행하였는데, 시바를 상징하는 링가와 탈것인 소 등은 호탄을 포함한 돈황의 마혜수라천상에도 계승되었다.

힌두교에서 시바는 처음에는 부와 행복, 길조를 의미하는 신이었으나, 나중에 힌두교의 3神 사상체계가 확립되며 창조와 파괴를 담당하는 신이 되었다. 시바를 최고신으로 숭배하는 힌두교 종파인 시바파에서 시바는 '춤의 왕'이라는 뜻의 나타라쟈(Nataraja)라는 별칭도 갖고 있다. 춤추는 시바상(Dancing Siva)은 링가와 함께 인도에서 시바신의 상징이 되었으나, 불교미술에서 나타라자와 같은 마혜수라천상은 전하지 않고 있다. 시바의 현란한 춤동작은 매우 유명하며 남인도 지역에서는 찰루키야나 촐라왕조시기에 유행하였다.

6세기 중반에 개착된 바다미석굴 제1굴의 시바상은 1면16비상으로 조각의 규모와 고부조의 예술성으로 유명하다〈그림 177〉. 제1굴은 시바의 링가가 존치된 석굴로 석굴 내부에는 시바의 탈것인 검은색 소가 조각되어 있다. 석굴 입구 우측 벽면에 조각된 시바는 화려한 보관을 착용하였고, 16개의 손에는 각종 지물을 들고 사각의 단위에서 춤을 추는 동작을 취하고 있다. 시바의 오른발 우측에는 그의 탈것인 소(난디)가 보이고, 좌측에는 장자인 가네샤가 기립해 있다. 가네샤 좌측에 북을 두드리는 인물을 묘사하였는데, 시바는 북의 장단에 맞추어 현란한 춤을 추고 있다. 힌두교에서 시바의 춤이 끝나는 날 우주는 소멸한다고 한다.

시바의 배우자는 雪山의 처녀(히말라야의 처녀) 우마(Uma: 시바의 첫 번째 배우자인 샤티와 두 번째 배우자인 파르바티의 다른 이름)와 광폭한 여신 두르가(Durga), 그리고 파괴의 여신 칼리(Kali) 등이 있다. 시바의 배우자는 시바사상이 확립되며 배우자의 숫자와 성격이 달라지고 있다. 시바의 성격과 권능은 주로 다면의 표정과 다비의 지물에 의하며 표현되지만, 서로 다른 배우자의 능력으로도 나타나며 여신을 통하여 인간에게 顯現하는 특징이 있다. 후대에 힌두교 시바의

<그림 178> 마혜수라천. 운강석굴,
5세기 후반

가장 큰 도상적인 특징은 오른손에는 삼지창이나 도끼를 들고 머리 위에는 초승달이 묘사되며, 5마리의 나가가 머리 위에서 호위하거나 해골목걸이 장식을 한다. 시바는 초기 상부터 대부분 눈이 3개로 표현되는데, 3번째의 눈은 시바의 이마에 있으며 마혜수라천과 같은 불교미술에도 적용되고 있다. 이 제3의 눈은 욕망을 재로 불사르는 것을 상징 한다.

앞에서 살펴본 바와 같이 고대 실크로드 지역에서 힌두교가 직접 숭배된 흔적은 없지만, 불교미술에서 마혜수라천의 초기 조상은 호탄과 돈황, 그리고 하서회랑의 종단에 위치한 북위의 수도였던 대동 지역에서 볼 수 있다. 마혜수라천이 조성된 운강 7, 8굴은 북위가 낙양으로 천도하기 이전인 460년에서 480년 사이에 개착되었으며,[63] 호탄의 단단 - 윌릭 유적은 이론이 있으나 6, 7세기경에 조성된 유적으로, 두 지역은 6세기 초 作인 돈황석굴 제285굴의 서벽 마혜수라천보다 반세기 정도 선행하거나 거의 동시대에 조성되었다.

서역을 포함하여 중국에서 발견된 최초의 마혜수라천상은 운강석굴로 석굴에서 마혜수라천은 본존의 협시가 아닌 내실의 입구에서 인왕과 함께 수문신장의 역할을 하고 있다. 운강석굴의 마혜수라천은 구마라천과 應身구도를 취하며 소 등에서 무릎 날기 자세를 취하고 있는 飛像이다<그림 178>. 비상으로 표현된 마혜수

---

63) 張炸, 『雲岡石窟編年史』, 文物出版社, 2006, pp.94~117.

라천은 인도 굽타시기 데오가르사원의 시바상
과 동일한 天神의 개념을 표현하였다.[64] 본 면은
화관을, 그리고 좌우 면은 끝이 뾰쪽한 유모관을
착용하였는데, 3면은 모두 원만상이며 손에는
일월과 활, 그리고 포도를 수지하고 있다.

다면다비의 형식과 일월, 활을 수지한 운강의
마혜수라천은 285굴의 마혜수라천상과 유사하
나 두 석굴의 마혜수라천상은 소의경전과 조성
주체, 그리고 전입경로 등이 다를 가능성이 많
다. 밀교미술의 특징은 다면다비와 분노존상의
채택여부로, 운강의 마혜수라천은 3면 모두 원
만상으로 본격적인 밀교조상으로는 볼 수 없다.

〈그림 179〉 마혜수라천 호탄, 6세기

그리고 조성 위치와 자세, 복식과 같은 양식측면에서도 돈황의 285굴과는 상당한
차이가 난다. 운강의 마혜수라천의 전파경로에 대하여 북전이 아닌 남전일 가능성
도 제기되고 있으나, 마혜수라천을 언급한 『대지도론』과 같은 경전의 번역시기와
장소를 고려할 때,[65] 북전의 경로를 통하여 유입되었을 가능성이 많다.[66] 그러나
불교의 동전을 고려할 때 종단에 위치한 대동에서 최초의 상이 발견된 점은 숙제
로 남고 있다.

호탄의 마혜수라천상은 고대 호탄국의 불교사원지를 중심으로 발견되는데, 주
로 사원 벽면에 그려진 대형 입불 주변이나 목판화의 형식으로 조성되었다. 입불

---

(64) 본문 Ⅲ-2. 굽타시기 힌두교조상 참조.
(65) 본문 Ⅵ 2-2. 소의경전 참조.
(66) 본문 Ⅲ-1. 쿠샨왕조의 힌두교신 참조.

주변은 주로 천불이 묘사되었고, 마혜수라천은 지신이나 니하연신 등과 함께 배치되어 불교의 호법신인 20천중의 일원일 가능성이 있다. 호탄지역의 마혜수라천은 대부분 3면4비의 좌상으로 링가를 강조하였으며 소를 표현하고 있다〈그림 179〉. 화관을 착용한 본 면과 신체는 검은색이며 좌우 면은 밝은 살색으로 변화를 주었고, 본 면과 우면은 원만상인데 비하여 좌면은 분노상인 특징이 있다. 돈황 제285굴의 마혜수라천상과는 인물의 표현이나 선묘가 유사하며 지리적으로 인접하여 조성 주체나 미술집단이 동일계열일 가능성이 있다. 그러나 호탄의 유적은 돈황에 비하여 본존을 위호하는 신중의 종류가 다르며 더욱 다양해 졌다.

목판화에서 마혜수라천은 이례적으로 불교뿐만이 아니라 조로아스터교의 아후라마즈다, 나나여신과도 함께 조성되었다. 목판화의 마혜수라천상은 조로아스터교의 풍신 베쉬팔카로 볼 수 있는데, 소그드인의 종교인 조로아스터교가 이 지역을 중심으로 신봉 되었다는 증거가 되고 있다. 불교의 마혜수라천과 조로아스터교의 베쉬팔카는 힌두교의 시바가 원형이며 도상도 동일하다. 이와 같은 현상은 소그드인과 관련 있으며 불교의 신이며 조로아스터교의 주요 신인 마혜수라천의 복합적인 사상을 반영하고 있다. 호탄 지역은 초기에는 쿠샨제국의 통치를 받았으며 대상로의 주요 거점으로 소그드인이 집단적으로 거주한 특색이 있다. 그러나 조로아스터교의 신이 불교 유적지를 중심으로 발견된 점은 숙제로 남아 있다.

고대 호탄지역과 돈황, 하서회랑, 그리고 운강석굴과 같은 실크로드 루트는 불교유적에서 힌두교계열의 신이 출토되는 一種의 벨트를 형성하고 있다.[67] 이 지역에서 출토되는 마혜수라천상은 모두 얼굴표정과 자세, 보관의 형식과 上手로 일월을 수지하는 이란미술의 특징이 나타나고 있다. 인도의 서북부지역을 중심으로 성

---

67) 키질이나 투르판지역을 포함한 실크로드의 북단지역에서 조로아스터교의 마혜수라천은 발견되고 있으나 불교의 마혜수라천은 아직까지 출토되지 않고 있다.

립된 쿠샨시기의 시바상이 실크로드와 같은 전파지역에서 종교사상과 민족미술의 영향을 받고 있다. 그러나 실크로드의 마혜수라천상은 인도 힌두교의 시바상과 양식적으로 차이가 나는데, 인도의 시바상은 전술한바 대부분 마투라를 계승한 굽타미술의 영향을 받고 있다.

불교미술에서 시바의 도상적인 특징은 다면다비로 주로 3면과 4비 혹은 6비가 유행하였다. 특히 다면을 통하여 신의 성격과 권능을 표현하는데, 3면 중 본 면은 주로 천왕형식이며, 좌우면은 분노존상으로 표현되는 경우가 많다. 천왕 형식은 신의 제왕적인 권능을 보여주며 분노 형식은 신에게 내제된 폭력적인 성격을 암시하고 있다. 분노존상은 밀교미술의 특징으로『베다』나 힌두교에서 영입된 시바나 하리티, 야차 등 폭력적인 신들에서 기인하였을 가능성이 많으며, 선신과 악신의 대립구조로 이루어진 조로아스터교의 최고신인 아후라 즉, 아수라의 이중적인 성격도 분노존의 원형으로 볼 수 있다.[68] 인도에서 시바의 분노상은 굽타시기 이후부터 시도되었으며, 실크로드 지역에서는 6세기 초에 개착된 돈황 285굴을 최초로 보고 있다. 두 지역의 선후관계는 현재로서는 분명하지 않으나 당시 실크로드지역에서 힌두교가 신앙되지 않은 점을 고려할 때 불교의 마혜수라천상은 쿠샨시기 이후 불교의 東傳과정에서 독자적인 경로를 통하여 형성되었을 가능성도 있다.

지금까지 출토된 실크로드 지역의 마혜수라천상은 대부분 5-7세기 작으로,『대지도론』,『금광명경』등 관련경전이 한역되면서 구체적인 마혜수라천의 조상이 유행하였다. 박트리아나 쿠샨왕조와 같은 異民族 국가의 통치행위와 만신을 수용하는 그리스적인 헬레니즘의 영향도 크며, 특히 대승불교의 밀교화는 민중의 요구를 수용하는 새로운 권능을 갖춘 신들이 필요했다. 부처는 시공간적인 영역을 확장하

---

68) 본문 Ⅵ-4, 분노존상의 기원 참조.

였고, 『베다』나 힌두교의 신도 경쟁적으로 수용하였다.

제285굴의 서벽 도상은 초기 대승경전에 포함된 밀교적인 요소를 集大成했으며 일월신중과 힌두교 호법신중, 그리고 사천왕과 파수선 등은 중요한 밀교미술의 소재로 唐 이후의 밀교미술에 꾸준히 등장하고 있다. 특히 마혜수라천은 후대에 밀교계통 변화관음의 28부 신중에 속하였으며 明王의 化身으로도 각광받았고, 대자재천의 이름으로 신중도의 우두머리로 존숭되고 있다.[69]

(2) 소의경전

인도에서 대승불교 중관학파의 개조로 알려진 용수(150?~250?년)[70]가 저술한

---

69) 大自在天: dàzìzàitiān(出處: 丁福保『佛學大辭典』).
   解釋: (天名)自在天外道之主神也. 梵語摩醯首羅訛略, 正為摩醯濕伐涅 Mahes/vara, 譯言 大自在. 在色界之頂, 為三千界之主. 此大自在天有二種: 一曰毘舍闍摩醯首羅, 一曰淨居 摩醯首羅. 毘舍闍為鬼類之名, 摩醯首羅論師之所祀, 有三目八臂, 乘白牛, 住於色界. 密教 以之為大日如來之應現. 彼又言此自在天現種種之形, 有種種之名. 韋紐天, 那羅延天等是 也. 提婆涅槃論明二十種外道中. 以之為第十五摩醯首羅論師. 涅槃經明六師外道中. 第五 迦羅鳩馱迦旃延之宗計是也. 中古以來至於今盛為印度所崇拜之西拔派之西拔神. 即為大 自在天. 以牛或男根為其神體之標幟.

70) 龍樹는 산스크리트어 Nāgarjuna로 대승불교를 연구하여 그 기초를 확립하여 대승불교를 크게 선양하였다. 용수는 인도에서 제14조이며, 공종(空宗)의 시조이다. 佛滅 후 6~7백년 경 (기원 후 2~3세기)의 남인도(혹은 서인도)사람으로 어려서부터 총명하여 일찍이 4베다, 천문, 지리 등 모든 학문에 능통하였다. 그의 주요저서에는 중론(中論) 4권, 대지도론(大智度論) 100권. 십주비파사론 17권, 십이문론(十二門論) 1권, 회쟁론(廻諍論), 라트나바리 등이 있다. 특히 중론(中論)에서 확립된 공(空)의 사상은 그 이후의 모든 불교사상에 깊은 영향을 끼쳤다. 즉, 실체(實體, 自性)을 세우고, 실체적인 원리를 상정(想定)하기 위한 바람직한 자세를 철두철미한 비판을 가하면서, 일체의 것이 다른 것과의 의존 · 상대(相對) · 상관(相關) · 상의(相依)의 관계(연기) 위에서만이 비로소 성립한다고 주장하였다. 그리고 그 상관관계 는 긍정적 · 부정적 · 모순적 상태의 여러 가지 형태로 나타나며, 어느 것에서도 독립적으로 존재할 수 없으며 공(空)의 상태에 이를 수 없는 반면, 궁극의 절대적 입장은 우리들의 일상 적 진리에 의해서만이 성립할 수 있으며, 이를 초월해서는 논의의 대상이나 표현의 대상이

『대지도론』[71] 제2권의 한역본(402~406년)에 마혜수라천(시바), 위뉴천(비슈누), 구마라천에 대하여 다음과 같이 說하고 있다.[72] '摩醯首羅天, (秦言「大自在」)八臂, 三眼, 騎白牛. 如韋紐天(秦言「遍悶」), 四臂, 捉貝持輪, 騎金翅鳥. 如鳩摩羅天, (秦言「童子」)是天擎雞持鈴, 捉赤幡, 騎孔雀, 皆是諸天大將.' 즉 '마혜수라천(摩醯首羅天, 진(秦)나라 말로는 대자재(大自在)라고 한다.)은 여덟 개의 팔, 세 개의 눈을 가지며 흰 소를 타고 있다. 위뉴천(韋紐天, 진나라 말로는 변민(遍悶)이다.)은 네 개의 팔을 가지며 소라(貝)를 쥐고 바퀴(輪)를 잡고서 금시조(金翅鳥)를 타고 있다. 구마라천(鳩摩羅天, 진나라 말로는 동자(童子)다.)은 닭을 높이 들어 올리고 요령(鈴)을 잡고 붉은 번(幡)을 쥐고서 공작을 탔다. 이들은 모두가 하늘의 대장들이다.' 『대지도론』의 산스크리트 원전은 전하지 않고 구마라즙(344~413년)의 한역본만 현존

될 수 없다는 것이다. 공(空)의 입장에서 본다면 어느 한쪽에 치우침이 없는 중도적 입장에 있었기 때문에 후세에 그의 학파를 중관파(中觀派)라고 불렀다. 용수는 또 용궁에 들어가 화엄경을 가져 왔다고 하며 남천축의 철탑을 열고 금강정경을 얻었다 한다. 그는 마명(馬鳴)의 뒤에 출세하여 대승법문을 성대히 선양하니, 대승불교가 그로부터 발흥하였으므로 후세에는 그를 제2의 석가, 8종(宗)의 조사 등으로 일컬었다.

71) 《大智度論》(梵文: Mahāprajñāpāramitāśāstra) 简称《智度论》,《智论》,《大论》, 亦称《摩诃般若波罗蜜经释论》,《摩诃般若释论》,《大智度经论》,《大慧度经集要》, 古印度佛教大德龙树菩萨(约三世纪)撰, 是大乘佛教中观派重要论著. 此论由鸠摩罗什(344-413)大师译成中文, 共100卷, 一百多万字. 包括《摩诃般若波罗蜜经》全文三十多万字, 鸠摩罗什对《摩诃般若波罗蜜经》的解释六十多万字. 几乎对佛教全部关键名词都给出了详细, 深入浅出的解释, 是佛经入门必读经典, 无现存梵本, 也没有藏文译本, 仅有汉文译本. 于后秦弘始四年(402年)在长安逍遥园 西明寺始.

72) 『대지도론』 제2권. 한문본 & 한글 본 「摩诃般若波罗蜜经释论序」『大智度论』(100卷)龙树菩萨 造, 后秦龟兹国三藏法师鸠摩罗什奉 诏译, 太虚圖書館藏; 如摩醯首罗天. (秦言大自在)八臂三眼骑白牛. 如韦纽天(秦言遍闷)四臂捉贝持轮骑金翅鸟. 如鸠摩罗天. (秦言童子)是天擎鸡持铃. 捉赤幡骑孔雀. 皆是诸天大将. 如是等诸天各各言大. 皆称一切智. 有人作弟子学其经书. 亦受其法. 言是一切智. 答曰. 此不应一切智. 何以故. 瞋恚憍慢心着故. 如偈说.

한다.

용수는 대승불교의 기틀을 만들고 밀교에서 개조로 존숭 받았던 인물이다. 그가 완성한『대지도론』에 등장하는 힌두교 계열의 신들은 대승불교가 시작되는 시기에 이미 편입되었으며, 용수가 기술한 바와 같이 불교호법신으로서 도상도 일정부분 완성되었음이 확인된다. 마혜수라천과 위뉴천, 그리고 구마라천은 산스크리트어의 음사로 한자 번역시 그 뜻에 대하여 각각 '대자재천', '변민', 그리고 '동자'라는 해석을 곁들이고 있어 주목된다. 용수의 생몰년을 고려할 때 기원 후 2세기경 대승불교가 유행하며 불상과 각종 보살상이 만들어 지는 시기에 힌두교신도 불교에 수용되면서 불교의 호법신장이 되었음이 유추된다.

『대지도론』에서 마혜수라천에 대하여 8개의 팔과 3개의 눈, 그리고 흰 소를 언급하고 있다. 285굴의 마혜수라천은 얼굴이 검은색으로 3개의 눈은 확인되고 있지 않으나 6개의 팔과 3개의 머리를 가지며 소를 타고 있어, 경전의 내용과 상당한 유사성을 보여주고 있다. 위뉴천에 대하여도 네 개의 팔과 지물인 소라와 바퀴를 언급하여 285굴의 나라연천의 지물(나라연천의 흑색 좌면의 두 손에 소라와 바퀴를 수지하고 있다.)과도 일치하고 있다. 경전에서 비나가야천은 언급하지 않았지만 마혜수라천의 우측에 좌정한 구마라천을 '童子'로 의역하고, 그의 탈것과 지물을 언급하고 있다. 이와 같이『대지도론』에서 언급한 불교에서 수용한 힌두교 신장들의 도상은 호탄지역이나 돈황 막고굴 285굴의 조성에도 영향을 미치고 있다.

『經律導相』권1도 '마혜수라천은 3개의 눈을 가진 神'으로 說하고 있으며,『迦樓羅及諸天密言經』은 마혜수라천에 대하여 '3개의 얼굴을 가지며 정면이 천왕형이며 우면은 야차형, 그리고 좌면은 천녀형'으로 기록하고 있다.[73]『대지도론』권2와

---

73) 般若力「迦樓羅及諸天密言經」『大正藏』제21책. 제33항, 大正藏CBETA전자불전V1,14. p0334a29/b07(1278) 罽賓国,「迦楼罗画像法」,『迦楼罗及诸天密言经』一卷, 唐三藏大德般

『경율도상』권1에는 마혜수라천의 팔이 8개로 기록되었고『迦樓羅及諸天密言經』에서는 4개로 기록을 남겨 285굴의 6개와는 다르게 說하고 있다. 285굴의 마혜수라천은 보관을 착용하고 있는데, 3면 중 정면상은 천왕형이며 얼굴의 표정은 단정 엄숙하다. 좌측면은 보살형식으로 수려하고 선하며 우측 얼굴은 야차형의 흉악 분노형으로『迦樓羅及諸天密言經』의 내용과 유사하여, 285굴의 서벽의 내용이 밀교 관련 경전과 관련 있음을 시사하고 있다.[74]

『금광명경』은 호세3부경(『법화경』,『금광명경』,『인왕경』)에 속하며 대승불교경전에서 가장 영향력 있는 경전 중 하나이다. 경전에서 說하고 있는 바, 이 경전을 지니고 염송하면 "불사의한 護國移民의 공덕을 쌓게 되고, 나라에 기근과 질병, 전란이 사라지고 땅이 풍요하고 백성이 즐겁다"하여『금광명경』을 호국경전이라고 칭하였다. 경전에서 호법신은 주로 4천왕을 비롯하여 대범천왕, 33천왕, 호세4천왕, 금강밀적, 귀신제왕, 긴나라, 아수라왕, 가루라왕, 대변천왕, 공덕천신, 견우지신, 마혜수라, 귀자모 등 각종 천신 등이 등장하고 있다. 이 경전에서 마혜수라천에 대하여 대자재귀신의 종류로 2개의 눈과 8개의 팔을 가졌다고 언급하고 있다.[75]

若力译.

"于尊左右各各四龙王. 左边惹野天王. 即大自在天王也. 通身青色. 三面正面作天王形. 右边头如夜叉形. 而见忿怒相. 露出牙齿. 左边头作天女形. 美貌红白. 三面皆具天眼蠡髻宝冠. 首圆光而作赤色. 四臂左上手柱三股叉. 下掌金君持瓶. 右上手持花供养本尊. 下持数珠当心. 严以天衣璎珞. 俨然而立."

74) T1278_.21.0334b01-07: "即大自在天王也. 通身青色. 三面正面作天王形. 右邊頭如夜叉形. 而見忿怒相. 露出牙齒. 左邊頭作天女形. 美貌紅白. 三面皆具天眼蠡髻寶冠. 首圓光而作赤色. 四臂左上手柱三股叉. 下掌金君持瓶. 右上手持花供養本尊. 下持數珠當心. 嚴以天衣璎珞. 儼然而立. 於右邊龍王等次上. 畫尾惹野天王."

75) 『금광명경』「사천왕품」제6: "普照我等四天王宮殿与釋梵天王宮殿. 此时, 大辩天神, 功德天神, 坚牢地神, 散脂鬼神, 最大将军, 二十八部鬼神大将, 摩醯首罗, 金刚密迹, 摩尼跋陀鬼神大将, 鬼子母与五百儿子周匝围绕天王宫殿, 分享人间国王回向施子法盆妙香. 阿耨达龙王, 娑竭罗龙王等龙众, 于自宫殿中各个分享人间国王回向施子法盆妙香, 并观见香

밀교에서도 마혜수라천신을 대자재천으로 부르는데 "하고자 하는 바를 마음대로 할 수 있는 신통함을 지녔다"는 뜻으로 『다라니집경』 권2에 "典領三千大千世界 鬼神帝王…(중략)…摧伏外道及諸邪見… 悉令靡伏 安住正法…(후략)"라고 기재되어 있다.[76] 즉 "삼천대천세계에서 마혜수라천은 귀신제왕을 거느리고, 외도와 각종 사악한 견해를 물리치며, 정법을 행하는 신"으로 "무릇 참선을 행하거나 재난을 막기 위해서는 마땅히 정성을 다하여 마혜수라천을 공양하고 그 神呪를 염송해야 하며 마혜수라천신은 여의보주의 힘으로 하고자하는 소원을 이룬다"고 한다. 밀교에서는 매월 11일, 26일 양일은 마혜수라천이 내려와 지상을 순시하는 날로 그를 위하여 사택을 세우고 가람 전탑에 공양해야 한다고 전한다.

馬鳴菩薩 著, 鳩摩羅什 漢譯本인 『大莊嚴論經』 제1권에[77] "건타라국(乾羅國)의 어떤 장사꾼이 마돌라국(摩突羅國)에 이르렀는데, 그 나라의 복판에 佛塔이 하나 있었다. 장사꾼 무리 가운데 한 優婆塞가 날마다 그 탑에 가서 공경히 예배를 드렸는데, 탑을 향해 가는 길에 여러 婆羅門들이 이 우바새가 불탑에 예배드리는 것을 보고 모두 함께 비웃었다. 중략, 그 때 마침 불탑에 예배드리고 돌아오는 우바새를

气云盖光明普照. 人间国王回向施子法益妙香, 所形成的香气云盖光明, 还能普照一切天人居住的宫殿. 散脂鬼神, 八部鬼神之一, 从闻经欢喜能护佑受持佛法的人而得名. 最大将军, 为统领诸天大将的总帅. 摩醢首罗, 为大自在鬼类之名, 有二目八臂."

76) 『다라니집경』 권2 『대장정』 제21책 제5, 8, 9항.

77) T0201_.04.0257a19-05: (一) 説曰. "我昔曾聞. 乾陀羅國有商賈客. 到 摩突羅國. 至彼國已. 時彼國中有一佛塔. 衆賈客中有一優婆塞. 日至彼塔恭敬禮拜. 向塔中路有諸婆羅門. 見優婆塞禮拜佛塔皆共嗤笑. 更於餘日天甚炎熱. 此諸婆羅門等食訖遊行而自放散. 或在路中. 或立門側. 有洗浴者. 有塗香者. 或行或坐. 時優婆塞禮塔迴還. 諸婆羅門見已喚言. 來優婆塞就此坐語. 優婆塞言. 爾今云何不識知彼摩醢首羅毘紐天等而爲致敬. 乃禮佛塔得無煩耶. 時優婆塞即答之曰. 我知世尊功德少分. 是故欽仰恭敬爲禮. 未知汝天有何道德. 而欲令我向彼禮乎. 諸婆羅門聞是語已. 瞋目呵叱. 愚癡之人. 汝云何不知我天所有神德. 而作是言. 諸婆羅門即説偈言."

바라문들이 보고서 자리에 앉히고는 이렇게 말하였다. '그대는 지금 어찌하여 저 摩醯首羅天과 毘紐天 등에게 극진히 예경할 줄 모르고, 불탑에 예배하여 번뇌가 없기를 구하는가?'" 이와 같은 역경의 내용을 통하여 인도 서북부지역의 마혜수라천의 신앙은 불교보다 힌두교신앙과 더욱 관련 있어 보이며, 현장의『대당서역기』에서도 마혜수라천이 수차 언급되고 있으나, 마혜수라천의 자세한 성격이 바라문신인지 불교에 전입한 신이지에 대하여는 상세하지 않다.

인도나 인도의 서북부지역의 초기 불교유적에서 시바와 관련된 유물은 현재까지 보고된 적이 거의 없다. 힌두교의 3신 중 브라만은 당시 인드라와 함께 佛의 협시신중으로 수용되었다. 시바나 비슈누가 佛의 협시나 호위신중으로는 조성되지는 않았다고 본다. 마혜수라천이 언급된 용수의『대지도론』은 3세기경에 완성되었으나, 原典은 현재까지 전하고 있지 않다. 용수의『대지도론』등 마혜수라천이 언급된 경전이 한역된 시기를 고려할 때, 불교에 수용된 시바 즉 마혜수라천은 중앙아시아 등 특정지역을 중심으로 5세기 이후부터 신앙되었으며, 조상활동도 5-6세기의 운강과 돈황, 그리고 호탄지역을 중심으로 이루어졌다.

2) 소그드인의 종교와 마혜수라천

(1) 소그드와 소그드인의 종교

소그드(Sogd)인은 중앙아시아의 제라프샨 강 유역을 중심으로 소그디아나 지방에서 활동한 이란계 원주민으로 본래 '스키타이'라고 불렸으며, 스키티안(Scythian), 스쿠드라(Skudra), 소그디아(Sogdian), 사카(Saka)[78] 라고도 한다. '소그드'란 명칭은

---

78) 이란계 유목민족으로 동유럽에서 신장까지 유라시아의 평원을 이동하며 살던 종족으로 고대 페르시아시대에서 중기 페르시아시대까지의 명칭이다. 아케메네스 제국 당시에는 페르시아에게 사카족의 많은 영역이 복속되었다. 고대 그리스인은 '사카'족을 '스키타이'로 불렀

페르시아 다리우스 대제 때 조성된 비스툰銘文(기원전 519년)[79]에 처음으로 언급되었는데, 오늘날 우즈베키스탄의 사마르칸트지역을 근거지로 활약한 고대민족을 이른다. 銘文은 아케메네스 왕조(기원전 550~330년)시절 페르시아제국의 통일에 관한 기사가 대부분으로 '소그드'는 왕조의 태수령(satrapy, 로마의 속주에 해당) 23개국 중 18번째 나라로 등장한다. 소그드인은 독립성이 강하고 전쟁을 좋아하여 아케메니아 페르시아의 북부와 동부국경을 유목민인 스키타이인으로부터 지켜냈다.

페르시아가 알렉산더의 침공으로 멸망하자 기원전 327년[80]에 알렉산더에 복속된 소그드지역은 디오도투스 박트리아왕조(Hellenistic Greco-Bactrian)[81]에 의하여 거의 1세기동안 편입되었다. 이후 인도의 쿠샨왕조(78~226년)의 지배를 받으며 중

지만 페르시아 제국의 언어로는 그들은 '사카이'라고 불렸다. 알렉산더 원정이후 세력의 공백이 발생한 기원 전 1세기 무렵에는 서북인도 지금의 파키스탄과 이프가니스탄 영역까지 세력을 떨쳤다. 고대 사카족의 영역은 현제의 카자흐스탄, 우즈베키스탄, 타지키스탄, 아프가니스탄, 파키스탄과 인도의 일부, 알타이 산맥, 러시아의 시베리아, 중국의 신강에 이른다. 그들은 중국에 사이(塞)로 알려져 있으며 중기 이란 시대까지 '사카'는 사르마티아인, 알란, 록소라니 등의 다른 이름의 민족으로 분화되었거나 훈족에 동화되었다.

79) 비스툰(Bistun)은 고대 페르시아어 바가스타나(Bagastana), 그리스 명 바기스타논 오로스(Bagistanon oros)로 이란 서부 케르만샤의 동쪽 약 40km에 있는 작은 마을이름이다. 이 마을에 아카이메네스조 페르시아 시대의 마애비(磨崖碑)가 있다. 다레이오스 1세(재위 기원전 522~486년)에 의한 제국의 통일과 관련된 기사가 고대 페르시아어, 엘람어, 아카드어로 기술되었고, 대왕을 중심으로 반역자, 추종자 등의 인물군상이 부조되어 있다. 1839년 롤린슨에 의해서 비문이 발견되어 설형문자 연구와 메소포타미아 문화 연구에 크게 공헌을 하였다. 또 절벽 아래쪽에는 미트라다테스 2세 알현도(謁見圖)와 고타르세즈 2세 기마전투 장면도 마애부조도 있다.

80) 오브리 드 Sélincourt에 의하여 번역된 'The Sogdian Rock(Rock of Ariamazes)'에 의하면 기원전 328년, 327년경에 알렉산더는 소그드 지역에 침공하였으며, 당시 소그드인들은 Ariamazes의 바위산 요새로 피난하여 전투를 계속하였는데 결국 알렉산더에게 복속되었다는 기록이 있다.

81) 기원전 248년에 성립되었다(이 지역에서 the Hellenistic Greco-Bactrian왕조의 Euthydemus I세의 동전이 통용되었는데 그는 소그드 영토를 지배하였다).

앙아시아의 교역로를 장악했던 인도나 박트리아출신 상인의 영향권 아래에 있었다. 4세기경에 북방에서 남하한 히온(Chion)이라든가 에프탈(Hephtal)과 같은 유목민의 점거로 생긴 이 지역의 공백을 메우고 국제무역의 새로운 주역으로 등장한 집단이 바로 소그드 상인이다. 소그드는 지리적으로 동서 교류의 중심지에 위치하며, 역사적으로 이란, 그리스, 인도, 중국 등 수많은 나라와 병합, 교류 등을 통하여 중앙아시아 지역에서 생존할 수 있었다. 소그드인은 실크로드를 장악하며 유럽, 인도, 중동지역과 중국 간의 무역 및 상업에 종사 했다. 이들이 사용한 소그드어는 실크로드의 공용어(lingua franca)로 통용되었으며 각종 종교의 전파와 번역에 중요한 역할을 하게 된다.

소그드와 중국과의 인연은 前漢 武帝(기원전 156~87년) 당시 흉노를 견제하기 위하여 이 지역에 파견한 장건(?~기원전 114년)이 최초며,[82] 중국『후한서』「서역전」에 속과(粟戈)란 이름으로 등장한다. 『魏書』「西域傳」에는 율특(粟特)으로 호칭하였으며 수, 당대에도 속리(窣利) 또는 속리(速利)라고도 불렀다. 특히 唐代에는 이 지역의 사람들을 통칭해서 소무구성(昭武九姓) 또는 구성호(九姓胡),[83] 잡종호(雜種胡), 속특호(粟特胡)등으로 즉 '胡'라는 호칭을 사용하였으며, 玄奘의 『大唐西域記』에는 '솔리인(窣利人)'으로 기록되었다.

唐의 『신당서』에 소그드인이 교역에 뛰어났다고 기술되어 있는데, 국제교역에 종사하는 이들은 중국의 비단을 구입하여 육상 실크로드를 통해서 페르시아와 비

---

82) 장건에 따르면 중앙아시아의 소그드인은 중국과의 상업적인 관계가 빈번하였는데, 기원전 1세기경에 이미 "외국으로부터 파견된 대규모의 사절단은 수백 명에 달한다. 일 년에 5~6회나 10회를 넘기기도 한다"고 기록되어있다.

83) 9성이 반드시 9개의 도시를 대표하는 것은 아니었으며 曹국은 동조(東曹), 중조(中曹), 서조(西曹)로 나뉘고 安국도 동안(東安), 중안(中安), 서안(西安) 그리고 史국도 대사(大史)와 소사(小史)의 2나라(도시)가 있었다.

잔티움에서 고가로 판매함으로써 막대한 수입을 올렸다.[84] 그들은 국제적인 교역망을 유지하고 운영하기 위해서 호탄, 투르판[85]과 같은 실크로드 교역로상의 도시와 중국의 돈황, 장안 등 여러 도시에도 집단거주지를 형성하였다. 중국의 장안에만 무려 4000여명이 거주한 기록이 존재 한다.[86] 중국에 거주하는 소그드인은 대상무역과 관련되는 일을 하는 사람이 대부분이며 현지에서 어느 정도의 관할권을 행사했다. 이와 같은 사실은 남북조시대 말기인 北齊때부터 중국에 체류한 소그드인을 관리하는 책임자인 '살보(薩寶)'라는 관직에서도 확인되고 있다.[87] 소그드인은 중국에 오래 거주한 사람은 중국식 姓을 채택하여 출신도시의 이름을 따서 姓을 지었다.[88]

소그드인의 경제력은 실크로드 지역의 정치, 군사와 문화에도 상당한 영향을 미

---

84) 소그드인은 568년에 Turko-Sogdian 파견단을 콘스탄티노플에 있는 로마제국에 보내 교역을 요청했다.

85) 소그드인의 영향을 알 수 있는 문서가 투르판 지역에서 발견되었는데, 35건의 상업교역 중에 29건이 소그드 상인이 포함되었다. 중국에 보내는 주요 교역품목은 포도, 사산조 은제품, 유리병, 지중해 진주, 청동 불상, 로만 울 의류, 발틱 호박 등 이며 이것들은 중국의 종이류, 구리(동전, 그릇), 실크 등과 교환하였다.

86) 당시 중국에는 많은 수의 소그드 상인이 활약하고 있었는데 그 수를 정확히 말해주는 자료는 없다. 그러나 8세기 중반 장안에 40년 이상 거주하며 처자식을 두고 전택과 가옥을 소유한 胡客 수가 4000명 정도였다는 한 기록만을 보아도 대충 그 규모를 짐작할 수 있다.

87) 이 말은 원래 '대상의 우두머리'를 뜻하는 산스크리트어 '사르타바하(sarthavaha)'를 음역한 것으로 장안에는 2명을 두고 각 지방에는 州마다 1명씩 배치하여 관내의 중앙아시아·서아시아 출신 상인을 관할케 했다. 당나라 때 설치된 살보부(薩寶府)의 책임자는 정5품의 관리였다.

88) 사마르칸드 출신은 '칸'이라는 발음을 반영한 康씨를, 타슈켄트 출신은 '타슈'가 현지어로 '돌'을 뜻하기 때문에 石씨를 택했다. 이렇게 해서 각각 다른 성을 갖고 교역에 종사하던 소그드인을 '아홉 가지 성을 가진 소그드인'이라는 뜻으로 九姓胡 혹은 昭武九姓이라고 불렀다. 이들은 중앙유라시아 거의 전역을 포괄하는 광범위한 교역 네트워크를 구축했던 것으로 보인다.

쳤다.[89] 소그드인은 한때 돌궐이나 위구르와도 연합하였는데, 소그드인의 경제력과 유목민과의 군사적인 결합은 중국에도 큰 위협이 되었다.[90] 유명한 소그드 출신의 안록산은 3개의 절도사직을 겸임하여 북방 변경의 군권을 장악했고 이를 기초로 반란을 일으켰는데, 이 반란으로 당제국은 몰락의 문턱까지 내몰렸다.[91] 무슬림 지리학자가 작성한 소그드관련 문서(750~840년 편년)에 따르면, 위구르제국 말년에 소그드인이 위기에 봉착했음을 기록하고 있다. 중앙아시아는 카자르와 우랄, 그리고 투르킥 부족이 북에서 내려와 뒤를 이었고 몽골의 등장으로 새로운 시대를 맞게 된다.

소그드인은 8세기경 이슬람화가 진행되기 전까지는 조로아스터교(Zoroastrianism)도였으며, 일부 마니교나 네스트리안 기독교, 그리고 불교까지 숭상하였다. 기원전 660년경에 예언자 자라투스투라(Zarathushtra)에 의해 성립된 조로아스터교는 아케메네스 페르시아와 사산조 페르시아의 국교였다. 조로아스터교는 지혜와 광명의 神 아후라 마즈다(Ahura Mazudah)를 유일 최고신으로 하고 그 配下에 선신(Vohu Manah)과 악신(Aka Manah)을 두고 있다. 전래의 제신을 두 神으로 총괄하

---

89) 소그드인이 중국을 정치·경제적으로 잠식하고 있었음에도 불구하고 당시 고급 소비자 층은 소그드인이 수입해 들어온 이국적인 물품과 문화에 깊이 심취하게 되었고, 그런 것을 즐기고 모방하는 '胡風'이 크게 유행했다. 唐三彩 가운데에는 소그드 상인이 낙타에 비단을 싣고 장사하러 떠나는 모습, 소그드 출신 주악대가 낙타 위에 앉아서 음악을 연주하는 장면 등도 있지만, 중국인이 '胡服'과 '胡帽'를 착용한 모습도 있다. 또한 중앙아시아 출신의 무희들이 추던 '胡旋舞'는 이백, 白居易와 같은 시인의 찬탄을 불러일으켰다. 포도주 역시 당시 최고의 인기상품 중 하나였다.
90) 『資治通鑑』을 비롯한 중국 측 문헌에 기록되어 있듯이 "시장의 큰 이익이 모두 그들에게 돌아갔다" 그리고 "소그드인과 위구르인은 모두 公私의 큰 우환이 되고 있다"라는 우려의 목소리가 나올 정도였다.
91) 최근 중국의 서안에서 소그드인의 묘지에서 서신이 발견되었는데 내용에 의하면 당나라 현종 때던 755년 반란을 일으킨 安祿山이 가서한(哥舒翰)이라는 장군을 자기편으로 끌어들이기 위해 회유하고 있다.

여 음양과 선악을 대립시키고 종국에는 광명의 신에게 귀의 하는 것을 기본교리로 삼는다. 농업과 목축을 고귀하게 여기며 공기, 불, 물, 대지는 우주를 형성하는 4元素로 절대 더럽혀서는 안 된다고 여기고 있다. 실크로드를 장악한 소그드인의 다종교성은 대상로를 따라 다른 종교에도 중요한 역할을 하게 되는데, 투르판, 호탄, 돈황 등 실크로드 지역의 종교유적은 대부분 소그드인과 관련이 있다.

북위시대의 석관부조에서 소그드인은 단발에 눈이 크며 허리를 묶은 긴 코트를 입고 있는데, 코트 가장자리는 염주문양으로 장식하였다. 소그드인이 거주한 지역인 사마르칸트, 펜지켄트, 얼쿠란 등의 유적에서 발견된 벽화에서도 고대 소그드인의 생활상이 들어나고 있다. 압시라합 서벽 좌측면 벽화에 등장하는 소그드인은 수염을 기른 흰색 얼굴에 머리는 띠로 묶고 옷은 곤룡포와 비슷한 긴 대의를 입고 있으며 허리에 장검과 주머니를 매달고 있다. 옷은 화려하고 커다란 둥근 문양으로 장식하였으며 가장자리는 염주문으로 장식하였다.

중국에서 조로아스터교와 관련된 유물은 1982년에 감숙성 천수에서 발견된 소그드인의 석관을 비롯하여 2000년 서안에서 묘3기 등이 추가로 발굴되었다.[92] 서안에서 발굴된 소그드인의 묘는 姓氏를 망자의 출신지에 따라 安(부하라), 史(키

---

92) 중국에서 발견된 소그드묘 일람표(사망연대), (발굴연대)
　　1. 康業墓, 北周 天和6년 (571년), 중국 西安(2004년)
　　2. 靑州 傅家村墓, 北齊 武平 4년 (531년) 중국山東 靑州 (1971년)
　　3. 安伽墓, 北周 大象 元年(579년), 중국 西安 (2000년)
　　4. 史君墓, 석곽(石槨), 北周 大象 2년 (580년), 중국 西安 (2003년)
　　5. 우홍묘(虞弘墓), 석곽(石槨), 수(隋) 開皇 12년 (592년), 중국 太原 (1999년)
　　6. 감숙 천수묘(天水墓), 수(隋)~당(唐)시기, 중국 甘肅 天水 (1982년)
　　7. 안양출토라고 전해진 유물. 미국 보스톤미술관, 프랑스 기메(Guimet)박물관
　　8. 일본 미호미술관(美秀博物館, MIHO Museum)소장 북위시대
　　9. Vahid Kooros소장
　　10. 이탄묘(李誕墓, Li Dan tomb), 석관, 北周 保定4년(564년)

질), 康(사마르칸트) 등으로 호칭하고 있다. 발굴된 유물로부터 조로아스터교도인 소그드인이 불의 제단 앞에서 봉헌의식에 따라 분골함을 들고 있는 장면과, 일상 생활은 물론 연회를 벌이고 수렵을 하는 장면까지 생생하게 알 수 있다.

1999년에 중국 산서성 태원 지역에서 발굴된 소그드인의 묘는 개황 12년(592년)에 사망한 북주 말 살보부 관할사를 지낸 우홍의 묘로 확인되었다. 이 석관의 표면에 풍신, 나나여신, 호법신, 明冠, 胡旋舞 등과 人首鳥身의 조로아스타교 사제의 의식과정이 묘사되었다〈그림 180~183〉.93) 석관상부 우측 상단(동벽)에 조로아스터교의 풍신인 多臂像이 조각되어 있다〈그림 184-185〉. 이 다비상은 보관을 쓰고 가부좌를 틀고 있는 1면4비상으로 두 손은 위로 향하여 일과 월을 수지하고 두 손은 무릎 위에 두고 있다. 하단에 3마리의 소가 조각되었는데, 중앙은 정면향이며 좌우측 두 마리는 서로 상배하고 있다. 이 석관의 다비상은 전술한 힌두교 시바에 기원을 두고 있으며, 조로아스터교의 풍신인 마혜수라천이다. 후술하겠지만 북주시기 소그드인의 석관에서 이 다비상의 존재는 불교의 마혜수라천과 同名이며 同存으로도 볼 수 있는 중요한 증거가 되고 있다.

소그드인〈그림 186〉은 주로 조로아스터교를 숭상하였으나 대상 경로에서 발견된 다양한 유물을 통하여 그들의 종교에 대한 새로운 가능성을 보여주고 있다. 예를 들어 지금까지 발견된 소그드 문서의 대부분은 불교에 속하며, 소그드인들은 불경을 중국어로 번역하는 중요한 번역가였다. 그러나 불교는 소그드인 자신들에게는 뿌리를 내리지 않았고, 일부 소그드인이 봉헌한 기록이나 소그드인의 초상과 조로아스터교의 신이 불교유적을 중심으로 발견되고 있다〈그림 187〉. 투르판

---

93) Mariko Namba Walter, "Buddhism and Iranian Religions Among Sogdians Religious Interactions in Sogdian Funeral Art-A Buddhist Perspective", *The Art of Central Asia and The Indian Subcontinent*, National Museum Institute, New Delhi, 2009, pp.185~193 참조.

〈그림 180〉 소그드인석관, 우흥의 묘, 산서 태원
출토, 북주(592), 섬서역사박물관

〈그림 181〉 나나여신, 우흥의 묘, 산서 태원 출
토, 북주(592), 섬서역사박물관

〈그림 182〉 인수조신, 우흥의 묘, 산서 태원 출
토, 북주(592), 섬서역사박물관

〈그림 183〉 호법신, 우흥의 묘, 산서 태원 출토,
북주(592), 섬서역사박물관

〈그림 184〉 소그드인 석관 부조 우흥의 묘, 산서성 태원 출
토, 북주(592), 섬서역사박물관

〈그림 185〉 마혜수라천 우흥의 묘,
우측 상세도

〈그림 186〉 소그드인, 소그드석관 부조,
북위시대

〈그림 187〉 소그드인 봉헌자(불교), 프레스코,
베제클릭 동타림 베이슨, 중국, 8세기

의 북쪽 지역인 불라빅 사원지(Bulayiq monastery)에서는 소그드어로 기록된 기독교 문헌이 발견되었고, 수많은 마니교 문헌도 투르판지역의 코초(Qocho)부근에서 발견되었다.[94]

서역의 도시국가 가운데 인도와 가장 가까운 호탄국의 단단 – 윌릭이나 돈황지역의 회화에서 불교와 조로아스터교신의 지물에 日月이 자주 등장하고 있다. 해와 달을 상징하는 원반형태의 지물은 이란계통으로 대상로를 장악한 소그드인의 미술과의 관련성이 주목되고 있다.[95] 일월은 주로 신격을 갖춘 다비상에 적용되었으

---

94) 트루판 문헌 535년에 작성된 祭祀用品帳인 『取牛羊供祀帳』에 "供祀風伯, 供祀丁谷天, 供祀大塢阿摩" 등이 기록되어 있는데 배화교 주신인 아후라, 마즈다와 승리군신의 이름이 등장하여 중앙아시아 배화교 3신이 출현하여 주목받고 있다. 풍백은 배화교의 풍신인 Veshparkar일 가능성이 높다.

95) 단단 – 윌릭 회화에 나타나는 인물은 소그드 복식을 입은 경우가 많으며, 들고 있는 잔도 소그드 회화에 자주 등장하는 口緣部가 넓은 형태의 잔이다. 특히 단단 – 윌릭 회화의 비단신의 도상은 생김새와 복식 모두가 페르시아 풍으로 그려져 있다. 기마인물도의 점박이 말은 호탄국의 특산 말이며 호탄국 특산 말에 탄 인물은 바로 호탄국의 영웅으로 호국의 의미가 있다. 단단 – 윌릭 회화에 나타나는 다수의 기마인물도는 건국 시조인 비사문천 신앙, 서방에서 전해진 구국영웅의 전설, 당시의 불안한 정세로 인해 강조된 호국이념 등이 결합한

며, 운강석굴의 힌두교신과 돈황의 제285굴, 그리고 본문에서 요약한 중앙아시아 지역의 주요유적에서 주로 발견되는데, 고대 페르시아뿐만이 아니라 후대에 쿠샨 제국의 통치를 받았던 소그드인의 종교와 미술은 초기밀교 미술에도 상당한 영향을 미치고 있다.

(2) 소그드인의 종교와 마혜수라천

제285굴 서벽 마혜수라천의 보관에는 박락이 심하고 흐리지만 인물로 보이는 형태의 상반신이 묘사되었다〈그림 188〉. 그는 마혜수라천의 보관 위에서 춤을 추는 천녀형상으로 보이며, 관점에 따라 두 손을 양 옆으로 길게 뻗어 등 뒤에 있는 바람이 가득 찬 커다란 주머니(風袋)의 양 단을 쥐고 있는 풍신으로도 보인다. 이 인물은 바미안석굴이나 키질, 돈황막고굴 제249굴 등 천정에 도해된 풍신의 형상과도 유사하다〈그림 189~191〉. 마혜수라천의 머리위의 인물이 관련학자들의 논고를 통하여 좀 더 복잡한 사상과 도상학적 경로가 검토되면서 다시 주목되고 있다.

賀世哲은 저서 『敦煌圖像硏究(十六國南北券)』에서 이 인물을 伎藝天女로 보고 있다. 책에 소개된 경전 『摩醯首羅大自在天神通化生伎藝天女念誦法』[96]에서 "你時 摩醯首羅天王 于大自在天上 與諸天女前後圍繞 神通遊戱 作法伎樂 忽然之間 于發 際中化出一天女 顔容端正 技藝第一 一切諸天 天能勝者"[97] 즉 "그때 마혜수라천

것으로 파악된다. 호탄국의 여러 지역 중에서도 특히 단단 – 윌릭은 軍鎭이었기에 미술에도 호국 경향이 짙게 나타난 것으로 생각된다. 단단 – 윌릭 회화에 드러나는 호국성은 호탄국의 여러 지역 가운데 단단-윌릭에서만 유독 전쟁의 신인 鳩摩羅天圖와 단독상의 騎馬人物圖 가 많이 그려진데서 알 수 있다. 민병훈, 「이종교간의 습합과 공존」, 『미술자료』 78, 국립중앙 박물관, 2009, 인용.

96) 「摩醯首羅大自在天王生伎樂天女念誦法」, 『대장정』, 第21册 no.1280.

97) T2536_.79.0589a03-8: "大自在天女畵像法云先盡摩醯首羅天王. 三面六臂. 顔貌奇2持端 正可畏. 從其髮際化生一天女. 殊妙可喜. 天上人間3天能勝者. 著天衣服瓔珞嚴身. 兩手腕

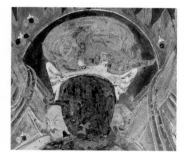

〈그림 188〉 마혜수라천의 풍신, 頭冠에 묘사,
돈황석굴 285굴 서벽, 서위 538, 539

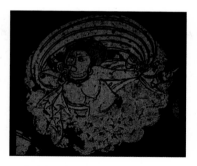

〈그림 189〉 풍신, 키질39굴, 4세기

〈그림 190〉 풍신, 바미얀석굴, 6세기

〈그림 191〉 풍신, 돈황석굴249굴, 6세기 초

〈그림 192〉 풍신 간다라 불비상, 베를린
인도미술관, 3-4세기

〈그림 193〉 그리스신 풍신 대리석, Hadda
출토, 아프가니스탄, 2세기

왕 대자재천 위에 여러 천녀와 주위를 돌며 신통유희와 작법기악을 할 때 홀연히 마혜수라천의 발제에서 천녀 한 분이 나타났는데 용모가 단정하고 기예제일이며 일체제천으로 하늘이 보낸 자다"라는 내용이 있다. 발제를 이마와 머리의 경계로 해석하면 마혜수라천의 머리 위에서 天女가 존재하며 인물은 경전에 의거하여 '기예천녀'로 해석될 수 있다고 밝히고 있다.[98]

또 같은 경전에서 "先畵摩醯首羅天王 三面六臂 顔模其特 端正可畏 從其發際 化生一天女 着天依瓔珞嚴身兩手宛上 名有鐶釧左右上捧一天花 右手向下作捻裙勢 身形可長三尺 惑隨大小任取稱量畫像了已 如法安置壇中供養"라고 구체적인 도상과 공양하는 방법이 기재되어 있다. 즉 "먼저 마혜수라천왕의 3면6비의 얼굴이 특이하며 단정함이 매우 위엄이 있고 그의 발제에서 한명의 천녀가 화생하는데 천의에 영락을 걸치고 두 손을 굽혀 올렸는데, 팔찌가 있고 두 손으로 천화를 수지한다. 오른 손은 아래로 향하여 치마를 붙잡고 신장은 길어 3척이나 혹은 대소 크기에 따라 화상에 맡기며 법에 따라 壇에 모시어 공양한다"고 기술되었다. 이와 같은 경전의 내용에 따라 제285굴의 마혜수라천의 두광에 표현된 인물을 '기예천녀'로 보고 있으나 호탄이나 운강의 마혜수라천 도상에는 기예천녀가 나타나지 않고 있으며 인용한 경전의 저술년도 명확하지 않다.

佐佐木律子가 1997년 발표한 『莫高窟第285窟西壁內容解釋試論』은 제285굴의 마혜수라천의 보관에 묘사된 인물을 風神으로 해석한바 있고, 田邊勝美도 이 인물에 대하여 쿠샨왕조의 신앙과 관련된 風神 'Oado'로 보고 있다.[99] 佐佐木律子의

上各有鐶釧. 左手向上捧一天花. 右手向下作捻裙勢. 身可長三尺. 4或."

98) 賀世哲, 「莫高窟第285窟西壁內容考釋」, 『돈황석굴연구국제토론회문집/석굴고고편』, 돈황연구원편, 沈陽, 遼寧美術出版社, 1987; 賀世哲, 『敦煌圖像硏究-十六國南北券』, 甘肅敎育出版社, 2006, p.321, 327, 342.

99) 佐佐木律子, 「莫高窟第285窟西壁內容解釋試論」, 『日本藝術』 142, 1997, p.128, 129;

연구에 따르면 고대인도의 쿠차왕조 이전에 힌
두교 시바신의 머리 위에서 일-월을 수지하고
있는 인물형상이 나타나고, 이후 약 4세기의 서
북인도에서도 유사한 작품이 발견되었다고 한
다. 그는 "마혜수라천의 풍신은 그가 바람을 타
고 하강하는 호법신임을 보여주고 있다"고 하
며 키질38굴의 주실 천정의 풍신도상을 근거로
채택하였다고 기술하였다.

〈그림 194〉 풍신, 오도(Oado, Vago),
카니시카 동전 후면, 2-3세기

등에 풍대를 지고 있는 풍신의 기원은 인도
의 서북부 간다라지역에서 시작되었다. 베를린 인도미술관에 간다라지역에서 출
토된 부조가 존재하며〈그림 192-193〉, 쿠샨왕조시대의 카니시카 1세(144~173년)
동전에도 유사한 도상이 지속적으로 나타나고 있다〈그림 194〉. 이와 같은 등에 풍
대를 지고 있는 풍신은 중앙아시아를 거쳐 대상경로를 따라 돈황에 전파된 것으로
유추된다. 그러나 간다라와 카니시카 동전의 풍신은 종교적 우주관을 상징하는 자
연신인 바람신으로 해석되며 제285굴 마혜수라천의 머리위에 묘사된 인물과는 성
격이 다를 가능성이 있다. 佐佐木律子나 田邊勝美의 연구는 마혜수라천의 풍신에
대한 종교사상적인 배경이 취약하고 미술사적인 해석에도 몇 가지 의문은 남는다.
　풍신의 모티프에 대하여 일단의 학자는 화상석 등에 보이는 중국 전래의 풍신
으로 해석하는 견해도 있다. 중국 周나라에서 춘추전국까지 중국 북방지역에서는

Katsumi Tanabe, "The Kushan Representation of ANEMOS/OADO and its Relevance to the
Central Asian and Far East Eastern Wand Gods", Vol. *Silk Road Art and Archaeology*, 1990,
pp.51~80; 張文令, 「敦煌莫高窟第285窟印度教圖像新探」, 『1994年敦煌學國際研討會文集』,
甘肅民族出版社, 2000.

풍신을 風伯, 風師로 불렀으며, 28星宿 중 箕星[100])으로 箕星이 큰 동작으로 큰 바람이 요동친다고 보았다. 남방지역의 楚에서는 풍신을 비렴(飛廉)으로 칭하였는데[101] 후대(漢代)에 풍백과 기성, 그리고 비렴(風伯, 箕星, 飛廉)을 동일시하였다. 중국고대의 풍신숭배는『周禮』「大宗伯」에 "以燎祀司中, 司命, 風師, 雨師"라는 기록을 통하여 풍사를 신으로 모시고 제사지냈다는 것을 알 수 있다. 중국 전래의 풍신 도상에 대하여 神獸로 보거나, 혹은 긴 털을 가진 날개가 있는 동물로 사슴의 몸에 머리는 참새며 뿔이 있고 뱀의 꼬리에 몸은 표범의 문양이 있다고 기록되었다.[102]

張元林은 1995년 운강학술회에서 마혜수라천의 형상에 대하여 '栗特-祆教美術'의 관점에서 처음 발표하였으며, 2007년에는 조로아스터교의 풍신이 불교의 마혜수라천의 풍신으로 전입하였을 가능성을 언급하였다.[103] 그는 논고에서 당시 실

---

100) 箕宿, 二十八星宿之一属水, 为豹. 为东方最后一宿, 为龙尾摆动所引发之旋风. 故箕宿好风, 一旦特别明亮就是起风的预兆, 此当以星宿为风神. 东汉蔡邕《独断》则称, "风伯神, 箕星也. 其象在天, 能兴风". 풍사는 箕로 그 뜻은 "月离于箕, 风扬沙, 故知风师其也"로 보고 있다.

101) 『楚辞·离骚』"……前望舒使先驱兮, 后飞廉使奔属."

102) 『楚辞·离骚』의 "前望舒使先驱兮, 後飞廉使奔属"에서, 王逸은 飞廉을 风伯으로 보고 있다. 『史记·司马相如列传』에 기재된 "推蜚廉, 弄解豸, 格瑕蛤, 鋋猛氏, 曹驟裏, 射封豕"의 蜚廉에 대하여, 郭璞은 "飞廉, 龙雀也, 鸟身鹿头者". 즉 비렴은 龙雀으로 세의 몸에 사슴의 머리를 가졌다고 주를 달고 있다. 『汉书·武帝纪』중 "还, 作甘泉通天台, 长安飞廉馆"에 대하여 晋灼는 飞廉에 대하여 "身似鹿, 头如爵(雀), 有角而蛇尾" 즉 몸은 사슴과 비슷하며 머리는 참새와 같고 뿔과 뱀의 꼬리를 가지고 있다고 보고 있다. 『三辅黄图』에 "飞廉, 神禽, 能致风气者, 身似鹿, 头如雀, 有角而蛇尾, 文如豹"는 기록이 보이며 『古史箴记』에 "飞廉帮助蚩尤一方参加华夏九黎之战. 曾联合雨师屏翳击败冰神应龙. 后被女魃击败, 于涿鹿之战中被黄帝擒杀"라는 기록이 보인다.

103) 張元林,「栗特人與第285窟的開鑿」,『2005雲岡國際學術討論文集/研究編』, 北京:文物出版社, 2006.8; 張元林,「觀念與圖像的交融-莫高窟285摩醯首羅天圖像研究」,『敦煌學 輯刊』, 4기, 蘭州大學敦煌學研究, 2007.

크로드를 장악하고 있는 소그드인이 초기불교의 조상에도 영향을 주었다고 보고 있다. 唐代의 배화교 관련 사료인 社佑『通典』[104]에 "祆, 呼朝反. 祆者, 西域國天神. 佛經所謂 摩醯首羅也. 武德四年 置祆祠及官, 常有群胡奉事, 取火呪"라고 기록하고 있다.[105] 즉 "천교를 차오판(朝反)이라 부르는데 서역 나라의 천신으로 불경에서 소위 마혜수라천이라고 부른다. 무덕 4년에 배화교 사당과 관리를 두었고 항상 오랑캐(胡)들이 무리지어 예배드리는데 불을 취하여 주문을 한다"고 하여 불교의 마혜수라천신이 조로아스터교의 天神일 가능성을 언급하고 있다. 그의 검토는 상당한 성과로 보이나 힌두교의 주요 신이 불교나 조로아스터교에 전입된 시기나 종교적인 배경에 관하여 설명이 없으며 관련유물도 제한적이다.

〈그림 195〉 마니교의 마혜수라천 사군묘석관부조, 서안출토, 미호뮤지엄소장, 남북조시대

전술한 2003년 서안에서 발굴된 '史君墓石槨' 동벽부조에 祆敎의 신이 머리에 두건을 쓰고 오른손에 三叉戟을 왼손에 叉腰를 수지하고 있는데, 신은 보관을 착용하고 팔이 4개며 두 손은 위로 향하여 일월을 수지하고 두 손은 아래로 무릎 위에 두고 있다. 주신은 身光형상의 원안에서 3마리 소를 타고 있는데, 가운데는 정면상이며 두 마리는 좌우로 상배하여 배

---

104) 社佑,「大唐官品」『通典』권40 ; 唐나라의 宰相 두우(杜佑:735~812년)가 편찬한 制度史로 200권으로 구성되었다. 766년에 착수하여 30여 년에 걸쳐 初稿가 완성되고, 그 후에도 많은 補筆이 있었던 것으로 추정된다. 역대 正史의 志類를 비롯해서 紀傳·雜史·經子, 당대의 법령·개원례(開元禮:玄宗 때의 禮制) 등의 자료를 참조하여 식화(食貨: 經濟)·선거(選擧:官吏登用)·직관(職官)·예(禮)·악(樂)·병(兵)·형(刑)·주군(州郡)·변방(邊防)의 각 부문으로 나누어 상고로부터 中唐에 이르는 國制의 要項을 종합한 것이다.

105) 姜伯勤『中國祆敎藝術史硏究』, 北京:三聯書店, 2004, pp.203~216 참조.

면을 바라보고 있다〈그림 195〉. 주신 아래 보살형식의 천녀가 각종 공양물을 들고 나열해 있다. 이 인물은 조로아스터교의 天神인 風神 'Veshparkar'으로 풍신의 도상은 힌두교의 시바나 불교의 마혜수라천상을 차용하였다. 스테인이 호탄 단단-월릭에서 발굴한 6세기경 목판화에서도 조로아스터교의 최고의 신인 즈르반, 압바드, 승리의 여신과 함께 마혜수라천 즉, 베쉬팔카상이 출토되었다〈그림 68-69〉.[106]

조로아스터교 최고의 신이 불교유적을 중심으로 조성되는 현상은 당시대의 종교와 조상주체에 대하여도 주목할 가치가 있다. 535년 명 트루판의 제사문서에도 風伯의 존재가 확인되며[107] 제사문서에 배화교 주신인 아후라마즈다와 승리군신 등의 명칭도 등장하고 있다. 마혜수라천 즉, 풍신은, 실크로드를 중심으로 돈황과 단단 – 월릭, 트루판 그리고 타지켄트 지역까지 넓게 분포되고 있다.

異宗教間의 神들의 수용은 마니교에서도 볼 수 있다. 마니교의 중요한 유물이 독일 투르판 탐험대에 의하여 투르판 남쪽에 위치한 코초지역에서 발견되었는데 발굴된 '마니교 경전단편'은 힌두교신이 마니교신으로 당시 존숭되었다는 중요한 증거가 되고 있다. 경전단편(12.4×25.0)은 교주마니의 순교를 기념하는 '베마제의

---

106) 천교의 3대신은 Zrvan, Adbag, Weshparkar으로 신격이나 도상적 특징은 힌두교의 범천, 제석천, 시바신에 해당한다(본문 호탄과 펜지켄트의 힌두교신 참조).

107) 姜伯勤,「돈황 트루판과 실크로드의 소그드인」『돈황 투르판 문서와 실크로드』권 제5, 문물출판사, 1994 (트루판 문헌 535년에 작성된 祭祀用品帳인『取牛羊供祀帳』에 供祀風伯, 供祀丁谷天, 供祀大塢阿摩 등이 기록되어 있다.)
『章和五年(535년)取牛羊供祀帳』(73 TAM524: 34a)
辰英羊一口, 供始耕, 合二口.
1 章和五年乙卯歲正月日, 取嚴天奴羊一口, 供始耕. 次三月.
2 十一日, 取胡未馬勺羊一口, 供祀風伯. 次取孟順羊一口, 供祀樹石.
3 次三月廿四日, 康祈…羊一口, 供祀丁谷天. 次五月廿八日, 取白姚溷…渾堂.
4 羊一口, 供祀清山神. 次六月十六日, 取屠兒胡羊一口, 供祀.
5 丁谷天. 次取孟阿石兒羊一口, 供祀大塢阿摩. 次七.
6 月十四日, 取康酉兒牛一頭, 供谷里祀.

식' 장면인데 마니교도와 마니교의 중요 신들이 등장한다. 코끼리 머리를 하고 있는 가네샤와 돼지머리에 망토를 걸친 바라하신, 그리고 높은 상투와 구렛나루를 기른 브라흐만과 인드라신(혹은 시바신)이 나열하고 있다. 마니교는 3세기에 창건되어 교리적으로 불교와 기독교의 영향을 받았으나 공식적으로 사산조 페르시아의 전통의 조로아스타교를 계승하여 마니교의 主神이 조로아스타교의 영향을 받고 있다.

소그드인의 조로아스터교에서는 아후라 마즈다가 최고신으로 추앙받는데 성전인『아베스타』형성기 2단계에[108] 인도, 이란의 공통의 신들이 조로아스터의 신들로 부활했는데, 힌두교의 시바도 당시 배화교의 판테온에 편입했을 가능성이 있다. 편입시기에 대하여는 논란이 있을 수 있지만 고대 페르시아 시기의 유적에서는 아직 발견된 적이 없으며 힌두교신이 불교에 수용된 시기를 참조하면 쿠샨이나 사산조 페르시아 초기에 수용되었다고 볼 수 있다. 강력한 중앙집권체제를 유지한 페르시아가 알렉산더의 침입으로 패망한 후 인도의 서북지역과 신장의 서부는 세력의 진공상태에서 마우리아, 박트리아, 사카, 파르티안, 쿠샨, 스키타이 등 다양한 세력이 오아시스지역을 점거하였으며, 실크로드를 중심으로 異宗敎間의 習合現像이 이루어지는 현상은 자연스러울 수 있다.

카니슈카대왕(130~170년)의 동전에 새겨진 각종 신의 명문은 박트리아銘이며 지금까지 밝혀진 신은 Ardochsho, Athsho, Buddha, Mao, Mitra, Nana, Oado,

---

108)   조로아스터교는 역사적으로 다음의 3단계로 나눌 수 있는데 ①아베스타의 가사에 보이는 제창자 자신의 교설, ②아베스타의 나머지 부분에 나오는 인도·이란 공통시대의 신들이 부활한 단계, ③중세 페르시아어 문헌에 기술되어 있는 교의 등이다. 조로아스터의 교설은 당시의 다신교를 아후라 마즈다를 최고신으로 하는 윤리적 일신교에 통합하려는 것이었다. 이에 반해서 조로아스터의 사후의 제2단계에서는 아베스타의 야슈트서(書)에서 볼 수 있듯이, 인도·이란 공통시대의 신들이 조로아스터교의 판테온 중에 부활했다.

〈그림 196〉 시바Oesho (3면4 비상) 후비스카동전 후면, 대 영박물관, 2세기

〈그림 197〉 시바Oesho (3면4 비상, 소) 카니시카동전 후면, 2세기

〈그림 198〉 오도(Oado, 풍대 를 메고 있는 풍신), 카니시카 동전 후면, 2세기

Oesho(Shiva?) 등에 이르고 있다.[109] 즉 그리스 신, 조로아스타교, 힌두교, 불교까지 망라한 신들의 판테온으로 당시 쿠샨왕조의 신앙행태를 잘 보여주고 있다.

동전에서 왕은 화로Alter 앞에 경배하며 배면에 각종 신들과 함께 등장하는데, 이 장면으로부터 왕은 조로아스타교도로 이종교의 신도 함께 숭배하였다는 가설이 성립된다. 동전에서 시바 'Oesho'는 이란의 풍신 'Wesho'로 기록하였으며, 시바신의 특징인 소, 삼지창, 사슴가죽 피부, 북(천둥과 번개), 물항아리 등이 확인되고 있어〈그림 196-197〉, 이 시기에 힌두교의 시바가 조로아스타교의 풍신(Veshparkar)로 변용되었음이 짐작된다. 다른 동전에서 시바 'Oesho'는 네 개의 팔을 가졌으며 어깨에 초승달이 묘사되었다. 다비상은 인도전통으로 고대 페르시아 미술에서는 나타나지 않고 있으며, 초승달은 이란계 미술의 특징으로 볼 수 있다. 시바는 다면다비로도 표현되었고 그의 상징인 소를 배치하여 후대에 호탄이나 돈황지역에 조성된 불교 마혜수라천도상의 始原으로 볼 수 있다.

그리고 카니슈카동전에서 'Oado'는 풍대를 메고 있는 인물로 불교미술의 풍신과 일치하며 'Oado'는 'Mao', 'Mitra'와 마찬가지로 자연신으로 숭배 받았을 가능성

---

109) Ⅲ장 쿠샨왕조의 힌두교신상 참조.

이 많다〈그림 198〉. 카니슈카 동전에서 'Oado'는 시바 'Oesho'와 同時期에 등장하여 서로 다른 神格임이 확인된다. 이와 같은 점을 고려할 때 제285굴에서 'Oado'가 표현된 마혜수라천은 상당한 의미가 있다고 본다.

5–6세기경 호탄이나 돈황지역에 소그드인이 상당한 세력을 형성하고 있었고[110] 석굴조성에 재력가인 소그드인의 역할이 있었을 가능성이 있다. 소그드인은 돈황 석굴의 벽화와 제기에 그들의 인물상과 이름을 남기고 있으며 장경동에서 발견된 다량의 소그드어 경전을 고려할 때, 소그드인은 불교도 신봉했으며 그들의 전통에 따라 불교의 마혜수라천을 조로아스타교의 신으로 존숭했을 가능성도 배제할 수 없다. 그러나 불교석굴인 제285굴의 마혜수라천 머리에 등장하는 風神이 조로아스타교의 Veshparkar일 가능성에 대하여는 여전히 풀리지 않은 숙제가 남으며, 불교에서 조로아스타교의 풍신을 흡수했는지 아니면 불교의 마혜수라천이 조로아스타교의 신으로 숭배 받았는지도 문제다.

3. 諸 尊像

1) 비나가야천

시바의 장자로 알려진 가네샤는 마혜수라천의 좌측 아래 좌정하며, 人身에 코끼리 머리를 하였는데 2개의 팔을 갖추고 머리에는 두광이 있다〈그림 199-200〉. 가네샤의 우측에 역시 시바의 아들로 알려진 무루간과 함께 본존을 향하여 좌정하고 있다. 힌두교에서 두 신은 시바의 아들로 호칭되고 있으나, 두 신이 시바와 함께

---

110) 돈황 현성의 동쪽에 안성이라는 소그드인 취락에 8세기 중엽 소그드인이 약 300호, 1,400 면 정도가 거주하였다. 민병훈, 「소그드의 역사와 문화」, 『국립중앙박물관 국제학술대회 자료집』, 국립중앙박물관, 2010, pp.10~15.

〈그림 199〉 가네샤(비나가야천)
돈황석굴 285굴 서벽, 서위 538, 539

〈그림 200〉 가네샤(비나가야천)
(모사도 賀世哲 인용)

등장하는 도상은 아직까지 전하지 않고 있다. 서벽에서 본존의 우측에는 비슈누가 있고, 좌측에는 시바의 일족이 본존을 협시하는 형국이다. 가네샤는 오른손으로 녹색의 둥근 형태 미상의 물건을 들고 긴 코끝과 마주하며, 왼손으로는 작은 포크 형태의 삼지창과 같은 물건을 들고 있으나 역시 미상이다. 상의는 벗고 천의를 둘렀으며 목과 팔에는 검은 색 띠와 같은 장식이 보이며, 하의는 녹색 수직주름이 선명한 치마를 입고 있다. 그는 맨발에 교각자세를 취하며 본존을 주시하고 있는데, 밀교계통의 경전에서 그를 비나가야천이라고 호칭한다.[111]

---

111) 三藏沙門善无畏译「大圣欢喜双身大自在天毗那夜迦王归依念诵供养法」『大藏经』第 1270部: "大圣自在天. 是摩醯首罗大自在天王. 乌摩女为妇. 所生有三千子. 其左千五百. 毗那夜迦王为第一. 行诸恶事. 领十万七千诸毗那夜迦类. 右千五百扇那夜迦持善天为第一. 修一切善利. 领十七万八千诸福伎善持众. 此扇那夜迦王. 则观音之化身也. 为调和彼 毗那夜迦王恶行同生一类成兄弟夫妇. 示现相抱同体之形. 其本因缘具在大明咒贼经. 今 为诸行者. 略说坛法念诵供养等次第. 若不知此法之者. 于余尊法难得成就. 复多障碍. 故 先可修此道. 若有善士善女等. 欲供养此天求福利者. 取香木树造其形像. 夫妇令相抱立 之. 身长五寸象头人身."

가네샤의 뿌리는 아리아인들이 인도로 남하하기 이전부터 있었던 토착민들의 神이었고, 동물숭배사상과 관련이 있다. 아리아인들이 인도에서 정착해가는 과정에서 『베다』에 수용되어 훗날 힌두교의 주류에 편입된 것으로 보고 있다.[112] 아리아인들은 초기에는 가네샤를 악하고 해로운 존재로 인식하였다. 그러나 그의 성격이 '악의 있는'에서 '장난기 있는', '온화한' 그리고 '상서로운 길조'의 의미로 바뀌며, 가네샤도 차츰 힌두교神의 판테온에 합류하게 되었다.

가네샤에 관한 신화는 대서사시 『마하바라타』나 『라마야나』에는 보이지 않으며, 가네샤 신앙도 비교적 후대인 3, 4세기경부터 신격이 형성되었다.[113] 현재까지 쿠샨시기에 만들어진 의인화된 가네샤상은 발견되지 않아[114] 굽타시기인 4세기 전후에 의인화된 가네샤의 조상이 시작되었을 가능성이 있다.[115] 그러나 후대에 가네샤 신앙이 급속히 확산되면서 힌두교에서 가나파티야파의 主神이 되었으며[116] 엘로라석굴(8세기)을 비롯하여 인도 전 지역에서 가네샤상이 유행하였다. 자이나교나 불교, 특히 밀교에도 도입되어 대성환희자재천(大聖歡喜自在天, 성천, 환희천)이 되었고, 동남아시아 지역에서 가네샤 신앙은 장애를 제거하는 신으로 인기가 높다. 불교에서 비나가야천은 마혜수라천이나 기타신의 하위신중으로 조성되었지만, 그의 독특한 외모 때문에 동아시아지역의 유행하지는 않았다.

---

112) Thapan, Anita Raina, *Understanding Gaṇapati: Insights into the Dynamics of a Cult*, New Delhi: Manohar Publishers, 1997, p.152.
113) G. S. Churye, *Gods and Men*, Bombay, 1962, p.50.
114) 유명한 인도의 힌두교석굴인 우다이기리석굴 6호굴 입구 좌측벽감에 조성된 가네샤는 기원후 401년 굽타초기에 조성되었다. 본문 Ⅲ-2 굽타시기의 힌두교 조상 참조.
115) Getty, Alice 1936, *Gaṇeśa: A Monograph on the Elephant-Faced God*(1992 reprint ed.), Oxford: Clarendon Press, pp.55~66.
116) 9세기경에 가네샤는 힌두교 주요 5神에 포함되며 가나파티여파의 主神이 되었으며 주요 경전은 『가네샤푸라나』, 『머드가라푸라나』, 그리고 『가나파티아타르바시르사』가 있다.

힌두교에서 가네샤(Ganesha)는 가나파티(Ganapati)라고도 부른다. 가네샤의 어원은 'gana(군중)의 sa(주인)'이라는 의미가 있는데, 시바를 섬기는 가나(gana)[117]들의 우두머리로 가나 즉, 군중을 지배하는 신이다.[118] 신체는 인간이지만, 코끼리 얼굴에 상아를 갖고 있기 때문에 에카단타(Ekadanta, 상아를 가진 자)[119] 또는 모든 장애를 제거하는 힘을 가지고 있어 비그네슈바라(장애를 제거하는 주인)로 호칭한다. 가네샤는 시바와 파르바티 사이에 태어난 아들로 아버지인 시바에 의하여 코끼리 머리를 갖게 된 비극의 주인공이다. 그의 몸은 인간이지만 코끼리 머리에 배는 살쪄서 불쑥 튀어나오고 상아 즉 어금니는 하나로 허리에는 뱀을 두르고 있는 특징이 있다. 손에는 주로 조개껍질과 원반을 수지하며 왕좌에 앉아 있거나 쥐를 타고 그 위에서 춤추는 모습으로 표현된다. 그는 모든 장애를 제거하며 지혜를 성취시키는 신으로 숭배된다.

인도 보팔 비디야 지역의 우다이기리석굴은 조성년도가 비교적 확실한 5세기 초(401~402년)에 조성된 힌두교 초기석굴로 이름 높다. 이 석굴에서 가네샤는 석굴 입구에 비슈누, 두르가 등과 함께 조성되었다〈그림 201〉. 가네샤의 머리는 코끼리이며 몸은 비대한 인간의 신체를 하고 좌측 감실에 좌정하고 있다. 가네샤신은 인도에서 멧돼지 머리의 바라하신과 원숭이신인 하누만 등과 함께 동물의 형상으로 숭배되는 중요한 신이다. 가네샤는 새로운 시작의 神이자 장애를 제거하는

---

117) 가나(Gaṇa, Devanagari: गण)는 산스크리트어로 뜻은 "무리, 군대, 다수, 수, 부족, 시리즈, 클래스" 등을 의미한다. 또 협시 신중이나 공동의 목표를 달성하려는 조직의 일원으로 쓰일 때도 있다. 힌두교에서 가나는 시바의 협시신중으로 카일라사에 살며 가네샤를 우두머리로 섬긴다.

118) Anna L. Dallapiccola, *Dictionary of Hindu Lore and Legend*, "In Hinduism, the Gaṇas are attendants of Shiva and live in Kailasa. Ganesha was chosen as their leader by Shiva, hence Ganesha's title gaṇa-iśa or gaṇa-pati, 'lord of the gaṇas.'"

119) 『종교학대사전』, 한국사전연구사, 1998.

신으로 알려져[120) 힌두교에서 모든 예배나 의식은 물론 사업의 시작, 여행, 집짓기 등과 같은 중요 행사를 할 때 가네샤에 대한 예배부터 시작한다. 이는 장애를 제거하는 그의 역할 때문으로 보인다. 또 그는 지혜와 富의 신으로도 숭배되어 가네샤신앙은 무역을 하는 상인들에

〈그림 201〉 가네샤(좌측) 우다이기리석굴 6굴, 벽감부조, 마드야프라데쉬, 인디아, 굽타(401년)

게 특히 유행하였다. 현재 힌두교에서 거의 모든 종파에서 가네샤를 숭배하고 있고 사원이나 가정, 특히 기업 건물 등에 다른 신들과 함께 모셔져 신앙되고 있다.

가네샤의 도상은 배가 불뚝 나온 인간의 몸에 코끼리 머리를 하며 보통 4비의 형상을 하고 있다. 코끼리의 거대한 머리는 모든 영적인 지혜를 담고 있고, 그의 길고 굵은 코는 진리와 거짓을 식별하는 능력과 상황에 적응하는 유연한 지성을 의미하며, 불쑥 나온 큰 배는 만족을 상징한다.[121) 4개의 손에는 각각 삶의 즐거움에 대한 집착이 우리를 속박한다는 것을 의미하는 밧줄과 그 속박을 끊는 것을 의미하는 도끼, 그리고 무한한 지고의 기쁨인 자유를 의미하는 스위트를 들고 있고, 나머지 한 손은 손바닥을 펴서 축복을 표현하고 있다. 가네샤는 힌두교신들 가운데 가장 무거운 신이면서 작은 쥐를 탈것으로 지니는 재미있는 신이기도 하다. 그의 탈것인 쪼그리고 앉아 있는 쥐는 힌두교에서 욕망으로 흔들리는 변덕스러운 마음을 의미한다고 한다.

120) *Upaniṣad*, verse 12 in Saraswati 2004, p.80(For Ganesha's role as an eliminator of obstacles, see commentary on Gaṇapati).

121) Narain, A. K. *Ganeśa: A Protohistory of the Idea and the Icon*, Brown, pp.21-22, p.25.

가네샤의 불교적인 명칭인 비나가야천은 산스크리트어로는 환희자재(歡喜自在)의 뜻이 있는데, 대성환희자재천(大聖歡喜自在天), 성천(聖天)이라고 한다. 또 아나발저(俄那鉢底, Ganapati), 가나발저(伽那鉢底) 혹은 비나야가(毘那夜迦)라 하여 상비(象鼻)라고도 번역한다.[122] 밀교(密敎)에서 비나가야천은 제재(除災)나 초복(招福)의 神으로 존숭받는다. 밀교경전인 『大日經疏七』[123]『毘那夜迦誐那鉢底瑜伽悉地品秘要』에서 비나가야는, 본래 불교에서 상수마(常隨魔)라 하여 사람의 틈을 엿보는 악귀였다. 그러나 나중에 관음보살 혹은 부처님께 귀의하여[124] 9천8백의 귀왕(鬼王)을 거느리고 삼천세계를 지키며 삼보(三寶)의 수호신이 되었다.[125]

---

122) 丁福保, 『佛学大词典』 "又作毗那耶迦, 毗那也迦, 频那夜迦, 毗那耶怛迦, 毗那吒迦, 吠那野怛迦. 译云常随魔, 障碍神. 身象鼻, 常随侍人为障难之恶鬼神也."

123) 『大日经疏七』曰: "毗那夜迦, 即是一切为障者. 此障皆从妄想心生."; 毗那夜迦含光轨曰: "毗那夜迦, 常随作障难, 故名常随魔也. (中略)毗那夜迦, 亦名毗那怛伽. 此云象鼻也, 其形如人, 但鼻极长, 即爱香尘故也."; 玄应音义二十四曰: "毗那怛迦, 此云有障碍神. 有一鬼神人形象头, 凡见他事, 皆为障碍."; 希麟音义七曰: "毗那夜迦, 旧云频那夜迦, 皆不正梵语也. 应云吠那野怛迦, 此云障碍神, 谓现人身象头, 能障一切殊胜事业故."; "退治此实类毗那夜迦之法, 称为誐那钵底, 即欢喜天. 人身象头, 双身抱合, 男神为实之毗那夜迦, 女神者, 观音菩萨为退治彼, 现毗那夜迦女形与彼抱合而生欢喜心之相也."

124) 『四部毗那夜迦法』 "大圣欢喜天"的故事, 大自在天(即湿婆神)的儿子, 象头人身, 他性络暴戾, 所以又叫大荒神; 观音菩萨为了降伏他的荒暴, 化身为一个女子去找他, 他一见女子, 欲心炽盛, 欲拥抱其身, 该女子拒绝说: "你想触摸我的玉身, 能为护持佛法不? 依我护法后, 能莫作障碍不?"他回答说: "我依缘今后全随你."于是毗那夜达女含笑接受他的拥抱性合, 得到了他的欢心, 从而把他调伏到佛教中来, 因此皆大欢喜, 得名 "大圣欢喜天".

125) 『毗那夜迦誐那钵底瑜伽悉地品秘要』 "行者常诵此咒无有障碍. 是真言中显权实义. 所以者何. 拟哩者是观自在菩萨种子字也. 菩萨现此身为其妇而劝进. 令毗那夜迦不作障碍. 有往昔因缘如余部说. 是为权义. 次虐者是毗那夜迦神种子. 此常随魔也. 云何常随魔. 谓恒常随逐一切有情伺求其短. 然天魔地魔不尔. 唯时而来而作障难. 毗那夜迦常随作障难. 故名常随魔也. 假使梵王及憍尸迦诸天龙等. 不能破如斯障难. 唯有观世音及军荼利菩萨. 能除此毗那夜迦难也. 经云若知身中有诸障难. 所求善事多不如心者.
今说毗那夜迦形有多种. 或似人天或似婆罗门. 或现男女端正之貌. 即分四部摄众多类. 如是种种作诸障碍. 唯大圣天欢喜王. 是权现之身. 如上所说. 为欲诱进诸作障者令入正

장전불교에서 이 神은 單身과 雙身의 2종이 있다. 단신상은 코끼리 얼굴에 팔이 2, 4, 6개 있으며, 쌍신상은 남신과 여신이 서로 껴안고 있는데, 남신은 악신이나 여신은 주로 십일면관음(十一面觀音)의 화신으로 남신을 불법으로 이끌고 가려는 뜻을 지니고 있다. 비나가야천의 코에 대하여 밀교에서는 깨우침을 나타내는 상징으로 여기며 그가 만약 분노하면 코가 길어지거나 짧아지며 속박을 마름대로 다스린다고 한다.

비나가야천의 조상은 현재까지 돈황 285굴이 가장 빠르며, 호탄의 단단 – 월릭 불교사원지와 트루판의 코초지역에서 발견된 마니교경전 단편 등에서 보이고 있다. 당대 이후에는 밀교조상인 변화관음의 28신중으로 등장하거나, 명왕 등 분노존상의 하위신중으로 명맥을 이어가고 있다. 단단 – 월릭의 비나가야상은 7-8세기 작으로 비교적 늦은 시기에 조성되었는데, 코끼리의 코가 확실하며 4비상으로 허리에 묶은 호랑이 가죽에 앉아있다〈그림 202〉. 단단-월릭 사원지의 엔테르 출토품인 이 비나가야상은 원형 광배에 코끼리 머리를 하고 있는 역시 4비상으로 위로 올린 두 손에 화살과 미상의 막대를 수지하였고, 아래 두 손에도 우수로는 둥근 물질을, 좌수로는 연필과 같은 막대를 수지하고 있다. 이 엔테르 조상은 광배를 갖춘 인신 4비상으로 소속된 종교는 확인되지 않지만 가네샤는 神으로 볼 수 있다. 8세기로 추정되는 쿰트라석굴에서 발견된 코끼리 소조상 두 구는 사실적으로 묘사되었다〈그림 203〉. 이 소조상과 불교의 가네샤 신앙과의 연관성은 현재까지 연구된

見故. 所以不似余毗那夜迦而現象头. 此是示喻故. 谓如象王虽有瞋恚强力. 能随养育者及调御师也. 誐那钵底亦复如是. 虽現障身. 能随归依人乃至归佛者. 是故此天現象头也. 毗那夜迦亦名毗那怛迦. 此云象鼻也. 其形如人但鼻极长. 即爱香尘故也. 唯今大圣天. 其头眼耳鼻舌诸相皆似象. 能随行者故也. 此天者即誐那钵底. 此云欢喜. 非余毗那夜迦也. 以慈善根力. 令诸毗那夜迦生欢喜心. 然后呵责令不作障. 若瞋怒时即以其鼻. 若近若远随意缠缚. 是故胜余毗那夜迦也. 毗那夜迦权实之义. 既说已."

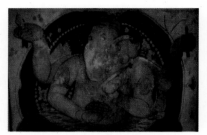

〈그림 202〉 가네샤, 회화, 호탄 단단-윌릭
엔테르 출토, 대영박물관, 7-8세기

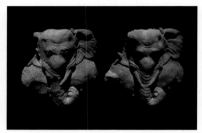

〈그림 203〉 가네샤 소조상 건물장식(?),
쿰트라 석굴, 8세기

〈그림 204〉 마니교신 가네샤, 마니교경전단편,
채색회화, 코쵸 투르판 신장, 8세기

바 없으나 건물의 장식으로 사용되었거나, 신의 대좌를 장식하였을 가능성도 있
다. 그러나 키질의 지역적 특성상 조로아스터교나 마니교계통의 造像일 가능성도
배제할 수 없다.

　코초의 비나가야상은 8세기 작으로 마니교 경전단편에서 마니교의 주요 신들과
함께 등장하였다〈그림 204〉. 박락이 심하지만 교주 마니 좌측 아래 좌정한 마니교
의 하위 신들은 코끼리 머리의 신과 멧돼지 머리의 신(비슈누의 화신), 수염을 기
른 브라만신, 그리고 이마에 제3의 눈이 있고 머리에 보관을 착용한 시바신이 확
인된다. 4신은 모두 힌두교계열의 格이 높은 신들로 모두 공양물을 들고 主神 마
니아래서 무릎을 꿇고 배열하고 있다. 이례적으로 힌두교의 3대신의 앞자리에 좌
정한 가네샤신은 삼면관을 착용하고 두 개의 어금니와 긴 코를 사실대로 묘사하

였으며, 특히 긴 상아를 강조하고 있다. 가네샤는 象頭神 즉, 비나가야가 확실하나 마니교에서 그의 神格에 대하여는 아직 연구된바가 없다.

2) 구마라천

〈그림 205〉 구마라천(무루간)
돈황석굴 285굴 서벽, 서위 538, 539

〈그림 206〉 구마라천(무루간)
돈황석굴 285굴 서벽, (모사도 가세철 인용)

구마라천은 마혜수라천의 장자인 비나가야천과 함께 좌정하고 있다. 그는 푸른색 망토를 걸친 인물로 청수한 얼굴에 그의 상징인 려계라고 불리는 동자형식 머리를 갖춘 4비상이다〈그림 205-206〉. 상단 우수는 높이 들어 꽃봉오리 형상의 물건을 들고 좌수로는 긴 창(幡?)을 들고 있다. 하단 우수로 포도를 수지하고, 좌측 손은 배 앞에서 확인되지 않는 물질을 들고 있다. 상반신은 망토만 두른 나신이나, 하반신은 비나가야천과 마찬가지로 수직주름이 선명한 흙색 치마를 입고 교각의 자세를 결하고 있다. 우측 무릎 뒤에 목이 긴 공작새(모사도 참조)가 보이고, 그는 공작새의 등에 앉아 본존을 향하고 있는 형상이다. 285굴의 서벽에 등장하는 구마라천의 특징은 동자형의 려계형식 머리와 포도수지, 그리고 그의 탈것인 공작새가 확인된다.

불교에서 구마라는 쿠마라(산스크리트어; Kumāra)를 음역한 것이며, 의역하여 중국에서 童眞菩薩이라고 칭하고 있다. 쿠마라와 무루간(Murugan), 스칸다(Skanda), 그리고 카르티케야(Kartikeya) 등은 모두 같은 힌두교의 '전쟁의 신'으로, 지역과 신앙의 주체에 따라 쿠마라를 다르게 호칭하고 있다. 구마라는 이미 『아타르베다』에서 불의 신 '아그니의 아들'로 묘사되었으며, 『The Satapatha Brahman』에서도 '루드라의 아들'이며, '아그니의 9번째 화신'으로 언급되었다. 힌두교의 성전인 『마하바라타』에서[126] 무루간은 아그니와 스바하의 아들로 훗날 인드라의 공격을 받았는데, 시바가 '무사의 왕'으로 만들어 대항하게 하였다.

힌두교에서 무루간[127]은 시바와 파르바티의 아들인데, 그의 다른 이름인 스칸다는 아버지 시바가 갠지스강에 정액을 떨어뜨려 그가 탄생했다는 뜻이 담겨 있다. 힌두교에서는 갠지스강에서 목욕을 하던 여섯 요정이 각기 사내아이를 출산하였는데, 이들이 하나로 합쳐져 6개의 얼굴과 12개의 팔을 가진 스칸다가 탄생하였

---

126) *Mahabharata*, Aranyaka Parva, Section 230 of the vulgate translated by Kisari Mohan Ganguli(1883~1896).

127) 무루간(Murugan)은 힌두교의 남신(데바)으로 전쟁과 승리의 신이다. 활과 신의 창인 벨(Vel)을 무기로 하며 바하나(탈것)는 공작이다. 무루간은 카르티케야(Kartikeya), 스칸다(Skanda), 수브라마냐(Subrahmanya)라고도 불린다. 무루간은 특히 타밀족 힌두인들 사이에서 널리 대중적으로 신앙되는 신이다. 지역적으로는 타밀족의 영향력이 강한 지역들에서 숭배되는데, 남인도, 싱가포르, 스리랑카, 말레이시아 등이 주요 지역이다. 인도에서의 무루간의 성지로서 가장 중요한 것은 타밀나두 주에 있는 그의 이 여섯 신전들을 통칭하여 아루파다이베두(Arupadaiveedu)라고 하는데, 그 의미는 여섯 거주처이다. 스리랑카에서는 힌두인들 뿐만 아니라 불교도들도 자프나에 있는 날루르 칸다스와미 신전(Nallur Kandaswamy temple)을 무루간에게 바쳐진 역사적인 신성한 장소로 숭배하며, 또한 스리랑카의 남쪽 끝에 가까이 위치한 카타라가마(Katharagama)는 불교도와 힌두교도 모두 무루간에 바쳐진 성지 또는 사원으로 숭배하고 있다. 타이푸삼(Thaipusam) 축제 때는 말레이시아의 풀라우피낭 주의 중국인들도 또한 무루간에게 기도하기도 한다.

다고 한다.[128) 이와 같은 신화나 경전에 등장하는 무루간은 원래 유명한 『베다』의 신이었으나, 시바신앙의 성립과정에서 시바의 아들로 격하되었음이 짐작된다. 그는 항상 武將으로 표현되는데, 아버지 시바의 도움으로 인드라의 공격에 대적하기 위하여 '무사의 왕'이 되었다. 무루간은 '타밀의 수호신'으로도 존숭을 받으며, 현재까지 이 지역을 중심으로 스리랑카와 동남아에서 그의 신앙이 유행하고 있다.[129)

〈그림 207〉 스칸다상,
Kannauj north India, 8세기

힌두교에서 무루간의 상징은 벨(Vel, the Divine Spear or Lance)이라는 무기며, 그는 항상 공작을 타고 등장한다. 그는 가끔 칼, 던지는 창, 철퇴, 원반, 활과 같은 무기를 들고 있는데, 이 무기들은 인간의 모든 병을 치료하는 상징물이다. 창은 멀리 던져 인간을 보호하며, 원반은 그의 지식을 상징하고, 철퇴는 힘을, 그리고 활은 모든 병마를 없애는 도구다. 그가 타고 있는 공작도 그의 에고(ego) 즉, 자아를 파괴하는 상징으로 보고 있다. 북인도 칸나우지 사원의 스칸다상은 8세기 작으로, 화려한 보관을 착용하고 왼손에 긴 창을 들었으며, 오른손에 미상의 지물을 들고 공작새의 등에 앉아 있다〈그림 207〉. 스칸다는 사자좌에 앉아 있으며, 상단과 좌우에 4명의 천인이 협시하는 구도로, 힌두교에서 그의 높은

---

128) 흔히 스칸다를 카룻티케야라는 별명으로 부르는데, 이는 크릿티카, 즉 여섯 여신의 아들이라는 뜻이 있다.

129) Kinsley, David, *Hindu Goddesses: Vision of the Divine Feminine in the Hindu Religious Traditions*, University of California Press, 1988, p.95.

위상을 설명하고 있다.

구마라천은 불교경전에서 鳩摩罗伽天, 鳩摩啰伽天, 拘摩罗天, 俱摩罗天, 矩摩罗天 등으로 번역되었으며, 밀교에서 호세20천 중 1천으로 보며, 初禅天의 梵王으로도 보고 있다. 전술한 『대지도론』 제2권의 한역본(402~406년)에 구마라천에 대하여 다음과 같이 說하고 있다.[130] "摩醯首羅天, (秦言「大自在」)八臂, 三眼, 騎白牛. 如韋紐天(秦言「遍悶」), 四臂, 捉貝持輪, 騎金翅鳥. 如鳩摩羅天, (秦言「童」子)是天擎雞持鈴, 捉赤幡, 騎孔雀, 皆是諸天大將." 즉 "구마라천(鳩摩羅天, 진나라 말로는 동자(童子))은 닭을 높이 들어 올리고 요령(鈴)을 잡고 붉은 번(幡)을 쥐고서 공작을 탔다. 이들은 모두가 하늘의 대장들이다"라고 용수가 설한바 구마라천은 동자를 뜻하며 그의 특징으로는 닭과 방울, 그리고 번을 들고 공작을 타고 있다. 『대지도론』의 기록에 따라 285굴의 구마라천이 상단 우수로 들고 있는 미상의 지물은 닭으로 볼 수 있으며, 하단 좌수로 들고 있는 물질은 요령(방울)으로 파악된다. 용수의 생몰년을 고려할 때 구마라천도 시바나 위뉴천과 마찬가지로 대승불교의 개창기에 불교에 전입되었다. 경전에서 마혜수라천, 위뉴천, 그리고 구마라천 등 3신의 위상이나 父子와 같은 관계설정은 하지 않았다.

밀교계 경전인 『迦樓羅及諸天密言經』에 따르면 "凡言蠡髻者 其發皆垂下 披于兩肩" 즉, "려계라는 것은 머리를 밑으로 내려 양 어깨에 이른다"라 하여 그의 동자머리를 蠡髻(려계)라고 칭하며, 얼굴은 청수하고 준수한 동자형식임을 언급하

---

130) 『대지도론』 제2권. 한문본 & 한글본; 「摩诃般若波罗蜜经释论序」 『大智度论』 (100卷): "龙树菩萨 造, 后秦龟兹国三藏法师鸠摩罗什奉."; 诏译, 太虚圖書館藏: "如摩醯首罗天. (秦言大自在)八臂三眼骑白牛. 如韦纽天(秦言遍闷)四臂捉贝持轮骑金翅鸟. 如鸠摩罗天. (秦言童子)是天擎鸡持铃. 捉赤幡骑孔雀. 皆是诸天大将. 如是等诸天各各言大. 皆称一切智. 有人作弟子学其经书. 亦受其法. 言是一切智. 答曰. 此不应一切智. 何以故. 瞋恚憍慢心着故. 如偈说."

고 있다. 『經律導相』 권1의 「天部」에 기록된 대범천형상과 구마라천은 같다. 이 경전에서도 구마라천에 대하여 "顔如童子 名曰童子 擎鷄 持鈴 捉赤幡 騎孔雀"[131] 즉, "얼굴은 동자며 닭을 잡고 방울을 쥐고 붉은 번들 들고 공작 위에 타고 있다"라고 기록되어 285굴의 도상과 거의 흡사함을 알 수 있다. 『大日經疏』 卷十六云(大正 39 · 744b)에는 "俱摩羅作铄底印,[132] 大自在之子." 즉 "구마라는 삭저인을 결하고 대자재천의 아들이다"라고 기록되어 있다.[133] 각종 경전에 설하고 있는 구마라천의 도상은 대부분 려계머리와 동자얼굴을 강조하며, 지물은 방울과 번, 그리고 닭을 들고 공작을 그의 탈것으로 묘사하고 있다.

밀교에서는 구마라천은 금강, 태장 양부 만다라 중에 외금강부원 서방 변재천의 옆에 존재하며 형상은 황색의 6면을 가진 동안으로 우수로 三股戟을 들고 좌수로는 柄을 든다.[134] 금강계 만다라에서는 신체는 청록색으로 좌수는 주먹을 쥐고

---

131) T2121_.53.0003a24-25: 一切衆生父母. 後來諸梵第一尊重. 顔如童子. 名曰童子. 鷄持鈴 捉赤幡騎孔雀.

132) 梵语s/akti, 巴利语satti. 又作铄讫底, 烁讫底, 铄底. 意译作槊. 即指枪戟. 密教以之安置 于曼荼罗中, 或作为不动明王之持物. 于印度, 以铄乞底象征威力, 性力之义, 始见于斯吠达修达罗奥义书(梵S/veta∧s/vataropanis!ad)等诸奥义书中. 于印度教, 原系用来象征主上神之威力, 后亦以之寓于其配偶神, 由是遂拟人化而转变为女神之性力崇拜, 今印度教中即有崇拜湿婆(梵S/iva)配偶神杜尔嘉(梵Durga∧)之性力派; 佛教中有关如来铄乞底菩萨之说, 恐系受此思想影响而产生者. [苏悉地羯啰经卷下, 佛母大孔雀明王经卷下, 大日经疏卷六, 慧琳音义卷三十五参阅 '如来铄乞底' 2364.

133) T2219_.60.0592b26: "所謂鳩摩羅 此云童子 天. 亦云塞健那是也. 第五卷商佉 羅次云. 又置塞健那天. 即是童子天也. 第十六 十一 云. 俱摩羅作鑠底印 大自在之子 廣大軌 中云. 塞健翻童子. 六首乘孔雀 文 智度第二 二十五 云. 如鳩摩羅天秦云童子. 是天&T016254; 鷄 持鈴. 捉赤幡騎孔雀. 皆是諸天大將."

134) 『摄大仪轨』 卷二(大正18·78c)에서 "塞建翻童子, 三首, 乘孔雀. 依据此说, 古来密家将塞建那与俱摩罗视为同一, 而将其列于金胎两部曼荼罗中. 其中, 胎藏界曼荼罗将此天列于外金刚部院西方辩才天之傍, 形像作黄色六面(即二重各三面), 童颜, 右手执三股戟, 左手持其柄. 又于金刚界曼荼罗成身会等, 形像作青绿色, 左手作拳, 右手采铃, 坐荷叶."

우수로는 방울을 수지하고 연잎 위에 좌정하고 있다. 공작은 밀교계통의 경전에서 구마라천 뿐만 아니라 아미타불,135) 연화허공장보살,136) 문수보살,137) 명왕 등도 공작을 타고 등장한다. 밀교계통의 경전에 따르면 나라에 질병이 창궐할 때 국왕과 만민이 "默然而坐 禪思一心" 즉, "묵연히 좌선하고 선정에 들어가 일심으로 기원할 때 구마라천과 사천왕들이 달려와 악귀를 물리치고 독기를 없애며 국가를 편안하게 한다고 기록되어 있다."138)

---

135) 唐三藏沙门, 大广智不空译『摄无碍大悲心大陀罗尼经』"西方无量寿如来, 身相赤金色, 结三摩地印, 目开视下相, 丹光袈裟衣, 安住大月轮, 入定拔苦体, 紫磨金色光, 孔雀以为座"라고 기재되어 있다. 『佛说造像量度经』에도 "谓秘密五部主佛, 各有宜用分别. 如来部主毗卢佛, 坐狮子王座. 金刚部主阿閦佛, 象王座. 宝部主宝生佛, 马王座. 莲华部主阿弥陀佛, 孔雀王座. 羯磨部主不空佛, 鹏鸟王座"라고 설하며 밀교의 5불 즉 비로불은 사자를 타고, 아민불은 코끼리를 타고, 보생불은 말을 타고, 아미타불은 공작을 타고, 불공불은 봉황을 탄다고 기록하고 있다.

136) 虚空藏菩萨 또는 虚空孕菩萨의 梵名은 阿迦舍揭罗婆耶로 福과 智의 二藏을 无量无边 즉 虚空과 같이 소유하여 붙여진 이름이다. 金刚智三藏译『五大虚空藏菩萨速疾大神验秘密式经』一卷에 '虚空藏依五方位分为, "天盘东面. 福智虚空藏菩萨"; "南方有怛洛字, 变成能满虚空藏菩萨"; "西方有纥哩字. 变成施愿虚空藏菩萨", "北方有恶字. 变成无垢虚空藏菩萨"; "中央有鑁字. 变成解脱虚空藏菩萨". "莲花虚空藏菩萨也是以孔雀为坐骑"설하며 『佛学大词典』(丁福保着)注释의 五大虚空藏에 대하여 "日本东寺观智院国宝中, 有惠运自唐请去之瑜只五大虚空藏菩萨木像. 金刚虚空藏(乘狮子)摩尼虚空藏(乘象)法界虚空藏(乘马)虚空藏(乘鸟)莲花虚空藏(乘孔雀)는 기록을 볼 수 있다.

137) 菩提流志译『佛说文殊师利法宝藏陀罗尼经』에서 "文殊菩萨, "其画像作童子相貌. 乘骑金色孔雀. 诸贼见者悉皆退散. 若常念诵. 所有五逆四重等罪悉得消灭. 常得面睹文殊菩萨", "若入军阵中, 画此文殊像, 乘骑孔雀上, 安置于旗上, 或使人执行, 诸贼遥望见, 自然当退散" 문수보살의 얼굴은 동자형으로 공작을 탄다고 설하며, 그 외『佛学大辞典』(丁福保编)注释에도 "文殊乘师子, 以表智能之狞猛, 且文殊以所居清凉山有五百毒龙, 为降伏之故也. 胎曼中之两文殊, 皆坐白莲台. 儿文殊亦不乘狮子. 乘狮子为八字仪轨之说也. 盖乘狮子者, 乃金刚界之文殊, 坐白莲者乃胎藏界之文殊也. 申言之. 即胎藏界之文殊以青莲华为三昧耶形, 且坐于白莲台, 金刚界之文殊以金刚剑为三昧耶形, 骑于狮子又孔雀也"라 설하며 문수는 사자 뿐 아니라 공작도 탄다는 내용이 있다.

138) 다라니경 권2 대장정 제2책 58, 59항.

위태천(韋駄天, Kārttikeya)139)은 『금광경』에서 24천140)의 우두머리로 說하고 있다. 명대에 완성된 불교설화에 따르면, 스칸다는 부처님의 가르침에 완전한 믿음을 가진 왕의 아들이었다. 부처가 열반에 들어갔을 때, 붓다는 불법을 보호하기 위하여 스칸다에게 마라의 유혹을 뿌리치고 승가의 구성원들 사이에 충돌을 해결하여 승가의 구성원을 보호하도록 유언하였다. 훗날 부처가 열반에 들고 화장을 마친 후에 악마 마라가 사리를 훔쳐 달아났으나 스칸다가 이 악마를 물리치고 부처의 사리를 되찾았다는 내용이 있다.141) 이와 같은 설화의 내용으로부터 불교에서 빠른 발을 소유한 불법의 수호자로서 위태천의 성격과 위상이 짐작된다. 중국의 불교사원에서 무장을 한 위태천은 사천왕전의 후문에 위치한다.142)

---

139) 위태천(韋駄天, Kārttikeya)은 북인도에서 스칸다(Skanda), 쿠마라(Kumara)라고 부르며, 남인도에서는 서브라마야(Subramaya)라고도 불린다. 한역하면 '塞建陀' 혹은 '違陀'이며, '위태천(韋馱天)', '위장군(韋將軍)', '위태보살(韋馱菩薩)'이라고 부르며, 조선시대에는 '동진보살(童眞菩薩)'이라는 명칭으로도 불렸다.

140) 二十诸天

• 大梵天	• 帝释天	• 多闻天王	• 持国天王	• 增长天王
• 广目天王	• 密迹金刚	• 摩醯首罗	• 散脂大将	• 大辩才天
• 大功德天	• 韦驮天神	• 坚牢地神	• 菩提树神	• 鬼子母神
• 摩利支天	• 日宫天子	• 月宫天子	• 娑竭龙王	• 阎摩罗王

二十四天; 二十诸天과 • 紧那罗王　• 紫微大帝　• 泰山府君　• 雷祖天尊

141) 석가가 황반시 불 사리를 훔친 서질귀(擾疾鬼)를 쫓아가서 그것을 도로 찾았다는 설화에 의해서 발이 빠른 것을 〈위타천(韋陀天) 달리기〉라고 하게 되었다(종교학대사전, 1998.8.20, 한국사전연구사) 여래입멸 후에 첩질귀가 돌연히 여래의 어금니를 훔쳐 달아나자 위태천이 되찾아오는데, 이후 탑의 도굴을 막는 중요한 역할을 하게 되었다.

142) 중국에서 남송대(南宋代) 이후 사경을 수호하는 천신으로 나오고, 원, 명대(元明代)에는 천왕전에 반드시 모셔진다. 형상은 새 깃털장식이 있는 투구를 쓰고 갑옷을 입고 있으며, 합장한 팔위에 보봉(寶奉)이나 칼 혹은 금강저를 가로질러 놓는 모습으로 중국에 들어와서 漢化된 형상이다. 한국에서도 고려시대의 목판화인 1286년『小字本妙法蓮花經』등에서 사경을 수호하는 호법선신으로 등장하며, 조선시대 신중도에서 대장으로 나타난다(『세계미술용어사전』, 월간미술, 1999).

구마라천의 의역인 童眞菩薩은 후대에 변상도(變相圖) 등에서 그의 특징인 얼굴을 동그랗게 묘사하여 동자(童子)를 닮게 그린다. 신중도 등에서 제석천(帝釋天)과 더불어 불법의 수호신으로 묘사되며, 부처가 세상에 나타날 때마다 먼저 說法을 청하여 언제나 부처의 오른편에 모신다고 한다. 또 불경을 간행할 때 권두나 권말에 동진보살상을 판각하여 경전 수호의 상징으로 삼는 경우도 있다. 동진보살에 대한 신앙은 한국 불교의 神衆圖에서도 찾아볼 수 있으며, 동진보살은 갑옷과 투구를 쓴 채 미소를 짓고 있다. 동진보살 주위에 십이지신상(十二支神像)과 팔부신장(八部神將) 등과 함께 그려져 있다. 24위나 39위 탱화에서는 화면의 중심이 되며, 가끔 마혜수라천이나 제석천과 함께 본존으로 등장하기도 한다. 104위를 모신 불화에서 위태천은 중앙에 위치한다. 가람 수호신으로는 남방 수호신 증장천왕의 8대 장군 중 한명으로 등장하기도 한다. 위태천과 동진보살은 모두 구마라천에 기원을 두지만, 경전과 시대에 따라 역할과 도상을 달리하고 있다.

3) 나라연천(위뉴천)

본존 우측의 나라야나 혹은 비슈누신은 두광을 갖춘 교각형식의 좌상으로 3면8비상이다〈그림 208-209〉. 시바 즉, 마혜수라천은 3면6비상이나, 나라야나는 이례적으로 3면8비의 형상을 결하고 있다. 나라야나의 신체는 흰색이며 우면은 녹색, 그리고 좌면은 검은색으로 서로 다른 대비를 보여주고 있다. 본 면은 4비를 갖추고 머리에 초승달을 장식한 화려한 왕관을 착용하고 있으며, 표정은 분노형식으로 콧수염을 기르고 눈을 부릅뜨고서 중앙의 본존을 향하여 주시하고 있다. 푸른

『道宣律師感通錄』에서 위태천은 남방증장천왕의 8장군 중의 한 명이자 32장군의 우두머리이며, 부처님의 뜻을 받들어 출가인을 보호하고 불법을 보호하는 임무를 띠었다(『종교학대사전』, 한국사전연구사, 1998).

〈그림 208〉 나라연천(위뉴천)
돈황석굴 285굴 서벽, 서위 538, 539

〈그림 209〉 나라연천(위뉴천)
(모사도 賀世哲 인용)

색 망토를 걸친 나신은 목걸이와 팔찌, 그리고 팔목장식을 하였다. 두 손은 주먹
을 쥐고 위로 향하고, 아래 두 손은 가슴 앞에서 무드라를 行하고 있다. 우면은 녹
색으로 두 팔을 위로 향하여 페르시아 미술의 상징인 일과 월을 수지하고 있다. 좌
면은 흑색으로 팔을 아래로 향하며 우수로 비슈누의 상징인 소라를 수지하고, 좌
수는 법륜을 수지하고 있다. 나라연천은 8개의 팔과 신체를 하나의 천의로 휘감고
있어, 이체로서 동체임을 보여주고 있다. 285굴에서 나라야나 혹은 비슈누는 그의
지물인 소라와 법륜으로 확인되지만, 그의 탈것인 가루다는 생략되었다. 학계에서
는 이 신중을 대부분 나라연천으로 호칭하고 있으나, 엄격하게 구분하면 나라연천
과 비슈누 즉, 경전에서 說한 위뉴천과는 차이가 난다.

힌두교에서 비슈누(Vishnu)(산스크리트어: Viṣṇu)는 커다란 금시조(金翅鳥)를
타고 다니며 악을 제거하고 정의를 회복하는 신으로, 브라만, 시바와 함께 힌두교
의 3대 신에 속하며 평화의 신으로 알려져 있다. 비슈누신은 원래 '태양신'으로『베
다』시대에는 별로 눈에 띠지 않는 존재였으나,『라마야나』와『마하바라타』양대 서
사시 이후에 주요 신격의 하나가 되었으며, 특히 우주를 존속시키는 자애가 충만

한 신으로 숭배되었다. 여신 락슈미[143](불교에서 길상천이 된다)를 아내로 하고, 10종의 화신(아바타)[144]으로 현현하여 인류를 구제하는 신이다〈그림 210〉.

힌두교에서 비슈누는 3가지 형상 중 하나로 묘사되는데, 하나는 연꽃에 서있는 모티프로 곁에는 대부분 락시미가 있다. 두 번째는 천개의 머리가 있는 거대한 용 위에 비스듬히 누어있는 모티프로 그의 발 주변에 역시 락시미가 표현된다. 이때 브라만은 비슈누의 배꼽에서 피어난 연꽃 위에 좌정한다〈그림 211〉. 팔라바왕조 시기의 마하발리푸람에 있는 석조사원에 조각된 비슈누신은 7세기 작으로, 높은 보관을 착용하고 거대한 용 위에 편안한 자세로 누어 천지창조의 순간을 기다리고 있다〈그림 212〉. 3번째는 비슈누가 그의 탈것인 가루다 위에 앉아 있는 모티프로 가루다는 『베다』를 상징하며 가루다가 날개를 펼치는 것은 『베다』의 신성한 진실

---

143) 락슈미(산스크리트어: Lakṣmī)는 사라스바티(Saraswati)와 파르바티(Parvati)함께 힌두교의 트리무르티(삼신)의 배우자인 트리데비를 이루고 있다. 트리데비의 한 명으로서의 락슈미는 특히 부·비옥함·생식력 등의 물질적 성취의 여신이다.

144) 화신에는 물고기, 거북, 멧돼지, 사람 사자, 난쟁이 바마나, 파라슈 라마, 라마, 크리슈나, 불타, 칼칸이 있으며, 가장 중요한 화신은 『바가바타 푸라나』의 크리슈나이며, 서사시 『라마야나』의 주인공인 라마는 그 다음으로 중요하다. 불교의 개조 불타도 비슈누신의 제9번째의 화신이라는 것은 주목할 만한데 칼칸은 미래의 구제자로 불교의 미래불인 미륵불의 영향이 있다고 한다.
(1.Matsya, the fish that kills Damanaka to save the vedas and also saves Manu from a great flood that submerges the entire Earth./ 2.Kurma, the turtle that helps the Devas and Asuras churn the ocean for the nectar of immortality./ 3.Varaha, the boar that rescues the Earth and kills Hiranyaksha./ 4.Narasimha, the half-lion half human, who defeats the demon Hiranyakashapu./ 5.Vamana, the dwarf that grows into a giant to save the world from King Bali./ 6.Parashurama, "Rama of the battle axe", a sage who appeared in the Treta Yuga. He killed Kartavirya Arjuna's army and clan and then killed all the kshatriyas 21 times./ 7.Rama, the prince and king of Ayodhya who killed the Demon King Raavan./ 8.Krishna, the eighth avatar of Vishnu./ 9.Buddha, the ninth avatar of Vishnu./ 10.Kalki, the tenth Avatar of Vishnu and said to be the harbinger of the end Kali Yuga.)

〈그림 210〉 비슈누의 10 화신도(아바타스), 세밀화, 빅토리아 앤 알버트 뮤지엄, 근세

〈그림 211〉 비슈누 아난타사야나부조상 비슈누신전 남측, 데오가르 사원, 6세기 초

〈그림 212〉 비슈누 아난타사야나부조상, 마하발리푸람 석조사원, 타밀나두 인도, 7세기

〈그림 213〉 바라하화신상 바라하석굴5굴, 우다야기리, 마드야프라데쉬, 굽타 5세기 초(401년)

의 힘을 상징한다고 한다.

비슈누는 10대 화신으로 顯現하는 특징이 있는데, 바라하, 인간사자, 난장이와 라마, 크리슈나가 대표적이다. 인도의 우다야기리석굴은 굽타시기인 5세기에 조성되었으며 힌두교의 초기 조상(401년 작)으로 유명하다. 이 석굴의 제5굴에 바라하의 화신상이 조성되었는데, 조각의 규모와 예술적인 가치는 수준급으로 초기 굽타시기의 특징이 잘 들어나고 있다〈그림 44〉. 멧돼지 머리를 하고 있는 인신의 바라하는 비슈누의 4번째 화신으로, 바다에 잠긴 대지의 여신을 구하는 장면을 극적으로 연출하고 있다.

비슈누는 불교에서 음역하여 '偉紐天'이라고 부른다. 『大智度論』 권8, 『大正藏』 제25책 제116항에 "水上有一千斗人 二千手足 名爲偉紐. 是人臍中出千口千金色妙寶蓮花 其光大明 如萬日俱照 花中有人結跏趺坐. 此人復有天量光明 名曰 梵天王. 此梵天王 心生八子. 八子生天地人民."[145] 즉 "물 위에 천개의 머리와 이천 개의 수족을 가진 자를 '위뉴'라 부른다. 범천은 위뉴의 배꼽에서 출생하여 천개의 금색이 묘한 보물인 연화와 그의 광명은 매우 밝아 만일을 두루 비추며 연화에 결가부좌하였는데, 무량광명이 비추며 이름은 범천으로 이 범천왕의 심장으로부터 8자식이 생하고 8자식은 천지 인민을 생한다"고 설하고 있다. 경전에서 브라만 즉 범천의 천지창조와 브라만을 탄생시킨 비슈누의 와상을 설명하고 있다.

그의 도상에 대하여 『大智度論』 권2와 『經律異相』 권1에 "四臂捉貝持輪 御金翅鳥" 즉 "4개의 팔에 소라와 법륜을 수지하고 금시조를 타고 있다'라고 기재되어 있

---

145) (T1509_.25.0116a06-11): "水上有一千頭人二千手足. 名爲韋紐. 是人臍中出千葉金色妙寶蓮花. 其光大明如萬日俱照. 華中有人結 * 加趺坐. 此人復有無量光明. 名曰梵天王. 此梵3天王心生八子. 子生天地人民. 是梵天王於諸婬瞋已盡無."

다."[146] 또 唐代의 밀교계 경전인『迦樓羅及諸天密言經』에 따르면 "通身赤色而有
三首. 正面作天王形 右現獅子相 左如猪斗. 蠶髮寶冠 首光綠色. 四臂 左上手散花向
本尊 下手持蠶貝. 右上手持金棒 下手堅持斗 指上有一金盤 盛樂妙花 天衣瓔珞 依
位而立." 즉 "몸은 전체가 적색으로 머리가 세 개다. 정면은 천왕형이며 우면은 사
자상을 보여주고 좌면은 돼지머리와 같다. 려계에 보관을 착용하고 머리에서 녹
색광선이 나온다. 네 개의 팔 가운데 좌측 상수는 본존을 향하여 꽃을 뿌리고 하수
로 조개를 수지하며 우측 상수로 금봉을 쥐고 하수로는 머리를 바치고 있다. 손에
금 접시가 있고 음악과 꽃이 가득하고 천의와 영락을 걸치고 서있다"고 기술되었
다.[147] 경전에서 돼지머리를 하고 있는 좌면은 비슈누의 화신인 바라하로 보이며,
우면의 사자상 역시 비슈누의 인신사자로 여겨지는 화신이다. 이 밀교계통의 경전
에서 비슈누의 좌 우면은 유명한 비슈누의 10대 화신 중에 4, 6번째 화신을 언급하
고 있어 주목된다.『다라니잡집』권3,『대정장』제21책 제59, 1-2항에 따르면, 밀교
에서 위뉴천에게 공양함은 "掃除奸惡 摧灾邪見" 즉 '간악함을 없애고 재앙과 삿된
견해를 물리친다'고 기재되었다. 밀교에서 위뉴천은 간교한 악과 재앙과 사악한
견해를 멸하는 신장으로 알려져 있다.

나라연천의 원명인 나라야나(Narayana)는 나라(Nara)와 야나(yana)의 합성어다.
나라(Nara)는 물 또는 원시인(原始人)의 뜻이 있으며, 야나(yana)는 계통 또는 자
식을 뜻하는 말이다.『베다』나『퓨라나』와 같은 초기 성전에서 나라야나는 물과 같

---

146) 經律異相(No. 2121) 0003b22 - 0003b25: "王名淨智四臂捉具持輪御金翅鳥三禪通名遍淨
     亦名首陀斤有宮去於光音宮由旬一倍出長阿含經第二十卷又出樓炭大智論."
147) 『迦楼罗及诸天密言经』一卷「迦楼罗画像法」罽賓国, 唐三藏大德般若力译: "于右边
     龙王等次上. 画尾惹野天王. 即毘纽天王也. 通身赤色而有三首正面作天王形. 右现师子
     相. 左如猪头. 蠶发宝冠. 首光绿色. 四臂左上手散花向本尊. 下持蠶贝. 右上手柱金棒. 下
     手竖头指. 指上有一 金盘. 盛乐妙花. 天衣瓔珞. 依位而立."

은 신성한 푸른색으로 기술되었으며, 도상은 4개의 팔을 가지며, 연꽃과 철퇴, 원반 등을 수지한다. 나라야나는 인도『베다』에서 최고의 존재로 숭배되었으나, 힌두교의 비슈누파(Vaishnavism)에서 나라야나는 비슈누로 등장하고 있다.『리그베다』에서 '나라'라는 神格으로 태양과 지상사이에 머무는 12신 가운데 한 神이나, 후대에 힌두교에서 '비슈누신과 동일한 존재'로 다루어졌다. 인도의 각종 신화에서도 나라야나는 힌두교의 삼신, 즉 브라만과 비슈누, 그리고 시바와 동일시되었다. 三神은 각각 우주를 창조하고 유지하며 파괴하는 일을 하는데, 나라야나도 이들의 파괴력에 맞먹는 힘을 갖추고 있어 3신과 동일시한 것이다.

〈그림 214〉 나라야나, 바다미석굴 3굴 전랑좌측 벽감, 카르나타카, 인도, 찰루키야, 578년

이와 같이 인도에서 나라야나와 비슈누의 기원은 다르나, 힌두교의 성립과정에서 나라야나가 비슈누의 신격에 차츰 흡수되었을 가능성이 많다. 인도 카르나타카주에 있는 바다미석굴 제2굴은 비슈누를 위한 석굴로, 명문에 의하면 6세기 중반에 개착되었다. 나라야나로 명명된 비슈누는 석굴 전랑 좌측 벽면에 조각되었다. 나라야나는 용왕의 대좌 위에 좌정하며, 용왕은 나라야나를 위하여 9개의 머리를 곳 추 세워 보호하고 있는 장엄한 장면이다. 나라야나의 높은 보관과 소라수지를 고려할 때 비슈누로 볼 수 있으나, 석굴에서 비슈누를 나라야나로 호칭하고 있다〈그림 214〉.

나라연천은 불교미술에서 위뉴천과 분류되며 흔히 금강역사, 인왕으로 불린다. 밀교에서 본초불(本初佛)의 심장에서 태어나 견고하고 굳세기가 다이아몬드 같다고 해서 금강역사라 불린다. 그 힘이 코끼리 힘의 백만 배나 된다고 하며, 이 신에 공양하면 큰 힘을 얻는다고 믿어졌다. 나라연천은 금강역사가 되어 후대에 불교에서는 사찰 문을 지키는 수호신이 되었고, 밀적금강이 된 야차류의 신 구흐야카가 와 함께 흔히 인왕(仁王) 또는 이왕(二王)으로 불린다. 나라연천은 입을 벌리고 있어 아-금강역사로도 불리고, 밀적금강은 입을 다물고 있어 훔-금강역사로 불린다.

나라연천의 형상에 대하여 『慧琳音义』 卷四十一(大正54·576a)에서 "此天多力, 身缘金色八臂, 乘金翅鸟王, 手持斗轮及种种器仗, 每与阿修罗王战争也." 즉, "이 天은 힘이 세고 신체는 녹금색이며 8개의 팔을 지녔다. …중략…, 그는 금시조왕을 타고 頭輪(바퀴)과 가끔 器仗(무기)148)을 수지하고 항상 아수라왕과 전쟁을 한다." 고 기술하였다. 『섭무외경』에 따르면 나라연천의 왼손은 주먹을 쥐고 허리에 대고 있으며, 오른손에는 금강저를 들고 있다. 맹수 가죽으로 하의를 만들어 입었으며, 신체는 묘보색으로 묘사하고 있다. 그 외에 『大集经』 卷十一, 『无量寿经』 卷上, 『最胜王经』 卷四, 『杂宝藏经』 卷一, 『瑜伽师地论』 卷三十七, 『顺正理论』 卷七十五 등에서도 나라연천의 큰 힘을 강조하고 있다.

중기밀교경전인 『대일경』에 태장계만다라의 외금강부원에 소속되었다.149) 『尊杂记』 卷五十二, 『尊容钞』, 『觉禅钞』 「那罗延天」, 『图像抄』 卷九 등 밀교계통의 경

---

148) 武器总称. 北 『齐书·高季式传』 "季式兄弟贵盛, 并有勋於时, 自领部曲千馀人, 马八百匹, 戈甲器仗皆备, 故凡追督贼盗, 多致克捷." 宋·沈括 『梦溪笔谈·辩证一』 "击刺驰射, 皆尽夷夏之术, 器仗铠胄, 极今古之工巧." 『明史·流贼传·李自成』 "官军败於 罗家山 , 尽亡士马器仗, 总兵官 俞冲霄 被执."

149) 『대일경소』 권 10에서는 '인도고대의 바라문교의 논사는 나라연이 범천의 어머니로 모든 인간들은 이 범천에서 태어난 것으로 보고 있다. 외도들은 나라연천이 대범천왕으로 모든 사람들은 이 범왕으로부터 탄생했기 때문에 나라연을 인생천이라고 부른다. 마혜수라의 논사들은 나라연은 범천과 마혜수라와 함께 대자재천으로 구성하고 있는 것으로 보고 삼보와 부처님의 三身과 짝을 이루고 있는데 나라연은 삼신가운데 보신에 해당하고 또한 삼신가운데 법보를 나타낸다.' 고 하였다.

전에서도 나라연천은 태장계만다라 외금강부원의 서방에 위치한다. 신체는 청흑색이며 왼손은 허리에 두고 오른손은 위로 향하여 굽히며 가루라를 타고 있다. 얼굴은 3면으로 정면은 보살형이고 눈이 3개다. 우면은 흰색 코끼리며 좌면은 검은색 돼지로 보관과 영락을 갖추었다. 우측에 나라연천의 비가 둥근 방석에 무릎을 꿇고 있는데, 신체는 희며 연꽃을 수지한다.

밀교경전에서 부처의 능력을 '나라연천의 능력'에 비유하고 있는 모습을 자주 볼 수 있는데, 불경에 등장하는 나라연천은 '불법을 수호하는 신'으로 초기밀교에 호법신으로 등장한다. 또 나라연천은 부처님이 지닌 힘으로 비유되었다가 금강역사와 함께 불법을 지키는 대표적인 수호신이 되었다. 이와 같이 나라연이 바라문교의 外敎的인 틀을 벗고 불교에 들어온 것은 원래 나라연천의 성격이 특정한 바라문교나 힌두교의 범주에 속한 신이 아니고 후대의 종교와는 상관없이 인도의 민간대중에게 이미 보편화 되었던 天神이기 때문이다.

나라연천 아래 좌정한 두 신장은 나라연천과 관련이 있으나, 지물이나 복식에 특징이 없어 명호에 문제가 있는 신장들이다〈그림 215〉. 나라연천의 우측 아래에

〈그림 215〉 나라연천과 두 신장상,
돈황석굴 285굴 서벽, 서위 538, 539

좌정한 신장은 나라연천과 같은 화려한 보관을 착용하고 얼굴이 3안이며 상체는 나신이다. 상의는 천의를 둘렀으며 하의는 흰색 치마를 입고 역시 교각자세를 결하고 있다. 우수는 아래로 향하고 좌수는 좌측 인물의 우측 팔꿈치 밑에 두고 있다. 그의 시선은 반대로 향하여 사방경계의 임무를 부여받은 신장으로 보인다. 좌측의 신장은 형태가 동일하나 본존을 주시하고 왼손으로 공양물을 수지하고 있다. 공양물을 담은 커다란 접시는 소그드인의 공

양형식으로 고대 소그드미술에 빈번히 등장하고 있어 흥미를 끈다. 두 신장의 하의는 백색과 청색으로 차이를 두었으나, 모두 두광을 갖추고 준수한 얼굴에 긴 귀를 묘사하여 고귀한 품성이 강조되었다.

나라연천의 권속으로 보이는 두 신장은 나라연천과 닮았다. 나라연천과 비슷한 보관과 복색, 그리고 자세를 취하고 있으나, 우측신장은 3안이며 본존을 향하지 않고 우측을 향하고 있으며, 좌측 신장은 공양물을 수지한 체 본존을 향하고 있다. 두 신장의 시선은 그들이 불법을 수호하는 방위적 성격의 신장임을 암시하고 있다. 이들의 명호에 대하여 범천이나 제석천 등이 거론될 수 있으나, 도상적인 특색이나 경전적인 의미는 아직 찾지 못하고 있다. 두 신장은 분노형식이 아니며 무장을 하지 않고 공양물을 수지하고 있어 석굴 조성과 관련된 특별한 인물의 초상일 가능성도 배제할 수 없다. 그러나 두 신장은 보관과 두광을 갖추었으며, 본존의 좌측 협시인 시바의 권속이 두 아들인 점을 미루어 볼 때 두 신장과 나라연천은 특별한 관계가 있어 보인다.

인도의 초기불교 유물에서 범천과 제석은 佛의 중요한 협시로 등장한다. 당시 제석천은 주로 왕자형식이고 범천은 검은머리에 덥수룩한 수염을 기른 성인의 모습으로 묘사되었다〈그림 216〉.[150] 285굴의 조영자로 평가받는 북위의 과

〈그림 216〉 불삼존상(제석과 범천), 금제사리기, 비마란, 아프가니스탄, 런던박물관, 1세기

---

150) 아프가니스탄 비마란 지역에서 출토된 금제 사리기의 표면에 삼존상이 부조되어 있다. 본존은 입불이며 좌우 협시는 제석천과 범천으로 알려져 있다. 기원 직후 제작된 사리기로 편년되고 있으며 런던 박물관에 소장되어 있다.

주자사 동양왕 원영의 사경에 자주 등장하는[151] 제석천과 범천은 당시 비사문천과 함께 매우 존숭을 받았던 신장으로, 285굴의 서벽에 제석과 범천이 나라연천과 함께 조성되었을 가능성도 있다. 285굴에서 두 신장은 모두 페르시아 양식의 보관을 착용하고 상의는 벗었으며 교각자세로 큰 접시에 공양물(꽃?)을 공양하고 있다. 밀교계통의 경전인 『迦樓羅及諸天密言經』에는 제석의 특징에 대하여 '3안에 보관을 착용하였으며 반가부좌를 결하고 연화를 본존에게 공양한다'고 기술되어 있다. 그리고 범천은 '천왕형식으로 백색 우견편단을 입고 려계에 관은 착용하지 않았으나 교각좌에 꽃을 공양하고 있다'고 기술하고 있다. 경전은 후대인 唐代에 번역되었으나 경전에 등장하는 제석과 범천의 도상적인 면모는 285굴의 두 신장에게도 적용될 수 있다.[152]

종합하면 인도에서 나라야나와 비슈누는 『베다』에서 기원을 달리하였으나, 힌두교가 성립될 무렵부터 동일시되었다. 그러나 불교에 영입된 두 신은 초기 경전에 나라연천이나 위뉴천으로 다르게 번역하고 있어, 불교미술에서 그들의 영역을 쉽게 구분할 수 없다. 그러나 『慧琳音義』卷六(大正54 · 340a)에서 "那罗延, 梵语欲界中天名也, 一名毗纽天, 欲求多力者承事供养, 若精诚祈祷多获神力也." 즉 "나라연은 범어로 욕계의 天으로 일명 비뉴천이라고 한다. 이 신에게 큰 힘을 구하려면 열심히 공양해야 하고, 정성을 다하여 기도하면 신통한 힘을 얻게 된다"고 說하고

---

151) V-1. 원영의 사경과 발원문고찰 참조.
152) (1278)一卷 「迦楼罗画像法」 『迦樓羅及諸天密言經』, 罽宾国, 唐三藏大德般若力译: "次惹野上. 画铄羯罗(二合)唐云天帝释. 通身黄色. 面有三目. 蠡髻宝冠. 首有赤光. 乘两牙白象. 象作走势. 覆以衮褥. 半跏据上. 左手执独股金刚杵当左膝. 右手头指及大指捻一红莲花. 供养本尊. 具金宝环钏. 以尾惹野上. 画没罗(二合)含摩(二合)唐云梵天. 三首并作天王形. 衣白披偏袒右肩. 合掌当心. 掌中持一红莲花. 蠡髻无冠. 首圆光绿色. 于双白鹅上交胫而坐. 其鹅首相背. 尾相近耳. 次于八龙王外."

있다.153) 『혜림음의』는 나라연과 위뉴천을 同尊으로 보고 있다. 그러나 비슈누는 힌두교의 3대신의 위상이 강조되어 시바와 짝을 이루며 각종 변상이나 만다라와 같은 밀교미술에 등장하는 반면, 나라연천은 가공할 힘을 소유자한 자로 처음에는 위뉴천과 동일시 되었으나 점차 나라연금강으로 호칭되며 불교석굴이나 사찰의 외연을 경계하는 임무를 담당하고 있다.

학계를 중심으로 5세기의 운강석굴에서 마혜수라천과 대응하는 神은 지금까지 구마라천으로 보며, 돈황의 285굴에서 마혜수라천과 대응하는 신을 나라연천으로 호칭하고 있다. 필자의 생각으로는 6세기 전후에 조성된 두 석굴에서 일명 구마라천과 나라연천은 모두 위뉴천으로 부르는 것이 더욱 적절하리라 생각된다. 신중의 도상과 지물에서는 특별한 특징이 나타나지 않지만, 운강석굴의 탈것(바하나)은 공작보다 가루다로 볼 수 있으며, 시바와 대응하는 神格 측면에서 구마라천보다 비슈누 즉, 위뉴천이 더욱 적합하기 때문이다. 285굴 역시 나라연천이 후대에 금강역사로 변모한 점을 고려할 때 위뉴천이 적합하며, 소라와 법륜은 힌두교에서도 비슈누의 대표적인 지물이다. 초기 경전을 번역할 당시에는 힌두교의 神格에 대하여 충분한 고려를 하지 않았을 가능성이 많다.

4) 파수선과 녹두범지

285굴 서벽의 남측 선승감실 우측에 바라문 형상의 흰 수염을 길게 기른 노인이 두광을 갖추고 연화대좌 위에 맨발로 기립하고 있다〈그림 217〉. 그는 하의만 간단히 걸친 나체형상으로 어깨 아래로 긴 녹색 천의를 둘렀다. 그의 마른 신체가 강조

---

153) 唐 의정의 『慧琳音义』에서 나라연천은 비뉴천으로 보고 있다. 그리고 『住心品疏』卷五에서도 나라연천은 위뉴천의 별명으로 보았다. 그러나 『中论疏』卷一에서는 나라연천을 구마라가천의 별명으로 보았으며, 『玄应音义』卷二十四 에서도 범왕으로 다르게 인식 하였다.

〈그림 217〉 파수선, 돈황석굴 285굴
서벽, 서위 538, 539

되었으며, 수심이 가득한 얼굴로 왼손에 새 한 마리를 들고 본존을 멀리서 주시하고 있는 모습이다. 흰색 새는 죽은 새로 보이며 노인은 왼손에 새를 거꾸로 들고 있다. 이 인물은 경전에서 파수선이라 호칭하는데, 두광과 연화대좌를 갖추고 천의를 둘러 그가 이미 보살의 경지에 달했음이 짐작된다. 그는 감실 우측에 홀로 기립하고 있으나, 다른 호법신중과 마찬가지로 본존을 협시하는 尊像으로 보이며 285굴에서 그의 특별한 역할이 강조되었다.

婆藪는 범문 'vasu'의 음역으로 婆藪仙, 婆藪天, 婆叟, 婆藪縛斯, 婆私吒 등으로 불리며, 고대 인도의 十大仙人 중 한명으로 알려져 있다. 파수선은 의정의 『대당서역구법고승전』이나, 현장의 『대당서역기』에서 인도 고대의 수행자로 등장한다.[154] 혜림의 『일체경음의』[155]권26에서 "婆藪仙人 古音翻爲珍寶仙人" 즉, "파수선인은 음역하여 珍寶

---

154) 현장의 『대당서역기』 권9에 기록된 마갈타국 미란타 사원부근에 솔도파 1기가 있는데 현장은 "是外道執雀于此問佛死生之事"라고 하였으며, 의정이 서술한 『大唐西域求法高僧傳』 권1 「新羅惠輪法師」 편에 나란타사에서 "西南有所制底 高一丈余 是婆羅門執雀淸問處 唐云雀離浮圖 此卽是也"라 기록되어 있다.

155) 『일체경음의』는 현존하는 불경사전 가운데 가장 오래된 것으로 알려져 있으며, 고려팔만대장경 속에만 들어 있다. 이 책은 모두 25권으로 649년 현응(玄應)이 편찬했고, 저자의 이름을 따서 '현응음의'라고 부르기도 한다. 이 책은 모두 456종의 불경에 나오는 어휘들을 경별로 제시하고 해설하고 있다. 먼저 제1권~제20권까지는 현장 이전에 번역된 구역 불경 430종을 대승과 소승으로 나누고 그것을 다시 경, 율, 론, 전기들로 세분하여 거기에 나오는 어려운 용어들에 주석을 달고 있다. 그리고 제21권~제25권에서는 현장이 한역한 대승경 132종과 대승론 11종 및 소승론 2종을 취급하고 있다.

仙人이라 하였다"고 하였다. 담무참 역『대열반경』권39「첨진여품」에 따르면, "파
수선이 열반문제로 석가와 변론할 때 마지막으로 석가의 논지를 받아들여 불문
에 귀의하여 아라한 과보를 證하였다"는 기록이 있는데, 이를 근거로 파수선의 생
년에 대하여 석가모니와 동시대의 인물로 보고 있다. 그는 밀교에서 善神으로 관
음보살의 화신으로 인정되며, 매월 초 8일과 23일에 파수선이 인간 세상에 내려와
살핀다고 기록하고 있다.

파수선은 三國 天竺三藏인 竺律炎, 支謙이 역술한『摩登伽經』上卷「衆相問品」
의 "因緣故事"에 따르면[156] "便失神通及禪定法 深自責" 즉 "그는 前世에 국왕이었
는데 후에 용왕의 딸을 사모하여 갑자기 신통과 선정법을 잃어버리고 매우 자책하
였다"고 한다. 그의 능력에 대하여 경전에는 "五通具足 自在無碍 善修禪定 知慧殊
勝" 즉 "5通을 모두 갖추고 자재무애하며 수행과 선정에 뛰어나고 지혜가 수승하
다"고 說하고 있다. 龍樹가 저술하고 후진 구마라즙이 譯한『大智度論』권3「初品,
王舍城釋論」제5에도 같은 내용의 파수선 관련 고사가 전한다.[157]

---

156)　三國의 孫吳竺律炎과 支謙이 譯한『摩登伽經』권 상「衆相問品」에 비교적 상세하게 기
　　재되어 있다. "過去久遠阿僧持劫 我爲仙人 名曰婆藪 五通具足 自在無碍 善修禪定 知慧
　　殊勝 時有龍王 名爲德叉 其王有女 字曰斗 容色姿美 人相具定 我見彼女 起愛著心 生此
　　心故 便失神通及禪定法 深自悔責."
157)　龙树菩萨造 姚秦三藏法师鸠摩罗什译,「释初品」『大智度论』卷第三, 中住王舍城
　　复次, 往古世时, 此国有王名婆藪, 心厌世法, 出家作仙人. 是时, 居家婆罗门, 与诸出家仙
　　人共论议. 居家婆罗门言: 经书云: 天祀中应杀生啖肉. 诸出家仙人言: 不应天祀中杀生啖
　　肉. 共诤云云. 诸出家婆罗门言: 此有大王出家作仙人, 汝等信不? 诸居家婆罗门言: 信. 诸
　　出家仙人言: 我以此人为证, 后日当问. 诸居家婆罗门即以其夜, 先到婆藪仙人所, 种种问
　　已, 语婆藪仙人: 明日论议, 汝当助我. 如是明旦论时, 诸出家仙人问婆藪仙人: 天祀中应
　　杀生啖肉不? 婆藪仙人言: 婆罗门法, 天祀中应杀生啖肉. 诸出家仙人言: 于汝实心云何?
　　应杀生啖肉不? 婆藪仙人言: 为天祀故, 应杀生啖肉 ; 此生在天祀中死故, 得生天上. 诸出
　　家仙人言: 汝大不是汝大妄语! 即唾之言: 罪人灭去!是时, 婆藪仙人寻陷入地没踝, 是初
　　开大罪门故. 诸出家仙人言: 汝应实语, 若故妄语者, 汝身当陷入地中. 婆藪仙人言: 我知

북량 사문 *法衆*이 高昌郡에서 번역한『대방등다라니경』권1은 훗날 돈황지역에서 유행하였는데,[158] 경문에 따르면 파수선은 "濟是羊命" 함은 방편적인 설법일 뿐 결코 살생을 주장하는 것이 아니며, 파수선은 지옥에 간 후에 고통 받는 중생으로 化하여 보리심을 일으켜 지옥을 떠나 사바세계에 도착한다. 이 후 파수선은 여래의 경지에 이르러 정각에 이르게 되었다고 한다. 파수선이 죽은 새를 수지하고 있는 285굴의 도상은『대방등다라니경』등 밀교계통경전의 내용을 도해하였을 가능성이 많다. 현존하는 돈황사경 중에『대방등다라니경』사본 S.1524(521年作), 6727(524年作)이 존재 한다.[159] 이 경전에서 파수는 본래 선인으로 선수선정 하였으나, 후에 살생을 하거나 여색으로 파계하여 선법으로 나아가는 방법을 상실하고 매우 자책에 빠졌다는 것을 알 수 있다. 파수선의 이와 같은 선행방편과 자기를 희생하여 중생을 구제하는 정신은 대승불교의 보살행과도 부합한다. 비록 구체적인 설법은 경전에 따라 다르지만 그 기본정신은 일치하는데, 불교의 첫 번째 금기사항인 살생을 범하면 지옥에 간다는 내용이다. 파수선은 이와 같은 '因果應報'에 대한 '現實說法'을 위하여 스스로 지옥에 내려가 고통 받는 중생이 되었고 또 지옥을 이탈하여 인간 세상에 내려왔다. 이와 같은 경전의 내용을 근거로, 불계를 파하는

为天故杀生啖肉无罪. 即复陷入地至膝, 如是渐渐稍没, 至腰至颈. 诸出家仙人言: 汝今妄语, 得现世报!更以实语者, 虽入地下, 我能出汝, 令得免罪. 尔时, 婆薮仙人自思惟言: 我贵重人, 不应两种语. 又婆罗门四韦陀法中, 种种因缘赞祀天法. 我一人死, 当何足计! 一心言: 应天祀中杀生 啖肉无罪. 诸出家仙人言: 汝重罪人, 摧去不用见汝! 于是举身没地中. 从是以来, 乃至今日, 常用婆薮仙人王法, 于天祀中杀生. 当下刀时言: 婆薮杀汝!

158) 賀世哲,『돈황도상연구』, pp.101~111.; 돈황사경 16호『대방등다라니경』사본 중 S.1437은 권2 이며 제기로 미루어 대략 5세기 작이다. S.6727은 권1로 514년이다. S.1524은 권1로 521년 제기가 있어 북위시기와 서위시기에 돈황지역에 유행하였을 가능성이 많다. 따라서 돈황 석굴의 파수선 도상은『대방등다라니경』권1 초분이 소의 경전일 가능성이 많다.

159) 張元林「莫高窟北朝窟中的婆薮仙人和鹿頭梵志形狀再識」,『敦煌研究』, 敦煌研究員 考古所, 2002, 참조.

〈그림 218〉 운강석굴 제9굴 명창부분의 파수선과 녹두범지, 5세기 후반

여색과 살생을 경계하며 불교석굴 등에 조성되었다.

　돈황석굴에서 파수선은 북조시대에 속하는 285굴, 254, 249, 250, 290, 294, 296, 299, 438굴과 西天佛洞 9굴에도 조성되었다. 파수선은 동시대의 雲岡石窟〈그림 218〉이나 小南海石窟에서도 발견되었고, 唐代의 돈황석굴에도 밀교 변상을 중심으로 꾸준히 계승되고 있다. 그동안 연구에서[160] 북조시대의 돈황석굴에 조성된 파수선에 대하여 몇 가지 특징이 확인되고 있다. 파수선은 돈황에서 조성된 9개

---

160)　宋本營一 ,『敦煌學研究』, 日本東京:東方文化研究所, 1937; 賀世哲,「關爲莫高窟的三世佛與三佛造像」,『敦煌研究』, 1994; ＿＿＿＿,『敦煌圖像學研究-十六國北朝券』, 난주:甘肅教育出版社, 2006, p.337, 341; 謝生保,「時論敦煌石窟壁畵中的婆藪仙人和鹿頭梵志」,『2000年敦煌國際學術討論會論文諸要集』; 王惠民,「婆藪仙与鹿头梵志[J]」,『敦煌研究』, 2002.02期; 张元林,「莫高窟北朝窟中的婆藪仙和鹿头梵志形象再识[J]」,『敦煌研究』, 2002.02期; 谢生保,「试论敦煌石窟壁画中的婆藪仙人和鹿头梵志」,『敦煌研究』, 2000; 贺世哲,「关于莫高窟的三世佛与三佛造像」,『敦煌研究』, 1994. 02.

북조시대 석굴에서 285굴을 제외하고 모든 석굴에서 녹두범지[161]와 함께 중심주 석굴을 중심으로 조성되었으며, 위치는 감실이나 정벽감의 본존 양측에서 볼 수 있다. 파수선과 녹두범지는 초라하고 마른 바라문 형상을 하며, 대체적으로 파수 선은 새를 수지하고 녹두범지는 해골을 수지하여 지물에 차별을 보여주고 있다.

녹두범지는 북위 吉迦夜, 曇曜譯『付法藏因緣傳』권16과『대지도론』제18권3,[162] 그리고 동진 구담 僧 伽提婆가 역술한『增一阿含經』권20[163]에 '녹두범지는 천문 에 밝고 의술에 능하였으며 특별한 재주가 있는데, 죽은 사람의 해골을 보면 바로 남과 여를 구분하였으며 죽은 원인과 그의 命이 마지막에 어디로 유전할 것인지를 알았다.[164] 석가모니는 녹두범지와 함께 오래된 공동묘지에 가서 4구의 두골을 취

---

161) 북위 吉迦夜, 曇曜 譯,『付法藏因緣傳』권16 과 동진 구담 승 伽提婆가 역술한『增一阿含 經』권 20「聲問品」p. 534, 541에 녹두범지는 천문에 밝고 의술에 능하였으며 특별한 재주가 있는데 죽은 사람의 해골을 보면 바로 남과 여를 구분하였으며 죽은 원인과 그의 명이 마지막에 어디로 유전할 것인지를 알았다. 석가모니는 녹두범지와 함께 오래된 공동묘지에 가서 그 중 4구의 두골을 취하여 녹두범지에게 묻자 그 들의 사인과 명에 관하여 유창하게 답하여 석가모니가 매우 상찬하였다. 다시 석가는 비구의 두골을 보여주며 묻자 녹두범지가 반복하여 자세히 관찰하고 손으로 만져보았으나 알지 못하자 석가모니가 이는 나한의 두골이라고 가르쳐 주었다. 녹두범지는 탄식하며 바로 석가모니에게 귀의하여 도를 배워 최후에는 파수 선처럼 되었다고 전한다. 파수선과 녹두범지는 모두 외도로써 불문에 귀의하여 석가모니의 제자가 된 공통점을 가지고 있다. 그들은 최후에 아라한이 되었기에 북조시대 그들의 조상 이 유행하였다고 보여 진다.

162) (T1509_.25.0193b15-19): 佛問梵志. 鹿頭梵志得道不. 答言. 一切得道中是爲第一. 是時 長老鹿頭梵志比丘在佛後扇佛. 佛問梵志. 汝識是比丘不. 梵志識之慚愧低頭. 是時佛說義 品偈.

163) 『增一阿含經』권20「聲問品」, p.534, 541.

164) (T0125_.02.0650c14-0651a08): 及將鹿頭梵志. 而漸遊行到大畏塚間. 爾時世尊取死人髑 髏. 授與梵志作是說. 汝今梵志. 明於星宿又兼醫藥. 能療治衆病皆解諸趣. 亦復能知人死 因緣. 我今問汝. 此是何人髑髏. 爲是男耶爲是女乎. 復由何病而取命終. 是時梵志即取髑 髏反覆觀察. 又復以手而取擊之. 白世尊曰. 此是男子髑髏非女人也. 世尊告曰. 如是梵志. 如汝所言. 此是男子非女人也. 世尊問曰. 由何命終. 梵志復14手捉擊之. 白世尊言. 此衆病

하여 녹두범지에게 묻자, 그 들의 사인과 命에 대하여 유창하게 답하여 석가모니가 매우 상찬하였다. 다시 석가는 비구의 두골을 보여주며 묻자 녹두범지가 반복하여 자세히 관찰하고 손으로 만져보았으나 알지 못하자 석가모니가 이는 나한의 두골이라고 가르쳐 주었다. 녹두범지는 탄식하며 바로 석가모니에게 귀의하여 도를 배워 최후에는 파수선처럼 되었다'고 說한다.

파수선과 녹두범지는 모두 外道로써 불문에 귀의하여 석가모니의 제자가 된 공통점을 가지고 있다. 그들은 최후에 아라한 경지에 도달했으며, 이와 같은 사유로 북조시대에 그들의 조상이 유행하였다. 파수선과 녹두범지는 당 이후에도 밀교변상을 중심으로 꾸준히 계승되었고 일본에도 조상예가 전하고 있다.

5) 사천왕

제285굴의 사천왕상은 기년이 비교적 확실한[165] 최초의 사천왕상으로 알려져 있다. 사천왕은 서벽에 안치된 본존의 하단 좌우측에 2천왕 씩 모두 4천왕이 조성되었다〈그림 219〉. 사천왕 모두 보관을 착용하고 갑옷으로 무장을 하였으며, 맨발로 연화좌를 결하고 있다. 얼굴의 표정은 분노형식으로 모두 본존을 향하고 있으

集湊. 百節酸疼故致命終. 世尊告日. 當以何方治之. 鹿頭梵志白佛言. 當取15呵梨勒果并取蜜和16之. 然後服之此病得愈. 世尊告日. 善哉如汝所言. 設此人得此藥者. 亦不命終. 此人今日命終爲生何處. 時梵志聞已. 復捉髑髏擊之. 白世尊言. 此人命終生三惡趣不生善處. 世尊告日. 如是梵志. 如汝所言. 生三惡趣生不善處. 是時世尊. 復更捉一髑髏授與梵志. 問梵志日. 此是何人. 男耶女耶. 是時梵志. 復以手擊之. 白世尊言. 此髑髏女人身也. 世尊告日. 由何1疹病致此命終. 是時鹿頭梵志復以手擊之. 白世尊言. 此女人懷妊故致命終.

165) 梁 武帝天監年間(518-9년)에 始興王이 사천왕을 조성하여 예배하였다는 기록은 존재하며, 양 보통4년(523년) 명 석조불비상에 2천왕상(생령좌 2구)이 조성되었고 중국 막고굴 수대 428굴 서벽(서 천정) 의 사천왕상과 수(604년) 신덕사 사천왕사 사천왕, 경선사 사천왕상(661~663년), 돈황 209굴 남벽 미륵설법도, 220굴(642년) 약사정토변상, 335굴(686년) 북벽 유마변상, 129굴(성당) 등이 이른 시기의 조상 예에 속한다.

〈그림 219〉 사천왕, 돈황석굴 285굴 서벽, 서위 538, 539

나, 좌측 끝에 있는 천왕은 시선을 반대로 향하며 4방 경계의 임무를 하고 있는 모습이다. 4천왕의 병장기는 모두 미늘창이라고 불리는 긴 창을 수지하고 있으나, 본존 좌측의 첫 번째 무장은 좌수로 창을 들고 우수로는 복발형식의 탑을 들어 그가 북방을 수호하는 다문천임을 알 수 있다. 제285굴 서벽의 사천왕은 모두 전통적인 페르시아 양식의 보관을 착용하였고, 갑옷도 서역양식으로[166] 도상적인 기원이 서역에 있음이 유추된다.

불교에서 4천왕은 동방지국천왕, 남방증장천왕, 서방광목천왕, 북방다문천왕이다. 이들은 4방8천과 더불어 33천의 주인인 제석천을 섬기면서, 그의 명을 받아 8

---

166) 남북조시대 천왕의 갑옷형식은 서역의 영향이 남아있으며, 중국의 무장형식으로 정립되는 과도기적 단계로 중국 전래의 무장형식 갑옷과는 다르다. 당대 이후의 사천왕은 胸甲, 腰甲, 명광갑, 襟甲, 肩甲, 腰帶를 착용하고 生靈坐, 蓮坐, 巖坐 등 다양한 모티프로 전개되는데, 사천왕을 무장형식(금갑착용)으로 기록한 가장 오래된 경전은 서진 축법호가 308년 역술한 『佛說普曜經』卷4「出家品」이 있다. 남북조시기의 천왕은 호법과 보우가 강조된 반면, 성당의 밀교대사인 佛空이 역출한 경전에는 전쟁의 신으로 호국이 강조된다.

부의 선신을 거느린다. 사천왕은 사방의 하늘을 지키며 사람들의 행동을 살펴 제석천에게 알리기도 하며 불법과 불법에 귀의한 자를 보호한다고 알려져 있다.

인도의 불교미술에서 사천왕은 중인도 바루후트탑의 사천왕상과 산치1탑의 사천왕 부조, 그리고 간다라 지역의 사천왕상 등이 비교적 이른 시기의 4천왕으로 거론 되고 있다. 그러나 인도의 4천왕은 성격에

〈그림 220〉 사천왕, 간다라 불비상, 시크리 스투파, 라호르박물관, 쿠샨 2-3세기

논란이 있을 수 있으며, 도상도 당시 무장형식은 아니었다. 대표적인 4천왕상으로 평가를 받고 있는 라호르박물관에 소장되어 있는 간다라 불비상은 무장형식이 아니라 고귀한 신분을 상징하는 터번을 쓰고 세속적인 복장을 하고 있다〈그림 220〉. 佛傳에서 붓다가 깨달음을 얻었을 때 두 상인이 붓다에게 먹을 것을 바쳤는데, 음식을 받아먹을 그릇이 없는 것을 보고 사천왕이 염부제에서 내려와 붓다에게 발우 4개를 바쳤다. 붓다는 사천왕에게 받은 발우 네 개를 하나로 합쳐서 썼다는 기사를 토대로, 불비상의 인물이 사천왕일 가능성을 설명하고 있다.[167]

그러나 인도에서 사방수호신은 전통적으로 아쇼카 석주에 조각된 사자나 코끼리, 황소 등으로, 간다라 불비상에 등장하는 인물들은 방위신장이 아닐 가능성이 존재 한다. 그리고 염부제는 불교의 우주관에서 수미산을 중심으로 남방 즉 인도 땅을 지칭하여 불국토의 사방을 수호하는 사천왕의 거처로는 적당치 않아 보인다. 더구나 불전기사에 염부제에 있는 사천왕의 성격이나 역할 대하여 특별한 기록이

---

167) 이주영 앞의 책, p.173.

없으며, 불비상에 조각된 인물의 도상도 호법신중과는 거리가 멀어 후대의 불교미술에서 적용된 사천왕의 기원으로 보기에는 무리가 있다.

관련 경전을 살펴보면 동진(317~419년) 승려 백시리밀다라가 譯한『灌頂經』권 7, 8에 이미 동방천왕은 提多羅吒, 서방천왕은 毗留波叉, 남방천왕은 毗留離, 북방천왕은 毗沙門으로 구체적인 4방위신의 이름과 천왕의 역할이 기록되어 있다. 그리고『장아함경』권2의「사천왕품」에는 "수미산 동쪽 千由旬에 提頭賴托王, 남쪽 千由旬에 毗樓勒王, 서쪽 千由旬에 毗樓婆叉王, 북쪽 千由旬에 毗沙門天王"으로 기재되어, 사천왕의 서열은 동방이 첫째며 북방은 마지막에 등장한다. 그러나 동진 시기의『善法方便多羅尼經』과 담무참 역『금광명경』권2「사천왕품」등 밀교경전에는 "毗沙門天王, 提斗賴吒, 毗樓勒叉, 毗樓婆叉" 등의 순서로 기재되었으며, 비사문천왕이 선두에 등장하여 4천왕의 서열에 변화를 보여주고 있다.

돈황석굴 제285굴의 사천왕은 서쪽에서 동향한 본존을 중심으로 좌측 즉 북측에 탑을 수지한 비사문천이 배치된 점을 고려할 때 사천왕의 방위를 중시하여 배치하였다. 북위의 과주자사였던 동양왕 원영이 사경한『인왕호국반야바라밀경』(531년),『대지도론』제26「품석론」(532년),『마하연』,『현우경』과『열반경』권31(533년)에 의하면 당시 천왕관련 신앙이 유행하였다. 이와 같은 점을 고려할 때 6세기 초에 조성된 제285굴의 사천왕은『인왕호국반야바라밀경』(531년)등의 경전에 소의하였을 가능성이 많다.

사천왕 중에 북방다문천왕이 가장 유명하다. 北方多聞天王은 초기불교의 바이스라바나(Vaisravana)로 音譯하여 吠室羅摩拏, 毗沙門, 毗舍羅門 등으로 불린다. 바이스라바나는 원래 인도 전래의 財神이며 北方守護神인 쿠베라의 초기名으로 쿠베라의 성격과 도상을 계승하였다고 알려져 있다.[168] 그는 북방(Dik-pala)의 통치자로서 세계(Lokapala)를 수호하는 神의 역할을 하고 있다. 그러나 양대 서사시 『마하바라타』와 『라마야나』에 등장하는 쿠베라신은 방위를 담당하는 武神이 아니며, 그는 약사들의 우두머리로 손에 보석주머니를 쥐고 있는 비대한 인물상으로 묘사되어 실크로드지역의 북방다문천왕과는 상당한 차이가 난다.

비사문은 원래 영험한 神將으로 이미 5세기 以前부터 護國神將으로 쿠차, 호탄, 투르판 等地에서 존숭 받고 있었다.[169] 이와 같은 사실은 법현, 현장, 송운 등 고승들의 답사기록에 이 지역의 비사문과 관련된 신앙을 상세히 언급하고 있다. 서역의 토속신앙인 비사문은 원래 방위신보다 수호신의 성격이 강하나 초기불교의 동전과정에서 방위를 담당하는 신장의 개념이 새롭게 정립되면서 불교미술에서 北方을 지키는 신장으로 그의 성격과 도상이 참고가 되었을 가능성이 있다.

대승경전에 북방다문천왕은 4호법 신장 중 위력이 가장 크며[170] 질병을 퇴치하고 재복을 가져다주어 사람들에게 존경을 받는 신장으로 기록되었다. 『法華義疏』에 "항상 여래의 도량을 지키고 법을 잘 듣기 때문에 다문천이라 명명하였다"[171]고 하며, "칠보금강으로 장식된 갑옷을 입고 왼손에는 불탑과 3차극을 들고 오른

---

168) VI-4 분노상의 기원 참조.
169) 비사문의 유래는 대략 4가지가 전하는데 첫째는 비사문은 실제 빈파선나왕의 전생으로 후에 전쟁의 신이 되었다는 설과, 둘째로 비사문의 어머니는 전륜성왕의 딸로 대길상천녀이며 그녀의 턱에서 비사문이 탄생하였다. 셋째로 비사문이 수지한 탑은 실제로 그가 전생에 공양한 사리탑으로 탑을 수지함은 세상을 지키겠다는 서원을 잊지 않겠다는 표직이다. 넷째로 비사문이 착용한 갑옷은 자비와 법과 여원을 상징하는데, 실천적 보살행을 나타낸다.
170) 초기 한역 불경에 등장하는 비사문천왕의 지위는 특별하지 않았으나 밀교의 전파와 더불어 당, 오대로부터 송 초까지 일시적으로 비사문 신앙이 최고조에 달했으며 당시 민중생활에도 큰 영향을 미쳤다.
171) 『法華義疏』(『大正藏』34, p.628c), "恒護佛道場常聞説法 故云多聞也.";『法華義疏』(No.1721, p.628c), "恒護佛道場常聞説法 故云多聞也."

손은 허리에 얹고 있으며 발로 3야차귀를 밟고 있다"[172]고 기술한다. 또 밀교계통 경전인『다라니집경』에는 "왼손은 창을 잡고 오른손으로 불탑을 받든다"[173]고 기술하고,『대일경소』는 "제석천은 머리에 보관을 쓰고 갑옷을 입고 각종 영락을 걸치며 금강저를 수지한다"[174]고 기술하고 있다.

무장형식의 천왕은 5-6세기에 개착된 키질석굴 벽화나 라왁사원지의 단단윌릭에서 소조상이 출토되었는데, 천왕은 대부분 방위를 담당하는 호방신과는 관련이 없어 보이며 서역식의 복식이나 무장을 하고 주로 一身으로 조성되었다. 키질석굴 30굴에서 천왕은 一身으로 얼굴은 원만형이고 두광을 갖추었다〈그림 221〉. 상

〈그림 221〉 키질석굴 30굴, 천왕

〈그림 222〉 키질석굴 32굴, 공양천왕

172) 『摩訶吠室囉末那野提婆喝囉闍陀羅尼儀軌』(『大正藏』21, p.219b), "身著七寶金剛莊嚴錚胄 其左手執三叉戟右手托腰 其脚下踏三夜叉鬼.";『摩訶吠室囉末那野提婆喝囉闍陀羅尼儀軌』(No.1246, p.219b), "身著七寶金剛莊嚴錚胄 其左手執三叉戟右手托腰 其脚下踏三夜叉鬼."

173) 『陀羅尼集經』(『大正藏』18, p.879a), "左手同前執稍拄地 右手屈肘擎於佛塔.";『陀羅尼集經』(No.901, p.879a), "左手同前執稍拄地 右手屈肘擎於佛塔."

174) 『大日經疏演奧鈔』(『大正藏』59, p.155a): "東門帝釋天 安住妙高山 寶冠被瓔珞 手持獨鈷印.";『大日經疏演奧鈔』(No.2216, p.155a): "東門帝釋天 安住妙高山 寶冠被瓔珞 手持獨鈷印."

의는 벗어 근육을 노출시키고 크고 화려한 X자 영락과 짧은 갑옷을 걸치고 삼곡의 자세를 취하고 있다. 키질 32굴의 천왕도 상의를 벗어 근육을 노출시키고 X자 영락을 걸쳤는데, 우측 손에 금강저와 같은 지물을 수지하고 좌측 손은 높이 들어 주먹을 불끈 쥐고 자신이 무장임을 과시하고 있다〈그림 222〉. 키질석굴의 초기천왕은 근육노출과 X자 영락 등이 후대의 금강신과 도상학적인 연관성이 강하여 천왕과 금강신의 구분이 쉽지 않다. 북위시기에 개착된 돈황 제263굴의 천왕은 佛의 좌측에서 우측의 비구상과 함께 삼존의 구도를 형성하고 있다. 서역식 갑옷으로 중무장한 천왕은 보관을 착용하였고 얼굴에 분노의 경향도 보이고 있다〈그림 223-224〉. 키질석굴이나 북위시기의 천왕은 護方的인 성격보다 佛의 협시무사로서의 성격이 더욱 강하다.

불교미술에서 4천왕의 성격과 구도는 이미 5세기의 역경에 반영되었으나 불교미술에서는 6세기 초에 개착된 돈황 285굴에서 처음으로 시도되었다. 시공간적인 多佛의 개념은 대승불교 특히 밀교의 중요한 要諦며 각종 신중의 성격과 권능도 불교사상의 변화에 따라 더욱 다양해지고 있다. 이와 같은 변화는 제285굴의 서벽 도상에도 영향을 미치고 있다. 돈황지역에서 남북조시대 천왕의 용모와 갑옷형식은 키질석굴의 천왕형식과는 다르며 모두 서역양식으로 미늘창을 수지하고 연좌를 결하고 있다〈그림 219〉. 그리고 당대 이후에 등장하는 천왕은 점차 漢化가 진행되었으며 용모와 무장형식도 다르며 배치형식도 본존불의 형식에 따라 다양화 되었다〈그림 225, 226〉. 唐代의 천왕은 胸甲, 腰甲, 명광갑, 襟甲, 肩甲, 腰帶 등을 착용하고 生靈坐, 蓮坐, 巖坐 등을 결하고 있다. 천왕은 불교의 동전에 따라 불교사상과 민족의 특색이 반영되었으며 천왕의 도상과 서열도 경전의 내용에 따라 지속적인 변모를 보이고 있다.

〈그림 223〉 돈황석굴 263굴 북벽 삼존상, 북위

〈그림 224〉 돈황석굴 제263굴
북벽 천왕상, 북위

〈그림 225〉 천왕, 청유무사용, 1956년 낙양출토,
낙양박물관, 남북조 북위

〈그림 226〉 천왕상, 삼채천왕용, 낙양박물관, 당

4. 忿怒尊像의 起源

　분노존상은 대승불교와 밀교, 특히 티베트불교에서 유행하였다. 힌두교계통의
호법신과 천왕과 금강, 그리고 각종 명왕, 하리티, 야만타카 등이 이와 같은 분노존
에 속한다. 분노존상은 밀교계통의 미술에서 특히 강조되고 있다. 밀교미술의 가
장 큰 특징은 제 존의 數가 현교에 비하여 대폭 증가된 점이다. 재래의 불보살에

『베다』나 힌두교의 신, 그리고 토속의 신까지 수용하여 대일여래를 정점으로 구성되는 양계만다라를 구성하고 있다. 또 하나의 특징은 밀교의 불보살은 다면다비가 강조되었고, 얼굴의 표현이나 체구, 그리고 채색에 있어 강렬한 공포와 분노형식을 취하고 있는 점이다. 이와 같은 분노형식은 마장이나 외적을 격퇴하여 불법을 수호하고, 무지한 중생을 깨닫게 하기 위한 방편으로 불교에서 공포와 분노는 부정적인 카르마며, 온화함과 평화는 긍정적인 카르마다. 그러나 분노존과 같은 부정적인 카르마를 통하여 긍정적인 카르마에 이르게 하는 것이 분노존의 요체라고 할 수 있다. 분노존의 외형은 흉악하지만 그들은 이미 깨달은 경지에 있으며, 佛과 보살의 전령이나 화신이다.

지금까지 밀교의 '忿怒尊'은 '非아리아계' 즉 '토속의 드라비다'에 기원한다고 보고 있다.175) 중기밀교에서 대표적인 분노존인 '5대 명왕'은 '드라비다인의 노예'에 기원이 있으며, 이들이 밀교에 전입된 것은 굽타시대 이후로 알려져 있다. '금강야차명왕'은 인더스 문명의 '母神像'과 밀접한 관계가 있고, '비사문천'의 전신이 '바이스라바나(Vaisravana)176)는 산림 속에서 모계사회를 구성하고 있던 비아리아 인종의 모습'을 그대로 투영한 것이라고 보고 있다.177) 그러나 고대 인도의 분노존은

---

175)　인더스강 유역에서 문화생활을 하던 토착민인 드라비다족이나 문다족들의 주술적인 신앙이 밀교에 유입되었는데, 그들은 짐승이나 새, 나무, 여신, 생식기 등을 숭상하며 요가를 행하였고 일상생활이나 생산 활동에 직접적으로 주술을 관련시켜 왔다. 여기에는 치병법, 장수법, 증익법, 속죄법, 화합법, 여사법, 조복법, 왕사법, 바라문법 등이 있는데 이 중 息災와 增益과 調伏法이 불교에 수용되어『蘇悉地經』이나『大日經』계통에 들어왔고 이에 다시 敬愛와 鉤김의 두 가지 법이 추가된 것이『금강정경』계통으로 보고 있다.

176)　원명Vaiśravaṇa(Sanskrit वैश्रवण) or Vessavaṇa(Pāli वेस्सवण)로 사천왕 중 북방다문천이며 불교에서 중요한 신이다. Sanskrit명 Vaiśravaṇa을 의역하면 'Great Fame'이며 산스크리트와 팔리어에서 쿠베라(Kuvera)로 알려져 있다. 그의 성격은 힌두신앙에서 부의 신 쿠베라지만 불교에서는 북방을 수호하는 호법신으로 등장하고 있다.

177)　D. D. Kosambi, *The Culture and Civilisation of Ancient Indian in Historical Outline*, 2002,

문헌 등을 통하여 그들의 성격이 규명되었을 뿐, 구체적인 고고학적인 자료는 부족한 편이다. 밀교미술에서 분노존의 기원문제는 좀 더 복잡한 경로를 통하여 불교에 유입되었을 가능성이 많다. 인도의 비아리아계는 물론이고, 고대 그리스의 怪力과 분노의 신들, 그리고 조로아스터교의 악신 등이 인도의 서북부지역을 중심으로 종합적으로 영향을 주었을 가능성이 있다.

북조시기에 조성된 돈황석굴 제285굴의 서벽은 상단에 일월신과 각종 공양천인을 배열하고 본존 좌우에는 힌두교계통의 호법신을, 그리고 하단에 사천왕을 두고 있다. 본존과 일월신, 그리고 공양천의 표정과 자세는 원만형으로 불법의 세계를 찬양하고 있는데 반하여, 각종 호법신과 4천왕들은 대부분 무장을 하였거나 분노형식으로 그들의 강열한 성격이 강조되었다〈그림 227〉. 특히 마혜수라천과 나라연천은 다면으로 본 면과 좌우 면은 왕자형과 야차형의 분노형식으로 다르다. 두 신중은 얼굴표정을 통하여 다양한 그들의 성격과 權能을 들어내고 있다.

돈황의 285굴보다 반세기 정도 先行하여(5세기 후반) 조성된 운강석굴의 힌두교계 신들도 다면다비 형상이 강조되었으나 표정은 미소를 짓거나 온화하여 분노존으로는 볼 수 없다〈그림 228〉. 본격적인 분노존의 출현은 제285굴의 서벽을 최초로 보며, 돈황과 비교적 가까운 호탄지역에서 출토된 힌두교계통의 神들도 비슷한 시기의 동일계열로 볼 수 있다. 그리고 중앙아시아 지역의 조로아스터교 유적에서 출토된 주요 신들이 분노존을 계승하고 있는데〈그림 229〉 불교보다는 조성시기가 늦으며, 天王과 같은 불교미술의 영향을 받았을 가능성이 있다.

대체적으로 분노존은 남북조시기의 대승불교에서 불법의 세계를 호위하는 천왕이나 야차, 인왕 등에서 시작되었고, 밀교에서는 285굴 이후 중기밀교가 성립된

---

p.48.

〈그림 227〉 마혜수라천 돈황석굴 285굴 서벽,
537, 538년

〈그림 228〉 구마라천 운강석굴 8굴 내실입구
조각, 북위 5세기후반, 대동

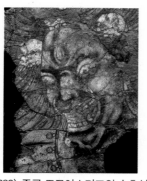

〈그림 229〉 중국 조로아스터교의 수호신(분노
존), 프레스코, 펜지켄트유적, 7–8세기

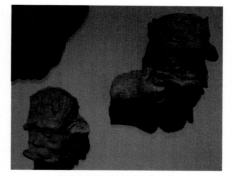

〈그림 230〉 악마상 간다라,
아프가니스탄지역출토

7세기까지도 거의 유행하지 않았다. 그러나 8세기부터 밀교계통의 경전인『대일
경』과『금강경』이 정비되면서 분노존은 明王을 중심으로 밀교미술의 중요한 소재
가 되었고, 특히 중기밀교가 전해진 일본의 東密이나 사천지역의 川密에서 분노존
상이 성행하였다. 티베트 불교도 8세기 중엽에 인도의 파드마산바바가 불교를 전
파한 후 토착의 본교와 결합하면서 유명한 분노존이 점차 유행하였다.

인도의 마투라나 간다라미술에서 천왕이나 인왕의 原形으로 보고 있는 바즈라
파니는 무장을 하였으나, 분노형식은 아직까지 전하지 않고 있다. 그리고 약사나

하리티의 조상도 눈을 크게 뜨거나 치아를 들어낸 상은 출토되었으나 이 상들 역시 본격적인 분노존으로는 볼 수 없다. 아프가니스탄에서 출토된 초기 악마상들도 분노의 경향이 나타나나, 소속된 종교나 역할이 현재로서는 불분명하다〈그림 230〉. 인도의 힌두교에서 시바나 비슈누의 초기 조상도 분노의 형식은 반영되지 않았으며, 두 신의 폭력적인 성격은 주로 신의 배우자나 아바타 즉, 화신에 의하여 표현되었다. 시바의 폭력적인 성격은 두르가나 칼리에 의하여 표현되었으며, 비슈누의 성격이나 능력은 사자나 멧돼지와 같은 동물의 힘에 비유되었다.

초기불교에서 대표적인 분노존인 비사문천은 바이스라바나(Vaisravana)로 불리는데, 그는 북방(Dik-pala)의 통치자로서 세계(Lokapala)를 수호하는 神의 역할을 하고 있다. 비사문은 쿠베라의 초기名인 바이스라바나의 음역으로 쿠베라의 성격과 도상을 계승하였다. 그러나 인도에서 쿠베라는 분노의 像이 아니며, 부를 상징하는 불룩한 배와 돈주머니 등으로 상징되었다. 베드샤 지역에서 출토된 숭가시대의 쿠베라〈그림 231〉는 건장한 남성상으로 왼손에 돈주머니를 들고 오른손은 시무외인을 결하고 있다. 마투라지역에서 발견된 3세기경의 쿠베라도 배가 불룩 나온 좌상으로 커다란 두광을 갖추고 있다〈그림 232〉. 베드샤지역의 숭가시대(기원전 1세기) 쿠베라와 마투라 지역에서 발굴된 이와 같은 초기 쿠베라상은 쿠베라의 원형으로 볼 수 있으며 지물과 수인, 그리고 표정에서 쿠베라의 성격이 나타난다.

쿠베라(Kubera)(Sanskrit: Kuvera)는 원래『베다』[178])에서 악령의 우두머리인 惡神

---

178) 『the Atharvaveda』—where he first appears—and the Shatapatha Brahmana, Kubera is the chief of evil spirits or spirits of darkness, and son of Vaishravana.

〈그림 231〉 쿠베라, 숭가시대(기원전1세기),사암, 비드샤출토, 비드샤 고고학미술관

〈그림 232〉 쿠베라, 기원후 3세기, 붉은 사암, 마투라 출토, 마투라 박물관

이었으나, 후대에『푸라나』[179]와 힌두교 신화에서[180] 善神(Deva)으로 변화되었다. 힌두교에서 그는 富를 관장하는 신이며 약사들의 우두머리로 불룩한 배가 나온 난장이로 묘사되며 살찌고 원만한 얼굴을 하고 있다. 불교에서 쿠베라는『베다』의 성격을 계승하여 악령과 약사의 우두머리로서 수호의 이미지가 수용되었다. 쿠베라는 대부분 살집이 강조된 裸身이며 목걸이 등 보석으로 치장하고 돈주머니나 돈이 든 그릇을 들고 있는 경우도 있다.

천왕의 분노형식은 인도 전래의 쿠베라가 불교에 전입되어 호법신으로 변용되

---

179) 『the Purana』, Kubera is described as the embodiment of both Artha("wealth, prosperity, glory") and Arthashastras, the treatises related to it—and his iconography mirrors it. Kubera's complexion is described as that of lotus leaves. He rides a man—the state personified, adorned in golden clothes and ornaments, symbolizing his wealth. His left eye is yellow. He wears an armour and a necklace down to his large belly.

180) 인도신화에서 쿠베라가 통치하는 곳은 북쪽에 있는 언덕으로 이곳은 빛나는 도시 알라카의 수도다. 이곳은 호수로 둘러싸여 있는데 호수에는 연꽃이 만개하고 백조의 무리들이 넘치는 곳이다.

는 과정에서 서역의 비사문천신앙 등 토착신앙과 결합하며 분노형식으로 재창조된 도상이다. 분노형식이 강조된 천왕은 대승불교의 밀교화도 중요한데, 키질석굴 등 초기 천왕은 대체적으로 분노존으로 조성되지 않았으나, 돈황 제285굴에서 천왕의 분노형식이 특히 선호되었다. 후대에도 천왕의 도상은 불교사상과 경전의 내용에 영향을 받으며 꾸준히 변모하였고, 특히 분노의 형상이나 무장은 현지화의 경향을 보이고 있다.

인왕과 야차 역시 불교미술에서 유명한 분노존에 속하며 현교는 물론 밀교에서도 조상이 활발하였다. 간다라나 마투라 지역에서 인왕은 바즈라파니로 불리며 독존으로 조성되거나, 佛의 좌우에서 인드라와 함께 조성되었다. 바즈라파니는 지물인 금강저 즉, 바즈라와 근육질의 신체를 갖는 특징이 있다. 간다라지역의 바즈라파니〈그림 233〉는 佛 우측에서 나신으로 바즈라를 들고 있다. 마투라박물관에 소장된 삼존상〈그림 234〉도 佛 우측에서 바즈라를 든 바즈라파니와 좌측에 귀족형의 인드라가 협시하고 있다.[181] 두 지역에서 바즈라파니는 바즈라를 수지하였으나 건장한 남성의 이미지로 조성되었을 뿐 얼굴에서 분노의 경향은 보이지 않고 있다. 인왕의 초기형식도 좀 더 복잡한 경로를 통하여 형성되었는데, 학계를 중심으로 인도 전래의 약사와 그리스의 헤라클레스와 같은 武神과의 복합적인 의미가 있다고 보고 있다.[182]

인도신화에서 약사(Yakshas)는 산이나 숲속에 거주하며 쿠베라를 대장으로 섬긴다. 약사는 대부분 그의 파트너인 락샤사(Rakshasas)[183]와 함께 카일라스 정원

---

181) Susan L. Huntington, *The art of acient India*, Weatherhill, Boston · London, 2001, p.153.

182) 이주영, 『간다라미술』, 사계절출판사, 2003, pp.245~248.

183) A Rakshasa is said to be a mythological humanoid being or unrighteous spirit in Hinduism. As mythology made its way into other religions, the rakshasa was later incorporated into Buddhism. Rakshasas are also called man-eaters(Nri-chakshas, Kravyads). A female rakshasa

이나 보물이 묻혀있는 땅, 그리고 산속의 동굴을 수호한다고 전해지고 있다. 『마하바라타』에서 약사는 인간의 지지자이며 공격자로서 그의 이중적이 성격이 언급되었는데, 이는 『베다』의 영향이다. 힌두교 신화에서 약사는 숲속의 정령으로 인간들과 평화롭게 살며 때론 인간을 위하여 봉사한다.

불교에서 약사는 성전을 수호하는 중요한 신격을 갖으며 불교석굴이나 탑에서 흔히 볼 수 있다. 기원전 2세기 사타바하나시기에 개착된 인도서부 데칸고원의 피타콜라석굴(제3굴)에서 출토된 약사상은 두 손을 머리 위로 올리고 신체는 근육이 발달한 난장이다〈그림 235〉. 약사는 나신으로 크고 화려한 목걸이로 장식하고 표정은 부릅뜬 눈과 들어내고 있는 齒牙를 강조하고 있다. 서벵갈에서 출토된 숭가시대의 약사상은 불룩한 배와 난장이형 거대한 신체가 특징이며 특히 큰 눈과 찡그린 얼굴 그리고 치아가 강조되었다〈그림 236〉. 숭가시대의 약사상은 피타콜라석굴의 약사와 마찬가지로 약사의 원형을 보여주고 있다. 당시 약사는 무장하지 않았으나 건장한 신체와 부릅뜬 눈, 그리고 치아를 드러내는 무서운 표정을 통하여 자신이 괴력을 지닌 분노한 수호신임을 암시하고 있다. 건장한 신체와 부릅뜬 눈, 그리고 크게 들어낸 치아 등은 고대 인도식 분노존상으로 볼 수 있다.

불법의 수호신으로서 약사의 이미지는 간다라지역의 헬레니즘의 영향(특히 헤라클레스와 같은 무장)[184]을 받으며 건장한 근육질의 바즈라를 든 금강신 즉, 바즈라파니로 변신하거나, 인도의 약사가 그대로 전해진 야차의 형식으로 변화하였다. 남북조시대의 돈황석굴에서는 인왕보다 야차신앙이 유행하며 권법을 쓰고 있는

---

is called a Rakshasi, and a female Rakshasa in human form is a Manushya-Rakshasi. Often Asura and Rakshasa are interchangeably used Dual nature of Yakshas.

184   이주영은 그의 책에서 헤라클레스, 헤르메스, 제우스, 디오뉘소스, 에로스, 판 등의 도상이 영향을 주었을 것이라는 의견을 피력하고 있다(이주영, 『간다라미술』, p.246 참조).

〈그림 233〉 집금강신, 불법수호신,
간다라 파키스탄, 쿠샨 3세기

〈그림 234〉 집금강신, 불삼존상(집금강신–부처–인드라 협시구도), 마투라박물관, 2세기

〈그림 235〉 약사. 피타콜라석굴 제3굴, 사
타바하나시대 BC3세기, 뉴델리박물관

〈그림 236〉 약사 소조상 숭가시대 BC2세기,
서벵갈출토, 뉴욕메트로뮤지엄소장

근육질의 야차를 석굴 벽에서 흔히 볼 수 있다
〈그림 237〉. 남북조시기부터 석굴의 호법신으
로 등장하는 인왕과 야차는 수 당대를 거치며
점차 분노형상과 근육이 더욱 강조되는데, 각종
힌두교계통의 신중의 성격과 결합하면서 새로
운 분노존의 형식으로 변모하고 있다.[185]

하리티(Hārītī, 『Avestan』 Harauhuti)는 원래
이란의 괴물 오그리(Ogre)의 여성 오그레스
(Ogress)[186]와 박트리아(Peshawari)신화의 인물
과 관련이 있다. 박트리아 신화에서 하리티는

〈그림 237〉 야차 벽화, 돈황석굴 285굴
남벽하단, 538, 537년

그녀가 사랑하는 수백 명의 자녀를 두었으나, 자녀들을 양육하기 위하여 다른 사
람의 아이를 납치하여 죽였다. 이란-간다라지역에서 하리티는 이와 같이 원래 사
람을 잡아먹는 신이나 악마였으나,[187] 후대에 어린이, 부부간의 행복, 사랑, 가족의
안전 등을 상징하는 神이 되었다. 이 지역에 불교가 전해지며 박트리아의 하리티
신화는 희생된 어린이의 어머니들이 석가모니에게 자식을 구해달라고 애청하는

---

185) 본문 Ⅶ. 초기밀교 신중의 후기적 적용 참조.

186) An ogre(feminine ogress) is a being usually depicted as a large, hideous, manlike
monster that eats human beings. Ogres frequently feature in mythology, folklore, and fiction
throughout the world. They appear in many classic works of literature, and are most often
described in fairy tales and folklore as eating babies. In visual art, ogres are often depicted as
inhumanly large and tall and having a disproportionately large head, abundant hair, unusually
colored skin, a voracious appetite, and a strong body. Ogres are closely linked with giants
and with human cannibals in mythology.

187) More recent stories of East Asian origin also describe Hariti as an aspect of Kannon. In
actuality, Hariti appears to be the progenitor(시조) of the pre-Zoroastrian Iranian goddess
Hurvatat.

스토리로 변하게 된다. 하리티는 결국 뉘우치고 佛敎 神의 판테온에 합류하여 이 지역의 불교미술에서 중요한 소재가 되었다. 조로아스터교와 에니미즘적인 신화가 불교적인 설화로 변모하며 하리티의 성격도 변하게 되었다고 볼 수 있다.[188] 인도의 여신 사라와스티(Saraswati)[189]도 조로아스터교의 聖書『아베스탄』에서 하라우티(Harauhuti)로 불리며 하리티와 같은 인더스 강의 뜻이 있다.

간다라지역의 하리티는 대부분 자녀와 동반하며 남편인 판치카와 함께 조성되었다. 판치카(Pañcika, 중국; 般闍迦)는 불교에서 500명의 자녀를 둔 아버지로 역시 神格을 갖추고 있다. 그는 불교미술에서 하리티(鬼子母)의 배우자로 표현되었는데, 하리티 곁에서 창을 들고 있거나 보석이나 돈이 든 주머니를 차고 있다. 간다라 지역은 부처님의 명령으로 판치카와 하리티가 결혼한 곳으로, 2-3세기경 간다라미술에서 판치카의 도상은 특히 유행하였다〈그림 238〉. 판치카는 약사의 우두머리인 쿠베라와도 동일시되었는데, 판치카가 돈주머니를 들거나 창을 들고 있는 모티프는 그가 무장으로 쿠베라와 동격이며 약사들의 우두머리임을 상징한다.[190]

하리티의 도상은 두 종류가 전하는데, 하나는 죄를 뉘우치고 불법에 귀의하여 어린이를 보호하는 보살의 형상이 있는데, 대부분의 하리티의 표현은 여기에 속한다.

---

188) Sarup & Son, 'Encyclopaedia of Hinduism', p.1214; 'Birmingham Museum of Art, 2010', Birmingham Museum of Art, 2010, p.55; David Kinsley, *Hindu Goddesses: Vision of the Divine Feminine in the Hindu Religious Traditions*, University of California Press, 1988, p.95.

189) Saraswati(Sanskrit: सरस्वती, Sarasvatī ?) is the Hindu goddess of knowledge, music, arts, wisdom and nature. She is a part of the trinity of Saraswati, Lakshmi and Parvati. All the three forms help the trinity of Brahma, Vishnu and Shiva in the creation, maintenance and destruction of the Universe.

190) Alice Getty, *The gods of northern Buddhism: their history and iconography*, Courier Dover Publications, 1988, p.157; Sir John Marshall, *The Buddhist Art of Gandhara: The Story of the Early School: Its Birth, Growth and Decline*, New Delhi: Oriental Books Reprint Corporation, 1980, p,104.

<그림 238> 판치카, 쿠샨 2-3
세기,180cm 사암, 페샤와르 출
토, 라호르 박물관 소장

<그림 239> 하리티와 판치카, 붉은 사암, 마투라 박물관

그러나 드물지만 아이를 잡아먹는 食人女로서 무장을 하고 있는 악마의 형상이
전하고 있다. 쿠샨시기의 마투라 출토 비상에서 하리티는 좌상으로 왼손에 어린애
를 앉고 있으며, 배가 나오고 건장한 판치카와 함께 표현되었다<그림 239>. 비상에
서 하리티의 표정은 다정하며 미소까지 머금고 있다. 그러나 페샤와르박물관에 소
장된 샤리-바흐롤 출토 석상에서 하리티는 마투라상과는 다르게 묘사되었다<그
림 240>. 하리티는 이례적으로 1면4비상으로 손에는 커다란 삼지창이나 잔, 그리
고 확인되지 않은 물건을 들고 있다. 하리티는 보관을 착용하였는데, 그녀의 얼굴
은 엄숙하며 입 가장자리에 악마를 상징하는 犬牙를 노출시키고 있다. 간다라지역
의 불교미술에서 이와 같은 하리티의 조상은 이례적이며 분노존의 원형으로 볼 수
있다.[191] 하리티의 분노형상은 6세기 화전지역에서 출토된 '불교인연고사' 중<귀
자모인연>에 등장하는 하리티도상<그림 241>과 키질석굴 189굴의 호법신상<그림
242>에도 계승되고 있다. 어린아이와 함께 표현된 하리티의 얼굴은 자애로운 母性

---

191)   Susan L. Huntington and John C. Huntington, *The art of acient India*, Weatherhill, Boston ·
       London, 2001, pp.146~148 참조.

〈그림 240〉 하리티 4비상. 쿠
산 2-3세기

〈그림 241〉 하리티.
귀자모인연고사, 6세기,
호탄 사원지 출토

〈그림 242〉 호법신. 키질석굴
189굴, 고대쿠차왕국, 6세기

보다 견아를 노출시키며 분노의 경향을 보이고 있다.

6세기의 키질과 화전지역, 그리고 돈황에서 출토된 각종 분노의 상들은 분노존의 기원문제에 상당히 중요한 의미를 갖는다. 이 지역의 불교미술은 인도를 계승하였으나 인물표현 등 양식적으로 이란미술의 영향이 강하며, 특히 토속신앙이 반영된 초기밀교미술과도 관련 있다. 그러나 후대의 대부분의 동아시아지역 불교미술에서 하리티는 자비로운 어린이의 보호자나 다산의 상징으로 관음보살의 형상을 하고 있다. 밀교(密敎)에서 귀자모신은 아름다운 천녀로 등장하는데, 오른손에 吉祥果(석류)를 들고 옆에 어린아이를 데리고 있다. 석류는 풍요를 상징하며, 어린아이와 함께 있는 모티프 역시 그녀의 다산성, 즉 풍요를 암시한다. 그러나 석류에 대한 다른 해석도 있는데, 식인의 습관에 젖어 있는 하리티가 붉은 피를 상징하는 석류를 수지하는 것은 그의 과거를 상징한다고 보는 견해도 있다.

초기 불전미술에서 석가모니 '항마성도의 장면'에 등장하는 각종 惡魔像은 當代의 惡人을 상징하거나 분노의 형식을 표현했을 가능성이 높다. 기원후 1세기 작품인 산치대탑의 토라나에 조각된 악마상〈그림 243〉은 머리를 대체로 크게 표현하였고 눈을 부라리거나 치아나 혀를 밖으로 들어내고 있다. 이와 같은 묘사는 숭가나 사타바하나 시기의 약사상과 동일한 모티프로 분노한 인간을 과장해서 묘사하였다. 그러나 후대에 제작된 간다라지역 출토 '항마성도의 장면'〈그림 244〉에서는 악마상이 각종 무기를 든 群像이나 포악인 동물로 대체되고 있다.

불교미술에서 힌두교계 신중의 다면에 표현된 분노형상은 신중의 다양한 성격을 나타내고 있다. 본 면은 대부분 제왕의 얼굴로 신의 긍정적인 권능을 보여주나 좌면이나 우면은 폭악한 분노형상으로 신에게 내재된 부정적인 권능을 나타낸다. 긍정과 부정의 권능을 동시에 보여주며 신도들에게 선업과 악업을 다스리는 우월한 신의 존재를 확인시키고 있다. 다면다비를 갖춘 신의 형상은 인도미술의 특징으로 이미 쿠샨시기의 동전에서 반영되었으나 당시 신의 다면에 분노의 형상은 시도되지 않았다. 다면의 분노형식은 북전의 중심지인 돈황의 285굴 서벽에서 최초로 볼 수 있는데, 인도에서도 비슷한 시기인 굽타시기이후부터 시도되었을 가능성이 있다.

쿠샨시기의 마투라 지역에서 출토된 시바-랑가상〈그림 245〉은 시바 링가를 구상적으로 표현하여 링가 상단에 '영광의 화관'을 두르고 하단에는 시바의 4면을 조각하였다. 얼굴의 형태는 모두 비슷하나 머리 모양 등 서로 다른 인물을 조각하였는데, 시바의 특징인 발계관이나 금욕의 상징, 제3의 눈 등은 아직 반영되지 않았고 분노의 경향도 보이지 않는다.

기원후 401~402년의 명문이 존재하는 마드야프라데쉬에 있는 우다이기리석굴은 초기 힌두교석굴로 이름 높다. 석굴에서 비슈누와 시바 등 주요 신의 얼굴은 제왕과 같은 원만형식으로 당시 분노의 형상은 시도되지 않았다〈그림 39-42〉. 링가에 표현된 시바의 얼굴이나 고관을 착용한 비슈누, 그리고 다비에 각종 무장을 하고 있는 두르가여신도 분노의 경향은 보이지 않는다. 6세기 초에 조성된 데오가르 비슈누사원부조에서도 각종 힌두교 신의 분노상은 역시 시도되지 않았다〈그림

〈그림 243〉 항마성도 장면의 악마상,
산치1탑 북문 토라나 뒷면, 기원후 1세기

〈그림 244〉 항마성도(부분), 간다라 불전
장면, 기원후 2–3세기

〈그림 245〉 시바링가 4면상, 우타르 프라데쉬, 마투라 박물관, 기원후 2세기

49-51〉.

힌두교에서 시바의 다면에 표현된 분노상은 굽타시기 이후부터 출현하고 있다. 바카타카왕조를 계승하여 인도의 데칸지역에서 세력을 떨친 칼라쿨리(Kalaculi) 왕조(520~600년)시기에 조성된 엘레판타석굴은 시바석굴로 규모와 수준 높은 각종 부조상으로 유명하다. 석굴(Cave no.1) 남벽에는 거대한 시바의 3

〈그림 246〉 시바3면상 엘레판타석굴 cave no.1, 뭄마이, 6세기 중반

면상(Maheśvara)이 조성되었다〈그림 246〉. 본 면은 고귀한 품성을 지닌 왕의 얼굴이며 좌면은 여성성이 강조된 얼굴(우마)이나 시바의 우면은 부릅뜬 눈과 수염, 그리고 입의 표현은 전형적인 분노상이다. 이 3면상에 대하여 수산 헌팅턴은 우주의 창조와 파괴를 상징하며 대립되는 성격을 통합하는 시바의 권능을 표현하고 있다고 기술하였다.[192] 엘레판타석굴은 6세기 중반에 개착되었는데, 이와 같이 성숙한 시바의 삼면상은 석굴조성 이전부터 시도되었을 가능성이 많다. 이 석굴의 3면상은 실크로드 지역에 조성된 불교의 마혜수라천 3면상과도 상당한 유사성을 갖는다. 마혜수라천의 우면이 야차형이며 좌면이 여성성을 보여주는 것은 이와 같은 힌두교의 시바사상과 관련 있어 주목된다.

실크로드 지역을 중심으로 조성된 각종 분노상은 불교의 東傳 과정에서 서역을

---

192) Susan L. Huntington and John C. Huntington, 앞의 책, pp.275~281.

중심으로 대승불교가 다양한 사상과 결합 또는 분화되며 創出되었을 가능성이 있으며 대략 6세기 전후부터 시도되었다. 그리고 인도의 다중적인 시바상이 실크로드의 마혜수라천 도상에 직접적인 영향을 주었다는 증거는 아직 없으나 대승불교에서 밀교화가 진행된 5–6세기 무렵 힌두교에서 형성된 시바의 새로운 권능과 도상이 대상루트 등을 통하여 전해졌을 가능성이 있다. 굽타시기의 아잔타석굴 벽화에서 소그드인의 초상이 등장하는 점은 불교미술의 전달자로서의 그들의 역할이 주목된다.

VII

초기밀교계통 신중도상의 전개

1. 후기적 변용

1) 마혜수라천

시바신은 브라만교의 『리그베다』에서 폭풍의 神 루드라(Rudra)의 존칭으로 불렸고, 힌두교의 3대 최고의 신으로 존숭받았다. 그러나 불교에서는 神格이 낮아져 마혜수라천이나 大自在天으로 불리며, 주로 불, 보살의 護法神衆이나 신중도의 일원이 되었다. 힌두교의 시바 즉, 마혜수라천은 경전이나 지역에 따라 이사나천, 대흑천, 명왕 등으로 다양하게 호칭되며, 불법의 세계를 수호하거나 분노존에 편입되어 비로자나불의 화신으로 변모하기도 한다. 힌두교신의 판테온에서 불교에 전입한 神 중에서 시바는 가장 영향력이 크며 생명력도 긴 신이다. 돈황 제285굴 서벽에서 시바신은 그의 두 아들인 가네샤와 무르간을 거느리고 본존의 가장 중요한 협시신중으로 좌측에 좌정하고 있다. 석굴에서 시바신의 가장 큰 특징인 검은색 신체와 분노형식의 다면과 각종지물을 수지한 다비, 그리고 그의 탈것인 소는 후대에도 꾸준히 계승되며 전개되고 있다.

(1) 이사나천(Ishana)

마혜수라천의 異名인 이사나(Ishana)천은 伊舍那天, 伊遮那天, 伊邪那天, 伊沙天으로 음역하며, 自在, 主宰, 衆生主로 의역한다. 밀교에서 이사나천은 주로 8방천 혹은 12천[1]의 일원으로 열거되는 護方神이다. 이사나(Īsāna)의 어원은 "ish"에

---

1) Ⅱ-3. 불교의 우주관 참조; 불교에서 12천은 8방과 상하 그리고 일천과 월천을 이른다. 8방은 4方과 4維를 이르며 各 方位을 지키는 신을 八方天이라 한다. 4방천은 동방의 帝釋天

뿌리를 두고 있으며, 'ish'는 '우주를 지배하는 눈에 보이지 않는 힘'이라는 뜻이 있다. 또 이사나(Ishana)는 'Ishwar'와 동의어로 신 'The Lord'이라는 뜻도 있는데, 힌두교 경전에서 신 'The Lord'는 시바에게만 주어진다. 경전에 따르면 시바는 우주의 다섯 가지 요소 즉, 불, 땅, 공기, 물, 그리고 에테르(also called as Sky-element or aakash-tattva in sanskrit)를 상징하며,[2] 시바(Parasakti)[3]의 다섯 얼굴[4]로 표현되고 있다. 이사나천은 8방천 중에 동북쪽을 담당하는데, 동북쪽은 번영과 지식을 의미한다. 힌두교에서 북쪽은 부와 행복을 상징하고, 동쪽은 지식과 평화를 상징하는

(Indra), 남방의 염마천(閻魔天, Yama), 서방의 水天(Varuna), 북방의 毘沙門天(Kubera)이며 북방의 비사문천은 欲界天을 지키는 4천왕가운데 多聞天으로 야차나 귀신을 영솔한다. 동남의 火天(Agni), 서남의 羅刹天(Nirrti), 서북의 風天(Vayu), 동북의 伊舍耶天(isana)이며 나찰천은 번뇌를 먹는 나찰로 악마의 왕이며 伊舍耶天(Isana)은 구역의 마혜수라천을 이르며 시바의 변화신으로 악마의 왕이다.

2) 이사나(Ishana)는 『Shiva Mahapurana』에서 신의 5 이름 중 하나로 언급되었다. 하늘을 향한 얼굴은 하늘을 지배하는 힘과 완전한 자유를 수여하는 모습이며 어둠을 유발시키는 강제적 폭력을 나타내며, 동향의 얼굴은 공기를 지배하는 힘이며, 남향의 얼굴은 불을 지배하고 우주를 새롭게 하며 북향의 얼굴은 물을 지배하고 생물체를 보호하며 서향의 얼굴은 창조의 힘을 상징하며 이와 같은 권능은 시바신의 5가지 권능으로 알려져 있다.

3) In Hinduism, Parashiva is the aspect of Shiva, the Absolute which is beyond human comprehension and is beyond all attributes. In Shaivite theology, the term is similar to Nirguna Brahman.

4) 1. Sadyojata - west aspect that propagates manifest Brahman - associated with brahma - represents earth.. (서방 - 브라흐만 - 대지)

2. Vamadeva - north aspect that sustains manifest Brahman - associated with Vishnu - represents water. (북방 - 비슈누 - 물)

3. Aghora - south aspect that rejuvenates manifest Brahman - associated with Rudra - represents fire. (남방-루드라-불)

4. Tatpurusha - east aspect Rishi, Muni, Jnani, yogi - represents air. (동방 - 리쉬 - 공기)

5. Isana - internal aspect that conceals - associated with all that exist - represents ether(중앙) 5방신은 남인도 타밀나두주의 칼루구말라이에 위치한 바투방코빌 석조사원에 묘사됨(판디야, 8세기)

데 이사나는 두 방향의 합성적인 의미가 있다.

『대지도론』에서 이사나천의 도상에 대하여 "시바의 변화신은 삼계에서 가장 自在한 천신이며 三千大天世界에 내리는 비를 모두 헤아리고, 三臂三目에 흰 소를 타고 佛子를 들고 있는 모습을 취한다"고 說하고 있다. 그의 眷屬으로는 이사나 왕비와 대흑천, 환희천, 常醉天, 器午天 등이 있다. 『공양십이대위덕천보은품』에서 '이사나천은 기쁠 때는 여러 신이 함께 기뻐하고 악마가 난동을 부리지 않는다. 옛날에 마혜수라천이라고 했다.'고 기술하며, 『금강전유가호마의궤』에서는 '황풍우를 타고 오른손에는 피를 가득담은 잔을 들고 있으며 왼손에는 삼지창을 잡았다. 연한 청록색으로 세 개의 눈이 있으며 분노하며 이를 밖으로 내보낸다. 해골을 목걸이로 걸었다.'고 기술한다. 대체적으로 시바의 도상적인 특징인 3비3목과 흰 소, 삼지창, 세 개의 눈 등을 언급하고 있다. 이사나천신은 마혜수라천과 도상이 같으나 태장계 만다라에서는 두 신이 함께 등장하여 논란이 있다. 이사나천은 마혜수라천과 동격이지만 마혜수라천이 만다라에서 방위신의 역할을 할 때 이사나천으로 부르고 있다.

인도에서 록팔라 시바사원에 조각된 이사나천은 좌상으로 다면다비의 형상은 취하고 있지 않는 모습이다〈그림 247〉. 이사나는 보관을 착용하였고 상반신은 나신이나 목걸이와 팔찌 등 각종 영락을 화려하게 장식하고 있다. 10세기 전 후에 조성된 록팔라 시바사원의 이사나는 신격이나 성격이 불확실하며, 인도에서 이사나의 조상은 유행하지 않았다. 밀교에서 이사나는 호방적인 성격이 더욱 강하여 12천 중 1천으로 일본을 중심으로 조상 례가 전한다〈그림 248〉.

 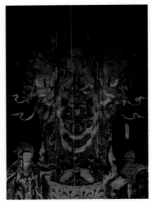

〈그림 247〉 이사나천, A Lokpala 시바사원 벽감, 프람바남 인디아, 10세기

〈그림 248〉 이사나천, 12천 중 일천, 견본채색, 교토국립박물관 일본, 평안시대, 12세기

(2) 대흑천(Mahakala)

산스크리트어 마하칼라(Sanskrit - Mahākāla)[5]를 음역해서 마하가라(摩訶迦羅), 막하가라(莫訶哥羅)라고 하며, 의역하여 大黑天, 暗夜天이라고 호칭 한다. 마하는 크다는 의미가 있고 카라(kāla)는 검다는 뜻과 시간이라는 어원을 가지고 있다.[6] 칼라신이 세계를 파괴하여 암흑으로 만든다는 의미에서 黑으로 의역한 것이고, 'Kala'는 그 자체도 검다는 뜻을 품고 있다.[7] 마하카라는 검은색으로 묘사되는데, 마하카라의 원형은 시바며 모든 색상은 검은색으로 흡수되고 용해되기 때문이

---

5) 마하는 '위대하다', '크다'는 뜻이고 칼라는 '시간'이라는 의미를 갖는다. 시간 앞에서는 모든 것이 덧없이 사라지기 때문에 죽음의 여신을 '칼라여신'이라고 한다. 즉 위대한 시간인 마하칼라는 사라져버린 시간이요 사라져버린 공간을 뜻한다고 한다.

6) Lord Shiva himself is Time or he is God of Time, kala / kaal means Time, atit / bhoot kaal(past), vartman kaal(present) and bhavishya kaal(future) - these all formats of time are merged in lord Shiva. Kala means also death and Shiva is also god of destroy, destroy means end or death, so Shiva is Mahakala.

7) David Kinsley, 1997, 'Tantric Visions of the Divine Feminine: The Ten Mahavidyas' Berkeley: University of California Press, p.70.

다. 시바는 시간의 지배자로서 파괴와 죽음의 신이며, 흑색은 시바를 상징하는 색이다. 힌두교에서 검은 색은 악령을 퇴치하는 색으로, 시바의 추종자들은 검은색의 옷을 입는다. 의정의 『南海寄歸內法傳』[8]에는 "神像을 기름으로 닦기 편하도록 검은색으로 만들었다"고 적혀 있어[9] 인도에서 불교에 흡수된 대흑천의 도상이 검다는 것을 암시하고 있다. 제285굴 마혜수라천의 신체색이 검은 이유도 이와 같은 대흑천의 도상과 관련이 있어 주목된다.

시바신은 원래 브라만교의 폭풍의 神 루드라(Rudra)로 대흑천도 루드라의 파괴와 폭력성을 그의 성격으로 규정하고 있다. 마하칼라는 이러한 시바의 무서운 면을 대표하는 신으로 불교에 수용되면서 크고 검다는 뜻의 대흑천이 되었다. 대흑천은 인도신화에 나오는 시바(Shiva)의 화신[10]인 죽음의 신 칼라(Kala)가 불교에 도입되어 생긴 神으로, 칼라는 두르가의 화신이며 파괴를 전담하는 신이다.[11]

---

8) 『大唐南海寄歸內法傳』은 전 4권으로 의정은 671년 광저우를 출항하여 수마트라섬의 팔렘방을 경유, 인도로 건너가 날란다사원(寺院)에서 불법을 연수하고 685년 귀로에 올랐다. 이 책은 당시 불교의 제반 상황과 僧院에서의 생활 등을 아는 데에 중요한 자료가 되고 있다. 또 인도 및 동남아시아 여러 곳의 풍토·관습·민속 등의 실정을 전해 주고 있기 때문에, 『大唐西域求法高僧傳』과 함께 당시 南海史의 자료로서도 중요한 가치가 있다. 의정의 『남해기귀내법전』에서 "대흑천은 인도의 승원에서는 주방신으로 제사되며 신왕형의 금랑을 가진 목상으로 만들었다"고 기록한다.

9) 『南海寄歸内法传』卷一「受斋轨则」에 "又复西方诸大寺处, 咸于食厨柱侧, 或在大库门前, 雕木表形(中略)黑色为形, 号曰莫诃哥罗, 即大黑神也."라고 기록되어 있다.

10) 시바의 힘은 배우자를 통해 나타나는데 배우자가 곧 시바의 아바타인 셈이다. 배우자는 자비로운 사티·우마·파르바티 등 착한 신으로 나타날 뿐 아니라 무서운 형상인 차문다·칼리·두르가의 화신 등으로 다양하게 나타난다. 특히 파르바티는 아름다운 아내로 시바와 파르바티의 성적·정신적 결합은 탄트라 철학의 기초가 되었고 그들은 카일라스 산에 살고 있는 신성한 가족으로 자주 묘사되고 있다. 시바 신앙은 지모신과 같은 여신 숭배의 중요한 요소들시바 신화로 통일하는데, 때론 타국의 여신과 결합하여 시바는 여러 민족을 통섭하는 정치적인 목적을 달성하기도 한다.

11) Swami Harshananda, *Hindu Gods & Goddesses*, Ramakrishna Math, 1981, pp.116-117.

굽타王朝시기(4-6세기)에 대흑천신앙과 대흑천사당이 이미 존재하였는데, 인도에서 대흑천은 軍神이다. 5세기 인도의 유명한 시인 칼리다사(Kalidasa)는 대흑천의 모습을 "대흑천신상은 피부색이 검으며 한손에 3차극을 쥐고 있다"라고 하여[12] 후대 불교미술의 대흑천과도 유사하다. 그러나 5세기의 대흑천은 힌두교의 시바일 가능성이 많으며, 7세기 중반 인도를 방문한 의정의 기록에 의하면 힌두교사원 곳곳에서 대흑천을 모시고 공양한다고 전한다. 현존하는 대부분의 대흑천 조상은 11-12세기 팔라왕조의 작품이지만 굽타시기에도 대흑천신앙이 유행했음이 짐작된다. 주로 남방지역의 해로를 중심으로 마혜수라천을 대흑천이라 호칭하며 불교나 민간신앙에도 보이는데, 불교뿐만 아니라 힌두교의 남전과 관련 있다.

중국에서 대흑천에 관한 기록은 5세기 남북조시기의 역경[13]에 나타난다. 대흑천은 민간에서 財福神으로 신앙되었고, 불교에서는 대자재천이나 비로자나불의 화신으로 신봉되었다.[14] 밀교에서 대흑천은 대일여래의 화신[15]으로 대일여래를 위하여 각종 마귀들을 물리치는 명왕의 성격도 갖는다. 밀교호법 4야차 중 하나[16]

---

12) P. N. K. Bamza, *Culture and Political History of Kashmir 1*, M. D. Publications Pvt. Ltd., 1994, pp.261-262; M. K. Kaw, *Kashmir and It's People: Studies in the Evolution of Kashmiri Society*, APH Publishing, 2004, p.388. 'Kālidāsa was a Classical Sanskrit writer, widely regarded as the greatest poet and dramatist in the Sanskrit language. His floruit cannot be dated with precision, but most likely falls within the 5th century AD. His plays and poetry are primarily based on the Hindu Puranas and Hindu philosophy.'

13) 鳩摩罗什译(5세기)『佛说仁王般若波罗蜜经』大黑天에 대하여 기술(天罗国太子班足登王位时, 有外道师善施与王灌顶, 令班足取千王头来祭祀冢间摩诃迦罗大黑天神.)

14) 『大日经疏』에서 대흑천은 毗卢遮那佛의 化身으로 忿怒神이며,『大日经疏』卷十(大正39 · 687b)에서는 "毗卢遮那以降伏三世法门, 欲除彼故化作大黑神,"이라고 설하고 있다.

15) 『大日经疏』卷十(大正39 · 687b) "毗卢遮那以降伏三世法门, 欲除彼故化作大黑神.";『大日经疏』"等以此天为毗卢遮那佛的化身, 即降伏荼吉尼的忿怒神."

16) 『大方等大集经』卷五十五「分布阎浮提品」"大黑天女与善发乾闼婆等俱持养育波罗奈国." 不空译,『佛母大孔雀明王经』卷中 - "大黑药叉王, 婆罗拏斯国."『玄法寺仪轨』卷

가 되었으며, 특히 질병을 치료하는 신으로 민중의 숭배를 받았다.

경전에서 대흑천은 전쟁신, 주방신, 무덤신(塚間神), 복덕신의 4가지 성격을 갖고 있다.[17] 첫째로 대흑천이 수많은 귀신권속을 거느리며 몸을 숨기고 비행하는 비술을 지니고 있어 전쟁이 일어나면 그에게 기도하는 중생을 보호 한다.[18] 둘째로 대흑천은 식물을 매우 풍족하게 하는 권능을 지녔는데, 인도와 중국의 강남지역에서 부엌의 호신으로도 신앙되었다.[19] 셋째로 불교신도가 장례시에 기도하는

二列出暗夜神(即黑闇天)之真言, 其下注为大黑天神. 此即以大黑天神为黑闇天."

17) 『仁王护国般若波罗蜜多经』卷下「护国品」: "乃令斑足取千王头, 以祀冢间摩诃迦罗大黑天神." 唐 · 良贲『仁王护国般若波罗蜜多经疏』卷下 - "言冢间者, 所住处也. 言摩诃者, 此翻云大. 言迦罗者, 此云黑天也.(中略)大黑天神, 斗战神也, 若礼彼神增其威德, 举事皆胜, 故向祀也." 良贲且引不空三藏之说, 谓大黑天神系摩醯首罗变化之身, 与诸鬼神无量眷属常于夜间游行林中, 食生人血肉, 有大力, 所作勇猛, 战斗等法皆得胜, 故大黑天神即战斗神.

18) 『仁王护国般若波罗蜜多经』卷下「护国品」에서 "乃令斑足取千王头, 以祀冢间摩诃迦罗大黑天神"라고 설하며 대흑천의 무덤신의 역할을 강조하고 있다. 唐 · 良贲의『仁王护国般若波罗蜜多经疏』卷下에서도 "言冢间者, 所住处也. 言摩诃者, 此翻云大. 言迦罗者, 此云黑天也. (中略)大黑天神, 斗战神也, 若礼彼神增其威德, 举事皆胜, 故向祀也." 良贲은 불공삼장을 인용하여 大黑天神이 摩醯首罗变化이며 "诸鬼神无量眷属常于夜间游行林中, 食生人血肉, 有大力, 所作勇猛, 战斗等法皆得胜, 故大黑天神即战斗神. 以此天神为摩醯首罗之化身, 亦即冢间神, 战斗神"라며 대흑천의 성격을 비교적 자세히 설하고 있다.

19) 『南海寄归内法传』卷一「受斋轨则」에 "又复西方诸大寺处, 咸于食厨柱侧, 或在大库门前, 雕木表形, (中略)黑色为形, 号曰莫诃哥罗, 即大黑神也.古代相承云: 是大天之部属, 性爱三宝, 护持五众, 使无损耗, 求者称情. 但至食时, 厨家每荐香火, 所有饮食随列于前. (中略)淮北虽复先无, 江南多有置处, 求者效验, 神道非虚." 이 기록으로부터 의정 순행시에 대흑천이 財福神으로 존숭되었음을 기록하고 있다.『南海寄归传』의 "盛行于库, 厨安置二臂大黑天像.后更以之为七福神之一, 有时且与大国主命混同, 谓其乃授与世间富贵官位之福神, 其信仰之风颇盛."라는 기록도 참고가 된다.
『佛说摩诃迦罗大黑天神经』尔时, 如来告大众言 · 今此大会中, 有大菩萨 · 名曰"大福德自在圆满菩萨". 此菩萨往昔, 成等正觉 · 号大摩尼珠王如来. 今以自在业力故, 来娑婆世界, 显大黑天神.是大菩萨大会中, 即起座, 合掌白佛言: 我于一切贫穷无福众生, 为与大福德, 今现优婆塞形, 眷属七母女天, 三界游现, 欲与一切众生福德 · 唯愿世尊, 为我说大福

신이며, 네 번째로 대흑천과 그의 권속인 7母天女가 가난한 사람에게 대복덕을 가져다준다고 믿는다.

『대일경소』에 대흑천이 "인육을 좋아하는 다길니천을 항복시키기 위하여 비로자나불이 변한 것"이라는 기록이 있으며, 『大黑天神法』에는 "대자재천의 화신으로 가람에 모시고 매일 공양[20]하면 승려가 많아져 모두 1천명의 스님을 길러낸다"고 적혀 있다. 또 財福神으로도 여겨져, 7세기경 인도를 여행한 義淨에 따르면 "마하칼라는 사원의 식당에 모셨다"고 기술하며[21] 후에는 가람뿐만 아니라 민가 식당에서도 식량을 관장하는 호법신으로 섬겼다고 기술한다. 중국 북부지역에서는 '전

德圓满陀罗尼·尔时, 世尊开貌含笑, 说咒曰: 曩谟三曼多. 没驮喃. 唵. 摩诃迦罗耶. 娑婆诃. 尔时, 世尊告大众言: 此天神咒, 过去无量诸佛出世不说. 若未来恶世中, 有诸贫穷人, 闻此陀罗尼名者, 当知是人, 降大摩尼宝珠, 涌出无量珍宝. 尔时, 大黑天神白佛言: 若有末法中众生, 持此咒者, 我体若五尺, 若三尺, 若五寸, 刻其形象, 安置伽蓝, 若崇敬家内, 我遣七母女天眷属, 八万四千人福德神, 游行十方, 每日供养一千人. 若我所说有虚妄者, 永堕恶趣, 不还本觉.

20) 大黑天的供养方法.
1. 大黑天可以放在厨房, 大厅, 先祖令堂, 阳宅财位等处. 其他原则和其他供神佛的原则大致相同, 如不应被梁压, 不宜背后为厕所, 不宜正对楼梯, 背后必须有靠等等.
2. 如果在家里就放在佛堂, 如果有供奉护法如关公, 就放在关公的位置, 如果在办公室也可以放办工桌上(并不怕别人看到).
3. 供品一般可以用红豆, 牛奶, 红酒, 浓茶(红茶), 甜点, 水果, 巧克力等供养. 供养后的供品可以家人一起吃掉增加财运.
4. 如能每天坚持念诵大黑天心咒更佳.
5. 当感到财运欠佳或者要办某件非常重要的事情的时候可以念诵摩诃伽罗(或mahagala)数遍后用手摸摸大黑天佛像的头部, 然后拉开自己左侧的口袋想象大黑天把财富送到你的身上.
21) 『南海寄归内法传』卷一「受斋轨则」古代相承云: 是大天之部属, 性爱三宝, 护持五众, 使无损耗, 求者称情. 但至食时, 厨家每荐香火, 所有饮食随列于前. (中略) 淮北虽复先无, 江南多有置处, 求者效验, 神道非虚. 이 기록으로부터 의정 순행시에 대흑천이 財福神으로 존숭되었음을 기록하고 있다. 『南海寄归传』의 "盛行于库, 厨安置二臂大黑天像. 后世更以之为七福神之一, 有时且与大国主命混同, 谓其乃授与世间富贵官位之福神, 其信仰之风颇盛."라는 기록도 참고가 된다.

쟁신'으로 섬겼는데, 일반인들이 그에게 공양하면 세간의 재보를 얻을 수 있다고 하여 서민들도 많이 믿었다.

장전불교도 대흑천〈그림 249〉은 대일여래나 관음보살의 화신으로 죽음과 마귀를 물리치는 매우 인기 있는 신으로, 스승과 본존, 법 등 3가지 근본을 지키는 호법신이다. 또 대흑천은 사업호법신이며 8부신 혹은 귀신으로 성불이 예정된 불보살의 화신으로도 여긴다. 살가파(薩迦派)가 유행한 元代에 대흑천은 전쟁의 신과 재복의 신을 겸했으며, 이후 거루파(格魯派)의 흥기 시에 그의 지위가 약간 하강했으나 주요호법신의 지위는 계속 유지하였다.22)

〈그림 249〉 마하칼리(3두6비상), 티베트, 16-17세기

장전불교에서 유명한 '마하칼리'가 대흑천이며, 티베트에서는 4비상과 6비상 두 존상이 모두 전해지고 있다. 대흑천은 주로 다면다비의 분노형식으로 표현되는데 비나야가를 짓밟는 것도 있다. 비교적 후기 상인 티베트지역의 대흑천상은 3면6비로 신체는 검고 운동감을 강조하고 있다. 3안은 분노상으로 이마에 제3의 눈을 표

---

22) 藏传佛教(大黑天藏传佛教名之为玛哈嘎拉, 为护法之主尊).

　　1. 萨迦派二臂大黑天, 又名刑罚主大黑天, 由元代八思巴帝师传入宫廷.一面二臂, 头戴五骷髅佛冠, 须发红赤上扬, 身蓝黑色, 右手持金刚钺刀, 左手持颅器, 两手捧杖刀, 刀内隐有神兵无数. 主要在保护喜金刚行者.

　　2. 四臂大黑天, 传为胜乐金刚之化身, 身青蓝, 持杵, 剑, 戟及嘎巴拉, 有双身相者. 主要护持大手印行者.

　　3. 六臂大黑天, 有黑, 白等.黑色为香巴噶举, 觉囊及格鲁派之主护法, 手持钺刀, 小鼓, 人骨念珠及颅器, 三叉, 金刚绳. (4)白色六臂大黑天, 为财神之一, 手持摩尼宝, 钺刀, 小鼓及三叉, 颅器等, 威神甚大.

현하였고, 붉은색 머리는 분노로 곧추 세우고 수많은 해골장식을 하고 있다.

일본 東密에서는 대일여래계통으로 악마를 항복시키기 위하여 분노한 야차형식의 천신으로 나타나며,[23] 관세음보살이 화현한 天神으로 장전불교와도 상통한다. 동밀이나 장밀에서 대흑천이 인기 있는 이유는 대흑천에게 간구하여 제마와 수행성취 그리고 복덕을 구할 수 있기 때문이다.[24]

대흑천의 도상은 분노형과 일반형으로 조성되는데, 분노형은 주로 항마의 의미가 주어지며 일반형은 복덕의 의미가 있다. 분노형식은 주로 태장계만다라 외금강부에 그려지는데, 신체는 검은색으로 원좌에 앉아 어깨 위로 화염이 발생하는 3면 6비상이다. 우측 첫 번째 손에 언월도를 들고, 두 번째 손에는 해골염주를 들고,[25] 세 번째 손에는 작은 북을 들고 있다. 좌측 첫 번째 손에는 천령반을 들고, 두 번째 손에는 3극차를 들고, 세 번째 손에는 밧줄을 들고 있다.[26] 밀교에서 그는 장엄한

---

23) 『大方等大集经』卷五十五「分布阎浮提品」에서 대흑천에 대하여 "以此天为药叉王, 为波罗奈国的守护神据大黑天女与善发乾闼婆等俱护持养育波罗奈国" 약차의 왕으로 바라나국의 수호신이라고 설하고 있다. 不空译, 『佛母大孔雀明王经』卷中에도 "大黑药叉王, 婆罗拏斯国"는 내용이 있다.

24) 『南海寄归内法传』卷一「受斋轨则」- "又复西方诸大寺处, 咸于食厨柱侧, 或在大库门前, 雕木表形, (中略) 黑色为形, 号曰莫诃哥罗, 即大黑神也. 古代相承云: 是大天之部属, 性爱三宝, 护持五众, 使无损耗, 求者称情. 但至食时, 厨家每荐香火, 所有饮食随列于前. (中略) 淮北虽复先无, 江南多有置处, 求者效验, 神道非虚." 又, 此天神的三昧耶形为剑, 种子是'琰'. 《大黑天神法》载其真言为: "唵蜜止蜜止, 降伏舍婆隶(自在)多罗羯帝(救度)娑婆诃."

25) 티베트에서 시바의 3개의 눈에 관하여 과거, 현재, 미래를 보고 그의 영락인 5개의 해골은 인간의 다섯 가지 번뇌가 부처의 다섯 가지 지혜로 바뀜을 뜻 한다.

26) 『最胜心明王经』- "大黑天被象皮, 横把一枪, 一端穿人头, 一端穿羊."; 『大黑天神法』"青色三面六臂, 最前面的左右手横执剑, 左次手提取人之发髻, 右次手执牝羊, 次二手于背后张被象皮, 以髑髅为璎珞." 『胎藏现图曼荼罗』도상은 같으나 羊과 人头가 左右相反되었다. 『慧琳音义』卷十 - "八臂, 身青黑云色, 二手于怀中横把三戟叉, 右第二手捉青羖羊, 左第二手捉一饿鬼头髻, 右第三手把剑, 左第三手执揭吒罔迦髑髅钟, 此是破坏灾祸之标帜), 后二手各于肩

궁전에 거처하고 육십 천신을 거느리며 백 천녀의 호위를 받는다. 청흑색 신체에 3면3안6비며 가운데 눈은 시바의 눈처럼 세로로 길게 박혀 있고, 각 팔은 일, 월, 연꽃, 무기 등을 수지하고 있는 경우가 많다. 대흑천은 역발의 분노존상으로 태장계 만다라 외원 북방에 배치하며 흰 소를 타고 있는 모습으로 나타난다. 대흑천의 도상과 성격은 부동명왕과 유사하다.

『最勝心明王経』에 '대흑천은 코끼리 가죽옷을 입고 창을 비껴들고 사람머리와 양을 들었다'하며, 不空의 弟子 神愷가 저술한 『大黑天神法』에서는 "青色三面六臂, 最前面的左右手橫執儉, 左次手提取人之发髻, 右次手执牝羊, 次二手于背后张被象皮, 以髑髏爲瓔珞." 즉 "대흑천은 청색으로 3면6비상이다. 본 면의 두 손에 검을 수지하고, 다음 왼손은 사람의 머리를 수지하고, 오른손으로는 암컷 양을 수지한다. 나머지 두 손은 코끼리 가죽을 늘어놓고 해골(촉루)을 든다"라고 구체적인 도상을 언급하고 있다. 『胎藏現圖曼荼羅圖』에서도 동일하게 說하는데, 수지하고 있는 羊과 人頭의 좌우가 바뀌었다. 『慧琳音義』卷十에서는 대흑천에 대하여 "八臂, 身青黑云色, 二手于 怀仲橫把三戟叉, 右第二手捉青殺羊, 左第二手捉一饿鬼头髻, 右第三手把剑, 左第三手执揭吒罔迦髑髏钟, 此是破坏灾祸之标帜), 后二手各于肩上共张一白象皮如披势, 以毒蛇贯穿髑髏以爲瓔珞, 虎牙上出, 作大忿怒形, 足下有地神女天" 즉 '대흑천은 8비이며 몸은 청색으로 가슴에 횡으로 3차극을 잡고 두 번째 오른손으로 푸른색 영양을 잡고 있다. 왼쪽 우수는 餓鬼머리를 쥐며, 오른쪽 3번째 손은 검을 쥐며, 왼쪽 3번째 손에는 갈타강가 해골 鐘을 쥐고(이것은 재앙을 파괴하는 뜻이 있다), 뒤에 두 번째 손은 길게 뻗어 흰코끼리 가죽을 들고 있다. 그리고 독사가 해골을 관통하는 것을 영락으로 삼고, 호랑이 이빨을 위로 드러내며 크게 분노한 형상이다. 발 아

上共张一白象皮如披势, 以毒蛇贯穿髑髏以为瓔珞, 虎牙上出, 作大忿怒形, 足下有地神女天, 以两手承足.";『南海寄归传』-"神王形, 把金囊, 踞于小床而垂一脚."

래는 지신을 밟고…(후략)'라고 구체적으로 설명하고 있다. 『南海寄歸內法傳』에서도 "神王形, 把金囊, 踞于小床而垂一脚." 즉 "대흑천은 신왕형으로 금 주머니를 쥐고 작은 상 위에 웅크리고 한쪽 발은 쉬고 있다"로 묘사하고 있다. 『現圖胎藏界曼荼罗』外金剛部에 "其身現黑色, 坐在圓座上, 火炎发上竖, 三面六臂. 右第一手执偃月刀, 二执骨念珠, 三执小鼓, 左第一手执天灵盖, 二执三叉戟, 三执金刚绳, 左右方之上双手握住一张展开的象皮" 즉 "몸은 흑색으로 나타내고 원좌에 앉아 있다. 화염이 수직으로 상승하고 3면6비의 상이다. 우수로 언월도를 들고, 두 번째 손으로 해골염주를 들며, 3번째 손에는 작은 북을 들고 있다. 왼쪽 첫 번째 손에는 영험한 산개를 들고, 두 번째 손에는 삼차극을 든다. 3번째 손에는 금강승을 들고, 두 손을 위로하여 코끼리 가죽을 들고 있다"고 묘사하고 있다.

〈그림 250〉 춤추는 시바상, 청동상, 인도, 11세기

대부분의 경전에서 공통되는 대흑천의 도상은 신체가 검거나 청색이며, 삼차극과 해골을 수지하고 있다. 또 작은 북을 들고 있으며, 두 손으로 펼쳐 잡고 있는 코끼리 가죽을 강조하고 있다. 이와 같은 불교계통의 경전에서 묘사한 대흑천은 대부분 힌두교 神인 시바의 특징이 반영되고 있는 모습이다. 대흑천은 신체가 검은 마하칼리의 특색을 보여주며, 죽음을 상징하는 해골을 수지하고 있어 우주 종말의 주관자로서 시바의 권능을 들어내고 있다. 코끼리 가죽은 그의 아들인 가네샤신앙을 암시하고, 작은 북은 춤추는 시바의 표상으로 시바의 현란한 춤이 끝나면 우주는 종말을 맞게 된다고 한다〈그림 250〉.

마혜수라천은 시바의 북전계통으로 남전의 대흑천과 구분된다. 인도의 시바는 육상 실크로드를 경유하여 마혜수라천의 명호로 대승불교와 함께 중국에 전해졌고, 대흑천은 남전루트인 해로나 티베트 지역으로 전해졌는데, 마혜수라천과 대흑천은 同尊이지만 성격과 도상을 달리하고 있다. 마혜수라천은 쿠샨시기의 도상이 초기불교에 전해졌으며, 대흑천은 시바의 화신인 굽타 후기의 마하칼리 도상이 적용되었다. 그러나 중기밀교가 성립되며 마혜수라천과 대흑천은 명왕과 같은 분노존으로 흡수 통합되며 밀교미술에서 함께 성행하였다.

(3) 명왕

明王은 梵语로 Vidyā-rāja며 인도의 드라비다 토착신의 원형을 불교에서 받아들인 것으로 중기밀교가 성립되면서 등장하였다. 明王의 '명(明)'은 명주(明呪)로 진언(眞言)을 뜻한다. 진언은 지력(智力)으로 중생 번뇌의 어두운 벽을 깨뜨리는 광명 즉, 지혜라는 뜻이 있다. 중생 중에는 인과의 법칙을 모르고 업보가 끊이지 않으며, 불법을 비방하는 등 교화하기 어려운 무리들이 있다. 명왕은 이러한 무리를 구제하고 교화하기 위하여 대일여래(비로자나불)의 교령을 받아 일체의 장애를 물리치는 역할을 한다. 명왕은 여래(금강계 5불)의 교령을 받아 중생을 교화하여 여래와 한 몸이고, 보살도 여래의 화신이므로 이들 부처와 보살 그리고 명왕을 가리켜 삼륜신(三輪身)[27]이라고 한다.

---

27) 밀교에서는 이때의 부처를 자성윤신(自性輪身), 보살을 정법윤신(正法輪身), 명왕을 교령윤신(敎令輪身)이라고 한다.
  1. 自性轮身: 曼荼罗中台大日如来以本地自性的佛体化益众生, 因此称为自性轮身.金刚界曼荼罗九会中的前六会, 以大日如来为中台者,均属自性轮身.
  2. 正法轮身: 大日如来垂迹现菩萨身, 以正法化益众生.第七理趣会以金刚萨埵为中台者属正法轮身.
  3. 教令轮身: 大日如来为教化刚强难度的众生, 现大忿怒相以降伏之.在第八降三世羯磨会, 第九降三世三昧耶会, 现金刚萨埵, 忿怒明王身者, 即教令轮身.
  삼륜신에 대하여 『仁王经仪轨』卷上에는 金刚波罗蜜多, 金刚手(普贤), 金刚宝(虚空藏), 金刚利(文殊师利), 金刚药叉(摧一切魔怨)五菩萨은 正法轮身으로, 不动, 降三世, 甘露军

명왕은 초기의 공작명왕[28]을 제외하고 모두 분노형식의 다면다비(多面多臂)로 각종 지물을 수지하는 도상적인 특징을 보여준다. 불교미술에서는 5세기경의 공작명왕을 최초로 보며, 8세기 이후부터 밀교계통의 경전에 각종 명왕이 언급되면서 집중적으로 조성되었다.

명왕은 5대명왕[29]과 8대명왕,[30] 그리고 10대명왕이 있는데, 5대명왕은 중기밀교의 5佛과 관련 있으며, 8대명왕은 8대보살과 관련이 있다. 5佛은 중앙의 비로자나불과 동서남북의 4방위佛을 이르는데, 5불의 化身으로 5대명왕이 탄생하였다〈그림 251〉. 5대명왕은 8세기 불공삼장에 의하여 존립되어, 중기밀교의 중요한 존상으

茶利, 六足大威德, 浄身(乌刍史摩)五明王은 教令轮身으로 설하며 ; 安然의『菩提心义』卷五(本)에서는 去虚空藏菩萨은 金刚药叉菩萨로보며;『秘藏记』又将金刚业菩萨, 除秽金剛(乌刍史摩明王)은 不空成就佛의 正法轮身으로, 教令轮身, 或以慈氏菩萨, 无能胜明王은 释迦之正教二轮身으로 보고 있다.『秘藏记』"即以大日, 阿閦, 宝生, 弥陀, 不空五佛为自性轮身, 般若, 金刚萨埵, 金刚藏王, 文殊(或观音), 金刚牙五菩萨为正法轮身, 不动, 降三世, 军茶利, 大威德(或马头), 金刚药叉五明王为教令轮身."

28) 후술하겠지만 공작명왕은 독초나 해충을 잡아먹는 공작을 신격화한 것으로 모든 중생의 정신적인 번뇌를 제거하여 안락함을 주는 존상으로 명왕의 일종이지만 형상이 분노형이 아니고 자비로운 보살형으로 공작을 타고 있다.

29) 밀교에서 대일여래 · 아축여래 · 보생여래 · 아미타여래 · 불공성취여래(不空成就如來)의 5불(五佛)은 각각 부동명왕(不動明王) · 항삼세명왕(降三世明王) · 군다리명왕(軍茶利明王) · 대위덕명왕(大威德明王) · 금강야차명왕(金剛夜叉明王)의 五大尊明王의 모습으로 나타나 중앙 · 동쪽 · 남쪽 · 서쪽 · 북쪽의 다섯 방위를 수호한다. 오대명왕은 별개의 존상으로 성립되었는데 당의 不空三藏(705~774년)이 金剛界 五佛 즉 五智如來에 대응하는 忿怒神으로 5대명왕을 존립시켰다. 五佛과의 관계는 大日여래 - 부동명왕(중앙), 아축여래(阿閦) - 항삼세명왕(동), 보생여래(寶生) - 군다리명왕(남), 아미타여래 - 대위덕명왕(서), 불공성취여래(佛空成就) - 금강약차명왕(북)이다.

30) 여덟 방위를 지키는 여덟 명왕으로 팔대 보살인 관세음보살은 마두명왕, 미륵보살은 대륜명왕(大輪明王), 허공장보살은 군다리명왕, 보현보살은 보척명왕(步擲明王), 금강수보살은 항삼세명왕, 문수보살은 대위덕명왕, 제개장보살은 부동명왕, 지장보살은 무능승명왕(無能勝明王)이다. 여덟 명왕은 부동명왕, 항삼세존, 군다리명왕, 육족존, 금강야차, 예적금강, 무승, 마두관음으로 보기도 한다.

로 자리 잡는다. 중앙의 부동명왕(不動明王)은 대일여래(大日如來), 동방의 항삼세명왕(降三世明王)은 아촉불(阿閦佛), 남방의 군다리명왕(軍荼利明王)은 보생불(寶生佛), 서방의 대위덕명왕(大威德明王)은 아미타불(阿彌陀佛), 북방의 금강야차명왕(金剛夜叉明王)은 불공성취불(不空成就佛)의 방편불로 각각 배치된다. 한편 천태계(天台界)에서는 금강야차명왕 대신에 오추사마(烏蒭沙摩)명왕을 넣은 경우도 있다. 5대명왕의 특징과 도상을 살펴보면 대부분 분노존으로

〈그림 251〉 5대 명왕 (중앙-부동명왕)

표현되며 힌두교신의 다면다비를 계승하고 있는데, 대승불교의 5방불 사상과 초기밀교의 마혜수라천의 권능과도 관련이 있다.

8대명왕 역시 8대보살의 교령으로 8방위를 수호한다.[31] 『大妙金剛經』에서 八大明王은 八大菩薩과 관련 있는데, 观音, 金刚手, 文殊, 弥勒, 地藏, 虚空藏, 普贤, 除盖障보살이다. 명왕과 보살의 관계는 "降三世明王—文殊菩萨; 军荼利明王—虚空藏菩萨; 大轮明王—弥勒菩萨; 马头明王—观音菩萨; 无能胜明王—地藏菩萨; 不动明王—除盖障菩萨; 步掷明王—普贤菩萨"로 8대명왕은 8대보살의 화신이다. 5대명왕 중에 不动, 降三世, 大威德과 军荼利명왕은 일치하나 金剛夜叉明王은 포

---

31) 『药师经』: "文殊菩萨, 弥勒菩萨, 观世音菩萨, 得大势菩萨, 无尽意菩萨, 宝檀华菩萨, 药王菩萨, 药上菩萨『七佛八菩萨经』文殊菩萨, 虚空藏菩萨, 观世音菩萨, 救脱菩萨, 跋陀和菩萨, 后大势至菩萨, 得大势菩萨, 坚勇菩萨.";『舍利弗陀罗尼经』"光明菩萨, 慧光明菩萨, 日光明菩萨, 教化菩萨, 令一切意满菩萨, 大自在菩萨, 宿王菩萨, 行意菩萨.";『般若理趣经』"金刚手菩萨, 观世音菩萨, 虚空藏菩萨, 金刚拳菩萨, 文殊菩萨, 才发意转轮菩萨, 虚空库菩萨, 摧一切魔菩萨."

함되지 않았으며, 새롭게 대륜명왕(大輪明王), 마두명왕(馬頭明王), 무능승명왕(无能胜明王), 섭척명왕(步擲明王)이 추가되었다. 唐 達摩栖那譯『大炒金剛大甘露军拿利焰鬐炽盛佛顶经』에서 八大明王은 降三世, 六足, 大笑, 大輪, 馬頭, 无能胜, 不動, 步拓明王으로, 이와 같은 八大明王의 조상은 云南大理剑川石窟 第6龕(만당)과 寶顶小佛湾석굴(북송)에서 볼 수 있다.

유명한 四川 大足宝顶山 大佛湾 第二十二호 北宋代 摩崖造像 중에 10대 明王은 석가모니, 노사나불, 금륜치성광불, 제개장보살, 금강수보살, 관세음보살, 허공장보살, 지장보살, 미륵보살, 보현보살로, 8대 명왕에서 석가모니, 노사나불, 금륜치성광불이 추가되었고 이유는 알 수 없지만 문수보살이 제외되었다.[32] 불보살과 명왕과의 관계는 大秽迹明王-释迦牟尼佛, 大火头明王 – 卢舍那佛, 大威德明王-金轮炽盛光佛, 大愤怒明王 – 除盖障菩萨, 降三世明王 – 金刚手菩萨, 马首(头)明王 – 观世音菩萨, 大笑金刚明王 – 虚空藏菩萨, 无能胜金刚明王 – 地藏菩萨, 大轮金刚明王 – 弥勒菩萨, 步掷金刚明王 – 普贤菩萨이다.

부동명왕 즉 不動如來使者의 원명은 아찰라(Acāla, Acala)라고 하는데, 산스크리트명의 아찰라나타(Acalanātha)의 음역으로, 발음에 따라서 아차라낭타(阿遮羅囊他)라고 기록하는 경우도 있다. 부동금강명왕, 부동존, 무동존, 부동사자 등 수많은 이름을 가지고 있다. 밀교에서는 부동명왕에게 使者의 성격을 부여하여 중기밀교의 주존불인 大日如來의 사자로써 번뇌의 악마를 응징하고 밀교 수행자들을 보호하는 王으로 간주된다. 부동명왕(Acala)은 명왕 중에 가장 중요한 尊格을 가지며

---

32) 십대명왕은 경전과 지역에 따라 상당한 차이가 난다. 宋代 法贤译『佛说幻化网大瑜伽十忿怒明王大明观想仪轨经』의 十大明王의 명칭은, 焰鬘得迦大忿怒明王, 无能胜大忿怒明王, 钵纳鬘得迦大忿怒明王, 尾观难得迦大忿怒明王, 不动尊大忿怒明王, 吒枳大忿怒明王, 你罗难拏大忿怒明王, 大力大忿怒明王, 送婆大忿怒明王, 嚕日罗播多罗大忿怒明王.이다.

관음보살, 지장보살과 동격으로 밀교에서 3대 본존에 속한다. 8세기 초 普提流志 譯『不空羂索經』에 '不動使者'의 이름이 처음 등장하며, 善無畏 譯『大日經』에서 '如來使者'로서 그의 성격이나 도상이 확립되었다. 이후 중국에서 譯出 또는 成立된 부동명왕과 관련된 儀軌가 많다.

부동명왕은 대부분의 경우 대일여래의 敎令을 받아 활동하는 敎令輪身이다. 언제나 火生三昧에 살며 일체의 장애와 난관, 그리고 부정을 태워버리고 중생을 옹호하여 득도하는 매우 위력 있고 공덕이 큰 명왕이다. 여래의 명령을 받아서 분노의 상을 나타내고, 밀교 수행자를 수호하기 위하여 각종 장애를 제거하며, 魔衆을 멸망시켜서 수행을 성취시키는 존상이다. 독존으로도 많이 신앙되었고 좌상이나 입상 등 우수한 작품이 많이 전해지고 있다. 부동명왕 신앙은 중국에서는 川密이 유행한 사천지역의 석굴에 조성되었고, 東密의 본산인 일본에서 특히 성행하였다.[33]

『대일경』『대일경소』에 따르면 부동명왕은 '비만한 童子형으로 오른손에 검을, 왼손에 견삭을 수지한다. 頭頂에 사계(莎髻, 또는 연화형)가 있고, 정발(頂髮), 굴발(屈髮), 변발(辮髮)을 왼쪽어깨에 늘어뜨린다. 왼쪽 눈을 가늘게 감거나 혹은 흘겨보며 아랫니로 윗입술을 깨물고 눈썹을 찌푸려 이마에는 주름이 많은 분노의 얼굴을 하고 있다. 그리고 盤石座에 앉아 온몸이 화염에 휩싸인다'고 說하여, 부동명왕과 중기밀교 경전인『대일경』과 밀접한 관계가 있음을 알 수 있다.

---

33) 태밀과 동밀은 당나라의 밀법을 이어받아 일본에 광범위하게 퍼졌는데『대일경』과『금강정경』을 소의경전으로 태장계 만다라와 금강계 만다라로 분류한다. 최징은 귀국 후 중국불교 천태산과 밀교교의를 융합하여 일본천태종으로 창조하였으며, 태밀삼류라고 불린다. 태밀, 원인, 원진은 일본 교토의 히에이잔에 있는 엔랴쿠지와 온죠우지를 중심으로 활략하였다. 일본 도지를 중심으로 활략한 공해, 원행, 상효, 종예, 혜려는 진언밀교를 개창하여 동밀이라고 부른다.
일본밀교의 입당8대가; 최징, 태밀, 원인, 원진, 공해, 원행, 상효, 종예, 혜연.

〈그림 252〉 부동명왕,
대리석, 안국사지 출토, 당, 중국

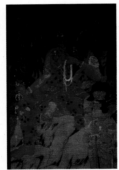

〈그림 253〉 부동명왕, 화(고야산)와
목조(교토박물관), 헤이안(794~1185년)

〈그림 254〉 부동명왕, 불화(고야산)와
목조(교토박물관), 헤이안(794~1185년)

일반적인 형상은 오른손에 검과 왼손에 견삭을 수지하며, 청흑색의 全身은 화염에 휩싸여 있는 모습으로 頭髮은 왼쪽 어깨로 묶어 내린다. 초기작품에서는 두 눈을 부릅뜨고 두 개의 치아를 드러내서 입술을 깨무는데, 후에는 한쪽 눈을 반쯤 뜨고 상하 두 개 치아를 교대로 들어내는 경우가 많다. 서안의 안국사지에서 출토된 부동명왕상은 당대에 제작된 중국의 대표적인 부동명왕상으로 각종 밀교계통의 상들이 함께 출토되었다. 흰색 대리석에 조각된 이 상은 다면다비는 표현되지 않았으나, 얼굴은 분노형식이며 두 손에 부동명왕의 지물인 칼과 견삭(밧줄)을 들고 앉아 있다〈그림 252〉. 밧줄은 번뇌를 뜻하며 칼은 이 번뇌를 끊는 상징으로 보고 있다. 일본에서 헤이안시대에 제작된 불화와 목조상이 전하는데〈그림 253-254〉, 두 상 모두 화염광배가 표현되었으며, 안국사의 상과 마찬가지로 오른손에 칼과 왼손에 견삭을 들고 분노를 표현하고 있다.

항삼세명왕(Trailokyavijaya)은 '過去, 現在, 未來 3개의 세계를 항복시킨다.'는 뜻이 있으며, 5대 명왕 중에 두 번째의 지위

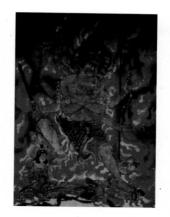

<그림 255> 항삼세명왕,
대리석, 안국사지 출토, 당, 중국

<그림 256> 항삼세명왕, 헤이안, 일본

를 가지며 동방에 위치한다. 항삼세명왕은 대부분 부동명왕과 함께 등장하는데, 밀종에서는 제2의 금강살타라고 칭한다. 항삼세명왕 역시 힌두교의 시바에 기원을 두며 도상은 대부분 3두6비나 1면8비의 괴기스런 형상을 하고 이마 중앙에 시바신의 특징인 제3의 눈을 가진다. 몸에는 호피를 두르고 발밑에 시바 대자재천이나 그의 明妃 烏摩를 두어 그의 성격을 드러낸다. 降三世明王의 두 손은 가슴 앞에 두고 降三世印을 결하는 경우가 많은데, 过去, 現在, 未来의 불법에 대한 일체 장애를 제거함을 서원하는 뜻이 있다.

서안 안국사지에서 출토된 당대(750년) 조성의 항삼세명왕상은 현재 서안 비림박물관에 소장되어 있는데, 명왕의 완벽한 조형성으로 이름 높다〈그림 255〉. 항삼세명왕은 3면8비상으로 머리위에 이례적으로 화불을 존치하고 있다. 3면 모두 분노형이며, 8개의 손에는 금강령, 삼지창, 그리고 칼 등과 확인되지 않는 지물을 들고 있다. 명왕은 화염광배를 갖추고 암좌를 결하며 본 면의 두 손을 가슴 앞에 두고 무드라를 행하고 있다. 중국 법문사 지궁에서 출토된 사리기에 표현된 항삼세명왕 역시 3면6비상으로 지물과 자세 등 양식적으로 안국사 출토상과 유사하다

〈그림 257〉 군다리야차명왕, 목조,
헤이안 839년, 일본

〈그림 258〉. 일본 헤이안시대의 회화에서 항삼세 명왕은 3면8비상으로 지물 등이 안국사조상과 유사하여〈그림 256〉 밀교존상의 도상적인 기원이 중국 당대로 유추된다.

군다리명왕(Kundali)은 5대 명왕 중 세 번째 지위를 가지며 남방에 위치한다. 軍茶利(Kuṇḍali)는 '모든 것을 휘감다(盘绕的东西)'는 뜻이 있다. 군다리명왕은 전신에 뱀의 장식물을 걸치는 도상적인 특징을 갖는데, 軍茶利의 다른 뜻은 "拙火"로 '해저 靈熱 위에서 깊은 잠에 취한 뱀과 같다.'는 뜻이 있다. 군다리명왕과 불사묘약인 감로와는 밀접한 관계가 있는데, 군다리명왕을 '감로군다리명왕'이라 칭한다. 도상적인 특징은 보통 1면8비상으로 왼발을 약간 들어 허공을 딛고, 좌우 두 손의 식지, 중지, 무명지를 뻗어 엄지가 소지를 누르며, 가슴 앞에서 두 손을 교차하는 수인을 취한다. 다른 손은 금강저, 보륜, 3차극 등 법구를 들어 강력한 힘으로 장애를 제거함을 표시한다〈그림 257〉. 법문사 출토 사리기에서 군다리명왕은 1면8비상으로 이례적으로 원만상이며 연화좌를 취하고있다〈그림 259〉. 손에 각종 지물을 들고 있는 법문사 출토 사리기의 각종 명왕이 보살형식으로 묘사된 이유는 불명확하다. 후대에 일본의 평안시대(839년)의 군다리 – 야차명왕은 1면8비의 분노존상으로 머리와 양 어깨 위에 화염을 표현하고 있다.

대위덕명왕(Yamantaka)은 큰 위력과 덕성을 지닌다는 뜻이 있으며, 5대명왕 중 서열이 4위로 서방에 위치하며, 아미타불의 화신이다. 권속으로 여기기도 한다. 도상적인 특징은 물소를 타고 나타나는데, 소는 시바의 탈것으로 대위덕명왕의 성격이 드러나고 있다. 또 물소는 마신을 정복한 두르가의 신화에서 魔神으로 묘사되

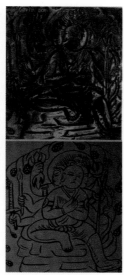

〈그림 258〉 항삼세명왕, 법문사 지궁출토 사리기, 서안 중국, 당희종 874년

〈그림 259〉 군다리명왕, 법문사 지궁출토 사리기, 서안 중국, 당희종 874년

〈그림 260〉 대위덕명왕, 법문사 지궁출토 사리기, 서안 중국, 당 희종 874년

〈그림 261〉 대위덕명왕, 헤이안

〈그림 262〉 대위덕명왕, 제호 사 경도 일본, 헤이안

〈그림 263〉 대위덕명왕

어 대위덕명왕의 성격과 도상 역시 힌두교시바의 도상과 관련 있다. 대위덕명왕은 6면, 6비, 6족의 자세를 취하여 "六足尊"의 칭호가 있다. 6개의 손에는 각각 검, 창, 봉, 밧줄, 활과 화살을 수지하며, 최후에는 9면34비16족의 형태로 얼굴은 牛面이다. 법문사 지궁 출토의 대위덕명왕은 대부분 3면6비상이며 칼과 활, 그리고 삼지 창 등 각종 지물을 수지하고 있다〈그림 260〉. 일본 헤이안시대의 대위덕명왕은 3면6비로 화염에 쌓인 완전히 밀교화된 존상으로 사실적으로 묘사된 소의 등에 타고 있다〈그림 261~263〉.

야만타카(Yamantaka)(Sanskrit: Yamāntaka; Tibetan: Shinjeshe)는 인도의 『베다』 신화에 등장하는 죽음의 신 야마(yama)를 정복하는 밀교의 분노존(忿怒尊)으로 지혜의 보살이며 호법신이다. 불교에서 죽음을 극복하는 것은 불교의 목적인 윤회의 사슬을 끊는 것으로, 대승불교의 수행자들은 깨달음을 위하여 야만타카 수행을 통하여 죽음을 극복한다. 외적인 죽음은 일반적으로 생을 끝내는 것이며 야마에 의하여 구현된다. 불교에서 죽음을 극복하는 것은 윤회의 사슬을 중지하여 도를 이루는 것으로 인식된다. 대승불교의 수행자들이 깨달음을 향하여 나아가는 최종 목표로 야만타카의 실천을 통하여 죽음을 끝내는 것이다. 야만타카의 존재 즉

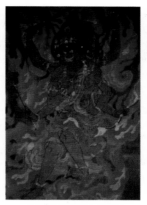

<그림 264> 야만타카, 티베트, 청　　　　　　<그림 265> 금강야차명왕

부처에 대한 올바른 인식의 성취하였을 때 비로소 우리는 죽음을 초월할 수 있다.

　야만타카(Yamāntaka)는 라마교에서 는 흑색 또는 적색으로 큰 식칼과 해골을 수지하고, 유사한 형식에 야마리(Yamari), 바주라바이라바(Vajrabhairava) 등이 있다. 야마리는 1면2비상으로 해골과 지팡이를 수지하고 오른발로 시체를 딛고 그 아래 수소가 있다〈그림 264〉. 야브 융형을 취하는 수가 많다. 바주라바이라바는 2면에 34비6족상으로 암소의 머리를 하고 신체는 흙색의 나형(裸形)이다. 바른 발 밑에 동물, 새, 힌두교의 신 등을 밟고 손에 북, 해골, 큰 식칼, 지팡이 등을 수지한다.

　금강야차명왕(Vajrayaksa)은 5대명왕 중 최후의 존상으로 유일하게 금강이라는 칭호를 하고 있다. 불공성취불의 화신으로 북방에 위치한다. 도상적인 특징은 얼굴에 5개의 눈을 소유하는데, 눈은 얼굴의 좌우상하에 병열로 배치되고 최후의 눈은 중앙에 위치한다. 왼발은 높이 들어 丁字形의 자세를 하며, 좌우 두 손에는 금강령과 금강저를 수지하여 그가 금강계의 尊格임을 과시한다〈그림 265〉. 밀교에서 예적금강과 금강야차명왕 즉 오추사마명왕은 동존동체로 볼 수 있다. 오추사마명왕을 금강야차명왕대신 5대명왕에 포함시키는 종파가 있다. 오추사마명왕은 8대명왕에는 포함되지 않고 10대명왕에 포함되는데, 사천성 보정산 대족석굴의 십

〈그림 266〉 예적금강, 10대명왕 유본존행화사적도, 대족석굴 21호감, 보정산, 북송

〈그림 267〉 예적금강, 10대명왕

대명왕 중에 예적금강이 있다〈그림 266-267〉. 예적금강은 석가모니불이 화현한 분노신이다.

오추사마명왕은 산스크리트 Ucchusma의 음역어로, 오추슬마(烏樞瑟摩), 예적금강(穢積金剛), 부정결금강(不淨潔金剛), 화두금강(火頭金剛), 불양금강(不壞金剛), 수촉금강(受觸金剛)이라고도 한다. 일체의 부정이나 악을 불태우는 영험이 있는 명왕으로,[34] 사체나 부인의 출산소, 피의 더러움을 씻어내는 명왕이다.[35] 오추사마는 원래 고대인도의 火神(Agni)으로 번뇌를 태우는 佛을 상징하며 고대 바라문교의 신앙에 그 기원이 있음이 짐작 된다.[36] 예적금강은 중국에 도착한 인도 승

---

34) 'The Surangama Sutra with Commentary' - Volume 5 - Explained by Venerable Master Hsuan Hua p.94; 'Shakyamuni Buddha asked the bodhisattvas and arahants to present their methods to understand the ultimate truth, the eighteenth to present his character was Ucchusma.'

35) Duncan Ryūken Williams 'The other side of Zen: a social history of Sōtō Zen : Buddhism in Tokugawa Japan' p.53. Helen Josephine Baroni 'The illustrated encyclopedia of Zen Buddhism' p.355.

36) 有賀祥隆『佛畵鑑賞基礎知識』동경 지문당, 1996, p.109.

아지구다(阿地瞿多)[37]가 7세기 후반에 번역한『佛說多羅尼集經』중 9권인「金剛烏樞沙摩法」과 732년 阿質達霰이 한역한『說神通大滿多羅尼法術靈要集』, 그리고 807년 혜림의『일체경음의』[38]에 근거를 두고 있다.

경전에 따라 오추사마명왕 즉, 예적금강의 성격을 분류하면, 첫째는 밀교의 교령윤신에 해당하며 공포의 모습으로 표현되는 존상이다.『불설다라니집경』등 다수의 경전이 여기에 해당되며, 초기 도상은 만다라 건립에 의한 의식에 소청되는 존상이다. 둘째는 나계범왕을 벌주기 위해 석가모니불이 화현한 존상으로, 732년에 아질달산이 역술한『법술요령문』이 있다. 만다라의 건립보다 예적금강의 진언을 암송하여 그의 가피를 얻는데 있다. 셋째로『楞嚴經』에서 언급하는 호법신으로, 대승을 수행하는 보살의 성격을 지니고 있다. 현교의 예적금강은 대부분의 경우 둘째와 셋째의 성격이 혼합되어 전해지고 있다.[39]

밀교미술에서 오추사마명왕은 3면3안8비로 첫 번째 손으로 호신인을 결하고, 우측 두 번째 손으로 금강저를, 세 번째 손으로 금륜을, 넷째 손으로 검을 수지하고 있다〈그림 268〉. 좌측 두 번째 손으로 견색을, 세 번째 손으로 경책을, 넷째 손에 금강령을 수지하고 있다. 머리는 붉은색이며 견아가 보이지 않고 화염광배가

---

37) 당 고종 永徽 3년(652년)에 중국 장안에 입경하여 慈恩寺에 주석하였다.

38) 807년 혜림의『一切經音義』에는 예적금강에 대하여 다음과 같이 설하고 있다. '예적금강은 (除穢忿努尊)이라 하며 구역에서는 不淨金剛 혹은 예적금강이다. 또한 훼매성자(毁罵聖者)라 하는데 바르지 않지만 뜻은 같다. 그렇지 않으면 火頭金剛이라 하는데 이 역시 바른 번역이 아니다. 범어로는 오추삽마(烏蒭澀摩)로 뜻풀이를 하면 더러움을 태우는 성자로써 깊고 청정한 대비심을 가지고 더러움을 접하는 것을 피하지 않고 대위광으로 중생을 구제함이 마치 맹렬한 불길이 번뇌를 태우는 것과 같으며 더러움을 분별하여 접견하고 생명의 마음을 청정하게 하므로 除穢라 이름 한다. 또한 범어로 마가미라(摩賀麼羅)라 이름 한다. 당나라에서는 大力이라고 하는데 대자비의 힘이 마치 치솟는 불로 더럽고 악한 생사의 업을 불태우는 것과 같아 대력이라고 이름 한다.'

39) 김현중『밀적금강 도상의 연구』, 동국대학교출판부, 2010.

〈그림 268〉 오추사마명왕(예적금
강), 동경국립박물관장

있다. 화염광배는 원래 고대 인도의 불의 신인 아그
니 즉, 오추사마를 상징하고 있다. 명왕 아래 시바
의 아들 상두천이 명왕을 바라보고 있다.『대위력오
추비마명왕경』에 예적금강의 화상법에 대하여 '앞
에는 비나야가가 호궤합장한 모습을 하고 왼발 아
래 비나야가를 밟는다'고 기술하여 가네샤 즉, 시바
신의 아들인 비나야가와의 관계를 언급하고 있다.
또 몸과 얼굴은 흑색이고 다비상이며 흑색치마를
착용하는 등 제285굴의 마혜수라천과 도상학적으
로 유사점이 많다. 당대까지의 현존하는 예적금강
상은 맥적산 제78굴의 화두금강 벽화와 돈황 17굴
의 오추사마명왕도가 있다.

예적금강은 관음의 호법 28신중의 2번째로 등장한다. 28신중에서 예적금강의
도상은 1면4비와 3개의 눈을 가지며, 犬牙露出像에 붉은 머리카락, 금색보관을 착
용하고 앞가슴에 영락이 있다. 첫 번째 좌수에 羂索을 들고, 두 번째는 독고저를,
첫 번째 우수로 금강저를, 두 번째 손은 시원인을 결하고 있다. 호피치마를 입고
화염광배를 갖추고 권속인 비나야가(상두천)가 있다.

공작명왕(Mahamayuri)은 공작왕모, 불모대공작명왕보살(佛母大孔雀明王菩薩)
이라고도 한다. 중국의 구마라집이 번역한『공작명왕다라니』에서 공작명왕신앙이
대승불교보다 선행한다고 알려져 있다.[40] 명왕 중에 유일하게 초기밀교에 속하며
분노형식은 아니다. 이 명왕의 대다라니(大陀羅尼)를 외우면 독사의 맹독이나 기

---

40) 平川彰『インド仏教史 下』春秋社, p.316.

〈그림 269〉 공작명왕, 공작명왕굴 155　　　　〈그림 270〉 공작명왕, 국보,
호감 북산석굴, 대족 사천, 북송(1126년)　　　　　동경국립박물관장, 헤이안

타의 재앙, 질병을 쫓아버릴 수 있다고 하며 식재(息災)를 비는 비법인 공작경법(孔雀經法)의 본존(本尊)으로 알려져 있다.[41] 일반적으로는 의궤(儀軌)에 따라 四臂(蓮花·祥果·俱綠果·孔雀尾를 수지)의 보살형으로 공작을 타고 있다.[42]

북송의 기년(1126년)이 존재하는 대족 북산석굴의 155감에 공작명왕감이 조성되었고 본존인 공작명왕상은 1면4비상으로 두 손은 위로 향하여 일과 월을 수지하

---

41) 『孔雀明王经』(大正19·440a)佛世时, 有一位比丘遭毒蛇所螫, 不胜其苦. 当阿难向释尊禀告之后, 释尊乃说出一种可供祛除鬼魅, 毒害, 恶疾的陀罗尼, 此即孔雀明王咒. 此外, 在久远以前, 雪山有一金色大孔雀王, 平素持诵该咒甚勤, 因此恒得安稳.有一次, 由于贪爱逸乐, 与众多孔雀女到远地山中嬉游, 而未诵该咒, 因此为猎人捕捉. 他在被缚之时, 恢复正念, 持诵该咒, 终于解脱系缚, 得到自由.释尊的这些开示, 就是孔雀明王及其陀罗尼为世人所知的开始.

42) 『大孔雀明王画像坛场仪轨』一面四臂形象: "于莲华胎上画佛母大孔雀明王菩萨. 头向东方, 白色, 着白缯轻衣.头冠, 璎珞, 耳珰, 臂钏, 种种庄严, 乘金色孔雀王, 结跏趺坐白莲华上或青绿花上, 住慈悲相.有四臂, 右边第一手执开敷莲华, 第二手持俱缘果, 左边第一手当心掌持吉祥果, 第二手执三, 五茎孔雀尾." 在胎藏界曼荼罗中, 此尊被安置于苏悉地院南端的第六位.

고 아래 손은 부채(산) 등을 수지하고 있다〈그림 269〉. 대형 벽감의 벽면에는 천불이 조성되었고 명왕은 공작의 등 위에서 연화좌를 결하고 있다. 독존으로 묘사된 이 공작명왕상을 통하여 宋代에도 상당한 수준으로 존숭을 받았다는 것을 보여주고 있다. 동경박물관에 소장되어 있는 헤이안시대 공작명왕도는 일본의 국보로 지정되어 있다. 공작명왕은 1면4비상으로 원만상으로 보이며 명호는 명왕이지만 공작을 타고 있는 보살로 볼 수 있다〈그림 270〉. 인도 후기밀교나 티베트에서는 삼면육비(三面六臂) 또는 팔비상(八臂像)으로 표현되었다.

밀교에서 각종 명왕사상은 공작명왕을 제외하고 대일여래가 성립되면서 시작되었는데, 그 성격이나 도상은 대부분 파괴의 신 시바를 원형으로 하고 있다. 명왕의 표현에 있어 시바와 같이 多面多臂의 형식을 취하였고, 서로 다른 지물을 소유하여 신중의 성격을 드러내고 있다. 명왕은 화염에 휩싸인 극도의 분노형식으로 얼굴·체구, 채색 등이 모두 괴이하고 외포적(畏怖的)이며 표현이 매우 강렬하다. 명왕이 이와 같은 강렬한 성격을 갖추고 마장(魔障)이나 외적을 격퇴한 후에 항복을 받는 힘의 원천은 파괴의 신 시바의 권능에 속한다고 볼 수 있다.

(4) 대자재천

대자재(大自在天)는 마혜슈바라(Mahesvara)의 의역으로 대천세계(大千世界)를 자유롭게 주재한다는 뜻이 있다. 이 신을 비서사(毘遮舍), 초신천(初禪天)의 천황, 이사나(伊舍那) 혹은 제육천주(六天主)라고도 한다. 대자재천은 장엄한 궁전에 거처하며, 육십 천신을 거느리고 백 천녀의 호위를 받는다. 대자재천은 불교세계에서 최고의 천(天)인 색구경천(色究竟天)에 머물기도 한다. 불교에서 대자재천은 주로 후대의 신중도에서 다른 신과 함께 등장하는데, 29위나 33위·104위 등의 중심이 되며, 아들인 동진보살(童眞菩薩)과 함께 나올 때는 중앙에 나란히 그려진다. 대자재천은 白顔에 눈이 3개로 가운데 눈은 시바의 눈처럼 세로로 길게 박혀 있다. 8개의 팔을 소유한 모습으로도 표현되며, 일월, 연꽃, 무기, 불자 등을 수지하고 있는 경우가 많다. 만다라에는 흰 소를 타고 있는 모습으로 나타난다. 대승불교에서의 십지보살이며 밀교에서는 대일여래의 화신으로 여긴다.

중국에서 후기에 신앙되었던 마혜수라천은 『金光明經』「鬼神品」과 『齋天儀軌』에 근거한 20天衆[43]에 마혜수리천을 포함하며, 明代에는 긴나라(緊那羅)와 도교적인 紫微大帝, 東岳大帝, 雷神이 추가되어 24천신이 되었다. 한국에서 시바에 대한 직접적인 신앙의 흔적은 남아있지 않다.[44] 통일신라시대에 화엄신중이 신앙된 흔적이 보이나 마혜수라천의 포함여부는 확인되지 않고 있다. 그러나 조선시대의 신중도[45]에서 마혜수라천은 밀교와 민간신앙 등이 결합되면서 크게 신앙되었다.

---

43) 이들의 명칭은 대범천왕(大梵天王), 제석천(帝釋天), 다문천왕(多聞天王), 지국천왕(持國天王), 증장천왕(增長天王), 광목천왕(廣目天王), 금강밀적(金剛密迹), 마혜수라천(摩醯首羅天), 산지대장(散脂大將), 대변재천(大辯才天), 공덕천(功德天), 위태천(韋馱天), 견견지신(堅牢地神), 보리수신(菩提樹神), 귀자모신(鬼子母神), 마리지천(摩利支天), 일궁천자(日宮天子), 월궁천자(月宮天子), 사갈라용왕(娑羯羅龍王), 염마라왕(閻摩羅王)이다.

44) 시바신의 상징은 링가로 인도에서 시바의 남근을 직접 숭배하는 신앙이 유행하는데 우리나라에서도 특정지역을 중심으로 그와 같은 유래를 찾아볼 수 있다. 대체적으로 남근 숭배 사상은 전통적으로 다산을 기원하는 제례의식으로 간주되었는데 『동국여지승람』에 '매년 10월 속리산 '대자재천왕사'에서 신을 법주사로 모셔다가 제사를 지내고 나무로 남근을 깎아 붉게 칠하여 속리산 여신에게 공물로 바쳤다.'는 기록이 전한다. '대자재'는 시바의 의역이며 사찰 명에 따르면 대자재천신이 독존으로 신앙되었을 가능성이 있다. 이 신앙은 본래 민간신앙이었던 것이 나중에 불교에 받아들여진 것으로 보이나 우리나라에 인도의 힌두교가 직접 전해졌을 가능성을 시사하며 관심을 끌고 있다.

45) 조선시대 신중도에 등장하는 신중은 천부, 천룡부, 명왕부로 나눌 수 있는데, 天部는 제석과 범천, 마혜수라천을 비롯한 天들이고, 天龍部는 위태천과 팔부중을 포함한 무장신장들이다. 明王部에 등장하는 신들은 예적금강과 4금강, 8보살 등으로 마혜수라천은 天의 지위를 유지하며 천부에 배속되었다. 천부에 배속된 대자재천은 29위나 33위 · 104위 등에서 중심이 되며, 아들인 童眞菩薩과 함께 등장할 때는 중앙에 나란히 그려진다. 그리고 불교세계에서 최고의 天인 색구경천(色究竟天)에 머물기도 한다. 신중의 구성은 인도의 신으로는 제석천, 대범천, 사천왕, 팔부신장 등이 있고, 중국의 도교적인 신인 칠성과 우리나라의 산신, 조왕신

2) 비나가야천

비나가야천은 '신들의 주인'이라는 의미로 '가나파티(Ganapati)'며[46] 시바와 파르바티의 아들이다. 그의 신체는 인간이지만 코끼리 얼굴에 상아를 갖고 있기 때문에 에카단타(Ekadanta, 상아를 가진 자)라고 불린다. 모든 장애를 제거하는 힘을 가지고 있어 비그네슈바라(장애를 제거하는 주인)라고도 불리는데, 그의 탈것은 쥐[47]다. 가네샤 역시 아리아인들이 인도로 들어오기 전부터 있었던 고대 동물숭배의 영향으로 등장한 神이었고, 아리아인들이 인도에서 정착해가는 과정에서 차츰 그들의 판테온에 수용되어 훗날 힌두교에 편입된 것으로 보고 있다. 가네샤에 관한 신화는 대서사시『마하바라타』나『라마야나』에는 보이지 않고 5세기 이전에 만들어진 가네샤像은 현재까지 발견되지 않아 힌두교의 가네샤 신앙은 굽타시기인 5세기를 전후해서 성립되었을 가능성이 있다.『베다』시대의 토속 동물숭배의 대상인 가네샤가 힌두교의 성립과는 무관하나 코끼리를 신성시하는 인도인과 불교의 영향[48]으로 후대에 의인화를 거치며 편입되었다.

가네샤 신앙은 힌두교를 중심으로 급속히 확산되어 힌두교의 '가나파티야파[49]

이 포함 된다.

46) 산스크리트어로는 아나발저(俄那鉢底: Ganapati) · 가나발저(伽那鉢底) 혹은 비나야가(毘那夜迦)라 하여 상비(象鼻)라고도 번역한다. 환희자재(歡喜自在)의 뜻으로 대성환희자재천(大聖歡喜自在天)이며 성천(聖天)이다.

47) 가네샤는 힌두 신들 가운데 가장 무게가 무거운 신이면서도 작은 쥐를 탈것으로 지니는 재미있는 신이기도 하다. 그의 탈것인 쪼그리고 앉아 있는 쥐는 욕망으로 흔들리는 변덕스러운 마음을 의미한다. 그럼에도 마음은 일정한 수행을 통해 영적 자유의 경지에 이르는 매개가 된다. 쥐와 가네샤 크기의 대비는 유한한 마음과 무한한 영적 지혜의 대비라고도 할 수 있다.

48) 불전고사 중 부처님의 입태 신화에 등장하며 불교의 아쇼카 석주나 산치의 대탑 등 불교유적에 불교세계를 상징하거나 불법을 수호하는 방위신으로 등장한다. 불교에서 코끼리는 실물을 표현하고 있다.

49) 힌두교의 종파는 주로 숭배 대상인 주신(主神)에 따라 나뉜다. 힌두교에는 수많은 종파가

의 主神'이 되었으며 불교 특히 밀교에도 도입되어 비나가야천, 大聖歡喜自在天(성천, 환희천)이 되었다. 그는 배가 불뚝 나온 인간의 몸에 코끼리의 머리를 하며 보통 4비의 형상[50]을 하고 있다 4비 중 3비는 각각 삶의 즐거움에 대한 우리의 집착이 우리를 속박한다는 것을 의미하는 밧줄과 그 속박을 끊는 것을 의미하는 도끼, 그리고 무한한 지고의 기쁨인 자유를 의미하는 스위트 등을 들고 있고, 나머지 한 손은 여원인으로 축복의 표시를 하고 있다. 가네샤의 도상에 표현된 지물이나 비대한 신체는 부동명왕과 유사하다.

불교에서는 처음에는 '常隨魔'라 하여 사람의 틈을 엿보는 악귀였으나 나중에 부처에 귀의하여 9천8백의 鬼王을 거느리고 삼천세계를 지키며 三寶의 수호신이 되었다고 한다. 그는 285굴에서 형 스칸다 즉 구마라천과 함께 아버지 마혜수라천을 좌우에서 협시하고 있다. 비나가야천의 도상은 單身과 雙身 등 2종이 전하는데 단신상은 코끼리의 얼굴에 팔이 2·4·6개 있는 것이 대부분이고, 쌍신상은 남신과 여신의 합치상인데 남신은 악신이나 여신은 십일면관음(十一面觀音)의 화신

있으나, 주요 종파로는 비슈누파(Vaishnavism)·시바파(Shaivism)·샥티파(Shaktism)·스마르타파(Smartism)의 네 종파가 있다. 이들 네 종파들은 의식(儀式)·믿음·전통을 공유한다. 그러나 이들 각 종파는 힌두교에서 말하는 삶의 궁극적인 목표인 아트마 즈나나(Atma Jnana·자아에 대한 완전한 앎·Self-Realization)를 성취하는 방법에 대하여 서로 다른 철학 또는 교의를 가지고 있다. 숭배 대상인 주신(主神)이 다르고 궁극적 목표를 성취하는 방법에 대한 철학 또는 교의가 다르다는 점에서 이들 힌두교의 종파들은 서로 다른 종교라고도 볼 수 있다. 가나파티야(Ganapatya)는 상면인신(象面人身)의 액을 막아주는 신, 또는 지혜의 신이라고도 하는 가네사의 별명이다. 가나파티야파(Ganapatya派)는 가나파티신(歡喜天)을 숭배하는 파이다. 4, 5세기경부터 융성해졌으나 900년 이후에 성립한 『가네사 푸라나』에서는 가네사는 최고의 브라만이며 신비적 명상으로만 지득(知得)된다고 한다.

50) 차끄라바띠(Chakravati, 1991년)는 가네샤 형상의 상징적인 의미를 다음과 같이 설명하고 있다. 코끼리의 거대 한 머리는 모든 영적인 지혜를 담고 있고 그의 길고 굵은 코는 진리와 거짓을 식별하는 능력을 가지고 상황 에 적응하는 유연한 지성을 의미하며 불뚝 나온 큰 배는 마음의 만족을 의미한다고 한다.

으로 남신을 佛法의 힘으로 인도 하려는 뜻을 나타내고 있다. 쌍신상은 대부분 장전밀교에서 유행하고 있다.

밀교가 유행한 唐代 천수경변상의 하단에서 聖衆이 忿怒尊일때, 猪頭人身의 金剛面天과 象頭人身의 비나가야천이 마혜수라천이나 예적금강의 권속으로 등장한다.51) 화두금강(예적금강)52)의 眷屬으로는 야차, 阿修羅衆, 비나가야천, 訶利帝母 Hariti, 愛子, 鬼子母 등이 있다. 『대위력오추비마명왕경』에 예적금강의 화상법에 대하여 '(전략) …앞에는 一身의 호궤합장53)한 비나야가를 그리고, 왼발 아래는 비나야가를 밟는다… (후략)'고 기술하여 예적금강과 가네샤 즉 시바신의 아들인 비나야가와의 도상을 언급하고 있다. 晩唐 막고굴 제29굴의 불공견색관음도 하단

---

51) 뉴델리 국립박물관 소장 〈千手千眼觀音菩薩經變相圖〉 당, 비단에 채색, 막고굴 14굴 북벽 〈천수천안관음보살경변상도〉 晩唐 막고굴 제29굴의〈불공견색관음도〉, 베제클릭 제20굴 〈천수천안관음보살경변상도〉 참조.
베제클릭 제20굴의 대비변상도에 하단 좌우에 분노존이 존재하는데 청면금강 또는 8금강과 화두금강의 조합이다. 좌측의 분노존상은 1면6비이며 우측 손에 검, 금륜, 견색을 수지하며 좌수로 수인을 결하고 도끼, 칼을 들고 있다. 보관과 가슴에 뱀 영락의 장신구를 착용하고 머리는 붉은 색이다. 호피무늬 옷을 입고 두 발아래 연 꽃이 있다. 아래 권속으로 저두천이 있는데 무릎을 꿇고 금강을 바라보고 있다. 우측 분노존은 온몸이 청흑색이고 두 손으로 가슴 앞에 수인을 결하고 우수로 금강저, 수인을 맺고 있다. 좌수로 금륜, 견색을 들고 있으며 머리위에 해골보관이 있다. 머리카락은 붉은색이며 호피무늬 옷을 걸치고 두 발아래 연꽃이 있다.

52) 예적금강 도상은 얼굴은 하나며 팔은 4개와 3개의 눈을 가지고 犬牙露出像에 붉은 머리카락, 금색보관을 착용하고 앞가슴에 영락이 있다. 첫 번째 좌수에 牽索을 두 번째는 독고저를 들고 첫 번째 우수로 금강저를 들고 두 번째 손은 시원인을 결하고 있다. 호피치마를 입고 화염광배를 갖추고 권속인 비나가(상두천)가 있다.

53) 호궤합장에는 3가지의 종류가 있는데 호궤합장은 무릎을 땅에 붙이고 발가락을 세운 체 엉덩이를 발뒤꿈치에 붙이고 꿇어앉는 자세를 이르며, 장궤합장은 무릎을 땅에 붙이고 허리를 곳 추세운 자세로 아비라 기도할 때의 자세다. 좌궤합장은 우슬착지 즉 오른쪽 무릎을 땅에 대고 왼쪽 무릎을 세우고 합장한 채 허리를 곳 추세운 것이다. 또 합장 교족정진법은 뒷발꿈치를 들고 서서 합장한 자세로 일심으로 주목하는 것을 말한다.

양측에 화두명왕 즉 예적금강의 권속으로 비나가야천이 있다. 비나가야천은 인도에서 유행하였으나 동아시아권에서는 이질적인 형상 때문인지 불교에서 유행한 흔적은 찾기 드물며 명왕 등 호법신의 권속으로 가끔 등장할 뿐이다.

3) 구마라천

구마라천은 힌두교에서[54] '軍神' 또는 '신들의 將軍'으로 카르티케야, 쿠마라(Sanskrit, Kumara)라고 부른다.[55] 그는 원래 시바신과 파르바티의 아들인데『마하바라타』 등에는 아그니(火天)와 스바하(Svāhā)의 아들로 '病魔를 낳는 疫病神'으로 기술하고 있다. 쿠마라는 2대 서사시인『마하바라타』,『라마야나』이후 지위가 올라 神의 軍隊를 지휘하며 魔軍을 퇴치하는 軍神으로 인드라를 능가하게 되었다. 쿠샨시기의 초기상도 전하며, 고대 타밀지방에서는 유명한 主神 무루간(Murugan)과 관련이 있어 인기 있는 신이다.

전통적인 불교 용어로는 鳩摩羅 또는 鳩摩羅天이라고 불리는데, 이것은 쿠마라

---

54) 무루간 (Murugan)은 힌두교의 남신(데바)으로 전쟁과 승리의 신이다. 활과 신의 창인 벨(Vel)을 무기로 하며 바하나(탈것)는 공작이다. 무루간은 카르티케야(Kartikeya), 스칸다(Skanda), 수브라마냐(Subrahmanya)라고도 불린다. 무루간은 특히 타밀족 힌두인들 사이에서 널리 대중적으로 신앙되는 신이다. 지역적으로는 타밀족의 영향력이 강한 지역들에서 숭배되는데, 남인도, 싱가포르, 스리랑카, 말레이시아 등이 주요 지역이다. 인도에서의 무루간의 성지로서 가장 중요한 것은 타밀나두 주에 있는 그의 이 여섯 신전들을 통칭하여 아루파다이베두(Arupadaiveedu)라고 하는데, 그 의미는 여섯 거주처이다. 스리랑카에서는 힌두인들 뿐만 아니라 불교도들도 자프나에 있는 날루르 칸다스와미 신전(Nallur Kandaswamy temple)을 무루간에게 바쳐진 역사적인 신성한 장소로 숭배하며, 또한 스리랑카의 남쪽 끝에 가까이 위치한 카타라가마(Katharagama)는 불교도와 힌두교도 모두 무루간에 바쳐진 성지 또는 사원으로 숭배하고 있다. 타이푸삼(Thaipusam) 축제 때는 말레이시아의 풀라우피낭 주의 중국인들도 또한 무루간에게 기도하기도 한다.
55) 북인도에서 '스칸다(Skanda)', '쿠마라'라고 부르며, 남인도에서는 '서브라마야(Subramaya)'라고도 불린다.

(산스크리트어 Kumāra)를 음역한 것이다. 구마라는 불교에 들어와서 위태천(韋駄天), 시건타(私建陀) 등으로도 번역되고, 또는 동진보살이라고 호칭하고 있다. 산스크리트어 쿠마라(Kumāra)가 왕자, 아이, 젊은이라는 뜻이 있어 童子라고 의역하여[56] 불교에서는 동진보살로 칭해진다. 동진보살은 정법의 수호신으로 불법을 수호하는 보살이다. 시바의 두 아들 중 비나가야천은 동아시아권에서 유행하지 않았으나 둘째아들인 구마라천의 신앙과 도상은 긴 생명력을 유지하고 있다.

구마라천은 몇 가지 성격을 가지고 있는데, 첫 번째로 구마라천을 초선천(初禪天)[57]에 있는 梵王으로 보고 있다. 후대의 불교미술에서 구마라천은 범천으로, 제석천과 더불어 불법의 수호신이다. 부처가 세상에 나타날 때 마다 먼저 法을 청하여 언제나 부처의 오른편에 위치한다. 그의 도상은 동자를 닮았고, 항상 닭과 방울을 들었으며 붉은 幡을 가지고 공작을 타고 있다. 이와 같은 도상은 돈황 285굴의 구마라천과도 유사하다. 두 번째로 구마라천은 불법을 수호하는 신으로서, 위타천(韋陀天), 위천장군(韋天將軍), 위태천신(韋汰天神)이라고도 한다. 위태천은 사천왕에 속하는 32將의 長[58]으로 남방 증장천(增長天)의 八將 중 一將이다. 세 번째는 여래입멸 후에 서질귀가 돌연히 여래의 어금니를 훔쳐 달아나자 신속하게 邪神을 항복시켰다. 다른 說은 석가가 황반이라는 눈병을 앓을 때 불사리를 훔친 서질

---

56) 동진은 천진난만한 동자의 참된 성품을 뜻하며, 동진보살은 천진난만함을 그 본성으로 하는 보살을 뜻한다.

57) 초선천은 색계의 18천 가운데 대범천왕(大梵天王)의 지배를 받는 4개의 하늘나라다. 브라흐만의 권속인 천신의 무리들이 사는 범종천(梵鍾天), 브라흐만의 주위에 모여 있는 천신의 무리들이 사는 범중천(梵衆天), 브라흐만을 보좌하는 천신의 무리들이 사는 범보천(梵輔天), 위대한 브라흐만의 지배를 직접 받으면서 살게 되는 대범천(大梵天) 등이 초선천에 속한다.

58) 『도선율사감통록(道宣律師感通錄)』에서 '위태천은 남방증장천왕의 8장군 중의 한 명이자 32장군의 우두머리며, 부처님의 뜻을 받들어 출가인을 보호하고 불법을 보호하는 임무를 띠었다.'고 기술한다.

귀(擾疾鬼)를 쫓아가서 그것을 도로 찾았다는 설화가 있다. 이후 그의 발 빠른 공능을 인정하여 탑의 도굴을 막는 중요한 역할도 하게 되었다.[59] 이와 같은 이유로 불경을 간행할 때마다 권두나 권말에 동진보살상을 판각하여 경전 수호의 상징으로 삼는다.[60] 중국에서는 南宋 이후 '寫經을 수호하는 天神'으로 등장하며 원, 명대에는 天王殿에 모셔졌다〈그림 271〉.

〈그림 271〉 위태천, 사천왕실 후면, 대흥선사, 서안, 근세

구마라천은 현교에서 위태천으로 불릴 때는 호법신장의 역할을 하며, 동진보살은 그의 천진한 성격의 보살성이 강조되었다. 그러나 구마라천이 밀교에서는 마혜수라천의 아들로 호법천신의 역할을 분명히 하고 있다. 조선시대의 신중도에서 흔히 볼 수 있는 그의 도상은 새 깃털장식이 있는 투구를 쓰고 갑옷을 입고 있으며, 합장한 손에 寶奉이나 칼 혹은 금강저를 가로질러 놓는다. 구마라천이 漢化된 형식이며, 주위에 십이지신상(十二支神將)과 팔부신장(八部神將)들이 그려져 있다. 밀교의 세계를 묘사한 만다라에서는 초기밀교의 구마라천은 胎藏界 外金剛部에 그린다.

---

59) 속설에는 마군(魔軍: 마귀)이 와서 부처님 사리를 훔쳐 간 것을 추적하여 찾아왔다고도 하는데, 이는『열반경(涅槃經)』에서 제석천이 부처님 다비(茶毘)를 하는 데 와서 치아 두 개를 주었다가 그 하나를 나찰에게 빼앗겼다는 데서 기인한다.

60) 고려시대의 목판화인 1286년『소자본묘법연화경(小字本妙法蓮花經)』,『상지금니대방광원각수다라료의경』(고려 후기 1357년 금니로 상지에 쓴『원각경』 2권 1첩. 보물 제753호로 변상도와 사성기를 온전히 갖춘 사경이며 고려시대의 개인의 공덕경으로서 희귀한 자료이다. 호림박물관 소장.)에서 사경을 수호하는 호법선신으로 등장한다.

4) 나라연천

나라연(Nārāyana, 那羅延, 영문 Narayana)[61] 은 산스크리트어 나라야나의 音譯으로 힌두교 비슈누 신의 다른 이름이다. 나라연천과 마혜수라천의 분화는 매우 복잡하며 본존과 경전의 내용, 그리고 지역과 민족에 따라 위상과 성격, 호칭 등이 변하고 있다. 나라연천은 서위 제285굴 이후에 관음의 28護法神衆[62]으로 변화관

---

61) 나라는 물 또는 원시인(原始人)의 뜻이며 야나는 계통 또는 자식을 뜻하는 말이다.

62) (1) 밀적금강(密跡金剛). (2) 오추군다앙구시(烏芻君茶央俱尸). (3) 마혜습박라(摩醯濕縛羅). (4) 금비라다라(金毘羅陀羅). (5) 바루나(婆樓那). (6) 진다라(眞陀羅). (7) 마화라(摩和羅). (8) 구란단타(鳩蘭單陀). (9) 필바가라(畢婆迦羅). 응덕(應德). 범마삼발라(梵摩三鉢羅). 염마라(炎摩羅). 석왕삼십삼(釋王三十三). 대변공덕천(代辯功德天). 제두뢰타왕(提頭賴吒王). 신모녀(神母女). 비루륵차왕(毘樓勒叉王). 비루박차왕(毘樓博叉王). 비사문천왕(毘沙門天王). 금색공작왕(金色孔雀王). 28부대선중(部大仙衆). 마니발다라(摩尼跋陀羅). 산지대장(散脂大將). 난타용왕(難陀龍王). 아수라(阿修羅). 수화뢰전신(水火雷電神). 구반다왕(鳩槃茶王). 비사사(毘舍闍) 등 이다. 참고; 이십팔부중 [28部衆] (『종교학대사전』, 한국사전연구사, 1998. 8. 20).

一, 密迹金剛士, 又叫金剛力士, 力大无比. 二, 乌刍君茶鸯俱尸及八部力士赏迦罗. 即秽迹金刚和军茶利明王.赏迦罗. 三, 摩醯那罗延.即大自在天, 天王之一. 四, 金毘罗陀迦毘罗, 就是十二药叉神将之一的宫毗罗大将. 五, 婆驶婆楼那, 为一切鱼龙王, 西方守护神. 六, 满善车钵真陀罗, 即十二药叉神将里的真达罗大将. 七, 萨遮摩和罗, 即大神将军摩和罗. 八, 鸠兰单咤半祇罗, 即战神鸠罗檀提.九, 毕婆伽罗王, 即猕猴王. 十, 应德毘多萨和罗, 左即弥栗头娑和逻, 主掌百怪之神. 十一, 梵摩三钵罗, 即大梵天. 十二, 五部净居炎摩罗, 净居天天王, 以及阎摩罗王. 十三, 释王三十三, 即帝释天, 切利天(即三十三天)之主.也就是玉皇大帝. 十四, 大辨功德娑怛那, 即大德天女, 又称大辩功德天. 十五, 提头赖咤王, 即四大天王中的持国天王. 十六, 神母女等大力众, 即鬼子母. 十七, 毘楼勒叉王, 即四大天王中的增长天王. 十八, 毘楼博叉王, 即四大天王中的广目天王. 十九, 毘沙门天王, 即四大天王中的多闻天王. 二十, 金色孔雀王, 即孔雀明王. 二十二, 摩尼跋陀罗, 北方毗沙门八兄弟之首. 二十三, 散脂大将弗罗婆, 北方毗沙门天八兄弟之三, 即散脂大将. 二十四, 难陀跋难陀及娑伽罗龙伊钵罗, 均为龙王. 二十五, 修罗, 乾闼婆, 迦楼罗王, 紧那罗, 摩睺罗伽.修罗为战斗神, 乾闼婆为音乐神, 迦楼罗王为金翅大鹏鸟, 紧那罗为疑神, 摩睺罗伽为大蟒蛇神. 二十六, 水火雷电神.此四神皆备夫妻. 二十七, 鸠槃茶王, 意译为瓮形鬼, 冬瓜鬼, 厌魅鬼.《圆觉经》称其为大力鬼王.

二十八, 毘舍阇, 即毗舍阇, 啖精气, 食人及五谷精气的恶鬼(谢静作『敦煌艺术中的千手

음의 변상도에 화두금강과 함께 묘사되었으며, 나라연금강의 명호로 수문신장의
역할을 한다. 28부중은 천수관음의 권속으로 천수관음을 지키는 28부의 호법선신
이다.

　　돈황석굴 37개소에서 약 40폭의 천수천안관음경변이 현존하고 있다. 성당시
기의 경변(79, 113, 148窟)이 최초며 이후 만당에서 송까지 꾸준히 유행하였다.
소의경전으로 唐 불공역『金剛頂瑜伽千手千眼观音自在菩萨修行儀軌經』과 가초
달마역『千手千眼觀世音广大圓滿无碍大悲心陀罗尼經』, 선무외역『천수관음조차
제법의궤』등이 있다. 148굴『천수천안관음경변』의 관음은 연화 위에 결가부좌하
고 머리에 보관을 착용하고 천의를 걸치고 있다. 경변에서 28부중은 4천왕, 파수
선, 길상천녀, 아수라왕 등과 하단 양측에 화염속의 화두금강이 있다. 화두금강 무
릎 아래 상두인신의 비나야가천과 猪頭人身의 비나야가 귀모가 있다. 비나가야천
을 하위신중으로 두고 있는 마혜수라천과 저두인신의 바라하를 하위신중으로 두
고 있는 나라연천이 화두금강으로 본존의 28부중으로 배치되었다.

　　돈황 막고굴 제3굴의 천수관음경변 하단에 배치된 2존의 분노상은 좌측이 오
추사마명왕이고, 우측이 나라연천이다. 관음 28부중의 2부인 오추마사와 3부인
나라연천에 근거한 도상으로 볼 수 있다. 도상은 머리가 세 개, 팔이 여섯 개인 3
두6비며, 좌면은 흰색, 가운데 면은 살색이고 우면은 붉은색으로 차이를 두고 있
다. 우수로 수인을 맺고 두 번째 손에 금륜을 수지하고, 왼손 첫 번째 손에는 견색
을, 그리고 두 번째 손에는 금강저를 수지한다. 몸에는 해골영락을 두르고 호피치
마를 입고 있다. 머리 위에 화불이 있고 화염광배를 둘렀으며 얼굴은 우측을 향하
며 비슈누의 화신인 저두천을 권속으로 두고 있다.[63]

　千眼观音菩萨』참고).
63)　저두천은 비슈누의 10대 화신 바라하로 중국에서 나라연천의 권속으로 등장하고 있다.

나라연천은 那羅延金剛의 名號로 密迹金剛과 함께 호법수문신장의 역할도 하게 된다. 나라연천이 최초로 금강역사에 편입한 시기와 경전적인 배경은 현재로선 정확히 알 수 없지만, 이들을 흔히 仁王이라고 호칭한다. 비슈누신은 하늘의 力士이자 불법의 수호신으로 힘의 세기가 코끼리의 백만 배나 된다고 한다. 비슈누가 힌두교나 불교미술에서 근육질 형상으로 묘사된 적은 없지만, 밀적금강과 짝을 이루는 대응신으로 힘이 강조된 나라연금강을 채택했을 가능성이 많다. 6세기 전반에 북위에 의하여 조성된 용문석굴(龍門密陽洞像)의 인왕을 최초로 보고 있는데,[64] 나라연천의 명호와 성격을 고려할 때 나라연금강 – 밀적금강의 칭호도 가능할 수 있다. 제285굴에서 본존의 좌우 협시존상으로 등장하는 마혜수라천과 나라연천은 밀교미술에서 불보살의 천중으로 분화하지만, 나라연금강과 같이 인왕의 역할도 주어진다. 『섭무외경』에 따르면 나라연천은 '왼손은 주먹을 쥐고 허리에 대고 있으며, 오른손에는 금강저를 들고 있다. 맹수 가죽으로 하의를 만들어 입었으며, 신체는 묘보색이다.'라고 설명하고 있다. 법장비구(法藏比丘)[65]가 세운 48대원(四十八大願) 중 26번째 서원에 "나라연신원(那羅延身願)", 즉 나라연과 같은 뛰어난 신체를 갖추도록 하겠다는 맹세가 등장한다.

밀적금강이나 나라연금강 모두 힌두교신으로 불교에서 차용하였다. 경전에 여

---

64) 백남수, 「금강역사상의 성립과 전개」, 『미술사학연구』 208호, 1995 '용문석굴 빈양중동(523년)의 북문 북측의 역사상은 남북 한 쌍으로 수문신 역할을 하고 있는데, X천의에 허리부근에 금강저를 수지하고 머리장식을 하였으며 하반신은 긴 치마를 착용하고 있다. 유사한 예로 북위 정광5년 명(524년) 금동5존불의 금강역사, 동위 무정원년(543년)의 역사 등 남북조시기의 금강역사는 쌍으로 조성되었다.

65) 법장비구(法藏比丘)는 『무량수경』에 의하면 아미타불의 전생보살로 본래 왕이었는데 발심(發心) 출가하여 이름을 법장(法藏)이라 하였다. 世自在王佛에게 48대원(四十八大願)을 세우고 오랜 세월 수행 끝에 성불(成佛)하여 현재의 아미타불이 되어 서방정토(西方淨土) 극락세계에서 중생을 교화하며 항상 법(法)을 전하고 있다고 한다.

러 종류의 금강신이 언급되고 있는데『화엄경』『아함경』『대보적경』등에 밀적금강이 등장하며, 특히『현우경』에는『금강경』을 수호하는 신장으로 유명한 8금강[66]등이 있다. 불전에서 금강수(金剛手) 혹은 금강밀적천(金剛密迹天), 집금강신(執金剛神), 인왕역사(仁王力士) 등의 명칭이 전해진다. 밀적금강은 야차신의 우두머리로 부처님의 비밀스런 사적(事迹)을 모두 듣겠다고 서원하였으므로 '밀적'이라는 이름을 얻었다.

『중아함경』「수제품」제30 수마제녀경에 '밀적역사는 손에 금강저를 수지하고 여래를 위하여 좌우에서 호위하며'라고 설하고 있다. 또『대보적경』제8권「밀적금강역사회」에서도 '그때에 금강역사가 있어 이름은 밀적이라고 하는데 세존의 오른쪽에서 손으로 금강저를 잡고 부처님께. 후략' 하여 금강역사는 이름이 밀적이며, 금강저를 무기로 수지하고 있음을 説하고 있다.

『大日經疏』卷一에 '서방에서는 야차를 밀적이라 호칭한다. 신구의 삼밀로써 빠르게 은신하여 가늠할 수 없어 밀적이라는 이름을 얻었다. 밀적은 秘密主로 야차왕이다. 밀적금강은 본래 법의태자였는데, 불법에 귀의하여 금강역사가 되어 항상

---

66) 8금강은 불법을 수호하는 여덟 신으로 존명은 청제재금강, 자정수금강, 적성화금강, 정제재금강, 대신력금강, 자현신금강, 벽독금강, 황수구금강 등이 있다. 통도사의 팔금강의 도상은 청제재금강은 머리털과 수염이 모두 청록색으로 표현되었다. 오른손은 치켜들어 칼을 내리꽂는 모습을 하고 있고 왼손은 아래로 방어 자세를 취하고 있다. 자정수금강은 백발노인으로 묘사하고 있는데, 왼손으로 칼끝을 들고 있는 모습은 누구에게도 뒤지지 않는 칼 솜씨를 갖고 있는 듯 하며 안정감이 있어 보인다. 적성화금강은 치켜든 오른손에 작은 바위를 들고 금방이라도 나아갈 듯 한 자세를 취하고 있다. 옷이 바람에 펄럭거리는 듯 한 율동적인 표현이 힘차며, 홍·황·녹색의 안배가 잘 어울려 있다. 벽독금강은 전체적으로 보아 상체가 강조되었으며, 황수구금강은 오른손으로 칼을 세워 버티고 있으며 왼손으로 창을 뒤로하여 몸을 긴장시키고 있다. 8금강 관련하여 傳大士(497~569년)의『梁朝傳大士頌金剛經』의 서문에 8금강을 봉청하는 의식이 나오는데 이것이 금강경과 8금강이 함께 언급된 가장 오래된 기록이다.

부처님을 가까이서 모신다[67]'고 기술하여, 밀교에서 밀적의 기원이 인도의 야차에 있음을 說하고 있다. 『大寶積經·密迹金剛力士会』에서는 밀적금강은 부처의 5백금강의 총 두목으로 그 형상은 3면6비로 분노형이며 보검과 금강저, 법륜 등을 수지한다. 밀적금강은 후에 형, 함(哼, 哈) 두 장수로 분신하여 사묘의 수문신을 담당한다고 기술하였다.[68] 인도에서 야차의 왕은 쿠베라나 판치카, 그리고 무루간 등 여러 신격이 존재한다. 『오분율(五分律)』에서는 밀적금강에 대하여 '모든 부처님이 계신 곳에는 항상 500의 금강신이 부처님을 호위하며 모신다.'라고 하였고, 또 80권 본 『화엄경華嚴經』에서는 '부처님이 계신 곳이면 어디든지 몸을 나타내어 항상 부지런히 외호한다'고 기록되어 있다. 『密跡力士大權神王經偈頌』에 밀적금강의 형상에 대하여 3두8비며 분노상으로 머리에 化佛이 있고 나계범왕을 항복시킨다고 기재되어 있다.[69]

---

67) 『大日经疏』卷一: "西方谓夜叉为秘密, 以其身口意速疾隐秘, 难可了知, 故旧翻或云密迹.若浅略明义, 秘密主即是夜叉王也." 密迹金刚本是法意太子, 曾发誓说, 皈依佛教后 "当作金刚力士, 常亲近佛", 以便 "普闻一切诸佛秘要密迹之事."

68) 『大宝积经·密迹金刚力士会』后来他便成了守护佛陀的五百金刚的总头目. 密迹金刚的形象作三面六臂, 呈愤怒令人怖畏之相, 手持宝剑, 金刚杵, 轮等种种兵器.密迹金刚后来又分身为哼, 哈二将, 成了寺庙的门神.

69) 『密跡力士大權神王經偈頌』 大正新脩大藏經 第三十二冊 No.1688, CBETA 電子佛典 V1.14(Big5) 普及版, 元 管主八撰『密迹力士大权神王经偈颂』1卷, 太虛图书馆, A016-01.
'密跡力士大權神王經偈頌序; 北天竺國三藏沙門無能勝. 與三藏沙門阿質達霰同譯二經. 同卷闕流通分. 已入大藏經伊字函第一卷中. 是故如來於涅槃臺左脅. 化現穢跡明王三頭八臂.降伏螺髻梵王. 說咒劃四大寶印書符. 四十二道結. 五指印契.普利有情. 歷代以來持咒行法者僧俗甚多. 未達信受奉行先二師同譯. 後宋曾稽沙門智彬. 將此經重行校勘治定. 補闕流通. 題日佛入涅槃現身神王頂光化佛說大方廣大圓滿大正遍知神通道力陀羅尼經. 今此經中說大權神王降伏螺髻梵王. 復次住世梵王啟請.復化現出三頭八臂忿怒相. 執持器仗與前無異. 本王寂定. 次化王畫出三頭八臂. 頂上化佛相儀. 劃四大寶印書. 四十二靈符指結. 五印契悉皆付與. 螺髻梵王受持奉行. 爾時化佛與螺髻梵王摩頂授記. 號清淨光明如來. 已於是化王復隱入本王身中.'

〈그림 272〉 야차, 돈황석굴 285굴 남벽하단,　　　〈그림 273〉 야차, 돈황석굴 285굴
서위 538, 539　　　　　　　　　　　남벽하단, 서위 538, 539

〈그림 274〉 야차, 돈황석굴 제254굴, 북위

5) 금강역사(야차)

　돈황석굴 제285굴의 북벽과 남벽 하단에 그려진 야차는 모두 10身으로 역동적인 권법을 시도하고 있다〈그림 272-273〉. 석굴에서 야차는 8불설법도가 그려진 북벽과, 5백강도 성불관련 설화가 그려진 남벽 하단에서 볼 수 있는데, 소형 감실 사이에 대형 야차가 한 구씩 근육질의 몸을 들어내고 있다. 야차는 모두 상의를 벗고 간단한 천의만 두르고 민머리에는 頭光을 갖추고 있다. 북위 제254굴 남벽 하단에 조성된 야차도 형상은 유사하나 모두 좌상으로 각종 악기를 연주하는 등 285굴의 야차와는 다른 성격이 나타나고 있다〈그림 274〉. 돈황석굴의 야차상을 통하여 북조시대에 야차신앙이 유행했음이 짐작된다.

인도에서 유명한 야차 즉 약사(Yakshas)는 이미『리그베다』에 기술되었다. 야차는 산이나 숲속에 거주하며 그의 파트너인 락샤사(Rakshasas)[70]와 함께 카일라스 정원이나 보물이 묻혀있는 땅, 그리고 산속의 동굴을 수호한다고 전해진다. 힌두교 신화에서 약사는 숲속의 정령으로 인간들과 평화롭게 지내며 때로는 인간을 위하여 봉사한다. 힌두교 성전인『마하바라타』에서 야차는 인간의 지지자이며 공격자로서 그의 이중적인 성격이 언급되었는데, 이는『리그베다』의 영향으로 볼 수 있다.

불교에서도 야차는 성전을 수호하는 중요한 신으로 채택되었으며, 석굴이나 탑 등에서 흔히 볼 수 있다. 인도 전래의 야차는 건장하고 비만한 남자 모티프로 약시와 함께 성소나 재산을 지키는 수호신이다. 불교미술에서 금강저를 수지한 야차를 금강역사(바즈라파니)로 호칭하는데, 인도의 서북부지역을 중심으로 유행하였다. 금강역사는 야차 혹은 쿠베라나 인드라를 원류로 보는데, 인드라는 원래 '바즈라'(금강저)를 수지하고 '브리트라'를 퇴치하는 용감한 무사신이다.[71] 인드라가 불교에 유입된 후에 힘이 약해져 금강저를 힘이 센 야차에게 넘겨주었고 이 금강저를 수지한 야차를 집금강신으로 보기도 한다.[72]

인도 최초의 집금강신은 2세기경 제작된 간다라지역의 불비상[73]에서 볼 수 있는데, 부처의 우측에서 머리는 꽃 동아줄로 장식하고 망토를 착용하였으며 오른손

---

70) A female rakshasa is called a Rakshasi, and a female Rakshasa in human form is a Manushya – Rakshasi. Often Asura and Rakshasa are interchangeably used Dual nature of Yakshas.

71) 백남수,「금강역사상의 성립과 전개」,『미술사학연구』208호, 1995; '인도 전래의 약사는 건장한 남자 모티프로 약시와 함께 재산을 지키는 수호신이며, 인드라는 '바즈라'(금강저)를 수지하고 '브리트라'를 퇴치하는 용감한 무사로『리그베다』에 기술되었는데 건장한 수호신의 약사와 '바즈라'를 수지한 용감한 인드라의 합성적 이미지를 형성하고 있다고 본다.'

72) 임영애,「인도와 간다라의 집금강신」,『강좌미술사』29, p.25, 342. 참조.

73) 간다라 아히차트라 출토 삼존상(뉴델리 박물관, 마투라상).

에는 금강저를 들고 있다〈그림 233〉. 마투라박물관에 소장되어 있는 붉은 사암에 조각된 불삼존상도 시무외인은 결하고 있는 佛의 우측에 금강역사가 있고 좌측에는 보관이 화려한 인드라가 협시하고 있다〈그림 234〉. 비상에서 금강역사는 망토만 걸친 나신으로 얼굴은 원만형이며 오른손으로 바즈라파니(금강저)를 들고 佛을 호위하고 있다. 화관을 착용하고 망토를 걸치고 있는 근육이 강조된 금강역사는 헬레니즘의 영향으로 보이며, 쿠샨시대에 몽둥이를 든 헤라클레스와 같은 무장의 이미지와 성격이 참고가 되었다.[74] 그레코-박트리아 이후 쿠샨시대까지 헤라클레스의 숭배는 매우 유행하였으며, 이 지역을 중심으로 대승불교의 형성과정에서 헤라클레스의의 성격과 도상이 선호되었을 가능성은 충분하다고 본다.

  인도와 간다라지역의 약사 이미지는 불교의 동전과정에서 근육질의 권법을 사용하는 야차로 변하거나, 금강저[75]를 수지한 금강역사로 변하고 있다.[76] 중국 남북

---

74) '간다라미술에서 등장하는 바즈라파니는 그리스, 로마의 헤라클레스, 헤르메스, 제우스 등 여러 신의 유형을 차용하여 표현되었다.' 이주영, 『간다라미술』, 사계절출판사, 2003, pp.245~248 참고.

75) 저(杵)는 본래 인도의 무기의 하나인데, 금강저는 밀교에서 인간 번뇌를 부숴버리는 보리심(菩提心)의 상징이 되었다. 그러므로 이를 지니지 않으면 불도수행을 완수하기 어렵다고 믿었다 밀교법구密教法具의 하나로, 파수(把手, 손잡이)의 양쪽 끝에 날카로운 고(鈷)를 달아서 저(杵, 절굿공이)의 모양을 한 것이다. 인도의 무기였던 금강저(金剛杵, vajra)가 밀교(密敎)에 도입되어 번뇌를 깨고 본래의 불법을 현현(顯現)하기 위한 법구(法具)로 되었다. 鋒의 수에 의해서 獨鈷杵, 삼고저, 오고저, 구고저 등이 있고 자루의 모양에 의해서는 鬼面杵, 鬼木杵가 있다. 형태가 특수한 것으로는 塔杵, 寶珠杵, 九頭龍杵, 人形杵 등이 있다.

76) 간다라 지역에서 출토된 금강역사는 대부분 단독으로 부처를 협시하는데, 상반신은 나체며 간단한 下衣(그리스 양식의 chiton 이나, 로마의 토라를 걸치기도 한다.)를 착용하고 있다. 얼굴은 대부분 곱슬머리에 수염이 있고 다리와 팔 부분에 근육을 사실적으로 표현하였으며, 가운데가 잘룩한 절구형태의 금강저를 수지하고 부처를 호위한다. 인도의 내지에서는 이와 같은 금강역사가 발견되지 않고 있다. 서역의 금강역사는 대체적으로 간다라의 영향을 받았으며 무장형식의 금강역사가 출현한다. 베제클릭 9호 금강역사상(인도미술관 소장)은 머리를 정수리에 묶고 상반신은 나신으로 짐승의 가죽을 걸치고 있다. 키질 80호 주실 정벽감 상

조시대의 돈황석굴에서 야차는 권법을 사용하거나 악기를 연주하는 근육질의 호법신으로 인도 전래의 야차를 계승하였다. 그러나 운강석굴과 용문석굴 등에서 금강역사은 헤라클레스와 같은 근육이 더욱 강조되었고, 관모와 X자 천의를 걸치고 금강저나 3차극과 같은 무기를 수지한 수문신장으로 더욱 유행하였다. 석굴에서 금강역사는 처음에는 단독으로 조성되었으나 후대에 차츰 1對2應身의 형식으로 변모를 보이며〈그림 275〉 인왕으로 고착되었다. 밀교에서는 각종 힌두교계통의 분노존상과 결합하면서 예적금강이나 금강야차명왕 등으로 변모를 보이고 있다.

중국 서진시기의 병령사 제169굴 3감에 조성된 금강역사상은 단독상으로 얼굴과 무장형식에 간다라와 서역의 영향이 남아있다〈그림 276〉. 아직도 채색이 선명한 금강역사는 얼굴이 원만형이며 우측 손에 자신의 상징인 커다란 금강저(바즈라파니)를 들고 있다. 보살형으로 묶은 긴 머리와 얼굴은 간다라를 계승하였으며 서역식 무장을 하고 있다. 운강석굴 제7~8굴(5세기후반)의 금강역사상은 홍문 동측 문 입구에 조성되었는데, 천의를 입고 한쪽 다리와 한쪽 팔을 들고 3叉戟과 금강저를 수지하고 있다〈그림 277〉. 얼굴은 분노형이 아닌 원만형으로 서역의 영향이 남아 있으나 한화가 진행되었고 머리에 억관을 쓰고 표정과 동작에 생동감이 넘치고 있다.

용문석굴 빈양중동(523년)에 있는 북문 북측의 역사상은 남북 한 쌍으로 조성되어 석굴에서 수문신장의 역할을 하고 있다. 민머리에 장식을 하였으며 X자 천의와 하반신은 긴 치마를 착용하고 허리부근에서 금강저를 수지하고 있다〈그림 278〉.

부에 외투형식 갑옷을 입고 투구를 쓴 금강역사가 부처의 우측에 협시하고 있다. 툼슉의 북쪽 B사원지의 소조패널의 불전부조(프랑스 기메박물관)는 금강저를 오른손으로 높이 들고 외투형식의 갑옷을 착용하고 있다. 서역에서 무장형식의 금강역사의 출현은 사천왕상의 영향일 가능성이 있다.

〈그림 275〉 인왕상(一對二應身像), 경선사동
용문석굴, 당 고종

〈그림 276〉 금강역사 단독상, 병령사 169굴
북벽, 서진, 5세기 전반

〈그림 277〉 금강신, 운강석굴 8굴 내실통도 하단,
대동, 북위 5세기 후반

〈그림 278〉 인왕상, 용문석굴 빈양중동 140
굴, 북위 6세기 전반

북위시대 후반의 이 금강역사는 분노항마상으로 조성되었으나 긴 X자-천의를 착
용하여 근육의 노출이 적고 신체 동작도 비교적 유연한 특징이 있다. 유사한 예로
북위 정광 5년銘(524년) 금동5존불의 금강역사상과 동위 무정 원년(543년)의 역사
상 등이 있다.

수대의 금강역사상은 머리에 3산관을 착용하였고 상반신은 천의를 두른 나신으
로 근육이 더욱 강조된 분노상인 특징이 있다. 돈황석굴 제427굴은 수대에 개착된
석굴로 금강역사 塑像 2구가 잘 보존되어 있다. 상반신은 근육이 들어난 나신이며
하의는 하늘색 꽃문양이 강조된 치마를 착용하고 있다〈그림 279〉. 눈은 크게 뜨고

〈그림 279〉 인왕상, 돈황석굴 427굴, 수

〈그림 280〉 인왕상, 용문석굴 경선사동, 당 고종,
7세기 후반

〈그림 281〉 인왕상, 봉선사동 노사나불대감,
당 고종, 7세기 후반

분노의 경향을 들어내며 근육질의 몸을 보여주나 수대의 특징인 키가 작고 머리가
크게 표현되었다. 이 금강역사상은 남북조시대와 당대로 넘어가는 과도기의 작품
으로 볼 수 있다.

당 고종대에 개착한 용문석굴 경선사동의 인왕은 석굴 문 좌우측에 조성되었다
〈그림 280〉. 두 역사는 나신에 짧은 치마를 둘러 근육이 강조되었는데, 머리는 삭
발을 하고 몸에는 목걸이 등 영락이 화려하다. 후대에 인왕의 전범이 되고 있는
이 인왕상은 얼굴형식과 X자-영락 등은 북위를 계승하였으나, 3굴의 자세 등 새

로운 인왕의 형식으로 변모하였고 석굴에서 일신이대의 형식이 고착되었다. 봉선사동의 인왕상은 불교미술에서 규모가 최대이며 미술성도 뛰어난 작품이다〈그림 281〉. 복식과 자세는 경선사동과 유사하나 운동감이 더욱 강조되었고 강력한 분노형상을 하고 있다. 당대의 금강역사상은 봉선사동의 금강역사상(초당)과 돈황석굴 제194굴의 역사상으로 절정을 이룬다. 당대의 대표적인 인왕은 개황 4년銘(584년) 아미타불좌상의 인왕과 돈황석굴 제427굴 전실 우측의 소조금강역사상 등이 있다.

중국에서 금강역사상은 간다라와 서역의 영향이 완연한 병령사 169굴의 역사상을 시작으로, 5세기 후반 운강석굴의 인왕상으로 계승되면서 금강역사는 1차 변모를 보여준다. 얼굴과 복식은 서역의 영향을 벗어나 점차 중국화 되었으나 아직 몸동작은 경직되고 근육도 강조하고 있지 않다. 그러나 6세기 초 북위의 낙양 천도 이후 개착된 용문석굴에서 금강역사는 2차 변모를 보여주는데, 짧은 치마만 걸친 나신으로 근육질의 몸을 강조하였고 신체는 운동감이 넘치는 3굴의 자세를 취하고 있다. 얼굴도 분노의 경향이 강하며 1對2應身의 형식의 인왕으로 고착되었다. 북위 하대의 이와 같은 금강역사상은 唐代로 계승되며 절정기를 맞이하나[77] 이후에는 형식화가 가중되며 퇴행의 모습을 보인다.

---

77) 한국에서는 7세기 중엽의 분황사 모전석탑의 금강역사상은 X자 천의에 권법의 자세를 갖추고 있어 북위 하대의 인왕을 계승하였다. 구황동 금강역사상과 서악고분 문비에 보이는 금강역사상이 있으며 연기군 비암사 출토 계유명(673년) 전씨 아미타불 비상의 역사상, 장암리사지의 금강역사상(신라선덕왕대702~736년), 화엄사 4사자 3층 석탑 금강역사상(8세기 중엽), 안동 조탑동 금강역사상, 석굴암 금강역사상이 대표적이다. 『삼국유사』 제4권 「양지석 장조」에 천왕과 팔부중 그리고 금강신이 언급되었다.

6) 아수라

돈황석굴 제285굴에서 아수라는 남측 천정 마니보주 아래 1對2應身의 형식으로 마주하며 서있다〈그림 282〉. 천의와 짧은 하의만 걸친 나신으로 신체의 색은 검고 머리에는 두광을 갖추었다. 아수라가 수지한 대형 연꽃에서 마니보주가 탄생하고 있는 마니보주 화생장면인데, 마니보주 좌우측에는 중국 전래의 복희와 여와가 규거와 콤파스를 들고 하늘을 유영하며 협시하고 있다. 중국 전설에서 최고의 神인 복희와 여와가 불교의 보물인 마니보주를 외호하고 있는 형국이다. 제285굴의 천정에 도해된 아수라는 善神으로 불교적 우주관에 동참하고 있다.

돈황석굴 제249굴의 천정에 도해된 아수라도 서위시기의 작품으로 풍신과 뇌신, 비선 등이 유영하는 우주공간에서 홀로 수미산을 밟고 정면을 향하여 서있다. 아수라상은 화면 중앙에 위치하며 4비상으로, 2팔을 위로 향하여 일과 월을 수지하고 두 팔은 가슴 앞에 두었으며 신체는 285굴과 마찬가지로 나신으로 검다〈그림 283〉. 제249굴도 서위시대에 조성된 복두형식 석굴로 천정을 동서남북으로 구획하여 천지창조의 불교적 천상관을 도해했는데, 이곳의 아수라도 암흑에서 태양과 달을 탄생시키는 창조신 즉 善神으로 볼 수 있다. 아수라가 수지한 일월의 형식은 이란계 미술의 영향으로 보이며, 이란의 신격인 조로아스터교의 최고의 신인 아후라 마즈다의 불교적인 해석일 가능성도 있다. 남북조시기의 두 석굴과 돈황석굴 제335굴 유마경변의 아수라상이 유명하다.

아수라(阿修羅)는 범어로 'Asura'라고 하며 의역하여 飛天, 不端正, 非善戲, 非同類 등으로 불린다. 아수라는 원래 고대 페르시아의 아후라(Ahura)와 관계가 있으며, 아후라는 선신으로 악신 Deva와 대립한다고 보았다. 그러나 인도에서 아수라

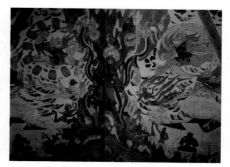

〈그림 282〉 아수라, 돈황석굴 285굴 남천정
(마니보주 하단), 서위 538, 539

〈그림 283〉 아수라, 돈황석굴 249굴 서천정
(본존상단), 서위

는 飛天이며 惡神으로 傳한다.[78] 인도신화에서 아수라는 인간과 신이 혼합된 半
神으로 인드라와 같은 신에 대적하는 악한 무리로 나타난다. 『리그베다』에서 아수
라는 일반적인 천신으로 '불가사의한 환력이나 주력이 풍부한 신격'으로 水天 바
루나, 帝釋天 루드라 등이 이에 속하였으나 점차 아수라는 악마를 통칭하게 되었
다. 이와 같은 아수라의 성격은 후대의 『라마야나』, 『마하바라타』에서도 선신인 天
과 전투를 벌이는 악신으로 등장하고 있다.[79] 힌두교 서사시에서 아수라는 일신과
월신의 고자질로 비슈누의 벌을 받게 되는데,[80] 일신과 월신을 증오하는 상징으로

78) 아리아인의 시대(인도·이란 공통의)에는 아수라와 데바는 함께 神을 의미하였는데, 아리
아인이 인도와 이란지역으로 각각 이동하여 定住한 후에는 인도에서는 아수라가 악신을 의
미하고 데바가 선신을 의미하게 되었다. 이란에서 아수라는 조로아스터교의 주신 '아후라 마
즈다'가 되었다. 아후라는 조로아스터교 신의 특정 계급을 '아베스탄어'로 나타낸 것이다. 인
도에서는 A(아)를 부정사로 보아서 비천(非天), 비주(非酒) 등으로 어원을 해석하여 아수라
가 악신이 되었으며 神deva과 아수라의 투쟁은 인도문학의 좋은 테마가 되었다. 당시 서로
많은 전쟁을 하였던 페르시아와 인도의 관계가 신화에 반영된 것으로도 추정하고 있다.
79) 『마하바라타』1, pp.15, 17.
80) 『잡아함경』에서 인드라가 아수라의 딸을 허락 없이 취하자 격노한 아수라가 싸움을 걸어왔
고 인드라는 위기에 처한다. 전투에서 패해 도망가던 인드라는 전차 앞에 금시조의 둥지가
있는 것을 보고 알을 보호해야겠다는 생각에 전차를 돌려 아수라 쪽으로 향한다. 아수라는

항상 日과 月을 수지하고 있다고 전한다.

불교에서는 이와 같은 악신의 이미지가 강한 아수라가 수용되면서 후대에 아수라는 여래의 감응을 받아 불법을 수호하는 팔부신중[81]으로 성격이 바뀌게 된다. 그러나 육도윤회도에서 아수라도는 악도에 속하는데 불교에서도 아수라의 이중적 성격이 여전히 나타나고 있다.[82] 아수라의 도상적 특징은 『攝無礙經』에 '아수라의 세 개의 얼굴은 청흑색이며 분노의 裸形이며 팔이 여섯 개다. 좌우 첫 번째 손은 합장을 하고 두 번째 팔은 우수로 월륜을 좌수로 일륜을 각각 수지하며 세 번째 손에 좌수로 刀杖을 우수로 鑑印을 수지한다.'고 설하고 있다. 불교미술에서 아수라의 도상은 마혜수라천과 유사하다. 그리고 이와 같은 다면다비의 모습은 예적금

이것이 인드라의 계략일 것이라 생각하고 오히려 후퇴하였고 이것으로 위기를 모면한 인드라는 아수라에게 승리한다.

81) 팔부중은 천룡(天龍) 팔부중이라고도 한다. ① 천: 천계에 거주하는 제신(諸神). 천은 삼계(三界: 欲界·色界·無色界) 27천으로 구분되나, 지상의 천으로는 세계의 중심에 있는 수미산(須彌山) 정상의 도리천(忉利天: 三十三天)이 최고의 천이며, 제석천(帝釋天)이 그 주인이다. ② 용: 물 속에 살면서 바람과 비를 오게 하는 능력을 가진 존재. 호국의 선신(善神)으로 간주되며 팔대용신(八大龍神) 등 여러 종류가 있다. ③ 야차(夜叉): 고대 인도에서는 악신으로 생각되었으나, 불교에서는 사람을 도와 이익을 주며 불법을 수호하는 신이 되었다. ④ 건달바(乾闥婆): 인도신화에서는 천상의 신성한 물 소마(Soma)를 지키는 신. 그 소마는 신령스런 약으로 알려져 왔으므로 건달바는 훌륭한 의사이기도 하며, 향을 먹으므로 식향(食香)이라고도 한다. ⑤ 아수라(阿修羅): 인도신화에서는 다면(多面)·다비(多臂), 즉 얼굴도 많고 팔도 많은 악신으로 간주되었으나, 불교에서는 조복(調伏)을 받아 선신의 역할을 한다. ⑥ 가루라(迦樓羅):새벽 또는 태양을 인격화한 신화적인 새로서 금시조(金翅鳥)라고도 한다. 불교 수호신이 되었다. ⑦ 긴나라(緊那羅): 인간은 아니나 부처를 만날 때 사람의 모습을 취한다. 때로는 말의 머리로 표현되기도 한다. 가무의 신이다. ⑧ 마후라가(摩睺羅迦): 사람의 몸에 뱀의 머리를 가진 음악의 신. 땅속의 모든 요귀를 쫓아내는 임무가 있는 것으로 알려져 있다.

82) 불교는 힌두교의 천신과 아수라 역시 윤회를 벗어날 수 없는 존재로 보았다. 불교는 생명이 지옥도 – 아귀도 – 축생도 – 수라도(아수라) – 인간도 – 천신도의 육도 위계에 따라 윤회한다고 본다. 이러한 윤회에서 벗어나지 못하는 중생은 자신이 지은 업에 따라 다음 생애에 육도 중 한가지로 태어난다는 것이다.

강과도 유사하지만 예적금강과 아수라는 위계가 서로 다르다. 예적금강의 도상은 화면의 중앙에 위치하며 천의를 착용하고 광배가 表現된다. 그러나 아수라는 대부분 반라의 모습으로 화면의 가장자리에 위치하며 광배가 표현되지도 않는다. 예적금강은 석가모니의 화현으로 호법신 중에 가장 높은 위계를 가진 명왕에 해당하나, 아수라는 후대에 팔부중 가운데 一身으로 인도의 악신에서 수용된 하위 호법신중이다. 팔부중에 대한 남북조시대의 기록이 남아있으나,[83] 불교미술에서는 초당시기의 돈황석굴(초당335굴)에서 최초의 팔부중상을 볼 수 있다.[84]

아수라의 형상에 대해서 태장계(胎藏界)만다라 외금강부원에 있는 二臂像이며, 『諸說不同記』에는 赤色神像으로 오른손에는 검, 왼손은 방패가 있다. 『攝無碍經』이나 『補陀落海會軌』에는 아수라에 대하여 삼면육비로 청흑색 신체를 강조하고 있다. 일본에서 현존하는 작품 중에서는 법륭사 오중탑 일층의 소상 중 육비의 아수라좌상(711년)이 가장 오래되었으며〈그림 284〉, 홍복사의 팔부중상 중의 육비상이 유명하다〈그림 285〉. 이외에 불열반도 중 석가를 둘러싼 제존 중에 적색의 육비상이 그려지는 경우가 많으며 단독으로 조상된 예는 드물다. 불교에서는 아수라가 해와 달을 막아서 일·월식을 행한다고 해서, 육도설(六道說)에서는 삼선도(三善道, 천, 인, 아수라)에 들어가는데, 오취설(五趣說)에서는 아귀·축생에 들어가는 경우가 많으며 사는 곳은 해저나 지하라고 한다.

돈황 285굴과 249굴에서 아수라는 복두형식 천정에 도해된 불교적 우주창조의

---

83) 당 惠祥 撰 弘贊法華傳 에 '宋 423년 沙門 釋 惠豪가 제작한 「靈駕山圖」에 천룡팔부상이 그려졌다.'는 기록이 보인다. 당대 段成式의 『寺塔記』에 '안국사 동선원에는 院門의 북서부 다섯 벽에 오도자의 제자가 釋楚八部를 그렸다.'고 기록한다. 장혜원 『석굴암 팔부중상연구』, 2004, 동국대 석사학위논문, 이숙희 「중국 사천성 북천지역 석굴의 초기밀교조상」, 『미술사연구』 13, 1999, pp.61, 62.
84) 돈황의 팔부중상은 초당 335굴 북벽유마힐경변상의 아수라상, 중당 158굴의 열반변상부분, 오대 36굴과 6굴 등이 전한다.

〈그림 284〉 아수라상, 법륭사 오중탑 열반도,
나라 601-607년

〈그림 285〉 아수라상, 흥복사, 일본, 나라시대,
734년

주역으로 등장한다. 아수라의 신체는 비록 검으나 두광을 갖추고 천의를 두르고 있어 후대의 8부중상 아수라와는 다른 신격을 갖추고 있다. 두 석굴의 아수라상에 대하여 현재까지 경전적인 해석이나 도상에 대하여 정설은 없지만, 남북조시기의 아수라는 불교에서 창조신으로 보았으며 석굴에서 그의 위상이 강조되었다. 두 석굴의 천정은 동양과 서양의 천문사상이 종합된 불교적인 천상계를 표현하였다. 조로아스터교에서 아후라마즈다는 최고신으로 페르시아나 사산왕조에서 왕권을 수여하는 신으로 존숭을 받았다. 이와 같은 아후라의 성격과 권능이 북조시기의 돈황석굴에도 반영되었을 가능성이 있다. 285굴에서 천정과 서벽은 동시기에 조성되었고, 서벽에 도해된 초기밀교사상은 天象觀에도 영향을 주었을 가능성이 있다.

2. 적용사례(돈황의 초기석굴을 중심으로)

1) 중국의 밀교미술

중국의 밀교미술은 밀교의 구분법에 따라 초기와 중기, 그리고 후기로 구분하고 있다. 서위시기의 제285굴을 필두로 초당시기까지 조성된 밀교유적을 초기로 지칭하며 중기는 개원3대사가 활략한 성당시기부터 만당까지로, 그리고 밀교미술의 쇠퇴기로 볼 수 있는 오대, 송 이후를 후기로 보고 있다. 그러나 본격적인 밀교계통 경전이 번역되고 변화관음과 대일여래가 조성된 초당시기를 기존 밀교미술의 구분법에 따라 초기로 볼 수 있는지는 문제가 있을 수 있다. 본고를 통하여 검토한 바 초당의 밀교교리와 미술은 초기보다 중기에 더욱 적합하다. 힌두교계통 신장위주의 초기밀교조상과 당 이후부터 본격적으로 조성된 변화관음상 위주의 밀교조상은 경전과 역경승에 따라 계통을 달리하고 있다. 본 논고에서는 기존의 구분법에 의존하지 않고 남북조와 수대까지의 밀교미술을 초기로 보며, 초당을 포함하여 唐代의 밀교미술을 모두 중기로, 그리고 오대와 송이후의 밀교미술을 후기로 보고 있다.

동한(25~220년)말에 번역된 『釋迦雜呪』와 서진(265~317년)시기에 유통된 『대공작명왕신주경』 등과 같은 밀교계통의 경전이 이미 중국에서 유통되었지만, 불교미술에서 그 흔적을 찾는 것은 상당히 제한적이다. 북위의 운강석굴 7, 8굴(5세기 후반)에 보이는 마혜수라천상과 나라연천상 등 다면다비상이 중국에서 최초의 밀교상으로 평가를 받고 있으며, 이후 돈황석굴 285굴과 수대에 개착된 284굴의 다비보살상, 305굴의 방단 등이 비교적 초기밀교와 관련된 유적으로 거론되고 있다. 그러나 이 시기의 밀교상은 넓은 범위에서 대승불교에 속하며 본격적인 밀교미술은 당 이후부터 밀교와 관련된 경전이 대량으로 번역되면서 출현하게 된다.

돈황석굴에서 조성된 초기밀교미술은 서역에서 기원하였다. 밀교와 관련이 있는 대승불교경전이 대부분 서역을 중심으로 번역되었고, 5세기 후반에 조성된 운강석굴이나 호탄, 그리고 돈황의 285굴이 실크로드를 중심으로 조영된 사실을 고려할 때, 밀교의 출발점은 인도이며 서역을 경과하여 전해졌다고 보는 것이 타당하다. 특히 장경동에서 발견된 우전, 쿠차, 소그드 문자 등으로 이루어진 밀교계통의 대승경전이 이를 증명하고 있다. 인도의 서북부지역에서 쿠샨시기에 탄생한 다면다비상과 분노존상과 같은 밀교미술은 이와 같은 서역기원설을 더욱 뒷받침하고 있다.

돈황의 중기밀교미술은 서역보다 강남지역에서 유입되었을 가능성이 많다. 동진과 梁代에도 밀교관련 역경이 이 지역을 중심으로 이루어졌으며 唐代이후 서역의 정치적인 상황과 해상교통로의 발달로 해로를 통한 불교의 전파가 더욱 성행하였다. 특히 개원3대사 등 중기밀교의 개창자들에 의하여 남경과 낙양지역은 새로운 밀교의 중심이 되었고, 이 지역을 중심으로 완성된 역경과 밀교와 관련된 도상이 돈황지역으로 逆 유입되었을 가능성은 충분하다. 초당시기에 용문석굴에서 비교적 완벽한 대일여래와 천안천수관음상 등 밀교상이 조성되었으며, 돈황지역에서 불교미술의 漢化과정도 이를 뒷받침하고 있다.

중국의 중기밀교는 盛唐에 특히 성행하였으나 9세기 중반의 회창폐불[85]로 심

---

85) 중국 역사상 3번째의 대규모 폐불 이었다. 불교 교단의 내부적 퇴폐와 면세의 특권을 갖는 사찰 승려의 증가로 인하여 국가재정이 어려워진 점이 폐불을 가져 오게 된 배경이 되었으나, 직접적으로는 무종이 도사(道師) 조귀진(趙歸眞)을 신임하여 재상 이덕유(李德裕)와 함께 그의 의견을 전적으로 받아들인 데서 비롯되었다. 842년 이후 승려의 환속이 적극 권장되었으며, 특히 845년에는 대 탄압의 명령이 내려져 사찰 4,600개소, 작은 절 4만여 개소가 폐쇄되었고, 승려 환속 26만여 명, 사전(寺田) 몰수 수십만 경(頃), 그리고 사찰 노비의 해방이 15만 명에 이르렀다. 다만 長安·洛陽의 兩京에 각각 사찰 4, 승려 30명, 각 주에는 사찰 1, 승려 5~20명을 두도록 허락하였다. 隋·당대에 번영했던 불교의 각 종단에 심각한 타격을 주었다. 다음해 무종이 죽고 선종(宣宗)이 즉위하자 復佛의 詔書를 내렸다.

각한 타격을 받는다. 오대, 宋 이후에는 밀교가 더욱 퇴조를 보이며 도교나 유교의 신까지 받아들였고, 토착종교의 신과도 습합하는 경향을 보이기도 하였다. 그러나 중국의 사천지역과 중기밀교를 중국으로부터 직접 받아들인 일본에서 밀교가 성행하였는데, 지역적인 특성으로 볼 수 있다. 사천지역의 대족, 북산, 안악석굴 등 북송대의 석굴에서 조성된 밀교관련 조상은 밀교미술의 새로운 성취로 볼 수 있다. 이후 元의 장전불교 우대정책으로 중국의 밀교는 새로운 전환기를 맞는데 결국 중국의 밀교미술은 쇠퇴기로 접어든다. 티베트의 장전밀교는 인도북부의 후기적 밀교인 탄트리즘이 직접 전파된 지역으로 토착종교인 본교와의 결합으로 佛菩薩을 비롯하여 각종 힌두교 신들의 밀교화와 분노화가 가장 심하게 나타나는 지역이다.

돈황석굴 제285굴에서 초기밀교와 관련된 각종 신중들은 후대에 지역과 종교사상에 따라 명칭과 도상이 다양하게 변화하고 있다. 개별 신들의 역량이 증대되거나 축소되었고, 심지어 소멸되는 경향을 보이기도 한다. 그리고 본존의 성격에 따라서 신중의 위계가 변하거나 다른 명칭으로 변신하는 등 다양한 변모를 보이고 있다. 중기밀교가 시작되는 성당이후에는 『대일경』과 『금광명경』 등이 새롭게 정립되면서 힌두교계통의 신중들은 본존인 대일여래의 화신으로 등장하며 만다라에서는 방위신이 되었다. 그리고 현교에도 전입되어 일월신은 본존의 좌우 보처에서 보살의 지위를 얻었고, 나라연천 등은 독립하여 수문신장으로 변신하는 등 다양한 변모를 보이고 구마라천은 후대에 신중도 등에서 위태천이나 동진보살이 되었다.

돈황 제285굴 이후 돈황지역에서 밀교관련 조상이 미미하였으나 초당시기에는 변화관음 등 밀교계통의 본존이 본격적으로 출현함에 따라 석굴의 변상이나 만다라도에서 힌두교계통의 신이 다시 출현하고 있다. 처음에는 제285굴 서벽의 도상과 형식을 계승하였으나, 밀교계통의 경전이 점차 정비되면서 신중들은 화염광배에 휩싸이며 분노의 경향이 증대되었다. 그러나 개별 신중들의 『베다』나 힌두교적인 특성은 점차 소멸되고, 도상적인 특징도 도식화가 들어나고 있다. 밀교계통의 변상화에서 마혜수라천과 나라연천은 꾸준히 본존의 주요 협시신중으로 조성되었으나, 비나가야천은 하위신중으로 격하되었고 구마라천은 거의 등장하지 않고 있다. 일월신중은 모든 밀교계통 변상도 상단에 꾸준히 채택되었으며, 점차 의인화된 보살형식으로 변모를 보이고 있다. 일월신의 상징인 해와 달에는 대부분 중국 전통의 일상과 월상이 표현되었고 복식도 차츰 한화되는 특성을 보이고 있다. 그러나 일월신의 화염이나 분노화의 경향은 나타나지 않았다. 파수선과 녹두범지도 밀교계통의 변상을 중심으로 후대에도 꾸준히 계승되었으나 두 존상의 도상적인 특징은 점차 소멸되었고 심한 형식화의 경향을 보이고 있다.

초당시기(618~712년)에는 막고굴 321, 331, 332, 334, 340, 341굴과 안서 유림 2굴 등 7개 석굴에서 십일면관음, 6비관음, 낙가산관음상 등의 밀교상이 조성되었다. 돈황지역 외에 서안 보경사의 석조조상, 장안 3년(703년)명의 십일면관음상, 그리고 하남 낙양 용문석굴의 대일여래석조상과 천수천안관음상, 십일면관음상 등이 현존한데, 초당시기에도 상당히 많은 종류의 밀교조상이 유행하였다. 『개원석교록』에 의하면 초당시기에 밀교관련 한역이 유행하여 현장이 656년에 중역한 『십일면신주경』과 불타파리가 중역한 『불전관승다라니경』, 지파가라가 685년 초역한 『대승밀엄경』, 의정이 683년 중역한 『불공견색주심경』, 709년 중역한 『천수천안관세음보살로다라니경』, 그리고 보제유지가 신역한 30권 본 『불공견색신변진언경』 등이 대표적이다. 이와 같은 경전의 내용과 역경승들의 당대 위상을 고려할 때 중국의 밀교는 이미 초당시기에 상당부분이 완성되었다. 이 시기에 번역된 『불공견색주심경』, 『십일면관세음경』 등 밀교와 관련된 경전이 돈황지역으로 전파됨에 따라 돈황석굴과 유림석굴에도 본격적인 밀교도상이 출현하였다. 돈황의 장경동에서 발견된 의정이 중역한 『불공견색주심경』 사본이 현존하고 있다.

본격적인 중기밀교시대는 전법승인 개원3대사에 의하여 개창되었다. 인도의 북부 나란타사원에서 수학한 선무외(637~735년)를 필두로 금강지(670~741년), 불공(705~774년)을 비롯하여, 중국의 일행(673~727년), 혜과(746~805년) 등이 활략한 성당(712~762년)과 이들의 영향이 유지된 중당, 만당시기에 이르기까지 중국의 밀교는 전성기를 맞이하였다. 선무외, 금강지, 불공 등 3대사가 활약한 시절에 밀교계통의 태장계본원경인『대비로사나성불신변가지경』즉,『대일경』과, 금강계본원경인『금강정유가중략출염송법』즉『금강정경』, 그리고『천수천안관자재보살광대원만무애대비심다라니주본』,『대승유가금강성해만수실리천비찬발대교왕경』등 많은 밀교경전과 의궤가 완성되었다.

개원3대사인 불공삼장이 하서 절도사의 청에 따라 천보기간(753-754년)에 하서무위 개원사에 주석하며 전법과 번역을 하였는데, 이때 돈황의 밀교 발전에 상당한 영향을 주었다. 장경동의 唐代 사경 중에 불공 역저의 경전과 의궤가 존재하며, 성당 후반기에 돈황석굴의 밀교도상이 대폭 증가하는데 불공의 무위와 안서에서의 홍법활동은 기폭제가 되었다. 개원 삼대사의 밀법은 4대인 혜과(745~805년)에게 전해지고 30년 후에는 5대인 유본존(844~907년)에게 전해진다. 그리고 252년 후에는 6대인 조지봉에게 전해졌는데, 유본존과 조지봉은 사천지역에서 활동하여 川密이라 호칭한다. 두 사람은 유명한 대족석굴과 안악석굴 등을 개착하였으며, 이들의 밀교는 대승불교와 힌두교를 망라하고 유불선 삼교합일과 현지의 민간신앙까지 포함되어 있다. 오대, 북송시대에는 밀교미술이 점차 쇠퇴기에 접어들며 과주와 사주지역은 서하(1036~1227년)의 통치를 받게 된다. 서하의 불교는 초기에는 송과 회골의 영향을 받았으나, 중, 후기에는 장전불교의 영향을 받아 돈황지역의 밀교는 새로운 역사를 쓰게 된다.

돈황석굴의 밀교조상은 대부분 밀교계통 경전에 따른 작품으로 보고 있으나, 현교의 내용이 후에 밀교경변으로, 또는 밀교 만다라에 진입하는 등 상당히 복잡한 계보를 갖고 있다. 예를 들어 비로사나불, 비사문천왕, 비유리천왕, 문수변, 보현변, 지장, 천왕과 『법화경』 「관세음보문품」의 관음은 성당시기부터 현교에서 밀교 신중의 일원이 되었고, 제두뢰비천왕, 양류지관음, 비사문결해, 동방부동불, 서방 무량수불, 오대산 등은 모두 중당시기에 밀교에 진입하였다. 비루박차천왕, 비사 문부나질회는 만당시기에 밀교에 편입되었다. 수월관음, 천고음불, 최성음불, 보상불, 남방부동불, 가루라왕 등은 오대, 송 초에 비로소 밀교 신중에 편입되었다.

반대로 중국에 전파된 밀교와 밀교경전은 일부분 현교계통 불경의 신역 혹은 중역에도 영향을 미쳤으며 밀주와 다라니의 내용이 현교에 혼합되어 발전하였다. 원래 인도밀교가 중국에 들어온 이후에 현교의 신비한 내용과 漢化된 기존의 밀교 등이 밀교도상의 대오에 진입하였는데, 현교적인 밀교경전이나 밀교 만다라는 소위 순수한 밀교상으로 그려진 밀교경변이나 밀교만다라와는 구별된다. 밀교는 전파 중에 부단히 새로운 성원을 흡수하고 오대와 송 초에 이르러 그 소재가 더욱 많아지나 이후 서하, 원대의 밀교소재는 장전밀교 등에서 다시 새로운 신중을 맞이하게 된다. 이는 중국의 밀교가 점차 순수함을 잃고 쇠락함을 보여주고 있다.

2) 조성사례(돈황석굴)

(1) 마혜수라천과 나라연천

돈황 막고굴에서 힌두교계통 신중의 조상사례를 살펴보면, 마혜수라천은 서위 제285굴 이후 조성사례가 없으나 唐代 천수관음도의 28부중[86]의 일원이나 각종

---

86)　28부중의 명칭에 대하여 당의 가초달마역 『천수천안관세음보살광대원만무애대비심다라니경』, 당의 선무외 역 『천수관음조차제법의궤』 등에 대승불교의 주요호법신이 모두 동원되었다. 밀적금강, 마혜수라천, 바루라(파수선), 긴나라, 나라연, 금비라왕, 제석천, 난타용왕, 사가라용왕, 아수라, 건달바, 가루라, 마후라가, 대범천, 金大王, 萬仙王, 뇌신, 풍신 등으로 경전에 따라 다소 차이가 있다.

만다라의 구성원으로 다시 등장한다. 천수관음의 28부중은 천수관음의 28부 호법 선신으로 천수관음 28부중, 관음 28부중으로도 불린다. 중당으로 편년되는 막고굴 360굴과 361굴에 마혜수라천이 등장하는데, 중기밀교의 발흥과 관련이 있다. 360굴의 〈석가만다라도〉에 석가모니 본존을 중심으로 사방에 8대보살과 4천왕 등 성중을 배치하고, 하단의 청법승 좌우에 마혜수라천과 나라연천이 배치되었다〈그림 286〉. 마혜수라천은 3면8비상으로 손에 불자, 창, 소라 등을 수지하고 형태가 분명한 흰 소 등에 좌정하였고, 본존 우측의 나라연천은 3면6비상으로 창과 연화 등을 수지하고 가루라를 타고 있다. 본존을 중심으로 좌우에 마혜수라천과 나라연천의 배치구도는 서위 285굴의 서벽과 유사하다. 360굴에서 마혜수라천과 나라연천은 분노상이 아닌 목에 삼도가 표현된 원만상이며 화염에 휩싸이지도 않았다.

361굴의 〈천수천발문수도〉에서 마혜수라천으로 보이는 신중이 흰 소를 타고 본존인 문수보살 좌우측 하단에 배치되었다〈그림 287〉. 마혜수라천은 모두 1면6비상으로 흰 소위에 좌정하였는데, 얼굴은 본격적인 밀교계 분노존상으로 보이며 화염광배를 표현하였다. 〈천수천발문수도〉에서는 본존을 2존의 마혜수라천이 좌우에서 협시하는 형국인데 신중의 도상과 명호가 일치하고 있지 않고 있다. 이와 같은 현상은 밀교계통의 소의경전에 28부중과 같은 위호 신중이 달라졌을 가능성이 있다. 〈천수천발문수도〉의 밀교미술은 힌두교계 신중이 명왕으로 계승되는 과도기로 보이며 명왕은 대부분 시바의 도상과 권능을 차용하고 있다.

384굴〈그림 288〉과 29굴〈그림 289〉의 〈불공견색관음도〉에서 본존의 좌우에 배치된 신중들은 화염에 휩싸이며 포악한 얼굴표정과 근육질의 신체가 보여주는 動勢 등은 본격적인 중기밀교의 분노존을 표현하였다. 384굴의 분노존은 모두 1면4비상으로 이마에 제3안을 그리고 특히 본존 우측 존상은 신체색이 검은색으로 시바의 도상적인 특징을 적용하고 있다. 이 신중들은 지물과 탈것이 생략되어 명호에 문제가 있으나 마혜수라천의 변화신인 오추슬라나 기타 명왕으로 볼 수 있다.

29굴의 분노존은 발 앞에 흰색 코끼리를 배치하여 서위 285굴의 마혜수라천과 그의 아들인 비나가야천을 계승하고 있다.

〈그림 286〉 나라연천과 마혜수라천, 석가만다라도, 돈황석굴 360굴, 중당

〈그림 287〉 마혜수라천, 천수천발문수도, 돈황석굴 361굴, 중당

〈그림 288〉 힌두교신 분노존, 불공견색관음도, 돈황석굴 384굴, 당

〈그림 289〉 힌두교신 분노존, 불공견색관음도, 돈황석굴 29굴

(2) 일신과 월신

밀교에 편입된 일월신은 唐代에는 관음이나 문수변상도에 28부중에 소속되거나, 불법을 옹호하는 팔방천 혹은 십이천 중의 하나로 만다라를 구성하였다. 보통 일신은 천의를 걸치고 일곱 말이 끄는 마차를 타며 좌우 손에 연꽃을 수지하고 있다. 월신은 금강계와 태장계 만다라에는 일곱 마리 또는 세 마리의 거위가 끄는 수레 위에 앉아있고, 半月帳 또는 연꽃을 손에 쥐고 있는 모습으로도 표현된다. 월신의 도상은 月天妃와 함께 다니며 12궁(宮) 18수(宿)를 권속으로 삼는다. 후대의 밀교미술에 본존의 상단 좌우에 배치되는 일신과 월신의 도상은 서위 285굴 서벽과 같은 구도와 모티프가 계승되었다.

돈황석굴 장경동 출토품(스테인 수집품, 인도박물관장)인 〈천수천안관음도〉에서 본존은 화려한 연꽃위에 좌정하며 각종 지물을 수지하고 있다. 위로 향한 두 손에 일월을 수지하였는데, 본존이 수지하고 있는 일과 월은 본존의 신격을 상징하며, 천개 좌우에 배치된 일신과 월신은 관음의 28부중인 호법신이다. 본존 좌측상단의 일신은 붉은 색 태양 안에 좌정하고, 우측 상단에서 월신은 둥근 달 안에 좌정하고 있다〈그림 290-291〉. 일월신의 배치형식은 285굴과는 반대로 차이가 난다. 일신은 5마리의 말이 끌고 있는 마차에 좌정하고, 월신은 5마리의 거위가 끌고 있는데, 말과 거위는 정면향으로 현실적으로 표현하였다. 본존 관음의 주변에는 오추마사명왕, 나라연천, 파수선 등 천수관음 28부중이 협시하고 있다.

唐代에 조성된 제384굴의 〈불공견색관음도〉에서도 일신과 월신이 본존 상단 좌우에서 태양과 달을 배경으로 좌정하고 있다〈그림 292-294〉. 월신의 도상은 앞에서 살펴본 〈천안천수관음도〉와 일치하나, 일신은 서위 285굴을 계승하여 말이 상배하여 달리는 모티프를 취하고 있다. 제144굴의 〈천수천발문수변〉에서 일신은 각각 5마리의 말과 거위가 끌고 있는 마차에 좌정하고 있다. 唐代 돈황석굴의 일월신 도상은 대부분 보살형식이며 일신은 말이 끌고 월신은 거위가 끌고 있는 일

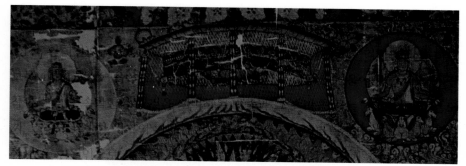

〈그림 290〉 일신과 월신, 장경동 출토 스테인수집품, 인도박물관, 당

정한 패턴을 보여주고 있다.

일월신이 神衆에서 菩薩로 등장하는 경우는 대부분 약사여래 본존의 좌우측에 배치된다. 약사불이 보살행을 할 때 세운 十二大願에 따라 중생의 몸과 마음의 병을 다스리기 위하여 월광보살은 지혜로 중생을 인도하며 번뇌의 먹구름을 제거하고, 일광보살은 중생의 현실적인 고통을 제거하고 안락하게 해주는 성격을 갖는다. 소의경전은 457년 송의 혜간이 번역한 『藥師瑠璃光經』을 최초로 보며, 615년 隋의 달마

〈그림 291〉 천수천안관음도, 장경동 출토 스테인수집품, 인도박물관, 당

급다가 『藥師如來本願經』을 번역하였고, 650년에는 당나라 현장의 『약사유리광여래본원공덕경』과 707년 의정이 번역한 『약사유리광칠불본원공덕경』 등이 있다. 경전은 약사여래가 동방에 佛國土를 건설하여 정유리국(淨瑠璃國)의 교주가 되어 十二大願을 세우고 모든 중생의 질병을 치유하겠다고 서원한 것을 내용으로 하고 있다.

경전에서 說하고 있는 일광보살의 형상은 적홍색 의상에 왼손 손바닥에 해를

〈그림 292〉 일신과 월신, 불공견색관음도, 돈황석굴 384굴, 당

〈그림 293〉 일신과 월신, 불공견색관음도,
돈황석굴 384굴, 당

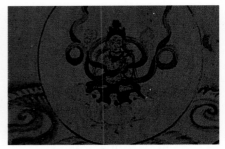

〈그림 294〉 일신과 월신, 불공견색관음도,
돈황석굴 384굴, 당

올려놓고, 오른손으로는 천상에서만 개화하는 덩굴로 된 만주적화(蔓朱赤花)를
수지하고 있다. 흔히 보관이나 이마에 日像을 표현하고 있다. 월광보살은 의상이
백홍색으로 왼손의 손바닥에 월륜(반달 모양의 고리)을 놓고 오른손으로는 홍백
의 연꽃을 수지하고 있다고 기록하고 있다. 우리나라 불교미술에 등장하는 월광보
살의 모습은 月像을 얹은 연꽃가지를 들고 있는 경우와 아무런 지물이나 표시 없
이 약사여래의 우측에 합장을 하고 있는 경우가 있으나, 조선후기에 들어서는 보
관에 월륜을 표시하는 경우가 압도적이다.

〈그림 295〉 녹두범지, 돈황석굴 254굴 중심탑
　　　주 정면감내, 북위

〈그림 296〉 파수, 돈황석굴 254굴 중심탑주
　　　정면감내, 북위

(3) 파수선과 녹두범지

　파수선과 녹두범지의 조상은 남북조시기에 돈황석굴을 중심으로 매우 성행하였다. 북위시대에 조성된 돈황 제254굴에서 파수선은 중심탑주 정벽 감실에 녹두범지와 함께 조성되었다. 석굴에서 파수선은 녹두범지와 본존의 좌우 협시존상으로서 位相이 강조되었다〈그림 295-296〉. 녹두범지는 본존 우측에 기립하며 고개를 뒤로 향하여 손을 높이 들어 해골(해골은 변색되어 외관상 식별이 불가능 하다.)을 바라보고 있다. 파수선은 佛의 좌측에서 역시 고개를 뒤로 향하고 가슴 앞에서 오른손으로 흰색 새를 소중한 듯 수지하고 있다. 녹두범지와 파수선은 285굴과 마찬가지로 두광이 있고 노년의 바라문 형상으로 근심어린 얼굴이다. 파수선은 돈황석굴 서위 제249굴에도 녹두범지와 함께 조성되었는데, 이 석굴의 녹두범지와 파수선은 북위254굴과는 형식이나 지물에서 특별한 차이를 보이지 않으나, 위치는 반대로 조성되었다〈그림 297-298〉. 녹두범지는 佛의 좌측에서 고개를 돌려 왼손에 수지한 흰색 둥근 물질(해골)을 보여주며, 파수선은 佛의 우측에서 佛을 향하여 오른손에 수지한 흰 새를 보이고 있다.

　서위 285굴의 파수선이 수지한 새는 죽은 새의 형상이나 북위 제254굴의 파수

〈그림 297〉 녹두범지(해골),
돈황석굴 249굴, 서위

〈그림 298〉 파수선(새),
돈황석굴 249굴, 서위

선이 수지한 새는 백색이며 부리는 매부리 형상으로 살아있는 모습이다. 파수선의
새는 경전에서 說한바 '그가 죽었다는 것을 보여주고 있다.'고 알려졌으나, 254굴
에서 살아있는 새를 수지하고 있어 '새를 방생하는 자비심'을 상징할 수도 있다. 당
시 파수선 조상이 유행한 이유는 북조의 불교가 선과 계율을 중시하여 파수선 조
상을 통하여 대승불교의 불살생 교리를 고취하고 말법시대의 교훈을 삼기 위함이
다. 북위시대에 조성된 운강석굴에서 파수선은 19굴 A동 동벽 명창 북측의 석가-
다보 이불병좌감실 밖 좌우측과, 9굴 전실 북벽 명창과 12굴 서벽 불감에 조성되
었다. 9굴에서 파수선은 明窓 아래에 의자에 앉은 반가자세로 앉아 있다. 파수선은
왼손에 새를 수지하고 오른손은 이마에 두고 먼 곳을 응시하고 있는 모습이며, 녹
두범지도 해골(해골은 식별이 가능하다)을 수지하고 있다.

北周의 438굴〈그림 299〉, 296굴〈그림 300-301〉에도 녹두범지와 파수선이 조성
되었는데, 296굴의 녹두범지와 파수선은 북위나 서위시대와 배치형식은 비슷하나
인물의 표현형식은 상당히 퇴보된 느낌을 준다. 북제시기의 安養 小南海石窟에서
는 中窟 동벽 남측과 서벽 남측에 파수선과 녹두범지가 조성되었다. 돈황 막고굴

〈그림 299〉 녹두범지, 돈황석굴 438굴, 북주

〈그림 300〉 파수선과 녹두범지,
돈황석굴 296굴, 북주

〈그림 301〉 파수선과 녹두범지, 돈황석굴 296
굴, 북주

에서 파수선은 녹두범지와 본존을 협시하는 구도로 조성되었으나, 운강이나 소남
해석굴에서는 石窟 門 양측에 수문신장으로 조성되었다. 이와 같은 조상을 통하여
파수선과 녹두범지가 북조의 영역을 중심으로 상당히 광범위한 분포를 보이고 있
음을 알 수 있다.

　初唐에 개착된 돈황 381굴에서는 녹두범지가 佛의 좌측에, 파수선은 우측에 조
성되었다〈그림 302-303〉. 신체는 검게 탈색되었으나 노년의 마른 신체가 표현되었

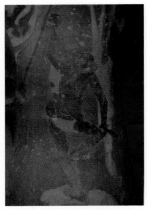 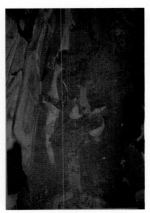

<그림 302> 녹두범지(해골),　　　　　　<그림 303> 파수선(새),
돈황석굴 381굴, 초당　　　　　　　　돈황석굴 381굴, 초당

고 한쪽 발을 들어 올려 운동감이 강조되었다. 녹두범지와 파수선 모두 지물을 수
지한 손을 주시하고 있으며 두광은 생략되었다. 초당의 파수선과 녹두범지는 북조
시기를 계승하고 있다. 돈황에서 '녹두범지 – 파수선' 구도는 북위, 서위, 북주, 북
제, 초당까지 계승되었으나 배치형식에서 다소 차이가 나며 285굴과 마찬가지로
파수선이 단독으로 배치되기도 하였다. 285굴에서 단독으로 배치된 파수선이 다
른 석굴의 파수선과는 다른 경로나 불교사상에 의하여 조성되었을 가능성이 있다
고 보는데[87] 파수선의 외모에 특별한 차이가 없으며 중당 이후에도 밀교석굴에
단독으로 등장하여 285굴 파수선의 성격은 같다.

　그러나 중기밀교가 신봉되는 中唐 以後에는 각종 '밀교관음도'에 마혜수라천,
나라연천 등과 함께 호법신중으로 참여하나, 지물이나 도상에 이미 녹두범지나 파
수선의 구분은 나타나지 않고 있다. 중당 <석가만다라도>에서 파수선은 밀교 분노

---

87)　　張元林, 「莫高窟北朝窟中的婆藪仙人和鹿頭梵志形狀再識」, 『敦煌硏究』, 敦煌硏究員 考
　　　古所, 2002, p.8.

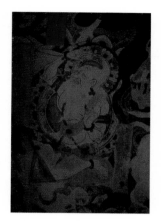

〈그림 304〉 파수선, 돈황석굴 29굴, 초당   〈그림 305〉 파수선, 돈황석굴 384굴, 중당

존상의 특징인 화염에 휩싸여 있어 시대와 소의경전에 따라 파수선의 도상은 상당한 변모를 보여주고 있다. 파수선은 唐代의 밀교경전에서 善神으로 천수관음의 28부 중상이며 관련경전에 功德天 혹은 大辨才天女와 함께 호법신으로 계승되고 있다. 또 파수선은 축법호 역『불설미륵하생경』등에서 미륵 좌우 보처에 녹두범지와 함께 시립하며. 막고굴 제335굴 아미타불의 권속으로도 등장한다.

中唐에 조성된 29굴에서는 밀교조상인 〈불공견색관음도〉에 파수선이 등장하는데, 각종 호법신장들과 함께 불공견색관음을 협시하고 있다. 파수선은 관음 좌측 하단에 배치되었고, 좌상으로 두광을 갖추고 우수를 들어 보이며 본존을 바라보고 있다〈그림 304〉. 그러나 형태가 작아 지물은 확인할 수 없으며, 외관상 파수선과 녹두범지는 이미 구분이 불가능하여 두 신중의 성격보다 형식에 치우치고 있는 느낌이다. 제384굴도 파수선은 〈불공견색관음도〉에 등장하는데〈그림 305〉 29굴과 마찬가지로 좌측하단에 배치되었고 형상은 유사하다.

중당 제360굴 〈석가만다라도〉에서 석가 우측 하단에 배치된 파수선은 노년의 신체가 강조되었으나 지물을 수지하고 있지 않으며 반 무릎을 꿇고 신광과 두광

〈그림 306〉 파수선, 십일면8비관음도(부분), 돈황석굴 35굴, 중당

〈그림 307〉 파수선, 천수천안관세음보살도, 스테인 수집품, 영국박물관, 오대 10세기

을 갖추었다. 파수선은 이례적으로 온몸에 화염을 표시한 밀교존상으로 등장하여 중기밀교의 특징인 분노존상으로 변모를 보이고 있다. 제14굴의 〈여의륜관음〉도의 좌측하단에도 파수선이 존재하는데, 배치형식과 모습은 29굴과 유사하다. 돈황 35굴의 11면관음도 좌측 하단에 파수선이 본존을 향하여 기립하고 있는데, 노년의 여윈 신체를 표현하였고 주변에 화염을 그려 밀교도상의 특징이 나타나고 있다 〈그림 306〉. 인도박물관 소장 스테인 수집품인 '천안천수관음도'는 8세기 성당작품으로 편년되며 견직물에 채색화로 그렸다. 〈천안천수관음도〉에서 파수선은 관음의 좌측에서 좌정하며 새가 아닌 물고기를 수지하고 있어 지물이 변하고 있다.

당 이후에 개착된 석굴에서 파수선은 밀교존상으로 조성되었으나, 초기의 도상적인 특징은 점차 생략되었다. 오대시기에 제작된 스테인 수집품인 〈천수천안관세음보살도〉는 10세기 작품으로 영국박물관에 소장되어 있다〈그림 307〉. 채색이 선명한 관음입상 하단 좌우에는 우측에 공덕천녀로 보이는 보살이 두 손에 지물을 들고 관음을 향하여 좌정하며, 좌측에는 파수선으로 보이는 바라문 수행자가 관음보살을 바라보고 있다. 수행자는 우수로 수인을 결하고 좌수는 긴 지팡이를 들었는데 파수선의 도상적인 특성은 이미 나타나지 않고 있다.

5代에 조성된 205굴의 파수선도 唐代와 마찬가지로 밀교의 주요 존상으로 표현되었으며 본존의 좌측 아래에서 본존을 주시하며 좌정하고 있다. 제205굴에서 파수선은 이례적으로 X字 영락과 팔찌를 착용하는 등 원래의 바라문 수행자 모습에서 상당한 변모를 보이고 있다. 제35굴 〈십일면팔비관음도〉에서는 본존의 좌측 아래에 입상으로 표현되었는데, 두 손을 모아 합장하고 신체의 일부에 화염이 나타나며 광배는 생략되었다.

(4) 천왕

천왕은 현교와 밀교 등 모든 종파에서 유행한 불교미술의 소재로 남북조시기 이후부터 돈황지역에 약 430여구의 천왕상(막고굴 388구, 유림굴 등 약 42구)이 조성되었다. 돈황지역에서 특히 천왕신앙이 유행한 이유는 인접한 호탄지역의 민속신앙인 비사문 숭배의 영향으로 보이며, 장경동에서 출토된 30여 편의 천왕관련 기원문과 각종 경전, 그리고 문헌 등이 이와 같은 사실을 뒷받침하고 있다. 당시 돈황지역은 천왕사당의 건립 등 각종 신앙 활동이 성행하였을 뿐만 아니라, 천왕과 관련된 견화와 비사문천왕의 조판도 광범위하게 유행하였다. 이 지역을 중심으로 성행한 장기적인 천왕 숭배사상은 돈황석굴의 천왕조성에도 영향을 주었다.

돈황지역의 석굴에서 천왕의 조상형식도 한 구에서 두 구 혹은 네 구에 이르기까지 다양하며, 배치장소도 감실의 입구나 석굴 벽 또는 천정에 이르기까지 다양한 장소에 조성되었다. 소조나 벽화가 대부분인데 본존의 소재나 조성위치, 그리고 석굴의 성격에 따라 영향을 받고 있다. 천왕 1구가 조성된 석굴은 북위의 257굴이 대표적이며, 대부분의 석굴에서 본존의 좌우에 2천왕이 조성되었고 4천왕은 서위 285굴, 북주 428굴, 수 427굴, 오대의 10굴 등이 대표적이다.

초기 천왕으로는 북위 257굴의 중심 탑주 동면 감실 밖 북측에 채소천왕 1구가 있다. 신체는 장대하고 두 눈은 둥글며 미소를 띠고 있는 온화한 상이다. 어깨에 건

<그림 308> 천왕상,
돈황석굴 264굴 남벽, 북위

<그림 309> 4천왕상,
돈황석굴 428굴 금강보좌탑, 북주

을 걸치고 석청색의 갑옷과 견갑을 착용하였다. 허리는 녹색의 긴 치마를 두르고
맨발로 땅을 딛고 서있다. 이 천왕의 의상은 무사와 보살의 복장을 겸하고 있다. 북
위 254굴의 남벽에 2구의 천왕이 기립해 있다. 두 천왕은 보관과 갑주를 착용하였
는데, 하의는 보살형식의 긴 치마를 두르고 무기는 수지하고 있지 않는 모습이다.
북위 264굴 남벽에 그려진 천왕도 천의를 두르고 페르시아식의 보관과 갑주를 착
용하였으나 무기는 보이지 않고 분노의 형식으로는 조성되지 않았다〈그림 308〉.

서위 285굴의 서벽 하단에 조성된 4천왕은 모두 분노한 胡人像으로 머리에 장
식이 화려한 보관을 착용하고 가슴을 보호하는 금갑과 어깨에 대건을 두르고 있
다. 허리에는 녹색의 전투용 치아(띠)를 묶고 손에는 미늘창과 같은 병장기를 들고
본존을 양측에서 호위하고 있다. 북주 428굴에서 금강보좌탑을 중심으로 주변에 4
천왕이 조성되었다. 금강탑은 상륜 좌우에 비천이 날고 탑신에는 야차와 불삼존,
가루다 등이 묘사되었다. 4천왕은 모두 합장하거나 권법을 보여주며 탑을 수호하
고 있는 모티프로 보관과 갑주를 착용하였으나 병장기는 수지하고 있지 않다〈그
림 309〉. 남북조시대의 석굴 벽에 도해된 이와 같은 천왕들은 서역식 보관과 갑옷

을 착용하고 훈염법이 적용되어 양식적으로 키질 등 서역의 영향이 남아있다.

수대 427굴의 전실에 4천왕의 소상이 있다. 머리에는 모두 화관을 쓰고 갑옷을 착용하였으며, 허리 주변은 검은색 치마를 두르고 하반신은 전투용 치마와 각반을 매고서 地鬼를 밟고 있다. 4천왕은 주먹을 허리에 대고 손에는 지물을 들었으며, 입을 벌리거나 닫고서 각종 표정과 자세를 보이고 있다. 천왕은 수대의 특징인 머리가 크고 다리가 짧으며, 배가 불러 위엄이 떨어진다. 남북조에서 隨까지 천왕은 서역의 영향이 상존하며 무장을 하고 있는 무사형식이나 표정에 위엄이 느껴지지 않으며 보살과 같은 여성화의 경향도 보이고 있다.

중기 천왕은 초당시기의 천왕으로, 초당 380굴의 주실 동문의 남북에 각 1신이 도해되었다. 북문의 천왕은 보관을 쓰고 귀 뒤에 백색 끈이 휘날리며 몸에는 갑옷을 입고 있다. 오른손에 창을 들고 왼손은 아래로 허리

〈그림 310〉 천왕소상,
돈황석굴 322굴, 초당

에 대고, 발로 지귀를 딛고 있는 매우 위엄 있는 자태를 보여주고 있다. 남문 천왕은 투구를 영주로 장식하고 몸에는 북문 천왕과 마찬가지로 갑옷을 착용하고 있다. 오른손은 위로 향하며 왼손은 탑을 수지하고 지귀를 밟고 있다. 초당 322굴의 주실 서벽 감실 양측에 형상이 동일한 2구의 천왕소상이 있다〈그림 310〉. 천왕은 현실세계의 무장을 표현하고 있다. 머리에는 투구를 쓰고 눈썹이 짙으며 코가 높다. 입술 위에 8자 수염을 그리고 턱 아래에 올챙이 수염이 보인다. 눈은 신기가 번뜩이고 전면을 주시하며 명랑하고 선한 모습이다. 몸에는 갑옷을 착용하고 地鬼를 밟고 있다. 천왕은 당대에 임명된 胡人武將으로 보이며 당나라의 무사형식을 따르

〈그림 311〉 천왕상,돈황석굴 373, 초당   〈그림 312〉 천왕상, 돈황석굴 375굴, 초당

고 있다. 초당 373굴과 375굴의 천왕은 벽면에 체색으로 도해되었는데, 당나라의 갑주를 착용하였고 얼굴도 한화가 된 모습이다. 천왕은 엄숙한 표정이며 이례적으로 천왕 모두 산개가 있다〈그림 311-312〉.

돈황의 45, 46, 66, 159굴, 194굴의 천왕은 중기 천왕에 해당한다. 중당194굴의 주실에는 장막형식의 감실이 있고, 감실 남측과 북측에 2천왕상이 있다〈그림 313〉. 남측천왕은 남방증장천왕 비유리라 부르는데, 만추형식의 상투에 몸에는 석류 만초 장식이 있는 청록색 갑옷을 착용하고 가슴에 호경을 묶고 발은 전투화를 착용하고 있다. 얼굴은 엷은 자색으로 묘사하고 뺨 아래 수염이 가늘고 더부룩한 느낌을 주고 약간 웃고 있는 천진스러운 모습이다. 북측천왕은 북방다문천왕 비사문으로 신체가 크고 갑옷을 착용하였으며 가슴에는 호경을 묶고 있다. 오른손은 주먹을 쥐고 발에는 각반을 차고 있다. 얼굴은 홍색을 띠고 눈은 분노에 보이며 위풍당당하다. 중기 천왕은 한화가 완연하며 비대한 신체에 당대의 갑주를 착용하였으며 분노형식이다.

만기 천왕은 당 만기에서 오대 이후까지 상당히 장기간에 유행한 천왕형식으

〈그림 313〉 천왕상, 돈황석굴 194굴, 중당

로 중기천왕과 형식과 양식에 있어 다르다. 유림 중당 15굴은 전실의 남벽과 북벽에 천왕이 있다〈그림 314〉. 남벽의 천왕은 머리에 연화보관을 착용하고 3羽毛로 장식하였다. 몸에는 긴 갑옷을 입고 인면 호심경으로 묶었다. 얼굴과 눈은 화평하고 피부는 백색으로 왼쪽 어깨에 활을 메고 양 손에 화살을 들고 전방을 주시하고 있다. 권속인 야차는 우수로 화살이 가득 든 전대를 들고 커다란 치아를 들어내고 수면 인신으로 매우 공포감을 주고 있다. 북벽의 천왕은 머리에 고관을 착용하고 상체는 나신으로 가슴 앞과 양 어깨에 영락 보개로 장식한 팔찌를 착용하였다. 수미좌에서 유희좌를 결하고 왼손에 봉을 오른손에는 한 마리의 담비를[88] 수지하

---

88)   천보원년(742년)에 대식, 강국 등이 침략했을 적에 안서에서 비사문천왕이 두 태자를 데리고 天兵으로 하여금 안서를 구하게 하였다. 적의 병영에 설치된 활을 당기는 기계를 담비가 끊어 안서를 구한다는 내용으로, 담비를 수지한 천왕의 모티프는 투르판지역의 이와 같은 전설에서 기인하였다.

〈그림 314〉 천왕상, 돈황석굴 유림15굴, 중당

〈그림 315〉 4천왕상, 비사문천왕,
돈황석굴 유림 중당25굴

〈그림 316〉 천왕상,
돈황석굴 13굴 전실서벽북측, 만당

고 있다. 유림 중당 25굴의 천왕은 삼산관을 착용하고 두터운 갑옷을 착용하였으
며, 오른손에는 미늘창을 들고 왼손에 탑을 들어 비사문천임을 나타내고 있다〈그
림 315〉. 만당 13굴 전실 서벽 북측에 조성된 천왕은 비만한 체구에 중무장을 하였
고 긴 봉과 탑을 수지하고 있다〈그림 316〉. 중당, 만당의 천왕은 초당과는 신체적

〈그림 317〉 4천왕상, 돈황석굴 100굴, 오대

〈그림 318〉 4천왕상, 돈황석굴 100굴, 오대

〈그림 319〉 4천왕상, 돈황석굴 100굴, 오대

〈그림 320〉 4천왕상, 돈황석굴 100굴, 오대

인 특징이나 표정, 그리고 분노의 형식에서 상당한 차이가 난다.

오대 100굴의 전실 서, 남, 북벽에 사천왕이 도해되었고 주실 석굴 천정의 사각에 역시 4천왕이 있다〈그림 317~320〉. 이 석굴의 사천왕을 鎭窟 4천왕이라 칭한다. 이와 같은 배치형식은 오대와 송 초에 시작되었는데, 천정 동각에 동방지국천왕 제두뢰질은 머리에 3珠보관을 쓰고 우수로 杵를 수지하고 얼굴 가득 검은 구렛나루가 있으며, 무릎을 굽힌 의좌상으로 권속인 건달바, 비사도 신장 등을 거느리고 있다. 북쪽에는 북방다문천왕 비사문이 있는데 머리에 쌍조관을 쓰고 입을 크게 벌리고 분노한 눈을 부릅뜨고 있다. 두 손으로 탑을 수지하고 호궤공양(오랑캐가 무릎을 꿇고 공양하는 자세)을 하고 곁에 권속인 야차, 나찰장 등이 있다. 남쪽에 남방증장천왕 비유리는 머리에 翼形冠을 쓰고 눈을 부릅뜨고 입을 크게 벌리고 있다. 왼손에 활을 수지하고 오른손으로 화살을 들고 무릎을 구부린 의좌상으로 곁에 권속으로 구반다, 벽려신 등이 있다. 서방광목천왕 비류박차는 머리에 연화보관을 착용하고 오른손에 장검을 들고 눈을 가늘게 뜨고 먼 곳을 주시하고 있다. 역시 무릎을 구부린 의좌형식으로 곁에 권속인 제룡, 부단나 등이 있다. 이 4천왕은 갑옷을 입고 옥대를 두르고 있으며 콧수염의 색(흑색 - 동방, 홍색 - 북방과 남방, 남색 - 서방)으로 구분하고 있다. 이밖에 9, 12, 156, 321, 327굴 등은 동일한 시대의 양식으로 참고가 된다.

중당, 오대 이후의 천왕은 대부분 투르판 무사의 갑옷을 착용하였고 휘황한 신광을 홍탁기법으로 처리하여 인간을 호위하는 천왕으로서 위의를 보여주고 있다. 막고굴과 유림굴에서는 여전히 진굴 사천왕과 북방천왕이 유행하였으며, 남북 2천왕의 형식을 갖추고 있다. 장경동에서 출토된 6건의 견화에서 북방천왕은 3건에 달하며 판에 조각한 천왕은 주로 비사문천왕으로 독존으로 조성되었다. 이시기에 비사문천왕이 유행한 것은 서쪽 오랑캐가 빈번히 안서를 공격하여 당나라 현종이 밀교승려인 불공삼장에게 명하여 북방 비사문천왕으로 하여금 神兵을 동원하여 물리치도록 교지를 내린 사건과 관련이 있다.

천왕은 인도에서 북방을 수호하는 쿠베라와 같은 신중이 불교사상의 변화에 따라 불국토를 권역으로 나누어 구체적인 방위를 담당하는 호법신장으로 변모되었다. 특히 불교의 동전과정에서 실크로드지역에서 토속신앙과 결합되면서 護國의 이미지가 더해진 천왕사상으로 고착되었다. 남북조 초기에는 석굴이나 사원을 중심으로 1천왕 혹은 2천왕이 유행하였으나, 당시 무기는 수지하지 않았고 표정도 원만형식으로 보살의 성격을 지향하였다. 그러나 서위 285굴에서 천왕은 최초로 4방을 수호하는 4천왕으로 등장하며 무장을 하였고 분노의 경향을 보이고 있다.

VIII

맺음말

世稱 대승불교의 꽃이라고 불리는 밀교의 역사는 長久하며 현재까지도 그 영향력은 상당하다. 특히 중국 唐이후 대부분의 불교미술이 밀교의 영향을 받았으며, 이와 같은 사실은 남북조시기부터 명, 청까지 오백 개 이상의 석굴조영이 이루어진 돈황의 막고굴에서 확인된다. 中國 川密의 본산지인 사천지역에서 조영된 수많은 불교석굴도 밀교의 영향이 크며 元이후 중국대륙에 만연한 장전불교 미술도 밀교를 기초로 성립되었고 淸을 거치며 오늘날까지 존속되고 있다.

삼국시대부터 불교가 전해진 한반도 역시 이와 같은 불교와 불교미술의 큰 흐름 속에서 발전하였다. 기록에 따르면 신라는 7세기 초부터 중국으로부터 밀법이 전해졌으며, 8세기경에는 한국불교도 밀교의 영향을 받게 된다. 그러나 밀교는 이론이나 교학적인 발전보다 실천과 수행에 치우쳤으며 독자적으로 발전하지 않고 천태종이나 정토교 등과 밀접한 관계를 유지하며 발전하였다. 밀교미술 역시 다면다비상이나 밀교계통 신중 위주로 조성되었으며 독자적인 유파를 형성하지 못하였다. 그러나 신라의 밀교는 고려시대에 접어들며 신인종과 총지종이 성립할 수 있는 기반이 되었으며, 조선시대의 불교와 불교미술도 밀교의 영향이 크다는 점도 주지의 사실이다.

이와 같이 밀교미술에 대한 이해는 중요하나 관련된 연구는 8세기 이후의 중기밀교에 집중되었고, 밀교가 태동한 2–3세기부터 7세기까지의 미술에 대한 연구는 거의 공백기나 다름없는 상태로 남아있다. 이와 같은 현상은 초기밀교가 대부분 대승불교에 속해있어 밀교의 구분이 쉽지 않을 뿐만 아니라 현재까지 발굴된 고고학적 유물이나 典籍도 많지 않기 때문이다. 그러나 밀교계통 경전이 역출된 시기와 번역승들의 當代 위상을 고려할 때 중국의 남북조시기에도 밀교가 상당히 성행했음이 짐작된다.

　초기밀교 단계에서는 비교적 成道보다는 현세의 이익을 앞세우며 민중의 다양한 요구에 따라 각종 인도전통의 신을 수용하였으며 토착종교와도 습합하였다. 불교가 전해진 중국도 신선사상과 같은 밀교를 수용할 수 있는 사회적인 토대가 이미 마련되어 있었고, 서역출신의 번역승도 주술이나 밀법에 경도되어 있는 등 초기밀교와 관련이 있다.

　초기밀교와 관련된 유물은 키질, 호탄과 같은 서역과 중국의 돈황, 운강 등에서 주로 발견되었는데, 이 지역은 불교의 東傳루트에 속하며 소그드인 등 隊商이 집단으로 거주하며 활동한 특징이 있다. 운강석굴의 힌두교계 신은 5세기 후반에 조성되었고 호탄 등 西域에서 출토된 힌두교 신은 주로 6-8세기 작으로 돈황 제285굴과 비슷하거나 후대에 조성되었다. 특히 6세기 초에 조영된 막고굴 제285굴의 서벽에 초기밀교와 관련된 도상이 집대성되어 초기밀교 미술의 요체를 일부나마 파악이 가능하다. 신중들은 護法의 성격을 가진 인도전통의 신장들로 만다라적인 배치구도와 도상에서 다면다비나 분노존과 같은 밀교미술의 특징이 나타나는데 일부 신중은 아직도 名號와 역할이 불확실하다.

　285굴의 형식도 석굴의 조성목적을 암시하는데 중심주가 사라진 복두형식의 석굴은 실내가 개방되어 집회나 의식에 적합하며, 서벽의 3존상과 남, 북벽에 조성된 8개의 소형감실, 그리고 중앙에 설치된 토단은 수계나, 관정 등 밀교의식에 사용되었을 가능성이 있어 석굴이 밀교와의 관련성을 입증해주고 있다. 석굴 천정도 다양한 민족의 종교와 사상이 융합되어 있는데, 불교는 물론 인도 종교와 헬레니즘, 그리고 중국의 고대신화가 반영되었다. 불교의 마니보주와 아수라가 중국전래의 신들과 함께 불교적인 천상관을 보여주고 있다. 飛天은 머리에 두광이 있고 보관을 쓰며 나체로 천의를 입었고, 飛仙은 머리위에 귀와 날개가 있으며 나신에 천의를 걸친 道家의 長生不死의 신이다. 비천과 비선은 서로 출신배경과 특징이 다르나 이 석굴에서 함께 유영하고 있다. 풍신의 모티프는 헬레니즘에서 출발하였는데 풍대를 메고 있는 장사는 중국 전래의 신 오획이 적용되었다. 그리고 석굴 벽의 야차는 인도의 수호신인 약사며, 천정의 오획은 짐승머리와 근육질의 나신에 날개와 발톱을 가지고 있는 秦나라의 大力士 神이다.

제285굴이 墨書에 따라 서위시기(538-539년)에 조영된 석굴로 알려져 있으나, 하나의 석굴에 두 개의 미술양식이 존재하여 4벽의 조성시기와 조성주체가 다를 가능성이 있다. 석굴의 기년명이 존재하는 동·북벽은 한화된 양식으로 중원에서 파견된 동양왕 원영과 같은 관리나 귀족이 관여했을 가능성이 있으나 서역 양식이 뚜렷한 천정과 본고의 주제인 서벽, 그리고 남벽은 동·북벽보다 先行하여 조성되었으며, 다른 시주자에 의하여 조영되었을 가능성이 크다. 더구나 불교사상적인 측면에서도 석굴의 본존이 안치된 서벽과 개인 念願佛인 설법도가 도해된 동·북벽이 불교(素材)가 달라 이와 같은 가설을 뒷받침하고 있다.

본고를 통하여 제285굴을 중심으로 도해된 각종 초기밀교계통 신중의 도상해석과 관련경전의 분석을 통하여 몇 가지 결론에 도달했다. 첫 번째로 서벽 상단에 조성된 일월신은 동서양의 천문사상을 압축하고 있으며 양식적으로 인도와 페르시아, 그리고 중국의 신화가 반영되었다. 일신은 사상적으로는 '미르'나 '미트라'보다 인도의 '수리아'를 계승했으며, 일신의 상징인 마차는 고대 왕의 대좌의 형식을 빌었고 복식은 쿠샨과 사산조의 복식에서 영향을 받았다. 특히 일월신의 두 마리의 말이 상배하여 달리는 모티프는 쿠샨시기 인도 서북부지역의 불교미술에서 유래하였을 가능성이 있다. 그리고 천체의 일원인 일과 월에 일신중과 월신중을 등장시켜 7요사상 등 구체적인 천문사상을 표현하였으며, 월신의 妃와 같은 모티프도 當代에 유통된 밀교계통의 소의경전에서 기인하였다. 일신의 운반체는 七曜를 담당하고 있는 7존의 일신을 교대로 태우고 인간세상의 낮을 주관하고 밤은 월신의 영역으로 월신의 운반체는 9존의 월신을 태우기 위하여 마련하였다는 가설을 세울 수 있다. 일신중은 일신의 마차를 탈 차례를 기다리며 우수를 펴서 말고삐를 잡을 태세를 취하고, 월신중에 월신의 妃를 등장시켜 대지의 생산과 관련된 월신의 성격을 암시하고 있다. 일월신은 후대에 본존이 다면다비인 각종 밀교계통의 변상도에 계승되거나, 약사여래의 중요한 협시보살로도 전개된 점을 고려할 때 285굴 서벽의 일월신은 불교미술사적으로 상당한 의의를 갖는다.

두 번째는 초기밀교의 마혜수라천상은 용수의 『대지도론』과 같은 대승경전과 관련이 있으며, 도상학적으로는 쿠샨시기의 동전에 새겨진 '시바'를 원형으로 불교의 동전과정에서 서역미술의 영향을 받았다. 『대지도론』에 이미 마혜수라천의 명호와 도상적인 특징이 언급되었고, 당시 쿠샨왕조는 각종 종교를 포용하였으며 제작된 왕의 동전에서 다면다비의 시바상이 확인된다. 이 지역에 이입된 헬레니즘과 쿠샨왕조의 다종교성이 불교나 힌두교와 같은 인도종교에도 상당한 영향을 미쳤다고 볼 수 있다. 힌두교의 시바는 이 시기에 대승불교의 마혜수라천으로 수용되었고 불교의 동전에 따라 실크로드지역과 중국에도 전파되었다.

세 번째로 불교뿐만 아니라 조로아스터교와 마니교에서도 시바 즉, 마혜수라천의 도상과 성격을 차용하였는데, 이와 관련하여 소그드인이 주목받고 있다. 소그드인의 역사에서 짐작할 수 있듯이 그들은 고대 페르시아의 국교인 조로아스타교를 신봉했으며 박트리아의 세력권에 편입된 후에는 헬레니즘의 영향도 있었고, 쿠샨왕조시기에는 힌두교나 초기불교도 접하였다. 그리고 사산조 페르시아의 초입에 개창된 마니교와 그리스도 계파인 네스트리안 기독교도 숭상하였다. 소그드인의 언어는 당시 실크로드의 공용어로 통하였으며 현재 장경동에 보존된 각종 경전과 기록에서 확인되고 있듯이 그들은 불교의 역경이나 석굴의 조영에도 참여하였다. 이와 같은 환경에서 소그드인이 다종교적, 다문화적인 특성을 갖는 것은 자연스러운 현상으로 실크로드를 중심으로 각종 종교의 교류와 신중미술의 유통에도 상당한 역할을 했을 가능성이 있다.

이와 같은 관점에서 제285굴 마혜수라천의 보관에 그려진 풍신 '오도'의 도상은 마혜수라천과 같은 불교의 신을 조로아스터교의 '베쉬팔카'로 신앙하였을 가능성을 보여주고 있다. 이미 쿠샨의 동전에서 시바를 조로아스터교의 풍신(오도)으로 명명하였으며 후대에 소그드인은 조로아스터교의 주요 신인 '베쉬팔카'를 시바 즉, '마혜수라천'으로 호칭하고 신앙하였다. 호탄지역의 불교유적을 중심으로 출토된 조로아스터교와 관련된 각종 신중상에서도 이와 같은 가설이 증명되고 있다. 더구나 불교나 조로아스터교의 각종 힌두교계 神衆들이 대부분 두 손을 위로 향하여 일과 월을 수지하는 소그드미술(이란)의 양식적인 특징을 보여주는데, 해와 달을 왕권의 상징으로 여기는 유목민의 전통이 각종 종교미술에 반영된 모습이다.

네 번째는 285굴의 각종 신중들은 후대에 시대와 지역, 그리고 종교사상에 따라서 명칭과 도상이 다양하게 변화하고 있다. 예를 들어 개별 신들의 역량이 증대되거나 축소되었고 심지어 소멸되는 경향을 보이기도 하였다. 그리고 본존의 성격에 따라서 신중의 위치가 변하거나 다른 신중의 이름으로 변신하는 등 다양한 변모를 보이고 있다. 대표적으로 각종 밀교계통 본존의 변상도에서 상단에 일월신과 중단에 대변재천이나 파수선인을 배치하였고, 하단에는 나라연천이나 마혜수라천, 그리고 비나가야천을 배치하는 등 제285굴의 서벽과 유사한 일정한 규범을 보여주고 있다. 그리고 중기밀교가 시작되는 盛唐 이후에는 『대일경』과 『금광명경』 등이 새롭게 정립되면서 본존인 석가모니나 대일여래의 전령인 명왕으로 변모하였고, 만다라에서는 방위신장의 지위를 얻고 있다.

후대에 시바 즉, 마혜수라천은 이사나천, 대흑천, 명왕 등으로 다양하게 호칭되며 방위를 담당하거나 財神으로 존숭 받았으며 신중도 등에서 민간신앙이 결합되며 大自在天神으로 각광받았다. 마혜수라천의 아들인 비나가야천은 28부중의 하위 신중으로 등장하였으나 동아시아권에서는 이질적인 외모 때문인지 유행하지 않았다. 그러나 구마라천은 제석천과 더불어 불법의 수호신으로 불경을 간행할 때 권두나 권말에 판각하여 경전수호의 상징으로 여겼다. 또 위태천(동진보살)의 이름으로 천왕전에 배치되었으며, 신중도 등에서 오른 손에 칼을 들거나 합장하며 양쪽에 날개가 달린 투구를 쓰고 나타나는 경우가 많다. 나라연천의 분화는 매우 복잡하며 본존과 경전의 내용이나 지역에 따라 성격과 호칭이 변하고 있다. 나라연천 역시 唐代에 28部衆에 속하며 화염광배를 결하며 猪頭天을 眷屬으로 두고 있다. 그리고 밀적금강과 짝을 이루어 수문신장인 나라연금강 즉 仁王으로 호칭되었는데, 금강저를 수지한 금강과 가공할 힘의 소유자인 나라연천과의 합성적인 이미지가 불교미술에 도입되었다.

다섯 번째로 밀교미술의 가장 큰 특징은 불보살이나 신중에 다면다비가 강조되었고 얼굴의 표현이나 체구, 채색에 있어 강렬한 공포와 분노의 형식을 취하고 있는 점이다. 285굴 서벽에서 각종 호법신과 4천왕은 대부분 분노형식으로 그들의 강열한 성격이 강조되었고, 특히 마혜수라천과 나라연천은 多面像으로 본 면과 좌우 면이 왕자형과 야차형의 분노형식으로 서로 다르다. 두 신중은 얼굴의 표정을 통하여 다양한 그들의 성격과 權能을 들어내는 밀교적인 특징을 보이고 있다. 이와 같은 분노존의 기원문제는 좀 더 복잡한 사상과 경로를 통하여 유입되었다. 분노존은 인도의 비아리아계는 물론 고대 그리스의 怪力과 분노의 신들, 그리고 조로아스터교의 악신 등이 종합적으로 영향을 주었을 가능성이 있으며, 호탄 등 토착종교의 각종 신장상도 영향을 주었다. 특이 다면에 표현된 다중적인 분노형식은 굽타시기 힌두교 造像에서 시바의 본면은 왕자형이나 우면이 분노형이며 좌면이 여성형으로 조성되었는데 불교의 마혜수라천상이 이와 같은 영향을 받았을 가능성이 있다.

여섯 번째로 중국에서 초기밀교와 중기밀교의 시대 구분이 밀교미술과 일치하지 않는 점을 언급하였는데, 대체적으로 중기밀교의 시작은 당 현종시기인 전법3대사의 활동기로 보고 있다. 그러나 문제가 되는 초당시기의 역경과 밀교미술이 이미 중기밀교의 범주에 속하여 초기밀교 미술은 남북조시기와 수대에 한정함이 더욱 타당하다고 생각된다. 밀교에서 변화관음과 석가, 그리고 대일여래와 같은 본존불의 유무와 성불사상은 중기밀교의 특징으로 초당시기의 밀교와 밀교미술에서 이미 이와 같은 특징이 반영되었다.

돈황석굴 제285굴을 중심으로 인도의 서북부지역에서 중국의 대동에 위치한 운강석굴까지 광범위한 지역에서 출토된 유물을 중심으로 초기밀교 미술의 흔적을 살펴보았다. 인도의 서북부지역에 다신교적인 헬레니즘이 전해진 후에 사카, 파르티아, 그리고 쿠샨제국을 거치며 이 지역을 중심으로 각종 종교의 신이 상호 영향을 미쳤으며, 특히 대승불교에서 당시 인도전통의 신을 수용하였고 후대에는 힌두교나 조로아스터교 등도 이와 같은 영향을 받았다. 지금까지 불교가 발생한 인도의 內地에서는 초기밀교와 관련된 조상의 흔적이 발견되지 않고 있는데, 초기밀교 미술은 대부분 불교의 동전과 관련 있다. 서역의 역경승이나 토착종교의 영향이 크며 현세적인 다양한 민중의 요구도 대승불교의 밀교화를 가져왔고 관련된 도상역시 영향을 받았다. 후대에는 나란타사원을 중심으로 성립된 인도의 중기밀교가 중국에 전해지며 초기밀교미술은 대부분 중기밀교 미술에 반영되거나 현교로 흡수되었고 일부 소멸되었다. 초기밀교미술의 실존여부에 대하여는 異論이 존재하나 본고를 통하여 거론된 다양한 유물과 典籍을 통하여 밀교미술의 기원부분 (origin)은 존재하였다고 본다.

Abstract |

The Art of early Esoteric Buddhism
(Dunhuang Mogao Grotto No. 285)

Kim, Sung-hun

In this study, gods appearing in Veda and Indian local gods and deities were all put in the category of Hindu deities. The background of the transfer of Hindu deities to Buddhism is explained by the fact that many Hindus were converted to the teaching of Buddhism as they were moved by the authority and mercy of Buddha, and the converters, confident in the relative superiority of Buddha, led the protection of Buddhist teachings and the spread of Buddhism. Deities transferred to Buddhism form part of Buddhist pantheon, protecting the law of Buddha in Buddhist legends, appearing as audience in the preaching of Buddhist laws, etc. Some deities are classified into In-yong仁王, Four Deva Kings(四天王), or Eight Diving Beings(八部衆), and they play the role of protecting the Buddhist law. With the evolvement of Buddhist thoughts in the later periods, they were grouped into 12 heavenly deities in charge of the Buddhist view of universe, and reorganized into 20 or 24 deities(天) protecting Buddhism. Shiva was most popular among the deities and it appeared in Buddhist arts through various transformations. Moreover, Yaksasa, Kubera, etc. also continued transformation into guardians, etc.

and are popular even today. Surya and Soma were selected as important materials of Buddhist arts in the names of sun god and moon god, respectively. They were usually supplemented Buddha's authority and placed on the top in the composition of 1-2 formation of various Byun-sang-do paintings(變相圖). In later Sin-gung-do paintings(神衆圖), such Hindu deities were put under Chun-bu(天部), Chunrong-bu(天龍部), and Myongwong-bu(明王部). Chun-bu consisted of heaven deities such as Indra, Brahma, and Mahesvara(摩醯首羅天), and Chunrong-bu included mainly armed deities such as Murugan(鳩摩羅天) who was the son of Shiva and the Eight Guardians. Deities appearing in Myongwong-bu were Ucchusma(穢積金剛), Four Vajras(金剛神), etc.

Particularly with the birth of esoteric Buddhism from Mahayana Buddhism, a large number of deities from different religions and local gods and deities were introduced to Buddhism. In the early period of the Northern and Southern Dynasties in China, they were given individual roles such as the protectors of Buddha's teachings or gate guardians, but Hindu deities were compiled into Buddhism as shown in Magao Grotto No. 285 in Dunhuang and some temple sites in Hothan. Hindu deities compiled around Buddha in grottoes and temples have important meanings in Buddhist thoughts, showing the reality of early esoteric Buddhism, which has been largely left unexplained until now. Esoteric Buddhism had traditionally concentrated on the healing of individuals and the security of the state rather than on believers or discipline, but in response to such changes, it had to have new divinities that could accommodate believers' various needs. Conventional Buddha and Bodhisattva brought temporal and spatial differentiation, and deities with new authority were added or created. Newly introduced deities showed steady transformation in authority and iconography as Buddhist families, and in the Tang Dynasty, they came to belong to the 28 divine beings of esoteric Buddha or transformed Avalokitesvara. Then, in the middle age of esoteric Buddhism, they evolved to the Five, Eight and Ten Great Vidya–raja明王 and formed Mandala of esoteric Buddhism.

According to the results of research in Chapter II, the early appearance of Hindu deities in Buddhism is related to Mahayana Buddhism, and especially the evolution of Mahayana Buddhism to esoteric Buddhism provided an opportunity for the expansion of Buddhist pantheon. Hindu deities transferred to Buddhism kept their original authority and iconography, and thus, the personality of gods described in Veda and their view of universe are important for understanding early deities. In addition, various Mahayana scriptures and the background of Buddhist translators provide important information on the background of the appearance of such deities. Nagarjuna's Mahaprajnaparamita–ststra, which is related to the beginning of Mahayana Buddhism already mentioned Hindu deities and various esoteric Buddhist scriptures are also important for explaining the background of early deities.

Hindu deities were excavated in extensive areas along the Silk Road including the northwestern region of India. Various divine images expressed in coins from the period of the Kushan Dynasty are important in relation to the origin of Hindu deities in Buddhist arts. In those days, the Kushan Dynasty embraced Zoroastrianism, Buddhism and Hindu, and the names and icons of various gods have been identified in royal coins found so far. Hellenism and the multi–religiosity of the Kushan Dynasty influenced India religions like Buddhism. The names and icons of gods established around this region reflected the features of Iran arts, and their influence reached even China along with the eastward transmission of Buddhism and Zoroastrianism.

Hindu divine images excavated in Hothan, Panjekent, and Kocho examined in Chapter IV include the religions of Sogdian people such as Buddhism, Zoroastrianism, and Manichaeism. While Hindu deities found in Buddhist temple sites in Hothan played the role of Buddhist guardian deities, those found in Panjekent or Kocho were transfigured into low–grade deities under the Three Great Gods of Zoroastrianism or the founder of Manichaeism. This phenomenon is a characteristic of Silk Road remains from the 6th–8th centuries, and the areas of excavation were commonly the residences of Sogdian people in those days. As suggested by Sogdian history, they believed Zoroastrianism, and when they were incorporated into the area under the control of Bactriana, they were exposed to the influence of Hellenism. They also contacted early Buddhism during the period of the Kushan Dynasty. What is more, Sogdian people participated in the translation of Buddhist scriptures in areas along the Silk Road, and they were important patrons of Buddhist arts. In such an environment, it is a natural phenomenon for Sogdian people to have multi–religious and multicultural characteristics. Various Sogdian arts are significantly meaningful in the iconographic interpretation of Hindu deities in Buddhist arts.

The Buddhist image of Mahesvara, which originated from the icon of Shiva in the Kushan Dynasty, was created in the Yungang Grottoes during the late 5th century, about half a century early than that in Mogao Grotto No. 285 in Dunhuang. Hindu statues in Yungang are the first Buddhist art works in China, and are sculptures distinguished from paintings in the later periods. The arrangement and style in grottoes are different from those in the Hothan or Magao Grottoes, but it is certain that they, along with In–yong, played the role of outside guardians protecting Buddha's world. The divine images in the Yungang Grottoes are multi –headed and multi–hands, holding the sun and moon in two hands, and these show the influence of Iran arts. However, they have a tranquil face rather than an angry face, and are flying beings like Devas, showing a large difference from images in the later periods. Hindu divine images in this area, which were created first in the Silk Road region, are distinguished from esoteric Buddhist images in the later periods, and it is highly likely that the subjects and sutras are also different.

According to review through Chapter V, the mural painting in Grotto No. 285 in Dunhuang reflects the religions and thoughts of many different people. Of course, Buddhism reflects Indian Veda, Hellenism, and Chinese ancient legends. Representative examples are various Hindu gods and sun and moon gods on the west wall of the grotto, Yachas on the south and north walls, Asura illustrated on the ceiling, and Chinese legendary gods. Among them, about 30 deities originated from Hinduism, and some deities have not been identified. Most of the deities became guardians for Buddha or members of Buddhist heavenly deities, and their iconography shows the trace of influence of India and Central Asia.

Chapter VI attempted iconographic interpretation of early deities belonging to Mahayana Buddhism, centering on various deities drawn in Grotto No. 285. In the grotto, the world of heaven was drawn on the ceiling, the sun god and the moon god on the left and right sides of Buddha can be regarded as attending deities. The sun and moon gods on the west wall were deified as bodhisattvas beyond the gods of nature, and had the personalities protecting Buddha outside together with other Hindu deities. The iconography of sun and moon gods indicates the influence of China, India, and Iran, and the use of horses and carts imitated the sun god in India and Kucha. The cart of the sun god is pulled by three geese, and that of the moon god by three lions. This is the first case of appearance of carts in Buddhist arts, and reflects Chinese traditional legends. It can be hypothesized that the cart carries the sun god of seven deities in charge of the seven days of the week by turns and rules the day of the human world, and the cart of the moon god is for carrying the moon gods of nine deities to rule the night. The sun deities are waiting to get on the cart with their right hand open to catch the reins. Among the moon deities is the queen of the moon god, suggesting the personality of the moon god related to the production of the land. Queen of Wolcheon(月天妃) is related to the contents of esoteric Buddhist scriptures such as Bumchonw–whara–guyo and Chilyo–ang–jegul, saying, 'Wolcheon月天 is always accompanied by the Queen and take 12 gungs(宮) and 18 suks(宿) as its family.'

Representative Hindu gods on the west wall are Mahesvara and his two sons, and Narayonchon(那羅延天). They are all important gods in Hinduism, and were introduced to Buddhism when Mahayana Buddhism was established. Mahesvara is most adored and popular among Hindu gods. Mahesvara stands on the left side of Buddha, and is easily recognizable because it has three faces, six arms, and a black body, and carries a bull to ride. Mahesvara images that have been excavated so far are distributed in the Yungang Grottoes of Northern Wei and extensively throughout Central Asia, and the iconography is also identified in above–mentioned Zoroastrianism and Manichaeism. In terms of iconography, style, and arrangement,

Mahesvara in Grotto No. 285 is closer to those in the Hothan temple sites than those in the Yungang Grottoes. It is possible that the Buddhist thoughts, sutras, and artists of the two areas, geographically close to each other, exchanged influence with each other. Hothan was the middle point of the Silk Road, and it was once ruled by the Kushan Dynasty in the past. Local religions in this area influenced Buddhism, and Zoroastrian Sogdian people lived there in groups. Mahesvara's two sons Genesa(毘那夜迦天) and Kumara are also famous in Buddhist arts. They belonged to the 28 divine beings of Buddha in later esoteric Buddhism, and were reflected in various Byun-sang-do paintings. In particular, Kumara appeared continuously in later exoteric Buddhism in the names of Murugan(韋駄天) and Dong-jin Bodhisattva(童眞菩薩).

On the right side of Buddha, Vishnu, namely, Narayonchon accompanied by two deities stands opposite to Mahesvara. Narayonchon, having three faces in different skin colors and eight arms, proves its identity as Vishnu by holding a turban shell and cakra in the hand of the black left face. The Buddhist name of Vishnu is Yinuchon偉紐天, and it was inherited to the later periods as an esoteric Buddhist sacred image. Narayonchon was described to have dreadful power, and played the role of In-yong in the later periods. The two low-grade deities of Narayonchon have not been identified clearly. Vasu(婆藪仙) was popular in the period of the Northern and Southern Dynasties in China and particularly in the Dunhuang and Yungang Grottoes. Vasu and Nokdubumgi(鹿頭梵志) were adopted as guardians or left and right attendant saints of Buddha. Vasu holds a bird and Nokdubumgi is described as an old Brahman holding a skull in its hand. This is to show the believers Vasu's rule of not killing lives and Nokdubumgi's excellence. After the Tang Dynasty, Vasu maintained its name as a guardian deity of Buddha, but later art works showing its image became rare except those in Japan.

In the overall composition of the west wall, the sun god and the moon god were placed on the top centering on Buddha, Mahesvara and Narayonchon are escorting Buddha on its left and right, and the Four Deva Kings are guarding the four directions. This arrangement considered the protective personality of the deities guarding Buddha, and in the later periods, they were inherited through Byun–sang–do paintings or Mandala of esoteric Buddhism rather than through exoteric Buddhism. In this sense, the iconography or arrangement of various deities on the west wall is likely to be related to early esoteric Buddhism.

참고문헌 |

1. 史料와 經典

―史料―

『舊唐書』,『洛陽伽藍記』,『南海奇歸內法傳』,『大唐西域記』,『佛國記』,『山海經』,
『隋書』,『新唐書』,『魏書』,『李君莫高窟佛龕碑』,『周書』,『通典』,『漢書』,『後漢書』

―經典―

『迦樓羅及諸天密言經』,『覚禅钞』,『孔雀王雜神呪』,『觀佛三昧海經』,『廣大軌』,
『經律導相』,『具緣品疏』,『供養十二大威德千報恩品』,『金剛頂經』,『金光明經』
『金光明最胜王经』,『內律』,『大孔雀神呪經』,『大妙金剛经』,
『大炒金剛大甘露軍拏利焰髻熾盛佛頂经』,『大方等大集经』,『大毘盧遮那成佛經疎』,
『大日經』,『大日经疏七』,『大雲』,『大莊嚴論經』,『大正藏』,『大智度论』,『大集经』,
『大黑天神法』,『律藏初分』,『摩诃衍经』,『摩登伽經』,『牟梨曼茶羅神呪經』,
『無量壽經』,『密迹金剛力士經』,『密跡力士大權神王經偈頌』,『般舟三昧經』,
『図像抄』,『无量寿经』,『梵天火羅九曜』,『補陀落海會軌』,『佛說灌呪經』,
『不空罥索神变真言经』,『毗那夜迦誐那钵底瑜伽悉地品秘要』,『釋迦雜呪』,
『善法方便多羅尼經』,『攝無碍經』,『攝無礙經』,『成菩提集』,『阿含經』,
『藥師瑠璃光經』,『藥師如來本願經』,『藥師琉璃光如來本願功德經』,
『藥師琉璃光七佛本願功德經』,『维摩诘经疏』,『仁王護國般若波羅密經』,『尊容钞』,
『地藏菩薩本願經』,『總釋陀羅尼義讚』,『陀羅尼雜集』,『胎藏現図曼荼羅』,
『攝無礙經』,『諸說不同記』『賢愚經』,『華嚴經』,『華積多羅尼神呪經』,
『千手千眼观世音广大圆满无碍大悲心陀罗尼经』,『千手觀音造次諸法儀軌』,
『千手千眼观音经变』,『금강전유가호마의궤』,『대위력오추비마명왕경』,
『방과대업경』,『사두간태자28숙경』,『섭무외경』,『8양신주경』,『慧琳音义』,
『杂宝藏经』,『瑜伽师地论』,『順正理論』,『Ramayana』,『Mahabarata』,『Veda』,
『Furana』

2. 圖錄 및 辭典類

-圖錄-

甘肅省信和書店, 江蘇省信和書店, 『敦煌』, 甘肅人民出版社, 江蘇美術出版社, 1990

柳經龍, 『龍門石窟造像全集 1-10卷』, 文物出版社, 2002

敦煌文物硏究所篇, 『中國石窟敦煌莫高窟 1-5卷』, 文物出版社, 1987

敦煌硏究員, 『敦煌石窟藝術 全卷』, 江蘇美術出版社, 1996

敦煌硏究員, 최혜원, 이유진譯『敦煌』, 凡友社, 2001

러시아國立博物館, 上海古蹟出版社, 『俄藏敦煌藝術品 1-7』, 上海古蹟出版社, 1997

文園英憲, 『바미얀 Vol.1-4』, 京都大學中央學術調査報告書 日本寫眞印刷株式會社

新疆文物管理委員會, 北京大學考古系, 『中國石窟』, 克孜爾石窟 1-3卷 文物出版社, 1989

中國石窟彫塑全集編輯委員會篇, 『中國石窟彫塑全集 1-10卷』, 重慶出版社, 2001

中國美術分流全集, 『中國藏傳佛敎彫塑全集 1-6卷』, 北京美術撮影出版社, 2002

中國美術分流全集, 『中國敦煌壁畵全集 1-11冊』, 遼寧美術出版社, 2006

中國壁畵全集編輯委員會, 『中國壁畵全集』, 天津人民美術出版社, 1989

重慶大足石刻藝術博物館, 『大足石刻彫塑全集, 1-4卷』, 重慶出版社, 1999

PRATAPADITYA PAL, Art from the Indian Subcontinent ,YALE UNIV. PRESS, New Haven
　　　and London, 2003

AFGHANISTAN, National Geographic, 2008

마리아 안젤리로지음, 이영민옮김, HISTORY AND TREASURES OF ANCIENT
　　　CIVILIZATION(인도) , 생각의 나무, 2010

國立中央博物館, 『실크로드미술(베를린 인도미술관 소장 독일 투르판 탐험대 수집품)』,
　　　1991

-辭典類-

김상길 편저, 『불교대사전』, 홍법원, 1998,

정수일, 『실크로드사전』, (주)창작과 비평사, 2013

한국사전연구사, 『종교학대사전』, 종교학사전 편찬위원회, 1998

한정희, 『불교용어사전』, 경인문화사, 1998 p.450(밀교)

鎌田茂雄, 『中國佛敎史辭典』, 東京: 東京堂出版. 1981

光大辭典編纂委員會 編, 『佛光大辭典』, 高雄: 佛光出版社. 1988

丁福保, 『佛學大辭典』

佐和隆研編, 『密敎辭典』, 京都: 法藏館. 1987

中村元 外 編, 『佛敎語辭典』, 東京: 東京書籍. 1975

Anna Dallapiccola, 'Dictionary of Hindu Lore
   and Legend'(ISBN0-500-51088-1)

Bunce, Fredrick W, 1994, An Encyclopedia of Buddhist Deities, Demigods, godling,
      Saints & Demons, 2 vol, DK Printworld, New Delhi

Oxford Dictionaries, 2001, Phaethon Olivia E. Coolidge, Greek Myths, Houghton Mifflin
      Harcourt

Dowson, John, 1888, A Classical Dictionary of Hindu Mythology and Religion,
      Geography, History and Literature (2nd ed.). London: Trübner & Co.

3. 單行本

〈국문〉

국립중앙박물관편, 『국립중앙박물관소장 중앙아시아미술』, 1986

김익순, 『密敎槪說』, 불교대학교재편찬위원회, (주)이화출판사, 1999

나종근, 『조로아스터』, 샴발라총서4, 시공사, 2000

문명대, 『한국의 불상조각(전4권)』, 예경, 2003; 『간다라에서 만난 부처』, 한언, 2009; 『서역
      실크로드탐사기』, 한국언론자료간행회, 1994

민병훈, 『실크로드미술』, 국립중앙박물관, 1991

배진달, 『중국불교조각사연구논저목록』, 민족사, 1995

석지현, 『密敎』, 현암사, 1977

여건복, 『密敎論考』, 종교문화출판사, 2008

이영석, 『南北朝佛敎史』, 혜안, 2010

이주영, 『간다라미술』, (주)사계절출판사, 2003

임영애,『서역불교조각사』, 一志社. 1996

장애순,『밀교학연구논문논저목록』, 동국대학교, 2004;『밀교학연구논문논저목록』,
　　　동국대학교, 2005

전호태,『중국화상석과 고분벽화연구』, 솔, 2007

〈중문〉

姜伯勒,『敦煌土蕃文書與絲綢之路』, 文物出版社, 1994

姜伯勒,『中國祆教藝術史研究』, 北京, 三聯書店, 2004

高國藩 ,『敦煌學百年史術要』, 臺灣商務印書館股份有限公司, 2003

段文杰,『中西艺术的交会点-莫高窟第285窟』, 兰州: 甘肅民族出版社, 2000

桃大中,『古代西北中國』, 三民書局, 中華民國70년

賴棚擧,『敦煌石窟造像思想研究』, 文物出版社, 2009

林惡殊.『摩尼教及其东渐[M]』. 北京 : 中华书局 , 1987

林惡殊.『唐代景教再研究[M]』. 北京 : 中国社会科学出版社 , 2003

馬世昌지음, 양은경 옮김『中國佛教石窟』, 다할미디어, 2006

買應逸, 祁小山,『印度到中國新疆的佛教藝術』, 甘肅教育出版社, 2002

文梦霞,『东阳王为敦煌第285窟之窟主补证』, 台北: 文史哲出版社, 2001

北京大學考古學系 · 克孜爾千佛洞文物保管所 編,『新疆克孜爾石窟考古報告』, 北京:
文物出版社. 1997

費泳,『漢唐佛教造像藝術史』, 一武漢; 湖北美術出版社. 2009.9

西順藏著, 조성율 譯,『中國宗教史』, 한올아카데미, 1996

孫 彦,『河西魏晉十六國 壁畫墓硏究』, 文物出判社 2011

宿 白,『中國石窟寺硏究』, 北京: 文物出版社. 1996

信立祥著, 김용성 역,『漢代畵像石의 世界』, 學研文化史, 2005

梁容端,『漢魏晉南北朝佛教史』, 上, 下册, 中華書局, 1983

呂建福,『中國密教史』, 中國社會科學出版社,1995

雲岡石窟文物研究所,『雲岡石窟大事記』, 文物出版社, 2005

殷文杰,『敦煌石窟藝術硏究』, 甘肅人民出版社, 2007

李小營,『敦煌密教文獻論考』,北京, 人民文學出版社, 2003. 7

李淞,『陝西古代佛教美術』, 陝西人民教育出版社, 2000

李裕群,『北朝晚期石窟寺研究』, 文物出版社, 2001

李正曉,『中國早期佛教造像研究』, 北京: 文物出版社. 2005

任繼愈,『中國佛教史』全3卷, 北京: 中國社會科學出版社. 1981

张广达.『祆教对唐代中国之影响三例[M]』//尤巴尔 Denys. 法国汉学 , 第1辑.
　　　北京：清华大学出版社, 1996

張焯,『雲岡石窟編年史』, 文物出版社, 2005,『雲岡石窟編年史』, 北京: 文物出版社. 2006

湯用彤,『漢魏兩晉南北朝佛教史』, 臺北: 臺灣商務印書館. 1938

贺世哲,『敦煌圖像研究, 十六國北朝卷』, 甘肅教育出版社, 2006

黃佩賢,『漢代墓室壁畫研究』, 文物出版社 2008

侯旭東,『伍六世紀北方民衆佛教信仰』, 北京: 中國社會科學院出版社. 1998

랑천영지음, 전창범 옮김『中國彫刻史』, 學研文化社, 2005

위안커 지음, 김선자 등 역, 『중국신화사-상권(원시시대에서 위진시대 까지)』,
　　　웅진지식하우스, 2007

〈일문〉

鎌田茂雄,『中國佛教史』, 東京: 岩波書店. 1978[國譯 정순일 옮김『中國佛教史』,서울
　　　經書院, 1985]

高田修,『佛教美術史論考』, 東京: 中央公論美術出版. 1969

宮治昭 著 李萍, 張淸濤 譯,『涅槃和彌勒的圖像學』, 文物出版社, 1992

金剛秀友,『密敎的起源』, 築摩書房, 1985. 9

吉村怜,『中國佛教圖像の研究』, 東京: 東方書店. 1983

大村西崖,『密敎發達史』佛書刊行會, 1918. 11

賴富本匕宏 · 下泉全曉,『密敎圖像圖典: インドと日本のほとけたち』, 京都: 人文書院. 1994

梅尾祥云,『秘密佛敎史』高野山大學出版社, 1933. 11

木村清孝,『中國佛敎思想史』, 京都: 世界聖典刊行協會. 1978,[국역 장휘옥,
　　　옮김『중국불교사상사』, 서울민족사, 1989]

山本智敎,『佛敎美術の源流』, 全2卷, , 東京: 東京美術. 1981

三浦章夫,『密敎通史』豊山派敎學部, 1940

石松日奈子,『北魏佛敎造像史の研究』, 東京: 星雲社. 2005

小野玄妙,『大乘佛敎藝術史の研究』, 東京: 大雄閣. 1927

松本榮一, 『燉煌畵の研究』全2卷, 東京: 東方文化學院東京研究所. 1937

松原三郎, 『中國佛教彫刻史論 全4卷, 東京: 吉川弘文館. 1995

松長有慶, 『密敎的歷史』平樂寺書店, 1969. 1(허일범역『密敎歷史』경서원, 1990)

水野淸一, 長廣敏雄, 『龍門石窟の研究』, 東方文化研究所研究報告 16, 東京: 座右寶.
    1941, 長廣敏雄, 『雲岡石窟:西曆伍世紀における中國北部佛教窟院の考古學的
    調査報告』, 全33卷, 京都: 京都大學人文科學研究所雲岡刊行會. 1951-1975,
    『中國の佛敎美術』, 東京: 平凡社. 1968

日本東京藝術大學, 『敦煌石窟調査(第1次)報告書』, 1985

平川彰, 『インド仏教史 下』, 春秋社

Miho Musemu 編, 『龍門石窟』, 東京: Miho Museum. 2001

구스와미 하르쉬아난다 저, 조석진 역, 『인도의 여신과 남신』, 남명문화사, 1987

노미키 지음, 최성은 옮김, 『중국의 불교미술』, 시공사, 2001

다까까미 가꾸소우 저, 주보연 역, 『密敎槪論』,경서원, 1990

카마타 시게오 지음, 장휘옥 역, 『중국불교사 1-3권』, 도서출판 장승, 1992

中國石窟 : 敦煌莫高窟. 5vols. 平凡社 · 文物出版社. 東京. 1980-1982

〈영문〉

Hin-Cheung Lovell, 1973, An Annotated Bibliography of Chinese Painting Catalogues and
    Related Texts, Ann Arbor: Center for Chinese Studies, University of Michigan.

Osvald Sirén, 1933, A History of Early Chinese Painting(2 vols.), London: Medici Society.

Osvald Sirén, 1936, The Chines on the Art of Painting: Translations and Comments,
    Beijing: Henri Vetch.

Susan Bush and Hsio-yen Shih, 1985, Early Chinese Texts on Painting, Cambridge, Mass.
    and London: Harvard University Press.

Alan Priest, 1944, Chinese Sculpture in the Metropolitan Museum of Art, New York:
    Metropolitan Museum of Art.

Alexander Soper, 1959. "Literary Evidence for Early Buddhist Art in China," Artibus Asiae
    Supplementum 19, Ascona: Artibus Asiae.

Angela F. Howard, 1986, The Imagery of the Cosmological Buddha, Leiden: E. J. Brill.

Angela F. Howard, et al.,2006. Chinese Sculpture, New Haven: Yale University Press,

James O. Caswell, 1988. Written and Unwritten: A New History of the Buddhist Caves at Yungang, Vancouver: University of British Columbia Press.

Leigh Ashton, 1924, An Introduction to the Study of Chinese Sculpture, London: Benn.

Dietrich Seckel, 1957. Buddhistische Kunst Ostasiens, Stuttgart: W. Kohlhammer. [국역 디트리히제켈 이주형 옮김 『불교미술』예경, 2002]

Dorothy C. Wang, 2004, Chinese Steles: Pre-Buddhist and Buddhist Use of a Symbolic Form, Honolulu: University of Hawai'i Press.

H. A. van Oort, 1986, The Iconography of Chinese Buddhism in Traditional China, 2 vols. Leiden: E. J. Brill.

Agnew Neville ed., 1997, Conservation of Ancient Sites on the Silk Road: Proceedings of an International Conference on the Conservation of Grotto

Sites, Los Angeles: Getty Conservation Institute.

Road Treasures from Northwest China Gansu and Ningxia 4th-7th century, New York, N.Y.: Harry N. Abrams with the Asia Society.

Aurel Stein, 1928, Innermost Asia, Detailed Report of Explorations in Central Asia, Kan-su, Eastern Iran, Oxford: Clarendon Press.

Arthur Waley, 1931, A Catalogue of Paintings Recovered from Tun-huang by Sir Aurel Stein, K.C.I.E., preserved in the Sub-department of Oriental Prints and Drawings in the British Museum, and in the Museum of Central Asian Antiquities, Delhi, London: Printed by Order of the Trustees of the British Museum and of the Government of India.

Jacques Gies, et al., 2002, Painted Buddhas of Xinjiang: Hidden Treasures from the Silk Road, London: Art Media Resources.

Marylin M. Rhie, 1999-2010. Early Buddhist Art of China and Central Asia, 3 vols. Leiden: E. J. Brill.

Mikhail Piotrovsky ed., 1993. Lost Empire of The Silk Road: Buddhist Art from Khara Khoto(X-XIIIth century), Milano: Electa.

Roderick Whitfield, et al., 2000, Cave temples of Mogao: Art and History on the Silk Road, Los Angeles: Getty Conservation Institute and the J. Getty Museum.

Sarah E. Fraser, 2004, Performing the Visual: The Practice of Buddhist Wall

Painting in China and Central Asia, 618-960, Stanford, Calif.: Stanford University Press.

Andrews, F. H, 1948, Wall Painting from Ancient Shrines in Central Asia, Oxford University Press, New Delhi

Baumer, Christoph, 2002, Southern Silk Road: In the Footsteps of Sir Aural Stein and Sven Hedin, 2nd edn, Orchid Press, Bangkok

Whitfield, Roderick, 1982-85, The Art of Central Asia: The Collection in the British Museum, 3 vols, Kodan International, London and Tokyo

Bhattacharyya, D. C, 1989, Metamorphosis of a Central Asian Motif, Buddhist Iconography, Tibet House, New Delhi

Whitfield, Susan , 2004. The Silk Road; Trade, Travel, War and Faith, Serindia Publications Ltd, Chaicago IL

Tucker, Jonathan, 2003, The Silk Road; Art and History, Timeles Books, New Delhi

Whitfield, Roderick, 1985, The Art of Central Asia, Vol. III , Kodansha Internation Ltd, Tokyo

Zhang Guangda,   2000, Iranian Religious Evidence in Turfan Chiness Texts, in china Archaeology and Art Digest 4(1),published by B, Doar and S. Dewar, Hong Kong

V, Khetri, 2011, Buddhism in India(History and Culture) Arise Publishers & Distributors

T, N, Madan, 1992, Religion in Indian, OXFORD university press
    Hawkins, Bradley K. 1999, Buddhism, Routledge

Kitagawa, Joseph Mitsuo, 2002, The Religious Traditions of Asia: Religion, History, and Culture, Routledge

Macmillan Publishing, 2004, Macmillan Encyclopedia of Buddhism, Macmillan Publishing

Snelling, John, 1987, The Buddhist handbook. A Complete Guide to Buddhist Teaching and Practice, London: Century Paperbacks

Wardner, A. K, 1999, Indian Buddhism, Delhi: Motilal Banarsidass Publishers

Williams, Paul; Tribe, Anthony, 2000, Buddhist Thought: A complete Introduction to the Indian tradition, Routledge

Arthur Waley, 1959, Buddhism in Chinese History, Stanford: Stanford University Press.

Kenneth K. S. Chen, 1964, Buddhism in China: A Historical Survey, Princeton University Press, [국역 박해당 옮김『중국불교』상·하, 민족사, 1991]

Müller, M, 2002, Ra. In D.B.Redford (Ed.),The ancient gods speak: A guide to Egyptian religion New York: Oxford University Press, USA.

Hart, George, 1986, A Dictionary of Egyptian Gods and Goddesses. London, England: Routledge & Kegan Paul Inc.

Jeremy Black, Anthony Green, 1992, Gods, Demons, and Symbols of Ancient Mesopotamia

Jansen, Eva Rudy. The Book of Hindu Imagery: Gods, Manifestations and Their Meaning

M. Boyce, 1975, The Zoroastrian Temple Cult of Fire, JAOS 95

Karl Kerenyi, 1951. The Gods of the Greeks, "The Sun, the Moon and their Family"

S. P. Gupta, 2002, Hindu Gods in Western Central Asia A Lesser Known Chapter of Indian History, (Journal of Astha Bharati, New Delhi

C. J. Brown, 1922, The coins of India, OXFORD UNIVERSITY PRESS.

Rekha Jain, 1962, Ancient Indian Coinage, D. K. Printworld. Ltd.

D. C. Sircar, 1968, Studies in Indian Coins, MOTILAL BANARSIDASS PUBLISHERS PRIVATE LIMITED, DELHI.

Parmeshwari Lal Gupta, 1994, Sarojini Kulashreshtha, Kusana Coins and History, D. K. Printward(P) Ltd.

Michael Mitchiner, 1973, The origins of Indian Coinage, Hawkuns Publications.

Dobbins, K. Walton, 1971, The Stūpa and Vihāra of Kanishka I. The Asiatic Society of Bengal Monograph Series, Vol. XVIII. Calcutta.

Kulke, Hermann; Rothermund, Dietmar, 1998, A history of India. London; New York: Routledge.

Kumar, Baldev, 1973, The Early Kuṣās. New Delhi, Sterling Publishers.

Wood, Frances, 2003, The Silk Road: Two Thousand Years in the Heart of Asia. University of California Press

Susan L. Huntington, 2001, THE ART OF ANCIENT INDIA, WEATHERHILL Boston, London

Boyce, Mary, 2001, Zoroastrians: their religious beliefs and practices, Routledge,

Andrews, F. H, 1948, Wall Painting from Ancient Shrines in Central Asia, Oxford

University Press, New Delhi

Baumer, Christoph, 2002, Southern Silk Road: In the Footsteps of Sir Aural Stein and Sven Hedin, 2nd edn, Orchid Press, Bangkok

Stein, Marc Aurel, 1904, Sand-buried Ruins of Khotan, Hurst & Blackett, London

Belenitskii, A, M, and B.I. Marshak, 1981, The Painting of Sogdiana, in Azarpay Guitty, Sogdian Painting, University of California Press, London

Bunce, Fredrick W, 1994, An Encyclopedia of Buddhist Deities, Demigods, godling, Saints & Demons, 2 vol, DK Printworld, New Delhi

Compareti, Matteao, 2007, The Indian Iconography of the Sogdian Divinities: The and Textual Evidence, in A. Betts and F. Kidd, New Discoveries in Silk Road Archaeology, ICAANE5

Mode, M, 1991, Sogdian Gods in Exile. Some Iconographic evidence from Khotan in the Light of Material Excavated in Sogdiana , in South Asian Archaeology, Stuttgart

Whitfield, Roderick, 1982-85, The Art of Central Asia: The Collection in the British Museum, 3 vols, Kodan International, London and Tokyo

Zhang Guangda, 2000, Iranian Religious Evidence in Turfan Chiness Texts, in china Archaeology and Art Digest 4(1), published by B, Doar and S. Dewar, Hong Kong

Stein, Marc Aurel, 1904. Sand-buried Ruins of Khotan, Hurst & Blackett, LBailey, H. W, 1945, Khotanese Texts 1, university Press, Cambridge

Bailey, H. W, 1951, Khotanese Buddist Texts, Taylor's Foreign Press, London

Stein, M. Aural, 1907, Ancient Khotan, Clarendon Press, Oxford, London

Williams, joanna, 2000. The Iconography of khotanese Painting, in East and west, Vol.23, IsMEO, Rome, 1973, Yaldiz, Marianne et al., Magische, SMPK, Berlin

Anupa Pande, 2009, The Art of Central Asia and The Indian Subcontinent, National Museum Institute, New Delhi

Lokesh Chandr, 2009, A Central Asia as the Path of Sutras. The Art of Central Asia and The Indian Subcontinent, National Museum Institute, New Delhi

Lokesh Chandra, 2009, Dandan-Uiliq Panels for the Divine Protection of Khotan, The Art of Central Asia and The Indian Subcontinent, National Museum Institute, New Delhi

Matteo Compareti, 2009, Remarks on the Sogdian Religious Iconography in 7th Century Samarkand, The Art of Central Asia and The Indian Subcontinent, National Museum Institute, New Delhi

Narain, A. K. 2004, Ganesa; A Protohistory of the Idea and the Icon, Brown

Alice Getty, 1936, Ganesa-A Monograph on Elephant-faced god, oxford

M.K.Dhavalikar, 1991, Ganesa-Myth and Reality, in Robert L. Brown, Ganesh-Studies of an Asian Cod, New york

Indra in the Rig-Veda. Journal or Americal Oriental Society Retrieved 12 July 2012.

a b c Wilkings, W. J. 27 December 2001, Hindu mythology, Vedic & Puranic, Elibron Classics(reprint of 1882 edition by Thaker, Spink & Co., Calcutta.

Rig-Veda-Sanhitá By Horace Hayman Wilson, Edward Byles Cowell, William Frederick Webster

Jansen, Eva Rudy. The Book of Hindu Imagery: Gods, Manifestations and Their Meaning Cultural History From The Vayu Purana By Devendrakumar Rajaram Patil, Rajaram D. K. Patil

Shaw, Miranda Eberle, 2006, Buddhist Goddesses of India. Princeton University Press.

Hall, David Avalon, 1990, Marishiten: Buddhism and the warrior Goddess, Ph.D. dissertation,(Ann Arbor: University microfilms)

Hall, David Avalon, 1997, "Marishiten: Buddhist Influences on Combative Behavior" in Koryu Bujutsu: Classical Warrior Traditions of Japan. Koryu Books

Hall, David Avalon, 2013, The Buddhist Goddess MARISHITEN: A Study of the Evolution and Impact of Her Cult on the Japanese Warrior. Global International.

Keith Stevens, 1997, Chinese Gods: The Unseen World of Spirits and Demons. Colins and Brown.

Kunsley, David, 1988, Hindu Goddesses; Vision of the Feminine in the Hindu Religious Tranditions, University of California Press

G. S. Churye, 1962, God and Men, Bombay

Compareti, Matteao, 2007, The Indian Iconography of the Sogdian Divinities: The and Textual Evidence, in A. Betts and F. Kidd, New Discoveries in Silk Road Archaeology, ICAANE5

Mode, M, 1991, Sogdian Gods in Exile. Some Iconographic evidence from Khotan in the

Light of Material Excavated in Sogdiana, in South Asian Archaeology, Stuttgart

미셸따르디 외, 이수민 역,『마니교』, 분도출판사, 2005

미야지아키라 지음 김향숙, 고정은 옮김,『인도미술사』다홀미디어, 2006

벤자민 로울렌드 지음, 이주형 옮김,『인도미술사』도서출판예경, 1996

비드야 데헤드 지음, 이숙희 옮김,『인도미술』, 한길아트, 1997

안넬리제, 페터카일하우어 지음, 전재성 옮김,『힌두교의 그림언어』동문선, 1994

아지트 무케르지 최병식 옮김,『인도종교미술』동문선, 1995

조지프 캠벨 지음, 홍윤희 옮김,『신화의 이미지』(주)살림출판사, 2006

伯希和, 경승 역,『伯希和敦煌石窟筆記』甘肅人民出版社出版發行, 2007

Hans Joachim Klimkeit, 林惡殊 譯,『古代摩尼敎藝術』, 世界文化叢書淑馨出版社, 1995

4. 논문

〈국문〉

강수현,「7-8세기 서역남로 호탄 단단-월릭 회화연구」, 홍익대학교, 2001

김성훈,「돈황막고굴 285굴의 마혜수라천연구」,『강좌미술사42호』, 한국미술사
　　　연구소, 2014

김현중,「예적금강도상의 연구」, 동국대학교 대학원 미술사학과 석사학위논문,
　　　2010

민병훈,「소그드의 역사와 문화」,『소그드의 역사와 문화, 국립중앙박물관 국제학술대회
　　　자료집』, 2010

민병훈,「이종교간의 습합과 공존」,『미술자료』78호, 국립중앙박물관, 2009

백남수,「금강역사상의 성립과 전개」,『미술사학연구』208호, 1995

심영신,「통일신라시대 사천왕상 연구」,『미술사학연구』216권, 한국미술사학회,
　　　1997

임영애,「인도와 간다라의 집금강신」,『강좌미술사』, 2007

임유해,「중국 예적금강도상연구」, 동국대학교 불교예술문화학과 석사학위논문,
　　　2009

조성금,『천산위구르왕국의 불교회화 연구』, 동국대학교 대학원 미술사학과 박사학

위논문, 2013

권영우, 『돈황막고굴 제285굴의 의미와 기능』, 서울대학교 대학원 고고미술사과
　　석사학위논문, 2014

〈중문〉

姜伯勒, 「敦煌吐魯番文書與絲綢之路」, 『 敦煌吐魯番與絲綢之路栗特人』卷第5,　文
　　物出版社, 1994

賈應逸, 「于田佛敎圖像的地神硏究」, 『新疆佛敎壁畵的歷史學硏究』, 中國人民大學出
　　版社, 2010

馬利,　史忠平, 「文化交流視野下的莫高窟285窟窟頂藝術」『邢台學院報』, 邢台學院　,
　　2001

文夢霞, 「再論東陽王元榮領瓜州刺史的時間」『敦煌硏究』敦煌硏究院, 2006

謝生保, 「時論敦煌石窟壁畵中的婆藪仙人和鹿頭梵志」『2000年敦煌國際學術討論會
　　論文諸要集』, 2000

梁尉英, 「莫高窟第249,285窟狩獵圖似是不律儀變相」『敦煌硏究』敦煌硏究院, 1997

王小偉,　津村宏臣,高林弘實, 「GIS軟件在莫高窟現狀調査中的應用-以第285窟南壁現狀
　　調査分析爲例」『敦煌硏究』敦煌硏究院, 2008

王惠民, 「婆藪仙与鹿头梵志」『敦煌硏究』, 02期, 2002

饒宗頤, 「園陀與敦煌壁畵」, 『敦煌吐魯番學硏究論文集』, 漢語大辭典出版社, 1990

張文玲, 「敦煌莫高窟第285窟印度敎圖像深討」, 『1994年敦煌學國際硏究討會文集』,
　　甘肅民族出版社, 2000

張元林, 「莫高窟北朝窟中的婆藪仙人和鹿頭梵志形狀再識」『敦煌硏究』敦煌硏究員,
　　2006, 「論莫高窟第285窟日天圖像的栗特藝術原流」『敦煌學輯刊』,蘭州大學敦煌學
　　硏究所, 2007, 「觀念與圖像的交融-莫高窟第285窟마혜라천圖像硏究」『敦煌學輯刊』,
　　蘭州　大學敦煌學硏究所, 2007, 「法華經　佛性觀的形象詮釋-莫高窟第285
　　窟南壁故事畵的思想意涵」『敦煌究』敦煌硏究院, 2007, 「觀念與圖像的交融-
　　莫高窟285摩醯首羅天圖像硏究」, 『敦煌學輯刊』4期, 蘭州大學敦煌學硏究, 2007

張元林, 「栗特人與第285窟的營建」, 『2005雲岡國際學術討論文集/硏究編』, 北京,
　　文物出版社, 2006.8, 張志海, 「敦煌北朝時期法華信仰中的無量壽佛信仰-
　　以莫高窟第285窟無量壽佛 說法圖爲例」『敦煌硏究』敦煌硏究院, 2007

賀世哲,「石室禮記－重新解讀莫高窟第285窟北壁八佛說法圖」『敦煌研究』敦煌研究院, 2003,「敦煌莫高窟第285窟西壁內容考釋」『敦煌研究』, 1988年 第02期,「關爲莫高窟的三世佛與三佛造像」『敦煌研究』, 1994,「莫高窟 第285窟西壁內容考釋」,『1987年敦煌石窟研究 國際學術討論會文集』, 遼寧人民出版社, 1990

賀世哲,「觀念與圖像的交隆－莫高窟285窟 摩醯首羅天圖像研究」4期, 蘭州大學敦煌學研究, 2007

賀世哲,「莫高窟第285窟西壁內容考釋」,『敦煌石窟研究國際討論回文集/石窟考古편』, 敦煌研究員編, 沈陽; 遼寧美術出版社, 1987

胡同慶,「也談莫高窟第285窟十二時獸」『社科縱橫』,甘肅省社會科學界聯合會, 2000, 호조양「時論敦煌壁畫中的不對稱中求不對稱美學特徵」『民族藝術』, 廣西民族文化藝術研究員, 2004

Pavel Lurye,「Recent Finds in Panjikent」,『소그드의 역사와 문화, 국립중앙박물관 국제학술대회 자료집』, 국립중앙박물관, 2010

〈일문〉

佐佐木律子,「莫高窟第285窟西壁內容解釋試論」,『日本藝術』,第142冊, 1997

〈영문〉

Kilimkeit, Hans-J, 1983, The Sun and Moon as Gods in Central Asia, Bulletin of the South Asian Religious Art(SARAS), Reading(U. K.), No.2, April

Helene Diserens, 1997, "Two stone reliefs of Surya from Gum-A study of the sun-chariot and its terms,"Silk Road Art and Archaeology: Journal of the Silk Road Studies, vol.5(1997.8)

David Efurd, 1999, Early Iconography of the Indian Sun-god Surya, MA. Thesis, University of Georgia.

B. Rowland, 1938, "Buddha and the Sun God," Zalmoxis: Revue des Etudes Religieuses Ⅰ (1938):69-84.

Ma Shichang, 1996, "Kizil zhongxinzhu ku zhushi quanding yu hoshi de bihua," Zhongguo Shiku--Kizil Shiku Ⅱ, Beijing, 1996, vol.2. pp.174-226

Su Bai, 1986, "Kizil bufen dongku jieduan huafen yu niandai deng wenti de chubu tansuo," Zhongguo Shiku--Kizil Shiku Ⅰ, Beijing, 1989, vol. 1. pp.10-23.

Kilimkeit, Hans-J, 1983, The Sun and Moon as Gods in Central Asia, Bulletin of the South Asian Religious Art (SARAS), Reading (U.K.), No.2, April

Katsumi Tanabe, 1990, The Kushan Representation of ANEMOS/OADO and its Relevance to the Central Asian and Far East Eastern Wind Gods, Vol. of Silk Road Art and Archaeology

Sims-Williams, Nicholas and Joe Cribb, 1995/6: "A New Bactrian Inscription of Kanishka the Great." Silk Road Art and Archaeology 4 (1996)

Sims-Williams, Nicholas, 1998: "Further notes on the Bactrian inscription of Rabatak, with an Appendix on the names of Kujula Kadphises and Vima Taktu in Chinese." Proceedings of the Third European Conference of Iranian Studies Part 1: Old and Middle Iranian Studies. Edited by Nicholas Sims-Williams. Wiesbaden. 1998

Ball, Warwick, Rome in the East: the transformation of an empire, Routledge, 2001. "Manichaeism was a syncretic religion, proclaimed by the Iranian Prophet Mani".

Belenitskii, A,M, and B.I. Marshak, 1981, The Painting of Sogdiana, in Azarpay Guitty, Sogdian Painting, University of California Press, London

Christoph Baumer, 2009, Sogdian or Indian Iconography and Religious Influence in Dandan-Uiliq; The Murals of Buddhist Temple D13, The Art of Central Asia and The Indian Subcontinent, National Museum Institute, New Delhi

Mariko Namba Walter, 2009, Buddhism and Iranian Religions Among Sogdians Religious Interactions in Sogdian Funeral Art-A Buddhist Perspective, The Art of Central Asia and The Indian Subcontinent, National Museum Institute, New Delhi

S.P. Gupta, 2002, Hindu Gods in Western Asia A Lesser Known Chapter of Indian History, 『Journal of Astha Bharatim』, New Delhi

M.K. Dhavaliker, 2009, Maha-Vinayaka; The Iconography of Central Asian Ganesa, The Art of Central Asia and The Indian Subcontinent, National Museum Institute, New Delhi

5. 참고 데이터베이스(경전)

한국불교전서 http://ebti.dongguk.ac.kr/ebti/main.html
한글대장경 http://abc.dongguk.edu/ebti/
고려대장경연구소 http://www.sutra.re.kr/home/index.do
신수대장경 : CBETA http://www.cbeta.org
　　　　　　SAT http://21dzk.l.u-tokyo.ac.jp/SAT
팔리대장경: http://www.accesstoinsight.org/tipitaka/index.html

ㅂ

ㅅ

둔황 막고굴 제285굴 서벽